高等学校 电子商务专业 教材

电子商务概论
（第4版）

戴建中 著

清华大学出版社
北京

内 容 简 介

随着我国出台"互联网＋"战略,移动互联网逐渐普及,网络技术飞速发展。商务活动电子化的优越性日益凸显,传统的商务交易方式正向网上商务方向演变。电子商务类的课程已成为高校经济管理类专业的主要课程。本书全面阐述了电子商务的基本理论及其包含的各方面内容,重点介绍了电子商务的实用方法,突出电子商务在商务活动中的实际应用,结合典型实例和软件工具阐述方法及原理。

全书包含电子商务基本概念、电子商务技术基础、网站建设基础、网站运营、网站评估、网络营销、电子支付、电子商务安全、电子商务物流、电子商务法规、电子商务盈利模式、电子商务案例12章内容。

本书既可作为高等院校电子商务类课程的教材,也可作为企业开展电子商务的实用指导书,还可作为广大青年朋友进行电子商务理论学习和电子商务创业实践的入门参考书。

图书在版编目(CIP)数据

电子商务概论/戴建中著. —4 版. —北京:清华大学出版社,2022.3(2023.12重印)
高等学校电子商务专业教材
ISBN 978-7-302-60079-4

Ⅰ.①电… Ⅱ.①戴… Ⅲ.①电子商务—高等学校—教材 Ⅳ.①F713.36

中国版本图书馆 CIP 数据核字(2022)第 023051 号

责任编辑:袁勤勇 郭赛
封面设计:常雪影
责任校对:胡伟民
责任印制:沈 露

出版发行:清华大学出版社
  网 址:https://www.tup.com.cn,https://www.wqxuetang.com
  地 址:北京清华大学学研大厦 A 座   邮 编:100084
  社 总 机:010-83470000   邮 购:010-62786544
  投稿与读者服务:010-62776969,c-service@tup.tsinghua.edu.cn
  质量反馈:010-62772015,zhiliang@tup.tsinghua.edu.cn
  课件下载:https://www.tup.com.cn,010-83470236
印 装 者:三河市龙大印装有限公司
经 销:全国新华书店
开 本:185mm×260mm   印 张:24.25   字 数:605 千字
版 次:2009 年 9 月第 1 版 2022 年 5 月第 4 版   印 次:2023 年 12 月第 2 次印刷
定 价:69.00 元

产品编号:090434-01

写给学生的一封信

亲爱的同学：

  您好！

  感谢您采用我撰写的《电子商务概论》作为教材，也恭喜您选修"电子商务概论"这门课。因为电子商务是大有可为的行业，是个朝阳产业，所以学好这门课，可以大有作为，学有所用，找到高薪的工作。下面就同学们关心的问题作个解答。

一、学习电子商务后能从事哪些岗位的工作

  只要熟练掌握了电子商务某一方面的本领，就能找到对应的岗位。怕就怕在学习期间，什么都学了一点，什么都不会做，什么都忘记了。在学习电子商务知识前，就要对今后准备从事的职业有所规划，以便有针对性地学习。

1. 网站新闻编辑、网站新闻记者

  网站就是一种新型媒体，传统媒体报纸、杂志、电视台等需要编辑记者，网站当然也需要，而且要求更高，需要懂得互联网知识。新浪、搜狐、网易、各类地方门户网站、行业门户网站都大量需要这方面的人才。

2. 网站推广、网络推手、网络写手

  建设网站容易，推广网站较难。每个有自己网站的企业都需要网络营销的高手，目前社会上缺少这类人才，所以这个职位需求量大，进入门槛也较高。如果能掌握网络营销的过硬本领，那么找一份高薪的工作是比较容易的。

3. 网站设计、网站建设、网页设计

  这个职位对计算机要求比较高，对于擅长编程技术的学生比较适合。

4. 网站客服

  网站客服相当于商城柜台的营业员，对客户进行售前和售后服务。由于传统企业和网络企业都有自己的网站，所以这类工作职位需求量大，进入门槛低。

5. 外贸业务员、内贸业务员

  由于我国外贸企业众多，通过互联网开展外贸业务的需求很大。但困难的

是,现在往往懂外贸的不懂网络营销,懂网络营销的不懂外贸,所以电子商务与外贸双料人才是很受欢迎的。

6. 网站站长、网站运营经理、网络创业

对于精通电子商务技能的人来说,做网站站长是最好的选择。有创业梦想的同学,可以通过做网站站长来实现创业目标;暂时不想创业的,也可以应聘到企业做网站运营经理。

二、怎样学好电子商务这门课

1. 明确学习的目标

学习"电子商务概论"这门课,不仅仅是为了通过考试,更重要的是学到知识和技能,毕业后找到理想的高薪工作。

2. 要多看书,多做练习,牢牢掌握电子商务基本概念

多做作业练习,这个本来在初中时代是天经地义的事情,但到了大学时代,一些同学懒于看书和做作业,造成了"临考背一背,考完全忘记"的被动局面。人力资源和社会保障部的电子商务师考试就包含了理论和实操两部分内容,可见理论部分也不能忽视。很多学生不注重理论知识的强化训练,毕业时到企业面试,连主考官问的电子商务最基本的概念都答不上来,丢失了机会。

本书每章都配有练习作业,同学们一定要自觉完成作业。

3. 多操作,多实践

有条件的同学可以租用虚拟空间,购买网站系统,建立一个属于自己的门户网站,边学习,边操作。通过1~2年的网站运营,当网站能明确某个主题,带来较多稳定的流量,聚集稳定的客户群,能实现某方面的经营目标时,您的电子商务成绩就合格了,可以从容地踏上社会找到您满意的电子商务职位了。

祝同学们学习愉快!

戴建中于深圳

2022 年 2 月

写给教师的一封信

亲爱的教师：

您好！

感谢您采用我撰写的《电子商务概论》作为教材，我和我的团队将竭诚为您服务，配合您讲好这门课。

电子商务课程的老师是非常辛苦的，因为电子商务的技术和应用在飞速发展，所以作为电子商务的教师，当然也要与时俱进，不断地更新讲课内容，不断地更新课件，才能不被这个行业抛弃，才能对得起学生，对得起良心，才能成为合格的电子商务教师。有些课程的内容几乎几十年不变，例如微积分课程、普通物理课程、语言类课程等，教师备课的压力就小得多。而电子商务课程的老师，只有不断地备课、学习理论、进行实践操作，才能站稳讲台，教出对社会有用的学生。那么，教师在教学过程中要注意哪几点呢？

一、要选对教材

选教材要跳出仅看是不是"国家规划教材""国家级奖项""省部级奖项"的误区，而应该看教材本身的内容是否合适，作者的知名度仅作参考。建议教师应该注重以下几个指标。

1. 版本要新

电子商务发展日新月异，若选用3年前的版本，加上作者写作时间和出版周期，其内容已经是5年前的内容了，这对电子商务而言，教材内容已经完全被淘汰了。用过时的教材，是教不出社会需要的人才的。我编写的教材，承诺2～3年更新一个版本。

2. 内容实用

教材不同于著作、论文、科普文章，必须有知识点概括、原理叙述、案例论证、实训操作、作业练习等几部分的有机整合，才能称作教材。由于教材的读者主体是学生，因此语言要通俗易懂，内容要重点突出。现在市面上的一些教材没有遵守这个原则，有的是外文整篇翻译，遣词造句与中文习惯大相径庭；有的是计算机类与经管类内容堆叠，各章节内容不连贯；有的是空泛理论连篇，实用性和操作性不强。

我编写的教材,是在十多年教学经验积累的基础下动笔完稿的,也可以说在十多年里不断地写作与更新内容。书中引用的方法和工具,都是作者亲自使用和实践过的,整本书都倾注了作者对学生的全部关爱。

3. 素材配套

一堂课的成功与否关键在教师。教师要讲好课,好的课件是必不可少的工具。

本教材配套的课件包含了讲课提纲和备课内容,讲课提纲部分为 PPT 文件格式,备课内容为 Word 文件格式,可互相调用。备课内容包含了书中大部分内容,并且将不断增添新的内容。教师可以此内容来备课,如果对内容熟悉,可以脱稿讲课;如果对内容不大熟悉,也可以在课堂打开内容,放大字体,既给学生看,也给自己看,边看边讲。多媒体课件还包含了详细的讲课录音,教师可凭录音估算讲课时间。另外,多媒体课件还配了一些图片。

二、要引导学生多练习

电子商务是一门新兴学科,也是一门文理交叉学科,新概念、新知识、新方法、新工具层出不穷,对这些知识点的准确把握,仍然是学好电子商务的基础。人力资源和社会保障部的电子商务师考试,就包含了理论和实操两部分内容,可见理论部分也不能忽视。很多学生不注重理论知识的强化训练,毕业时到企业面试,连主考官问的电子商务最基本的概念都答不上来,丢失了机会。

要掌握理论知识,最好的办法仍然是多看书、多做练习作业,这个本来在中学时代是天经地义的事情,但到了大学时期,由于种种原因,学生做作业的次数越来越少,老师也没有时间全部批改作业,造成了学生"临考背一背,考完全忘记"的被动局面。

我和我的团队开发了电子商务在线教学与考试平台,教师可以给学生布置阅读作业、测试作业,也可以在线考试。系统自动批改,节省老师大量宝贵时间。几年实践下来,发现学生对于电子作业比较感兴趣,与做纸面作业相比,积极性大大提高了。学生只要有一台能上网的计算机就能完成作业,目前学校都已具备这个条件。

利用电子商务教学与考试平台,是教学改革创新的重要手段,也是教师迈向成功道路的重要契机,希望广大教师多尝试,千万别错过了大好时机。

三、要引导学生多实践

电子商务是一门实践性很强的学科。怎样才能学好电子商务技能?我们说,站在岸上是学不会游泳的,一定要在互联网实践中学习,边看书边操作边运营,才能事半功倍,学以致用。

在互联网实践中学习并不等同于在机房实验。前几年大多数学校是采购社会上某些教育软件公司的教学模拟软件,在机房安装,构成了电子商务实验室。这些软件在功能上都是模拟了 B2B、B2C、收发电子邮件、博客营销和物流配送等内容,但各家公司软件的操作各不相同,与互联网上的真实网站相差甚远,在软件实现手段和模块功能上都远远落后于互联网应用现状,最糟糕的是这些模拟软件无法在互联网上真实运营。所谓学生的上机实验则是花大部分时间来熟悉模拟软件的操作步骤,通俗地说是在"走程序",而对网站的运营技巧和企业的经营思路根本没有触及,对真实互联网环境的网站建设没有任何帮助,对课本理论知识也没有起到验证的实验作用。

由于互联网日益普及,青少年网民对于微信、QQ 等即时通信软件,淘宝、搜索引擎的使用,博客的撰写和查阅等早已驾轻就熟。在移动互联网时代,学生通过手机来使用一些新软件、新工具,比大学老师还要领先和熟练。但他们缺乏的是独立网站的架构方法、各类网站各种功能的归纳和比较、网站的运营方法、电子商务的盈利模式等系统性的知识和技能,也就是电子商务的综合应用,这不是某单科课程能解决的问题。解决这个问题的思路是,老师与学生共同经营或者独自经营网站,把若干门主干课程贯穿于某个真实网站的运营中,边运营网站边课堂学习,才能把网站建设、互联网技术基础、支付与安全、网络营销、物流配送、客户关系、电子商务系统设计等概念讲解清楚。学生把若干门课程学完的同时,也已成功运营了一个网站,这个网站对学生以后的就业和创业起着至关重要的作用。

电子商务实验教学的改革突破口就是走出实验机房,来到互联网真实环境。

四、教学要求和建议

在本书编排上,除去案例章节,每章开头都有【学习目标】【学习要求】和【关键词】栏目,结尾都有【主要知识点】【本章小结】和【练习作业】栏目,有助于读者在学习中抓住重点。本书共包含电子商务基本概念、电子商务技术基础、网站建设基础、网站运营、网站评估、网络营销、电子支付、电子商务安全、电子商务物流、电子商务法规、电子商务盈利模式、电子商务案例 12 章内容。

本书计划课时 51 学时(17 周×3 学时)。各章学时数安排建议为:第 1 章(电子商务基本概念)6 学时;第 2 章(电子商务技术基础)6 学时;第 3 章(网站建设基础)6 学时;第 4 章(网站运营)4 学时;第 5 章(网站评估)2 学时;第 6 章(网络营销)8 学时;第 7 章(电子支付)4 学时;第 8 章(电子商务安全)2 学时;第 9 章(电子商务物流)2 学时;第 10 章(电子商务法规)2 学时;第 11 章(电子商务赢利模式)6 学时,可采用 3 小时授课方式,3 小时讨论课方式;第 12 章(电子商务案例)3 学时。

需要注意的是,由于版本变更,本书涉及的计算机软件和网页等相关内容,与实际情况可能稍有不同,但操作起来大同小异。

鉴于本人水平有限,书中难免有不足之处,请各位老师批评指正。

祝老师们工作愉快!

戴建中 于深圳

2022 年 2 月

目　录

CONTENTS

CONTENTS

CONTENTS

CONTENTS

CONTENTS

CONTENTS

C O N T E N T S

第1章

电子商务基本概念

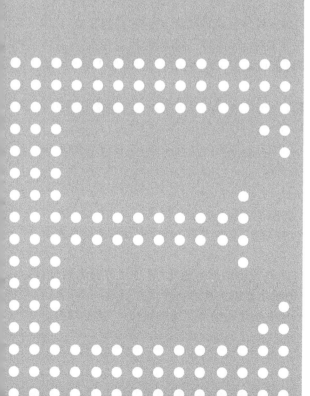

【学习目标】

通过本章的学习,了解电子商务的发展历程和代表人物,准确理解电子商务的定义和内容,深刻体会和思考电子商务对社会带来的变革和影响,了解电子商务的最新知识,正视电子商务应用中存在的问题,知晓电子商务的经销之道。通过本章学习,学生应该有以下认识。

(1)电子商务是个有用的技能,是任何专业的学生都不可或缺的一门课程,应该以极大的热情来学习电子商务这门课程。

(2)电子商务是一个发展趋势,传统企业迟早都会进入电子商务时代。但运用电子商务不是一件容易的事情。

(3)淘宝开店是电子商务的一个具体应用,它不等于电子商务的全部内容。电子商务的内容很广泛。

(4)电子商务的核心内容是"商务模式",一个人对电子商务是否掌握,看其能否通过互联网将产品卖出去,了解一些名词概念仅仅是学习的开始。

【学习要求】

电子商务就是以实用为目的去学,而不是只背诵一大堆新名词和新概念。通过本章的学习,应该了解如何利用互联网来为生产经营活动带来订单,如何利用网站平台的特色功能来为企业进行宣传服务,如何利用网络服务功能来丰富人们的日常生活。

【关键词】

电子商务、电子商务定义、EB、EC、互联网、B2B、B2C、C2C、B2G、O2O、马云、张朝阳、阿里巴巴、淘宝、亚马逊、抖音。

近年来,"电子商务"这个词对普通百姓来说已经不陌生,打开百度搜索引擎,搜索"电子商务",有上亿个搜索结果,而"服装"也不过是一亿多个搜索结果。可见,"电子商务"与"服装"一样,已经成为人们的日常词汇,电子商务已经融入人们的日常生活,并且改变着人们原有的生活习惯。但是,很多人对电子商务的含义、内容和方法却了解不多。现在,就一起来对电子商务进行系统全面的学习。

1.1 电子商务发展历程

1.1.1 互联网的发展过程

电子商务是伴随着互联网等电子技术的发展而逐步发展起来的,所以互联网是电子商务发展的技术基础。首先了解一下互联网的发展历程。

(1) 1961 年,美国麻省理工学院的伦纳德·克兰罗克(Leonard Kleinrock)博士发表了分组交换技术的论文,该技术后来成为互联网的标准通信方式。

(2) 1969 年,美国国防部开始启动具有抗核打击能力的计算机网络开发计划 ARPANET。

(3) 1971 年,位于美国麻塞诸塞州剑桥的 BBN 科技公司的工程师雷·汤姆林森(Ray Tomlinson)开发出电子邮件。此后 ARPANET 的技术开始向大学等研究机构普及。

(4) 1983 年,ARPANET 宣布将把过去的通信协议"NCP(网络控制协议)"向新协议"TCP/IP(传输控制协议/互联网协议)"过渡。

于是,从技术层面解决了互联网的组网问题,从此互联网由美国开始向全球各国普及,并应用于各行各业,逐渐成为老百姓生活的一部分。

从 1983 年到现在,30 多年过去了,尽管互联网已飞速发展并日益普及,但现在的互联网仍然使用的是 TCP/IP(传输控制协议/互联网协议)。

1.1.2 国际电子商务的发展过程

电子商务最早产生于 20 世纪 60 年代,发展于 20 世纪 90 年代,其产生和发展的重要条件主要如下。

(1) 计算机的广泛应用:30 多年来,计算机的处理速度越来越快,处理能力越来越强,价格越来越低,应用越来越广泛,这为电子商务的应用提供了基础。

(2) 网络的普及和成熟:由于 Internet 逐渐成为全球通信与交易的媒体,全球上网用户呈快速增长趋势,快捷、安全、低成本的特点为电子商务的发展提供了应用条件。

国际组织和各国政府对电子商务的发展进行了一系列的规划和推动,为全球电子商务的发展奠定了良好的环境。

(1) 1996 年,联合国国际贸易法委员会制定了《电子商务示范法》。

(2) 1997 年 5 月 31 日,由美国维萨(VISA)和万事达(Mastercard)等国际组织联合制定的 SET(secure electronic transfer protocol,安全电子交易协议)颁布出台,该协议得到大多数厂商的认可和支持,为主要应用于网络上的电子商务提供了一个关键的安全环境。

(3) 1997 年欧盟发布了《欧洲电子商务行动方案》,美国随后发布《全球电子商务纲要》,从此电子商务受到了世界各国政府的重视,许多国家的政府开始尝试"网上采购",这为电子商务的发展提供了有力的支持。

(4) 1998 年 5 月,WTO 的 132 个成员国签署了《电子商务宣言》。

(5) 1999 年 9 月,在巴黎召开了国际知名大企业参加的全球电子商务会议。

(6) 1999 年 12 月,欧盟 15 国负责欧洲统一市场的部长通过了一项电子商务的统一法规。

在亚洲,由于各国信息网络发展的基础不同,以及各国经济状况相差悬殊,因此电子商务的发展呈不平衡状态,电子商务主要集中在日本、新加坡、韩国、中国等国家。

在政府、企业的推动下,电子商务市场成长迅速,网上销售额从 1999 年的 800 万美元成长至 2019 年的 5 万亿美元。在 20 世纪 90 年代末期,互联网、电子商务的概念迅速升温,并热得发烫,凡涉足互联网、电子商务的企业,其股票便"牛气冲天"。但那个时候,电子商务的应用仅仅是热在表面,并没有真正深入其核心,没有满足广大企业和老百姓的真正需求,企业家充满了想要快速赚钱的浮躁情绪。可想而知,这种急功近利的状态不会长久,所以到 2000 年年末,以美国纳斯达克指数为代表的股市迅速大幅下挫,大量互联网、电子商务的企业倒闭破产,互联网泡沫破灭,电子商务应用开始进入低潮,直到 2004 年才开始缓慢复苏。

目前,经过几年的稳步发展,电子商务已经进入实用阶段。

1.1.3　我国电子商务的发展过程

1. 我国电子商务发展过程中的典型事件

(1) 1987 年,北京大学的钱天白教授向德国发出了中国的第一封电子邮件,当时中国还未加入互联网。

(2) 1991 年 10 月,在中美高能物理年会上,美方发言人怀特·托基提出把中国纳入互联网络的合作计划。

(3) 1994 年 3 月,中国获准加入互联网。

(4) 1995 年 5 月,张树新创立了第一家互联网服务供应商——瀛海威,中国的普通百

学生笔记:
_____

_____

_____

姓开始进入互联网络。

(5) 2000 年 4—7 月,中国三大门户网站搜狐、新浪、网易成功地在美国纳斯达克挂牌上市。

(6) 2003 年 5 月,淘宝上线,这是阿里巴巴集团创立的网购零售平台。

(7) 2006 年,百度的市场占有率超过 80%,成为中国网民首选的搜索引擎。

(8) 2009 年 11 月 11 日,淘宝网举办了第一届双十一促销活动节。

(9) 2011 年 1 月微信上线,这是腾讯公司推出的一个为智能终端提供即时通信服务的免费应用程序。

(10) 2016 年 9 月抖音上线,这是字节跳动公司推出的一个面向全年龄的直播短视频社区平台。

2. 我国电子商务的发展阶段

(1) 1994—1998 年,中国电子商务的萌芽阶段。

在此期间,我国政府相继实施了"金桥""金卡""金关"等一系列"金"字工程,为我国电子商务的发展做了良好的铺垫。

1994 年下半年至 1995 年上半年,中国公用计算机互联网(ChinaNET)、中国教育和科研计算机网(CERNET)以及中国科技网(CSTNET)相继启动,在 1996—1997 年间,实现了互连互通,并正式开通。1995 年 1 月,中国电信开始向社会提供 Internet 接入服务。

1996 年 8 月,留美博士张朝阳在美国 MIT 媒体实验室主任尼葛洛庞帝先生和美国风险投资专家爱德华·罗伯特先生的风险投资支持下创办了"搜狐(sohu.com)"的前身公司。此时,各种网站的广告和宣传大量出现,电子商务的名词和概念开始在中国传播。

1998 年 12 月 1 日,软件公司北京四通利方宣布并购"华渊资讯"公司,成立全球"新浪"网,引起海内外极大关注。1998 年,北京、上海等城市启动电子商务工程。

(2) 1999—2000 年,中国电子商务星火燎原。

在此期间,中国的 ICP 和 ISP 等网络服务商们开始大举进入电子商务领域,新的电子商务网站急剧增加,每天都会新增几百家网站。网上商店、网上邮购、网上拍卖等站点相继诞生,中华网、8848、易趣等知名网站建立。

电子商务的发展地域也在迅速扩大,从北京、上海、深圳、广州等大都市开始向全国各大城市发展。

海尔集团等国内大型企业开始在企业内部和企业间应用电子商务。

(3) 2001—2004 年,中国电子商务跌宕起伏。

随着纳斯达克股票市场持续跌落,世界 IT 业遭遇了严重挫折。2001 年,电子商务进入"调整年"。大家对原先的电子商务模式开始反思,认识到:只靠风险投资或股市融资取得的资金不能长期支撑互联网企业的发展,没有盈利的互联网企业不受欢迎,只有盈利和利润才能保证企业发展。

在这段时期,人们开始对网络安全问题、互联网基础设施建设问题、社会商业信用问题、电子商务相关法律法规问题、标准化问题、网络支付问题、企业管理层对电子商务的认知程度问题、IT 技术和电子商务人才问题等进行了大量思考和基础建设,为以后的电子商务的普及应用打下了基础。

(4) 2005—2014 年,中国电子商务应用领域迅速扩大。

2005 年,国务院下发了大力发展电子商务的相关文件,在全国掀起了大力普及应用电子商务的高潮。截至 2015 年 6 月底,我国网民数已超过 6 亿,互联网普及率已超过 45%,高于全球平均水平。企业与个人在工作和生活中已经离不开电子商务,电子商务的应用已达到了实用阶段。

(5) 2015 年至今,"互联网+"战略全面实施,电子商务正在深刻改变着社会。

2015 年 3 月,我国政府提出了"互联网+"战略,指出互联网是大众创业、万众创新的新工具。2015 年 7 月,国务院发布《关于积极推进"互联网+"行动的指导意见》,要求到 2025 年,网络化、智能化、服务化、协同化的"互联网+"产业生态体系基本完善,"互联网+"新经济形态初步形成,"互联网+"成为经济社会创新发展的重要驱动力量。

"互联网+"战略的主要内容是:"互联网+"创业创新、"互联网+"协同制造、"互联网+"现代农业、"互联网+"智慧能源、"互联网+"普惠金融、"互联网+"益民服务、"互联网+"高效物流、"互联网+"电子商务、"互联网+"便捷交通、"互联网+"绿色生态、"互联网+"人工智能这 11 项重点行动。这些行动计划既涵盖了制造业、农业、金融、能源等具体产业,也涉及环境、养老、医疗等与百姓生活息息相关的民主工程。

1.1.4 电子商务代表人物

1. 张树新——创办我国第一家互联网企业瀛海威公司

张树新女士(如图 1-1 所示)1986 年毕业于中国科技大学,随后进入中国科学院高技术企业局战略项目处从事企业战略研究,对中国的 IT 业发展进程有着深入的了解与思考。1992 年,张女士创办北京天树策划公司,借此积累了丰富的品牌包装及战略策划经验。

1995 年,张女士正式创办了国内第一家民营互联网公司——瀛海威公司并任总裁,全面组织物理网络、信息网络、营销网络的建设、管理和运营。最早引入了风险投资的概念,借助资本运营手段实现了公司规模扩张和资产增值。

图 1-1 张树新女士

1998 年,张女士与国际风险投资专家合伙创建盛华元通公司(Retelnet Investment & Management Co., Ltd),并任总裁,对中国互联网项目进行投资和管理。由于项目的成功运营,美国《财富》杂志于 1999 年 5 月对其进行了专门采访。

2000 年 5 月,张女士参与创办互联通网络有限公司并出任总裁。张树新女士现任联和

学生笔记:
_____
_____
_____

运通投资顾问有限公司董事长,专注于中国市场的创业投资及传统资源重组。此外,张树新女士一直致力于推动中国 Internet 事业的发展,曾担任中国电子商务协会秘书长、中国计算机学会互联网分会副会长。

2. 张朝阳——我国著名门户网站搜狐网站创办人

1986 年张朝阳先生(如图 1-2 所示)毕业于清华大学物理系,同年考取李政道奖学金赴美留学。1993 年年底张朝阳先生在美国麻省理工学院(MIT)获得博士学位,并继续在 MIT 从事博士后研究。1994 年张朝阳先生任 MIT 亚太地区(中国)联络负责人。1995 年年底张朝阳先生回国任美国 ISI 公司驻中国首席代表。

1996 年张朝阳先生在 MIT 媒体实验室主任尼葛洛庞帝教授和 MIT 斯隆商学院爱德华·罗伯特教授的风险投资支持下创建了爱特信公司,成为中国第一家以风险投资资金建立的互联网公司。1998 年 2 月 25 日,张朝阳先生的爱特信公司正式推出"搜狐"产品,并更名为搜狐公司。在张朝阳先生的领导下搜狐历经 4 次融资,于 2000 年 7 月 12 日,在美国纳斯达克成功挂牌上市。

搜狐公司目前已经成为中国领先的新媒体、电子商务、通信及移动增值服务公司,是中文世界强劲的互联网品牌,对互联网在中国的传播及商业实践做出了杰出的贡献。张朝阳先生现任搜狐公司董事局主席兼首席执行官。

图 1-2　张朝阳先生

图 1-3　马云先生

3. 马云——我国著名交易平台阿里巴巴网站的创办人

马云先生(如图 1-3 所示)1988—1995 年任杭州电子工学院英文及国际贸易讲师。

1995—1997 年创办"中国黄页",是中国第一家互联网商业信息发布站。

1997—1999 年加盟外经贸部中国国际电子商务中心,开发外经贸部官方站点及网上中国商品交易市场。

1999 年至今在杭州设立研究开发中心,以香港为总部,创办阿里巴巴网站(Alibaba.com)。

马云是较早在中国开拓电子商务应用并坚守在互联网领域的企业家,他和他的团队创造了中国互联网商务许多个"第一",立志为中国人做出世界上最好的站点。

马云于 1995 年 4 月创办了"中国黄页"网站,这是第一家网上中文商业信息站点,在国内最早形成面向企业服务的互联网商业模式。1997 年年底,马云和他的团队在北京开发了外经贸部官方站点、网上中国商品交易市场、网上中国技术出口交易会、中国招商、网上广交会和中国外经贸等一系列国家级站点。

1999 年 3 月,马云和他的团队回到杭州,以 50 万元人民币创业,开发阿里巴巴网站(www.alibaba.com)。他根据长期以来在互联网商业服务领域的经验和体会,明确提出互联网产业界应重视和优先发展企业与企业间的电子商务(B2B)。他的观点和阿里巴巴的发展模式很快引起国际互联网界的关注,被称为"互联网的第四模式"。

阿里巴巴获得国际风险资金投入后,马云以"东方的智慧,西方的运作,全球的大市场"的经营管理理念,迅速招揽国际人才,全力开拓国际市场,同时培育国内电子商务市场,为中国企业尤其是中小企业迎接"入世"挑战构建一个完善的电子商务平台。

图 1-4　芙蓉姐姐

4. 芙蓉姐姐——依靠网络媒体成名的网络红人

芙蓉姐姐(如图 1-4 所示)出名的原因在于她坚持不懈地在北大和清华的 BBS 上张贴自己的生活照,同时在网上发表了大量与照片交相辉映的抒情文字。

芙蓉姐姐的传播途径是一个从小众到大众的过程。从北大未名的 BBS,到后来的公众网上。由于公众网的人群复杂,芙蓉姐姐的照片和文字开始出现在天涯社区,并被到处转贴,使得她一举成名。

芙蓉姐姐是靠网络营销方法使自己走向成功的典型代表。

1.2　电子商务概念

1.2.1　电子商务定义

由于电子商务正在飞速发展,对电子商务的理论研究远远滞后于电子商务的实践应用,所以,电子商务的理论体系尚不完整,对电子商务的理解正在逐步完善和深入,因此电子商务至今没有统一公认的定义。

目前,国际社会中主要存在狭义电子商务定义和广义电子商务定义两种观点。

1. 狭义电子商务定义

狭义电子商务(electronic commerce,简称 EC):通过使用互联网等电子工具(包括电报、电话、广播、电视、传真、计算机、计算机网络、移动通信等)在全球范围内进行的商务贸易活动。

这个表述是指在互联网的开放网络环境下,买卖双方互不谋面地进行各种商务活动、交易活动、金融活动和相关的综合服务活动,它是一种新型的商业运营模式,其内容包括消

学生笔记:

费者的网上购物、企业之间的网上交易、在线电子支付、网上客户服务、网络营销、网络广告、网上调查等内容。

2. 广义电子商务定义

广义电子商务（electronic business，简称 EB）：通过使用互联网等电子工具，使公司内部、供应商、客户和合作伙伴之间，利用电子业务共享信息，实现企业间业务流程的电子化，配合企业内部的电子化生产管理系统，提高企业的生产、库存、流通和资金等各个环节的效率。

这个表述是将所有商务活动的业务流程电子化，不仅包括了企业商务活动中面向外部的业务流程，如网络营销、电子支付、物流配送等，还包括企业内部的业务流程，如企业资源计划、客户关系管理、供应链管理、人力资源管理、市场管理、生产管理、研发管理以及财务管理等内容。

广义电子商务包含的内容较为广泛，狭义电子商务所包含的内容是广义电子商务包含的内容的子集。图 1-5 比较形象地反映了它们二者之间的关系。

图 1-5　狭义与广义电子商务定义的包含关系

一般来说，比较多的学者采用狭义电子商务定义来阐述相关的电子商务概念，而比较多的国际跨国公司采用广义电子商务定义来进行相关的电子商务应用实践。

目前，我国大多数普通高等学校电子商务专业都是按照狭义电子商务定义来设置课程的。一般来说，电子商务专业侧重于企业与企业之间电子交易过程中相关知识的学习，信息管理专业侧重于企业内部电子化管理流程中相关知识的学习，但二者有着千丝万缕的联系，不可能分得很清楚。

1.2.2　电子商务系统

如图 1-6 所示，电子商务不仅涉及买卖双方，还与许多其他机构有关联。所以一个完整的电子商务系统涉及买家、卖家、银行或金融机构、认证机构、配送中心和政府机构等各个方面。由于参与电子商务的各方在物理上是互不谋面的，因此整个电子商务过程并不是物理世界商务活动的翻版，所以，新的概念、新的技术和新的行业将应运而生，如网上银行、在线电子支付等条件和数据加密、电子签名等技术在电子商务中发挥着不可或缺的重要作用。

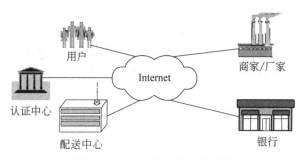

图 1-6　电子商务系统组成成员

1.2.3　"电子"与"商务"的关系

电子商务中的"电子"是指技术手段,如电子商务中用到的计算机、网络设备、网站软件和其他软件工具、宽带接入设备等。电子商务中的"商务"是指商业模式,比如电子商务的交易模式是 B2B 还是 B2C,在线交流的方式是即时交流还是其他方式,网站值班是 24 小时值班还是早九晚五模式,电子商务是作为公司营销战略的一部分还是仅仅是试点等。"电子"与"商务"的关系如图 1-7 所示。电子商务的重点在商务。

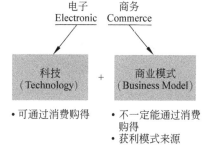

图 1-7　"电子"与"商务"的关系

目前,大多数高等院校在电子商务专业所开课程中,其基础课包含了管理学、经济学中的知识,比较侧重于"商务"的内容。

1.2.4　电子商务的主要特点

电子商务是互联网快速发展的直接产物,是网络技术应用的全新发展方向,具有开放性、全球性、低成本、高效率的特点。它大大超越了作为一种新的贸易形式所具有的价值,不仅会改变企业本身的生产、经营、管理活动,而且将影响整个社会的经济运行与结构。电子商务主要有以下特点。

(1)电子商务将传统的商务流程电子化、数字化,一方面以电子流代替了实物流,可以大量减少人力、物力,降低了成本;另一方面突破了时间和空间的限制,使得交易活动可以在任何时间、任何地点进行,从而大大提高了效率。

(2)电子商务具有的开放性和全球性的特点,为企业创造了更多的贸易机会。

学生笔记:

_____

_____

_____

（3）电子商务使企业可以以相近的成本进入全球电子化市场，使得中小企业有可能拥有和大企业一样的信息资源，提高了中小企业的竞争能力。

（4）电子商务重新定义了传统的流通模式，减少了中间环节，使得生产者和消费者的直接交易成为可能，从而在一定程度上改变了整个社会经济运行的方式。

（5）电子商务一方面破除了时空的壁垒，另一方面又提供了丰富的信息资源，为各种社会经济要素的重新组合提供了更多的可能，这将影响社会的经济布局和结构。

1.2.5　对社会产生的影响

在人类历史上，任何一种科技的发明和应用，都对人类社会的进步产生了巨大的影响，也对商业活动的方法和效率产生重大影响。

对商业活动产生重大影响的科技发明有电报、电话、传真、互联网等，图 1-8 显示了商业工具的变迁。而从图 1-9 中可以看出，收音机从发明到普及至美国 5000 万个家庭，大约花了 40 年的时间，模拟电视大约花了 12 年的时间，数字电视大约花了不到 10 年的时间，而互联网大约只花了 5 年的时间，这说明科技从发明到普及的速度越来越快，对商业活动的影响效果越来越明显。

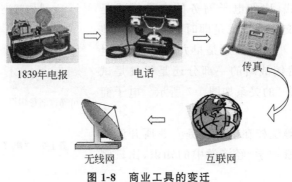

图 1-8　商业工具的变迁

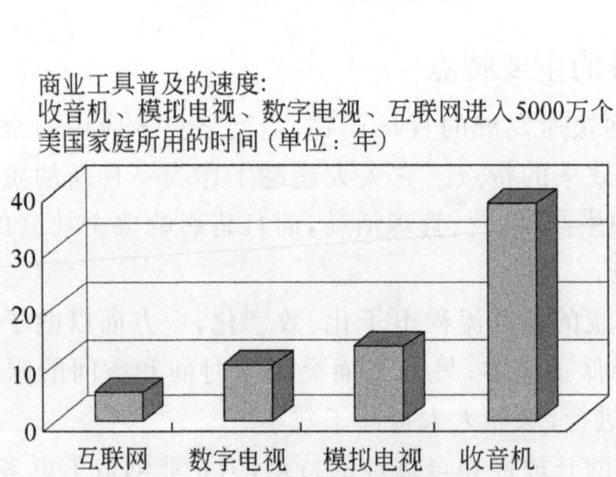

商业工具普及的速度：
收音机、模拟电视、数字电视、互联网进入5000万个
美国家庭所用的时间（单位：年）

图 1-9　商业工具普及的速度

在电报、电话、传真、互联网等科技发明中，前三项发明对商业活动的地域和效率产生了重大影响，而互联网则改变了世界的商业市场格局。

为什么说互联网改变了世界的商业市场格局呢？因为互联网的应用普及诞生了一个崭新的世界——虚拟世界，而且虚拟世界阵容越来越大，虚拟世界的服务越来越多，虚拟世界正在瓜分着现实世界的生意，其速度越来越快。

这个虚拟世界是真实的并与现在的物理世界共同存在。那么虚拟世界里有什么内容呢？

（1）虚拟世界里有网上集贸市场，生活中的肉菜市场、服装市场、家电市场统统搬到了网上，如阿里巴巴和慧聪的网上交易平台。

（2）虚拟世界里有网上购物商场，生活中的百货商店、专卖店和超市统统搬到了网上，如当当书店、淘宝、拍拍和易趣等购物平台。

（3）虚拟世界里可以娱乐休闲，如玩游戏、看电影、与同好聊天等。

（4）虚拟世界里可以查询网上信息，如通过百度搜索引擎查阅各种信息，可以上新浪网阅读新闻，还可以看电子书等。

大量商人在互联网中寻找生意，众多消费者在互联网中寻找满意的商品，其繁荣程度不亚于上海的南京路、北京的王府井。

虚拟世界的阵营越来越大，截至 2008 年 12 月底，我国的网民数和宽带上网人数超过美国，位居世界第一。截至 2020 年 12 月，我国网民数量已达 9.89 亿，互联网像一座金矿吸引着汹涌而来的淘金者。

虚拟世界正在瓜分着现实世界的生意。截至 2020 年 12 月，我国网上购物大军已达到 7.82 亿人，网上支付人数规模接近 9 亿。网上购物市场巨大，我国 2007 年的在线零售额为 450 亿元，2008 年为 950 亿元，2009 年为 2200 亿元，2010 年达到 5000 多亿元，每年以超过 100% 的速度增长。最近十年增长幅度虽然有所下降，但增长仍然强劲，2020 年在线零售额达 11.76 万亿元。可见，接近 10 亿网民背后蕴藏着一个巨大的市场，能抓住网民需求的互联网商业应用，都可能产生非常可观的经济效益。

从上面的分析可知，虚拟市场是一个高速成长的市场，它不但从有形市场上抢夺销售份额，而且还能满足有形市场无法满足的消费者需求。电子商务网络营销的一个重要阵地就是正在高速成长的虚拟市场，因此有着良好的发展前景。

对企业而言，其目标市场实际上已划分为传统有形市场和网络虚拟市场两部分，从图 1-10 中可以看出，原先的市场由于虚拟世界的出现，已经分成 4 个区域。

电子商务网络营销的范围涵盖了区域Ⅱ、Ⅲ和Ⅳ，各区域中一些典型的网络营销活动举例如下。

（1）区域Ⅱ：以传统广告方式推广企业的营销站点，通过电话调查线上消费者行为等。

（2）区域Ⅲ：以网络广告方式推广企业在线下经营的产品，通过网络调查线下品牌形象等。

（3）区域Ⅳ：以网络广告方式推广企业的营销站点，通过网络调查线上消费者行为等。

（4）区域Ⅰ：仍然为传统商务模式。

学生笔记：

_____

_____

_____

		市场	
		传统有形市场	网络虚拟市场
营销	线下	（区域Ⅰ） 传统市场营销	（区域Ⅱ） 部分网络营销
	线上	（区域Ⅲ） 部分网络营销	（区域Ⅳ） 纯网络营销

图 1-10　传统市场被分成 4 个区域

从图 1-10 可以直观地发现，在互联网日益普及的形势下，如果不从事电子商务，企业的市场将失去 3/4，海尔集团总裁张瑞敏曾说过："要么上网，要么死亡!"所以电子商务的应用已摆到每个企业面前，成为日益紧迫的工作。

1.2.6　应用中存在的问题

电子商务在商贸活动中起到的作用越来越大，各个企业都希望尽快上马电子商务项目。

然而，电子商务的普及应用并非易事，现实让大多数企业感到迷茫，那些上了网的企业，并未领略媒体和网络服务商描绘的美妙"钱"景，还白白交了很多学费。很多曾经"上过网"的企业家感叹说，"不上网，是等死，而上了网，是找死"。

以 2000 年下半年纳斯达克的"跳水"为转折点，美国经济结束了长长的景气时期，开始走向下滑盘整，进而使全球经济同步陷入衰退。曾经被炒昏了头的 IT 业，出现了阻挡不住的衰败，于是，人们重新思考什么是电子商务，企业需要什么样的电子商务。

来看一下社会上的一些企业是怎样上马电子商务项目的。

请看下面两段对话。

1. 场景一

公司员工：张总，我们要印一批宣传彩页。

公司经理：那就去印吧。

公司员工：人家的彩页上都有网址，可我们连网站都没有，怎么写呢？

公司经理：哦，做一个网站多少钱？

公司员工：不多，只要 1～2 千元。

公司经理：那就去做一个吧，以后在名片和信签上都写上网址。

2. 场景二

李总：听说您的公司上电子商务了？

张总：是啊是啊，我们最近建了一个网站。

李总：怎么想起来上网的呢？

张总：嗨，大家都上网了，没个形象哪儿行啊！

李总：哦，效果怎么样？

张总：呃……这个……没有统计,要去问问下面的人!

从场景一可以看出,企业决策上马做网站是何等的仓促和随便;从场景二可以看出,网站做好运行后,从不关注其效果,更不会把它当作公司的一件大事来抓,在这样的情形下,网站焉能发挥作用? 而在很多人眼中,把网站等同于电子商务,这样电子商务在某些企业能发挥的作用是可想而知的。

目前,社会上很多企业家都会问:

上网＝电子商务?

电子商务＝做网站?

可见,电子商务基本概念的普及与教育是何等的重要。造成电子商务应用效果不佳的主要原因如下。

(1) 社会基础和网络环境欠成熟。

(2) 未把电子商务与企业战略相结合,未把网络营销作为市场营销的一个重要组成部分来规划实施。

(3) 专业人才匮乏,方法严重不当。

要清醒地知道,企业需要的电子商务是低成本、快速得到效益回报的电子商务,而不是形象工程,也不是仅仅做一个网站而已。

企业只有把电子商务与企业战略相结合,把网络营销作为市场营销的一个重要组成部分来规划实施,大力引进和培养电子商务专业人才,才能让电子商务在企业真正发挥作用。

1.3　互联网应用现状

我国互联网近些年得到了高速发展,为电子商务的广泛应用奠定了基础,下面把我国互联网应用现状作一个介绍。

1.3.1　网民规模与结构特征

1. 网民规模

截至 2020 年 12 月,我国网民规模为 9.89 亿,其中手机网民规模为 9.86 亿。2019 年以来,我国互联网发展取得显著成就,多措并举带动网民规模持续增长。一是网络提速工作加快落实,农村宽带用户快速增长。截至 2020 年 12 月,我国光纤互联网宽带接入用户总数达 4.54 亿户。4G 用户总数达到 10 亿户左右,占移动电话用户总数的 90%。农村网民规模为 3.09 亿,较 2019 年 3 月增长了 5471 万。二是网络应用持续完善,移动流量增速保持高位。截至 2020 年 12 月,我国国内市场上监测到的 App 在架数量为 345 万款,第三方应用商店在架应用分发数量达 9502 亿次。网络应用满足了用户消费、娱乐、信息获取、社交、出行等各类需求,与人民群众日常生活的结合日趋紧密,吸引了四五线城市和农村地区用户

学生笔记:

_____

_____

_____

使用,提升了用户生活品质。尤其是微信、短视频、直播等应用降低了用户的使用门槛。2020年,移动互联网接入流量消费达1656亿GB,较2019年底增长35％。三是信息惠民为民加速推进,社会信息化水平持续提升。各级政府认真贯彻《2019年政务公开工作要点》等政策要求,积极推进政务服务与民生领域信息化应用,全面提升政务服务规范化、便利化水平,充分满足人民群众办事需求。截至2020年12月,我国在线政务服务用户规模为8.43亿,占网民整体的85.3％。

2. 网民结构特征

1）性别结构

截至2020年12月底,我国网民男女性别比例为51.0：49.0,近年来基本保持稳定。

2）年龄结构

截至2020年12月,我国网民以10～49岁年龄段为主要群体,比例合计达到70％。其中30～39岁年龄段的网民占比最高,达20.5％。与前几年相比,50岁及以上年龄段的网民比例有所增加,尤其是60岁以上的网民增多,达到11.2％,而19岁及以下青少年儿童网民的比例有所降低,网民年龄层逐步上移。一方面,是网络接入环境日益普及、媒体宣传范围广泛,增加了中老年群体接触互联网的机会;另一方面,是人口的老龄化。两方面因素共同导致网民的年龄结构出现年长化趋势。

3）学历结构

截至2020年12月,网民中具备中等教育程度的群体规模最大,初中学历的网民占比达40％以上;高中/中专/技校学历的网民占比为20％以上;大专以上学历的网民占比接近20％。与前几年相比,网民的学历结构保持基本稳定。

4）职业结构

截至2020年12月,网民中学生群体的占比最高,为21％左右;其次为个体户/自由职业者,比例为17％左右;企业/公司的管理人员和一般职员占比合计达到10％左右。

5）收入结构

截至2020年12月,网民中月收入在2001～5000元的群体占比最高,大约为33％;月收入在5000元以上的群体占比大约为29％。与前几年相比,网民的收入水平有一定的提升,一方面是由于城镇网民的增幅高于农村网民;另一方面与社会经济的快速发展,人民收入水平持续提高密不可分。

1.3.2 互联网基础资源

截至2020年12月,我国IPv4地址数量均为3.9亿,拥有IPv6地址大约为5.7亿块/32。

我国域名总数为4200万个左右,其中".CN"域名总数达到1900万个左右;新通用顶级域名增长较快,已经超过1000万个,占比为20％左右。我国网站总数为443万个,比2019年下降10％;".CN"下网站数为295万个左右。网站总数下降的原因是在PC平台上的应用比例下降,小微型网站关闭量增大,中大型网站逐步在市场竞争中站稳脚跟。

截至2020年12月,国内市场上监测到的App（application,移动互联网应用）数量为345万款,比2019年减少22万款,下降5.9％。其中本土第三方应用商店App数量为200

万款以上,苹果商店(中国区)App 数量超过 100 万款。

国际出口带宽为 11511397Mb/s,年增长率基本保持在 20% 左右,其中三大电信运营公司占到 90% 以上的份额。图 1-11 是主要骨干网络国际出口带宽数。

	国际出口带宽数（Mb/s）
中国电信 中国联通 中国移动	11,243,109
中国科技网	114,688
中国教育和科研计算机网	153,600
合计	11,511,397

图 1-11　主要骨干网络国际出口带宽数

1.3.3　网民网络应用

1. 即时通信

截至 2020 年 12 月,我国即时通信用户规模达 9.81 亿,较 2020 年 3 月增长 8498 万,占网民整体的 99.2%;手机即时通信用户规模达 9.78 亿,较 2020 年 3 月增长 8831 万,占手机网民的 99.3%。

2. 搜索引擎

截至 2020 年 12 月,我国搜索引擎用户规模达 7.70 亿,较 2020 年 3 月增长 1962 万,占网民整体的 77.8%;手机搜索引擎用户规模达 7.68 亿,较 2020 年 3 月增长 2300 万,占手机网民的 77.9%。

3. 网络新闻

截至 2020 年 12 月,我国网络新闻用户规模达 7.43 亿,较 2020 年 3 月增长 1203 万,占网民整体的 75.1%;手机网络新闻用户规模达 7.41 亿,较 2020 年 3 月增长 1466 万,占手机网民的 75.2%。

4. 在线应用

截至 2020 年 12 月,我国网约车用户规模达 3.65 亿,较 2020 年 3 月增长 298 万,占网民整体的 36.9%;我国网上外卖用户规模达 4.19 亿,较 2020 年 3 月增长 2103 万,占网民整体的 42.3%;手机网上外卖用户规模达 4.18 亿,较 2020 年 3 月增长 2106 万,占手机网民的 42.4%;我国在线旅行预订用户规模达 3.42 亿,较 2020 年 3 月下降 3052 万,较 2020 年 6 月提升 5596 万,占网民整体的 34.6%。

学生笔记:

5. 网络支付

截至 2020 年 12 月,我国网络支付用户规模达 8.54 亿,较 2020 年 3 月增长 8636 万,占网民整体的 86.4%;手机网络支付用户规模达 8.53 亿,较 2020 年 3 月增长 8744 万,占手机网民的 86.5%。

网络支付助力中小企业数字化转型。2020 年至今,受疫情影响,我国中小企业加速数字化转型进程,网络支付在其中发挥了关键作用。

一是网络支付提供供应链接口,助力中小企业数字化建设。我国 89% 的中小企业受自身实力和资源限制,数字化转型仍处于探索阶段。网络支付为中小企业提供信息流、实物流、资金流服务,如小程序接入、物流信息对接、供应链金融等。通过提升中小企业数字化生存能力,克服疫情造成的困难,以数字化助推中小企业提质增效。

二是网络支付开放精准营销接口,辅助商家数字化运营。随着疫情防控取得积极进展,为促进线下消费,实体商户借助网络支付平台导入线上流量,将促销信息精准推送给消费者,并提供便捷的数字化服务,实现线上线下消费融合。以发放消费券为例,网络支付系统对接商户结算系统,通过客流量监测和算法分析,随时调整发券的人群和范围,大大提升线上用户线下消费比例。

6. 网络购物

截至 2020 年 12 月,我国网络购物用户规模达 7.82 亿,较 2020 年 3 月增长 7215 万,占网民整体的 79.1%;手机网络购物用户规模达 7.81 亿,较 2020 年 3 月增长 7309 万,占手机网民的 79.2%。

随着下沉市场电子商务基础设施和服务不断完善,工业品和农产品在城乡间的商品流和信息流进一步实现高效畅通。一方面,电商平台通过小程序和直播等方式加速下沉渗透,满足中低收入群体基本消费需求;另一方面,农产品则借助"产地仓＋销地仓"、产地直播、渠道联动等电商模式加速实现销售。此外,新冠肺炎疫情加速带动了以二手消费为代表的消费方式变革,闲置经济的发展为商品循环流转提供了新动力。截至 2020 年 10 月,以工商登记为准,我国新增闲置物品销售相关企业已达 13 万家,较 2019 年同比增长 50%;截至 2020 年 12 月,二手电商用户规模已达 5266 万。二手电商通过吸引更多消费个体参与消费内循环体系中来,加速推动了商品的二次流转。

网络零售在消除国内"强生产、弱销售;强制造、弱品牌"的产业发展掣肘方面发挥了积极作用。一方面,网络零售通过助力企业销售增长解决燃眉之急,成为传统产业转型升级的重要抓手;另一方面,电商平台加速整合产业带资源,推动产业的柔性制造和品牌化发展。在出口转内销和产业升级的大背景下,全国多个产业带上的中小企业借助网络零售的反向定制模式,通过电商消费数据指导产品设计和生产,实现快速交付、小批量下单生产,推动本土新品牌的兴起和产业数字化升级。

7. 在线教育

截至 2020 年 12 月,我国在线教育用户规模达 3.42 亿,较 2020 年 3 月减少 8125 万,占网民整体的 34.6%;手机在线教育用户规模达 3.41 亿,较 2020 年 3 月减少 7950 万,占手机网民的 34.6%。2020 年下半年,随着疫情防控取得积极进展,大中小学基本都恢复了正常的教学秩序,在线教育用户规模进一步回落,但较疫情之前(2019 年 6 月)仍增长了 1.09 亿,行业发展态势良好。

在线教育高速发展的原因,第一是新技术在在线课堂的深度应用。当前人工智能、大数据等新兴技术已在在线教育领域得到广泛应用。通过大数据对师资进行筛选,提升课程标准化程度,提高客户满意度;通过人工智能对学生课堂表现进行识别、收集、整理,力图做到因材施教,实现个性化课堂,从而增强用户黏性。随着 5G 在我国的商用,直播互动的教学形式将会更多地运用到在线教育中来,目前存在的如画面不流畅、内容延迟等痛点也将得到进一步改善。第二是加强了与短视频的跨界合作。通过这一更加贴合年轻用户信息获取习惯的方式,在线教育企业达到了吸引更多客户,降低获客成本的目的。

8. 网络游戏

截至 2020 年 12 月,我国网络游戏用户规模达 5.18 亿,较 2020 年 3 月减少 1389 万,占网民整体的 52.4%;手机网络游戏用户规模达 5.16 亿,较 2020 年 3 月减少 1255 万,占手机网民的 52.4%。

2020 年,我国网络游戏行业继续保持较快发展势头。年初爆发的新冠肺炎疫情限制了线下活动的开展,却对网络游戏营收增长起到了一定的助推作用。数据显示,2020 年,我国游戏市场实际销售收入 2786.87 亿元,较 2019 年增加了 478.1 亿元,同比增长 20.71%。主要的网络游戏厂商中,网易 2020 年第三季度网络游戏服务净收入为人民币 138.6 亿元,同比增加 20.2%;腾讯第三季度网络游戏收入达 414.22 亿元,同比增长 45%。一方面,在庞大的移动游戏市场带动下,我国移动游戏加快创新步伐,高人气新作不断涌现;另一方面,随着多款主机类游戏实现"出圈",我国主机游戏的潜力有望得到进一步激发。

"云游戏"概念逐步落地。随着科技的进一步发展和 5G 在我国实现商用,"云游戏"从概念向落地迈出了坚实的一步。"云游戏"旨在通过云端集中运算减少游戏对客户硬件的需求,从而使更多用户可以享受高质量的游戏体验。腾讯、完美世界、网易等网络游戏企业先后推出了多个云游戏平台,并加强了与中国联通、华为等通信企业在相关领域的研发合作,意图在"云游戏"领域占得先机。

9. 网络直播

截至 2020 年 12 月,我国网络直播用户规模达 6.17 亿,较 2020 年 3 月增长 5703 万,占网民整体的 62.4%。其中,电商直播用户规模为 3.88 亿,较 2020 年 3 月增长 1.23 亿,占网民整体的 39.2%;游戏直播的用户规模为 1.91 亿,较 2020 年 3 月减少 6835 万,占网民整体的 19.3%;真人秀直播的用户规模为 2.39 亿,较 2020 年 3 月增长 3168 万,占网民整体的 24.2%;演唱会直播的用户规模为 1.90 亿,较 2020 年 3 月增长 3977 万,占网民整体的 19.2%;体育直播的用户规模为 1.38 亿,较 2020 年 3 月减少 7488 万,占网民整体的 13.9%。

以电商直播为代表的网络直播行业在 2020 年实现蓬勃发展,具体表现在以下两方面。

促消费,网络直播成为拉动经济内循环的有效途径。在 2020 年新冠肺炎疫情和决战决

学生笔记:
_____
_____
_____

胜脱贫攻坚的双重背景下,"跨越信息鸿沟、实现安全交易、形成健康循环"成为政府与企业的重要目标。网络直播作为"线上引流＋实体消费"的数字经济新模式,完美契合了上述需求,因而成为发展新热点。一是政府高度重视,为行业发展打下坚实基础。为深入贯彻党中央、国务院精准扶贫和乡村振兴战略,各地方政府积极发挥"牵线搭桥"作用,通过成立电商直播协会、建设电商直播基地、培育电商直播人才、打造直播电商产业带等多种方式,促进"电商直播＋"产业发展,助力传统产业振兴。二是企业积极布局,为行业发展提供技术支撑。无论是以京东、苏宁为代表的电商企业,还是以抖音、快手为代表的短视频平台,甚至微信、微博等互联网社交应用,都开始将电商直播作为拉动营收增长的战略重点。企业人才资源的大量涌入,让电商直播技术实现了迅猛发展,在接入速率、流畅程度、延迟水平等方面都实现了长足进步。三是网民广泛参与,为行业发展带来强劲动力。随着疫情期间用户线上消费习惯的加速养成,直播电商已经成为一种广泛受到用户喜爱的新兴购物方式。数据显示,在电商直播中购买过商品的用户已经占到整体电商直播用户的66.2%,其中17.8%的用户的电商直播消费金额占其所有网上购物消费额的三成以上。以微博为例,人民日报、央视新闻等官方微博组织的"一起遇见国货好物♯这很中国♯"等多个主题直播活动的用户观看量均超过千万。

强管理,不良内容整治措施和行业规范陆续出台。一是直播平台不良内容管理进一步加强。2020年6月,国家互联网信息办公室会同相关部门对31家主要网络直播平台的内容生态进行全面巡查,视违规情节对相关平台采取停止主要频道内容更新、暂停新用户注册、限期整改等处置措施。8月,网络直播行业专项整治和规范管理工作进行再部署,着力于提升直播平台文化品位,引导用户理性打赏,规范主播带货行为,促进网络直播行业高质量发展。二是网络直播行业规范密集出台。6月,中国广告协会发布《网络直播营销行为规范》,成为首部针对直播电商行业的全国性规定。11月,国家广播电视总局发布《关于加强网络秀场直播和电商直播管理的通知》;国家互联网信息办公室会同有关部门起草《互联网直播营销信息内容服务管理规定(征求意见稿)》并向社会公开征求意见。这些规范性文件将有助于网络直播行业淘汰无序从业者,实现长期繁荣发展。

1.4　电子商务应用模式

1.4.1　电子商务交易模式

电子商务按照交易模式来划分,可以分为 B2C、B2B、C2C、B2G 和 O2O 这 5 种模式,如图 1-12 所示。

1. B2C 模式

B2C(business to consumer)模式是企业与消费者之间的电子商务,如亚马逊、当当网、天猫、京东、苏宁易购、唯品会、拼多多等平台和生产企业自建的独立平台。

B2C 电子商务模式的特点就是商品完全通过网络的方式进行交易,消费者到网上挑选商品、网上电子支付、物流配送以及售后服务,整个购物过程都通过网络为媒介来完成,不需要进行当面交易。

因此 B2C 模式交易的商品特点是要求适合在网上销售。第一类是低值、不易变质的大

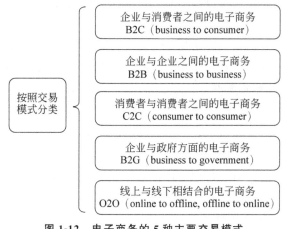

图 1-12　电子商务的 5 种主要交易模式

众消费品,如 50～1000 元的服装、鞋帽等。化学原料是生产资料,不适合在网上销售。易变质的食品也不适合在网上销售。第二类是标准化的物品,只需说明品牌和型号,就能使买卖双方都清楚的商品,如电子原材料、数码产品和图书等。第三类是个性化产品,商店和超市一般没有现成的产品而需要定做的,如手工刺绣、手工布鞋、计算机瓷像、生日礼品等。第四类是不需要物流配送的产品,如软件、充值卡、资料、信息等。

2. B2B 模式

B2B(business to business)模式是企业与企业之间通过互联网进行产品、服务及信息的交换,如阿里巴巴、慧聪网、中国网库、环球资源网等大型交易平台。

这种类型是电子商务的主流,也是企业面临激烈竞争,改善竞争条件,建立竞争优势的主要方法。因此基于互联网的 B2B 的发展速度十分迅猛。

传统的企业间的交易往往要耗费企业的大量资源和时间,无论是销售或采购都要占用产品成本。通过 B2B 的交易方式,买卖双方能够在网上完成整个业务流程,如建立最初印象、货比三家、讨价还价、签订合同、交货和售后服务等。B2B 使企业之间的交易减少了许多事务性的工作流程和管理费用,降低了企业经营成本。网络的便利及延伸性使企业扩大了活动范围,企业发展跨地区跨国界更方便,成本更低廉。

B2B 不仅仅是建立一个网上的买卖者群体,它也为企业之间的战略合作提供了基础。任何一家企业,不论它具有多强的技术实力或多好的经营战略,要想单独实现 B2B 是完全不可能的。单打独斗的时代已经过去,企业间建立合作联盟逐渐成为发展趋势。网络使得信息通行无阻,企业之间可以通过网络在市场、产品或经营等方面建立互补互惠的合作,形成水平或垂直形式的业务整合,以更大的规模、更强的实力、更经济的运作,真正达到全球运筹管理的模式。

B2B 的第一个模式是面向制造业或商业的垂直 B2B。垂直 B2B 可以分为两个方向,即

学生笔记:

上游和下游。生产商或零售商可以与上游的供应商之间形成供货关系,与下游的经销商形成销货关系。

B2B 的第二个模式是面向中间交易市场的 B2B。这种交易模式是水平 B2B,它是将各个行业中相近的交易过程集中到一个场所,为企业的采购方和供应方提供了一个交易的机会,像阿里巴巴、慧聪、环球资源网等。

3. C2C 模式

C2C(consumer to consumer)模式是消费者与消费者之间的电子商务,例如淘宝、拍拍等网站平台。

简单地说就是消费者本身提供服务或产品给消费者,最常见的形态就是个人工作者提供服务给消费者,如保险从业人员、直销人员的在线服务,商品竞标网站,此类网站并非企业对消费者,而是采用由提供服务的消费者与需求服务的消费者私下达成交易的方式。C2C 交易一般是通过网络商搭建的大型平台进行交易,也可通过建设个人服务网站进行交易。通过网站,可以让销售范围拓展到广阔的领域,并且可以给客户提供无所不在的服务,而成本却很低。

4. B2G 模式

B2G(business to government)模式是企业与政府管理部门之间的电子商务,如海关报税平台、国税局和地税局报税平台等。

5. O2O 模式

上面介绍了网上的 4 种交易模式,近几年来,O2O 这个名词使用越来越频繁,它实际上是将传统营销模式与网络营销模式相结合的一种模式。O2O 即 online to offline 和 offline to online。

O2O 是利用互联网使线下商品或服务与线上相结合,线上生成订单,线下完成商品或服务的交付。

整体来看 O2O 模式将会达成"三赢"的效果。

(1) 对本地商家来说,O2O 模式要求消费者网站支付,支付信息会成为商家了解消费者购物信息的渠道,方便商家对消费者购买数据的搜集,进而达到精准营销的目的,更好地维护并拓展客户。通过线上资源增加的顾客并不会给商家带来太多的成本,反而带来更多利润。此外,O2O 模式在一定程度上降低了商家对店铺地理位置的依赖,减少了租金方面的支出。

(2) 对消费者而言,O2O 提供丰富、全面、及时的商家折扣信息,能够快捷筛选并订购适宜的商品或服务,且价格实惠。

(3) 对服务提供商来说,O2O 模式可以带来大规模高黏度的消费者,进而能争取到更多的商家资源。掌握庞大的消费者数据资源,本地化程度较高的垂直网站借助 O2O 模式,还能为商家提供其他增值服务。

1.4.2　影响电子商务成功的要素

电子商务要得到广泛而有成效的应用,不是一家企业靠自身努力就可以完成的,而需要全社会共同努力才能有效发挥电子商务的作用。

那么,电子商务需要哪些外部条件和环境呢? 主要有以下 7 点。

1. 互联网技术

电子商务是伴随着互联网的发展而兴起的应用,所以互联网技术是否成熟、互联网使用是否方便、互联网成本是否低廉直接影响着电子商务的普及推广。目前互联网在技术上已经成熟,我国已有 90% 的网民使用宽带上网,且网络稳定,网速已足够满足日常工作和娱乐需求,35 岁以下的年轻一代都会使用计算机和网络,日常操作已不成问题,上网费用每月也只有 100～200 元,城镇居民已能承受上网的费用。

所以,互联网技术已完全能满足电子商务发展的需要。

2. 电子支付与安全

在电子商务的交易过程中,货款的支付方式和安全性尤为重要,对电子商务的成败起着决定作用。目前我国各大商业银行都开通了网上银行,企业和个人无须到银行柜台就可以办理电子支付手续。还有一些网上支付公司与银行合作,也开通了第三方中介功能,以确保买卖双方都能安心网上交易。在电子支付过程中,银行和网上支付公司都采用了许多加密措施,来确保交易过程的安全。

但在现阶段,电子支付的普及与安全措施的改善都处于一个逐步发展完善的过程,并不能说已到了成熟的阶段,所以它对电子商务的发展还有一定的制约作用。我们期待相关技术工作者不断努力,提供更好的电子支付方法和产品,提供更严密的电子支付安全措施。

3. 物流配送

电子商务与传统商务一样,仍然需要物流配送,需要成熟的物流配送体系。目前,物流业得到迅速发展,已基本满足电子商务发展的需要。

4. 法律法规

电子商务要得到健康发展,离不开健全的法律体系的保障。由于电子商务发展日新月异,新问题、新模式不断出现,电子商务相关的法律难以立即跟上。很多电子商务中出现的新问题无法可依,也就会使电子商务的健康发展缺乏保障。

所以,目前要在《中华人民共和国电子商务法》的法律框架下,不断推出实施细则和行业规定,来保障电子商务的飞速发展。

5. 信用诚信

由于电子商务交易过程中互不见面,所以信用诚信就显得尤为重要。信用是市场经济的基础和生命线,特别是在经济全球化的过程中,信用是进入国际市场的通行证。电子商务作为一种商业活动,信用同样是其存在和发展的基础。少数缺乏诚信的经营者在电子商务交易中,大肆贩卖假冒伪劣产品;极少数不法分子更是利用电子商务交易进行网络诈骗。

学生笔记:

_____

_____

_____

所以,建设信用征信体系的需求非常迫切,否则会严重制约电子商务的发展。

6. 网站建设

虽然电子商务活动在没有网站的情况下也能进行,但由于近年来网络技术飞速发展,建设一个网站的成本不断下降,其费用在整个电子商务系统运营中几乎可以忽略不计,建设网站的技术也日益成熟,其编程技术已是普及的技能。企业要做一个中型网站,一般可以委托软件公司开发,开发费用一般不超过 3 万元,开发时间不超过一个月,非常方便。所以一般提倡在有网站的基础上进行电子商务活动,这样会取得较好的效果。

但在技术上完成网站的开发,并不能说明网站在商业模式上获得了成功。企业经营人员要使网站实现营销手段和商业目标,还必须做很多功课,如网站栏目设置、网站功能选择、内容编辑和更新、网店陈列手段、产品图片处理、网站点击率的提高、用户浏览的质量问题、与客户在线交流、反馈信息处理和网络营销等内容都要有精心规划。

所以,网站的技术开发并不难,而网站在商业模式上获得成功是电子商务成功的关键所在。

7. 网络营销

一个网站,无论它用的编程技术多么高超,商业模式多么先进,如果没有人访问,那么也不会发挥多大的作用,就像在荒山上建一个超市,不论该超市装修得多么富丽堂皇,也不会有人去购物。所以,网站建好后,就要进行网站推广等一系列的网络营销工作,使网站得到更多的浏览量。

网络营销工作做得好坏,直接影响网站的浏览量,对电子商务的成败有着举足轻重的作用。

上面所述的 1~5 条,是一个企业开展电子商务的外部环境,而且,这些外部环境对任何企业都是相同的,没有一个企业能靠自身的力量来改变它们。而企业能改变的只有第 6 条和第 7 条,那就是打造适合自己的网站,并开展持久的网络营销工作。

在我国,所有企业都面临着相同的外部环境,有些企业的电子商务获得了成功,而另一些企业的电子商务却遭到了失败,其原因就是网站建设和网络营销的做法各不相同。只有找到了失败的原因,电子商务才有可能获得重生。

1.4.3 企业迫切需要的电子商务类型

企业需要的是能够帮助企业低成本、快速得到效益回报的电子商务。按 2020 年的市场行情来说,对一个中小型企业来说,最低花费 50 万元在半年内获得成效的电子商务是较受欢迎的项目。这 50 万元的费用中,5 万元用于网站建设或者网络店铺租赁,2 万元用于计算机等硬件设备租赁(去计算机公司租赁,而不是购买,节省开办费用),20 万元用于网络营销,15 万元用于半年内的人工费用,8 万元用于半年的办公场地费用。只要方法得当,在半年内会从互联网上得到订单,从而帮助企业盈利。

盈利电子商务的锦囊妙计包括:

(1) 建设有营销能力的网站,包含 PC 端、手机端 App,微信小程序、H5 端、公众号端;

(2) 用正确的网络营销方法让互联网给我们带来客户。

目前我国较适合做线上线下相结合(O2O)模式的电子商务。

1.4.4 梅特卡夫定律

梅特卡夫定律的内容是：网络价值与用户数的平方成正比。网络使用者越多，价值就越大。某种网络，如电话的价值随着使用用户数量的增加而增加。梅特卡夫定律是3Com公司的创始人，计算机网络先驱罗伯特·梅特卡夫提出的。

梅特卡夫定律决定了新科技推广的速度，所以网络上联网的计算机越多，每台计算机的价值就越大。新技术只有在有许多人使用它时才会变得有价值。使用网络的人越多，这些产品才变得越有价值，因而越能吸引更多的人来使用，最终提高整个网络的总价值。一部电话没有任何价值，几部电话的价值也非常有限，成千上万部电话组成的通信网络才把通信技术的价值极大化。当一项技术已建立必要的用户规模，它的价值将会呈爆炸式的增长。一项技术多快才能达到必要的用户规模，这取决于用户进入网络的代价，代价越低，达到必要用户规模的速度就越快。有趣的是，一旦形成必要用户规模，新技术开发者在理论上就可以提高对用户的价格，因为这项技术的应用价值比以前增加了。进而衍生为某项商业产品的价值随使用人数的增加而增加的定律。

梅特卡夫定律是基于每一个新上网的用户都因为别人的联网而获得了更多的信息交流机会，指出网络具有极强的外部性和正反馈性：联网的用户越多，网络的价值越大，联网的需求也就越大。这样，我们可以看出梅特卡夫定律指出了从总体上看，消费存在效用递增的现象，即需求创造了新的需求。图 1-13 揭示了网络价值与联网计算机数量的关系。

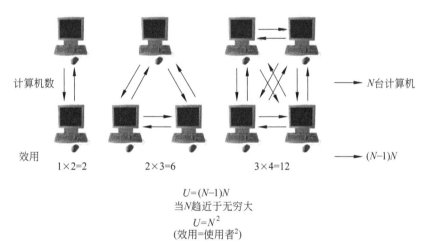

$$U=(N-1)N$$
当N趋近于无穷大
$$U=N^2$$
(效用=使用者^2)

图 1-13　网络价值与联网计算机数量的关系

学生笔记：

【主要知识点】

1.【ARPANET】互联网来源于美国国防部的 ARPANET 网。

2.【TCP/IP】现在的互联网都是基于 TCP/IP(传输控制协议/互联网协议)的。

3.【我国入网时间】中国于 1994 年 3 月获准加入互联网国际组织。

4.【我国互联网大发展时间】中国电子商务于 2005 年进入实用发展阶段。

5.【电子商务定义】

狭义电子商务(Electronic Commerce,EC):通过使用互联网等电子工具在全球范围内进行的商务贸易活动。这些工具包括电报、电话、广播、电视、传真、计算机、计算机网络、移动通信等。

这个表述是指在互联网的开放网络环境下,买卖双方互不谋面地进行各种商务活动、交易活动、金融活动和相关的综合服务活动,它是一种新型的商业运营模式,其内容包括消费者的网上购物、企业之间的网上交易、在线电子支付、网上客户服务、网络营销、网络广告、网上调查等内容。

广义电子商务(Electronic Business,EB):通过使用互联网等电子工具,使公司内部、供应商、客户和合作伙伴之间,利用电子业务共享信息,实现企业间业务流程电子化,配合企业内部的电子化生产管理系统,提高企业的生产、库存、流通和资金等各个环节的效率。

这个表述是将所有商务活动业务流程电子化,不仅包括了企业商务活动中面向外部的业务流程,如网络营销、电子支付、物流配送等,还包括了企业内部的业务流程,如企业资源计划、客户关系管理、供应链管理、人力资源管理、市场管理、生产管理、研发管理以及财务管理等内容。

目前,我国大多数普通高等学校电子商务专业都是按照狭义电子商务的定义来设置课程的。一般来说,电子商务专业侧重于企业与企业之间电子交易过程中相关知识的学习,而信息管理专业侧重于企业内部电子化管理流程中相关知识的学习,但二者有着千丝万缕的联系,不可能分得很清楚。

6.【电子商务系统】一个完整的电子商务系统涉及买家、卖家、银行或金融机构、认证机构、配送中心和政府管理机构 6 方面。

7.【电子与商务关系】电子商务中的"电子"是指技术手段,例如电子商务中用到的计算机、网络设备、网站软件和其他软件工具、宽带接入设备等,电子商务中的"商务"是指商业模式,例如电子商务的交易模式是 B2B 还是 B2C 等。电子商务的重点在于"商务"的内容。

8.【互联网对社会经济的影响】互联网改变了世界的商业市场格局,它诞生了一个崭新的世界——虚拟世界。企业的目标市场实际上已划分为传统有形市场和网络虚拟市场两部分,市场版图由于虚拟世界的出现,已经分成 4 个区域,其中 3 个区域与互联网有关。

9.【电子商务普及的难度】①社会基础和网络环境欠成熟;②网络营销不被企业重视;③专业人才匮乏。

10.【网民规模】截至 2020 年 12 月,我国网民总数接近 10 亿,位列全世界第一。互联网普及率超过 70%,高于全世界平均水平。

11.【网民构成】①性别大致相同,但女性用品容易销售;②年龄在 20～29 岁居多,网上适宜销售年轻人用品;③收入在 2000～5000 元居多,网上适宜销售低值大众消费品。

12.【网络应用】排在前 5 位的网络应用分别是即时通信、搜索引擎、网络新闻、在线应用、网络支付。

13.【电子商务交易模式】①B2C(business to consumer)模式:企业与消费者之间的电子商务,例如亚马逊、当当书店、卓越网、京东等平台和生产企业自建的独立平台。②B2B(business to business)模式:企业与企业之间通过互联网进行产品、服务以及信息的交换,例如阿里巴巴、慧聪网、环球资源网等大型交易平台。③C2C(consumer to consumer)模式:消费者与消费者之间的电子商务,淘宝、拍拍、易趣等网站平台。④B2G(business to government)模式:企业与政府管理部门之间的电子商务,例如海关报税平台、国税局和地税局报税平台等。⑤O2O(online to offline,offline to online)模式:利用互联网使线下商品或服务与线上相结合,线上生成订单,线下完成商品或服务的支付。

14.【企业开展电子商务的关键】①网站建设;②网络营销。

15.【梅特卡夫定律】网络价值与用户数的平方成正比。网络使用者越多,价值就越大。例如电话的价值随着用户数量的增加而增加。互联网也是如此,我国互联网用户接近 10 亿规模,电子商务的实用性就越来越大。

【技能训练】

实训一　计算机操作技能

1. 熟练使用 Office、WPS 办公软件及模板操作。
2. 熟练打字手法,每分钟能熟练输入 60 个以上汉字,准确率达 99% 以上。
3. 熟练使用当前市面上流行的三星、苹果、华为、小米等品牌智能手机。
4. 熟练使用微信、QQ 等即时通信工具,会加好友,会使用视频聊天、音频聊天等功能。
5. 能够在淘宝、京东商城、当当网等知名购物平台进行购物操作。

目前在城镇长大的青少年都具备这些操作技能,少数来自偏远地区的学生可能会生疏一些,老师应指导这些学生尽快掌握这些操作技能。

由于这些技能已经相当普及,本书不再赘述。

【本章小结】

- 电子商务的发展历程

电子商务的发展是伴随着互联网等电子技术的发展而逐步发展起来的,所以互联网是电子商务发展的技术基础。

学生笔记:
_____
_____
_____

- 电子商务概念

1. 狭义电子商务(electronic commerce，EC)：通过使用互联网等电子工具(包括电报、电话、广播、电视、传真、计算机、计算机网络、移动通信等)在全球范围内进行的商务贸易活动。

2. 广义电子商务(electronic business，EB)：通过使用互联网等电子工具，使公司内部、供应商、客户和合作伙伴之间，利用电子业务共享信息，实现企业间业务流程的电子化，配合企业内部的电子化生产管理系统，提高企业的生产、库存、流通和资金等各个环节的效率。

- 互联网应用现状

继 2008 年 6 月中国网民规模超过美国，成为全球第一之后，网民规模继续扩大。截至 2020 年 12 月底，中国网民人数和手机网民人数均超过 9 亿。手机支付已经普及，各种互联网的应用已经在全世界属于领先地位。

- 电子商务应用模式

1. 电子商务按照交易模式来划分，可以分为 B2C、B2B、C2C、B2G 和 O2O 这 5 种模式。

2. 影响电子商务成功的要素有互联网技术、电子支付与安全、物流配送、法律法规、信用诚信、网站建设、网络营销等。前 5 项是一个企业开展电子商务的外部环境，而且这些外部环境对任何企业都是相同的，没有一个企业能靠自身的力量来改变它们，而企业能改变的只有后 2 项，那就是打造适合自己的网站，并开展持久的网络营销工作。

3. 梅特卡夫定律的内容是：网络价值与用户数的平方成正比，网络使用者越多，价值就越大。

【练习作业】

一、选择题

1. 我国是哪一年加入国际互联网组织的？

　　A. 1997 年　　　　　B. 1994 年　　　　　C. 2000 年　　　　　D. 1990 年

2. 下面哪个是现在通用的互联网协议？

　　A. ARPANET　　　　B. HTTP　　　　　C. TCP/IP　　　　　D. NCP

3. 企业与消费者之间的电子商务用什么表示？

　　A. B2C　　　　　　B. B2B　　　　　　C. C2C　　　　　　D. B2G

4. 下面哪个不属于 C2C 网站？

　　A. 淘宝　　　　　　B. 易趣　　　　　　C. 当当网　　　　　D. 有啊

5. "联网的用户越多，网络的价值越大，联网的需求也就越大。"这句话属于哪个定律？

　　A. 梅特卡夫法则　　B. 亚马逊法则　　　C. 牛顿定律　　　　D. 乔布斯法则

二、讨论题

1. 请叙述广义电子商务和狭义电子商务的概念和区别。

2. 电子商务人才在发达地区还是贫困地区更容易发挥作用？

3. 你的家乡迫切需要哪方面的电子商务应用？

4. "互联网＋"战略中的 11 个应用领域,你对哪个最感兴趣? 具体讲讲你的感想。

5. 在"大众创业、万众创新"的大潮中,你有什么创新的好点子来改进我们身边的学习和生活环境?

三、操作题

请到下面网站去仔细浏览,并熟记它们的域名。

1.【www.marketingman.net】是电子商务研究网站,其中的电子商务辞典是个学习概念的好网站,让学生互动补充电子商务专业词汇。

2.【www.cnnic.net.cn】中国互联网络信息中心(China Internet Network Information Center,CNNIC)是经国家主管部门批准,于 1997 年 6 月 3 日组建的管理和服务机构,行使国家互联网络信息中心的职责。CNNIC 承担的主要职责包括:

① 互联网地址资源注册管理;

② 互联网调查与相关信息服务;

③ 目录数据库服务;

④ 互联网寻址技术研发;

⑤ 国际交流与政策调研;

⑥ 承担中国互联网协会政策与资源工作委员会秘书处的工作。

3.【www.amazon.com】亚马逊网站,是著名的 B2C 网站,是电子商务经典案例。

4.【www.hao123.com】是国内流量较大的网址导航网站,已被百度收购。

5. 谷歌、百度、新浪、搜狐、网易、淘宝、拍拍、易趣、京东、一号店、当当网等网站。

学生笔记:

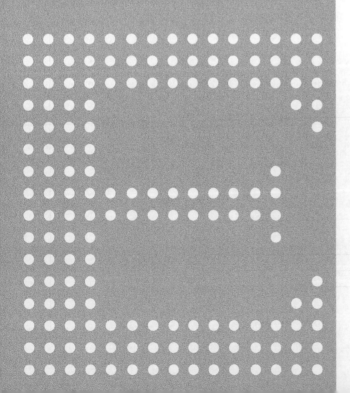

第2章

电子商务技术基础

【学习目标】

通过本章的学习,了解互联网与万维网的区别以及互联网的常用接入方式,掌握 IP 地址的概念和应用,正确理解域名的含义、域名与 IP 地址的对应关系、域名的商业价值。具体来说,学生应该有以下认识。

(1)互联网与万维网是两个不同的概念,不能混淆。

(2)互联网的常用接入方式有 6 种,窄带接入方式目前已经基本淘汰,宽带接入已经普及,其中光纤接入和无线接入是目前较常见的接入方式。由于智能手机的广泛使用,无线接入是应用最为普遍的,应重点了解手机无线接入的方法及应用。

(3)域名和 IP 地址都是识别网络上计算机的标志,俗称门牌号码。人识别域名,而计算机识别 IP 地址。域名与 IP 地址的对应关系叫作 DNS。目前使用的 IP 地址由 4 个字节组成,新一代 IP 地址由 6 个字节组成。

(4)域名的后缀可以判别其机构属性或者地区属性,因而可以初步判断网站的属性。一级域名要花钱购买，但一个一级域名可以免费派生出几十个二级域名，用于一个大型网站的不同栏目（频道）。

（5）域名是有商业价值的，普通一手域名（注意：不要与一级域名混淆，一手域名是指从网络机构买的域名）只需几十元，而好的二手域名需要几万元以上。应该懂得什么样的域名是好域名。

（6）虚拟空间是做网站不可缺少的存储媒介，南北两大运营商的线路带来的网速瓶颈是做网站应该注意的地方。应该懂得判断虚拟空间好坏的几个主要指标。

【学习要求】

本章内容涉及互联网技术，文科学生是比较头疼的。所以想学好本章内容，学生要预习有关计算机背景知识，或者应该反复阅读课本。应有的计算机背景知识包括二进制数及其转换、"与""或""非"运算等。应该了解计算机的网络设置操作。若对 IP 地址部分确实有困难，可以一带而过。

【关键词】

互联网、万维网、IP 地址、域名、宽带、带宽、宽带接入。

2.1　互联网基本概念

2.1.1　互联网的定义

互联网的全称是国际互联网络，简称互联网，又称因特网，因特网是英文 Internet 的译称。它是一个基于 TCP/IP 的网络，通过 TCP/IP 实现了不同品牌、不同性能、使用不同操作系统的计算机之间的通信，它是由成千上万个网络和上亿台计算机相互连接而成的，是全球最大的提供信息资源查询和信息资源共享的信息资源平台。它是全球最大的、开放的、由众多网络互联而成的计算机网络。

2.1.2　互联网协议

网络上的计算机之间是如何交换信息的呢？就像人们说话用某种语言一样，在网络上的各台计算机之间也有一种语言，这就是网络协议，不同的计算机之间必须使用相同的网络协议才能进行通信。

网络协议是网络上所有设备（网络服务器、计算机及交换机、路由器、防火墙等）之间通信规则的集合，它定义了通信时信息必须采用的格式和这些格式的意义。网络协议使网络上各种设备能够相互交换信息。

现在，互联网使用 TCP/IP 交换信息。

TCP/IP 是 transmission control protocol/internet protocol 的简写，中文译名为"传输

学生笔记：

控制协议/互联网协议"。TCP/IP是一种网络通信协议,它规范了网络上的所有通信设备,尤其是一个主机与另一个主机之间的数据往来格式以及传送方式。TCP/IP是互联网的基础协议,也是一种计算机数据打包和寻址的标准方法。在数据传送中,可以形象地理解为有两种信封,TCP和IP就像是信封,要传递的信息被划分成若干段,每一段塞入一个TCP信封,并在该信封上记录有分段号的信息,再将TCP信封塞入IP大信封,发送上网。在接收端,一个TCP软件包收集信封,抽出数据,按发送前的顺序还原,并加以校验,若发现差错,TCP将会要求重发。因此,TCP/IP在互联网中几乎可以无差错地传送数据。对普通用户来说,并不需要了解网络协议的整个结构,仅需要了解IP的地址格式,即可与世界各地进行网络通信。访问网站的命令格式为:

通信协议(Protocol)://主机名或IP地址/路径/文件名

如https://www.nju.edu.cn/njuc/dep/index.psp。常用的通信协议有HTTP、FTP、Telnet、News、File等,它们都是基于TCP/IP上的应用层协议。

请注意,切不可将互联网写作"互连网"。

2.1.3　万维网

万维网,又称环球信息网,英文是WWW(world wide web),它是一个基于超文本的信息查询工具,把各种类型的信息(图形、图像、文本、动画等)有机地集成起来,供用户查询使用,使互联网具备了支持多媒体应用的功能。它是TCP/IP上的应用层协议HTTP的一个应用。

超文本是一种更复杂更高级的文本显示方式,通过对有关词汇进行索引链接,使得这些带链接的词汇或语句指向文本中的有关段落、注解或其他文本。

而今天,WWW几乎成了Internet的代名词。

万维网是无数个网络站点和网页的集合,它们在一起构成了互联网最主要的部分(互联网也包括电子邮件、Usenet以及新闻组)。它实际上是多媒体的集合,是由超链接连接而成的。通常通过网络浏览器上网观看的就是万维网的内容。

Internet是一个把分布于世界各地不同结构的计算机网络用各种传输介质互相连接起来的网络。因此,有人称之为网络的网络。Internet提供的主要服务有万维网(WWW)、文件传输(FTP)、电子邮件(E-mail)、远程登录(Telnet)等。

WWW简称W3,有时也称为Web,中文译名为万维网、环球信息网等。WWW由欧洲核物理研究中心(ERN)研制,其目的是方便全球范围的科学家利用Internet进行通信、信息交流和信息查询。

WWW是建立在客户机/服务器模型之上的。WWW是以超文本标记语言HTML(hyper text markup language)与超文本传输协议HTTP(hyper text transfer protocol)为基础的,能够提供面向Internet服务的、一致的用户界面的信息浏览系统。其中WWW服务器采用超文本链路来链接信息页,这些信息页既可放置在同一主机上,也可放置在不同地理位置的主机上。链路由统一资源定位器(URL)维持。WWW客户端软件(即WWW浏览器)负责信息显示与向服务器发送请求。

　　Internet 采用超文本和超媒体的信息组织方式,将信息的链接扩展到整个 Internet 上。目前,用户利用 WWW 不仅能访问 Web 服务器的信息,而且可以访问 FTP、Telnet 等网络服务。因此,它已经成为 Internet 上应用最广和最有前途的访问工具,并在商业范围内发挥着越来越重要的作用。

　　WWW 客户程序在 Internet 上被称为 WWW 浏览器(browser),它是用来浏览 Internet 上 WWW 主页的软件。目前,最流行的浏览器软件主要有 Google Chrome 和 Microsoft Edge 等。

　　WWW 浏览器提供界面友好的信息查询接口,用户只需提出查询要求,至于到什么地方查询、如何查询则由 WWW 自动完成。因此 WWW 为用户带来的是世界范围的超文本服务。用户只要操纵鼠标,就可以通过 Internet 从全世界任何地方调来所需的文本、图像、声音等信息。WWW 使非常复杂的 Internet 使用起来异常简单。WWW 浏览器不仅为用户打开了寻找 Internet 上内容丰富、形式多样的主页信息资源的便捷途径,而且提供了 Usenet 新闻组、电子邮件与 FTP 等功能强大的通信手段。

2.2　互联网接入方式

　　互联网的接入方式有多种,下面详细介绍个人用户比较普遍使用的接入方式,即当用户拥有一台计算机,怎样将它接入互联网。

　　在介绍互联网的接入方式之前,先介绍一下带宽单位。

　　英文 bit 翻译成中文的含义是“位”,是 1 个二进制位;英文 byte 翻译成中文的含义是“字节”,是 8 个二进制位。所以 1byte＝8bit。K、M、G、T 等都是数量单位。bit 简称 b,byte 简称 B。各单位数量级之间的转换关系如下。

$$1\mathrm{Kbit}=1024\mathrm{bit}$$
$$1\mathrm{Mbit}=1024\mathrm{Kbit}$$
$$1\mathrm{Gbit}=1024\mathrm{Mbit}$$
$$1\mathrm{Tbit}=1024\mathrm{Gbit}$$

　　bps 是 bits per second 的缩写,也可以写成 b/s,是指每秒传送位数,是网络传输速率的通常描述方法。Bps 可以理解为 bytes per second 的缩写,可以写成 B/s,是指每秒传送字节数。为了区分究竟是 bits per second 还是 bytes per second,所以在字体上作区分,小写 bps 理解为 bits per second 的缩写,大写 Bps 理解为 bytes per second 的缩写,即

$$1\mathrm{Bps}=8\mathrm{bps} \quad \text{或者写成} \quad 1\mathrm{B/s}=8\mathrm{b/s}$$

2.2.1　PSTN 接入

　　PSTN 接入方式(public switched telephone network,公共交换电话网),这是我国较早的上网方式,也是典型的窄带接入方式。用户只要有一部普通电话,再加上一个调制解调

学生笔记:

器(市场上俗称"猫")就可以实现拨号上网。上网速度理论上可以达到上行速度 33.6kb/s,下行速度 56kb/s。

PSTN 接入方式的上网设备是 MODEM,其中文名称为"调制解调器"。因为普通的电话网络传输的是模拟信号,而计算机处理的是数字信号。把数字信号转变成模拟信号的过程叫作调制,相反的过程就是解调,调制解调器就起到了这个作用。它分为内置式与外置式两种。内置 MODEM 是插在计算机主板上的一张卡,很多品牌计算机都预装了内置 MODEM。如果是后来添加,很多人会选择外置式 MODEM。预装的内置 MODEM 通常已经安装好了驱动程序,只需将电话线接头(俗称水晶头,因为它白色透明)接入主机箱后面的 MODEM 提供的接口就行了。外置 MODEM 是将电话线接头插入 MODEM,随设备自带了一条 MODEM 与计算机的连接线,该连接线一端接 MODEM,另一端接计算机主机上的串行接口,用户可以参阅随设备的说明书,安装驱动程序。

PSTN 接入方式的上网账号由 ISP 提供。ISP 是互联网服务提供商的英文缩写。因为互联网的开放性,所以任何公司与个人都可以投资设备、建设网站、提供接入服务,成为 ISP。在我国,人们通常选择中国电信 163 作为 ISP。ISP 提供拨号上网的号码、用户名、密码等,如 163 的上网拨号全国统一,都是 163,用户名、密码由用户自己设定。一般当地的电信部门都提供这种业务,而一些品牌机或者 MODEM 供应商也可能为用户免费提供一定数额的上网资费。

为了减少申请手续,有些地区提供了免申请的接入方式,例如,广东电信曾提供免申请的接入:拨号,96333;用户名,169;密码,169。全省统一,上网费用计入用户接入的那台电话的付款账号。

PSTN 接入方式的缺点之一是打电话和上网只能二者选一,打电话时不能上网,上网时不能打电话;缺点之二是网速太慢。所以它已慢慢地被淘汰。

2.2.2　ISDN 接入

ISDN(integrated services digital network)是综合业务数字网的简称,又称一线通,它是由电话综合数字网演变而来的。ISDN 有两个信道,可以全部用于接入互联网,也可以仅用一个信道接入。如果两个信道同时使用,则数据传输速率为 128kb/s。使用一个信道时数据传输速率为 64kb/s,此时另一个信道作为普通电话使用。它是 20 世纪 80 年代末在国际上兴起的新型通信方式。同样的一对普通电话线原来只能接一部电话机,原来的拨号上网就意味着这个时候不能打电话。而申请了 ISDN 后,通过一个称为 NT 的转换盒,就可以同时使用数个终端,用户可以一边网上冲浪,一边打电话或进行其他数据通信。它允许的最大传输速率是 128kb/s,是普通 MODEM 的 3～4 倍,而装机与通信费用与普通电话相似。过去曾经在国内城市推广普及此业务,但不久被宽带 ADSL 所替代。

2.2.3　ADSL 接入

ADSL(asymmetric digital subscriber line)是非对称数字用户线的简称,是目前电信系统所称的宽带网。它是利用现有的市话铜线进行数据信号传输的一种技术,终端设备主要是一个 ADSL 调制解调器。各地电信局在宣传 ADSL 时采用的商业名称为"超级一线通"

"网络快车"等,这些都是指同一种宽带方式。目前,ADSL 是普通居民最常用的一种宽带接入方式。

ADSL 可以直接利用现有的电话线路,通过 ADSL MODEM 转换后进行数字信息传输,凡是安装了电信电话的用户都具备安装 ADSL 的基本条件。若当地电信局开通 ADSL 宽带服务,用户可到当地电信局申请安装 ADSL。安装时用户需要拥有一台 ADSL MODEM(通常由电信提供,有的地区也可自行购买)和带网卡的计算机。上网资费往往采用包月或包年的方式。

ADSL 的最大理论上行速率可达到 1Mbps,下行速率可达 9Mbps,但目前国内电信为普通家庭用户提供的实际速率为:下行速率在 1~9MB/s,上行速率在 640Kb/s~1Mb/s,这里的传输速率为用户独享带宽,因此不必担心多用户在同一时间使用 ADSL 造成网速变慢。此外,电信经常会以 ADSL"提速"作为宣传重点,要明白这里提到的"提速"通常是指下行速率,而上传速率依然未变。

如果电信提供的 ADSL 理论最大下载速度是 2Mb/s,而某个时候实际下载速度是 1Mb/s,那么 1Mb/s=1024Kb/s=1024÷8KB/s=128KB/s。每秒 100 多 KB,这是下载文件时常看到的一个网络速度。这也回答了很多人会问的问题,那就是 2M 的 ADSL,为什么总是看到 100 多 KB 的下载速度。

ADSL 的优点:①线路工作稳定,出故障的概率较小,一旦出现故障,当地电信公司能很快来进行故障排除;②带宽独享,并使用公网 IP,用户可建立网站、FTP 服务器或游戏服务器。

ADSL 的不足之处是对电话线路质量要求较高,如果电话线路质量不好易造成 ADSL 工作不稳定或经常断线。

2.2.4　有线通接入

有线通也称为"广电通",它直接使用现有的有线电视网络,稍加改造,便可以利用闭路线缆的一个频道进行数据传送,而不影响原有的有线电视信号传送,其理论传输速率可达到上行 10Mb/s、下行 40Mb/s。设备方面需要一台 Cable MODEM 和一台带 10/100Mb/s 自适应网卡的计算机。尽管理论传输速率很高,但一个小区或一幢楼通常只开通 10Mb/s 带宽,在上网人数较少的情况下,下载速率可达到 200~300KB/s。由于是带宽共享模式,上网人数增多后,速度会下降,尤其当上网人数接近饱和时,速度会下降很快。

2.2.5　局域网接入

局域网接入也叫作小区接入方式,这也是目前较普及的一种宽带接入方式。网络服务商采用光纤接入楼(FTTB)或小区(FTTZ),再通过网线接入每家用户家中,为整幢楼或小区提供共享带宽。目前国内有多家公司提供此类宽带接入方式,如网通、长城宽带、联通等

学生笔记:

公司。

这种宽带接入通常由小区出面申请安装,网络服务商不受理个人服务。用户可询问所居住小区的物管或直接询问当地网络服务商是否已开通本小区宽带。这种接入方式对用户设备要求最低,只需一台带 10/100Mb/s 自适应网卡的计算机。

目前,绝大多数小区宽带均为 100Mb/s 以上的共享带宽,但如果在同一时间上网的用户较多,网速则较慢。

其优点是月租费用较低(通常在 100 元/月以内,视地区不同而异);下载速度很快,通常能达到上百 MB/s,很适合需要经常下载文件;没有上传速度慢的限制。

其不足之处:这种宽带接入主要针对小区,因此个人用户无法自行申请,必须待小区用户达到一定数量后才能向网络服务商提出安装申请,较为不便。不过一旦该小区已开通小区宽带,那么从申请到安装所需等待的时间就会非常短。此外,各小区采用哪家公司的宽带服务由网络运营商决定,用户无法选择。多数小区宽带采用内部 IP 地址,不便于需使用公网 IP 的应用(如架设网站、FTP 服务器、玩网络游戏等)。由于带宽共享,一旦小区上网人数较多,在上网高峰时期网速就会变得很慢,甚至还不如 ADSL。

2.2.6　光纤接入

光纤接入指的是终端用户通过光纤连接局端设备。根据光纤深入用户的程度的不同,光纤接入可以分为 FTTB(fiber to the building,光纤到楼)、FTTP/FTTH(将光缆一直扩展到家庭或企业)等。光纤是宽带网络多种传输媒介中比较理想的一种类型,它的特点是传输容量大、传输质量好、损耗小、中继距离长等。

2.2.7　无线接入

由于智能手机的逐步普及,用 4G/5G 上网的人数迅速增多。目前手机融入了部分计算机的功能,所以手机与计算机已无法完善分开各自的功能。手机、平板计算机、笔记本计算机都成为无线上网的主要设备。

所谓无线网络,就是利用无线电波作为信息传输的媒介构成的无线局域网(WLAN),与有线网络的用途十分类似,最大的区别在于传输媒介的不同,利用无线电技术取代网线,可以和有线网络互为备份。

1. 手机上网

目前移动、电信、联通三大电信运营商都提供手机上网业务,在资费上一般采用流量包月的方法,可有多种套餐选择。

具体方法是到移动、电信、联通等运营商营业大厅办理 SIM 卡并开通上网业务,插入智能手机即可上网。

2. 计算机上网

计算机上网主要有以下 3 种方式。

1) 通过手机卡上网

购买无线上网路由器,其外观类似 U 盘。再到移动、电信、联通等运营商营业大厅办理上网 SIM 卡,上网 SIM 卡在外观上与传统的手机 SIM 卡一样。将 SIM 卡插入路由器,再将路由器从 U 盘口插入计算机,安装驱动程序后,计算机即可上网,上网资费从上网 SIM 卡中扣除。

此种上网方式是比较普遍的户外上网方式,它可以在大范围内无线接入上网。

2) 通过 WiFi 上网

在有线宽带上安装无线路由器,计算机通过无线路由器发出的 WiFi 信号上网。无线路由器通常称为无线 AP。有线宽带可以是前面介绍的几种有线接入方式。例如,电信 ADSL 有线接入方式免费送无线路由器。这种 WiFi 信号传输距离通常在 100 米以内,也就是供一个家庭内部使用。当然有些公共场所有较好的 WiFi 信号,供大家免费使用。

WiFi 的全称是 wireless fidelity。802.11b 有时也被商家标为 WiFi,实际上 WiFi 是无线局域网联盟(WLANA)的一个商标,该商标仅保障使用该商标的商品互相之间可以合作,与标准本身实际上没有关系。但是后来人们逐渐习惯用 WiFi 来称呼 802.11b 协议。它的最大优点就是传输速度较高,可以达到 11Mb/s,另外它的有效距离也很远,同时也与已有的各种 802.11 DSSS 设备兼容。笔记本计算机技术——迅驰技术,就是基于该标准的。

无线网卡的作用、功能跟普通计算机网卡一样,是用来连接局域网的。它只是一个信号收发的设备,只有在找到上互联网的接口时才能实现与互联网的连接,所有无线网卡只能局限在已布有无线局域网的范围内使用。

计算机需要插入无线网卡才能与无线网络相接。无线网卡的作用类似于以太网中的网卡,作为无线网络的接口,实现与无线网络的连接。无线网卡根据接口类型的不同,主要分为 3 种类型,即 PCMCIA 无线网卡、PCI 无线网卡和 USB 无线网卡。

PCMCIA 无线网卡仅适用于笔记本计算机,支持热插拔,可以非常方便地实现移动式无线接入。PCI 接口无线网卡适用于普通的台式计算机使用,其实 PCI 接口的无线网卡只是在 PCI 转接卡上插入一块普通的 PC 卡。USB 接口无线网卡适用于笔记本计算机和台式计算机,支持热插拔。不过,由于 USB 网卡对笔记本而言是个累赘,因此,USB 网卡通常被用于台式机。

常见无线接入标准有以下 3 种。

(1) IEEE 802.11a : 使用 5GHz 频段,传输速度为 54Mb/s,与 802.11b 不兼容。

(2) IEEE 802.11b : 使用 2.4GHz 频段,传输速度为 11Mb/s。

(3) IEEE 802.11g : 使用 2.4GHz 频段,传输速度为 54Mb/s,可向下兼容 802.11b。其中 IEEE 802.11b 最常用,但 IEEE 802.11g 发展前景良好。

这种方式往往是在某一建筑物内无线上网,范围在几百米以内,属于小范围内无线上网。

3) 蓝牙方式上网

计算机通过蓝牙(无线方式)连接已上网的手机,或者手机通过蓝牙连接已有线上网的计算机,共享网络上网。

学生笔记:

_____

_____

_____

这种方式也是在小范围内无线上网,范围在几十米以内。

2.3 IP 地址

互联网是把全世界的无数个网络连接起来的一个庞大的网间网,那么每个网络中的计算机、服务器、路由器等主机设备是怎样通信和传输数据的呢? 下面进行详细叙述。

2.3.1 基本概念

假设在日常生活中,张三要寄信给李四,就必须在信封上写明详细地址,如广州市天河区中山西路×××号等。互联网也是一样,TCP/IP 给网上的主机设备配一个地址号,这个地址号叫作 IP。

打开计算机,右击"网上邻居"图标,选择"属性"选项,单击"本地连接"按钮,单击"属性"按钮,找到"TCP/IP 协议"项目,单击"属性"按钮,就会出现图 2-1 所示的对话框。图中出现了 IP 地址、子网掩码、默认网关和 DNS 服务器这几个需要设置的地方,只有正确设置,网络才能通。那这些名词都是什么意思呢? 现在来做详细叙述。

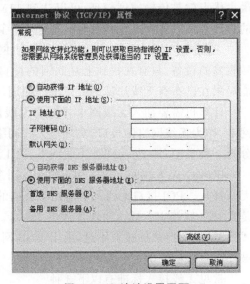

图 2-1　IP 地址设置画面

1. IP 概念

IP 地址就是给每个连在 Internet 的主机分配一个在全世界范围内唯一的标识符。在 TCP/IP 中,IP 地址是以二进制数字形式出现的,共 4 个字节,即 32 位。但这种形式非常不适合人阅读和记忆。因此 Internet 管理委员会决定采用一种"点分十进制表示法"表示 IP 地址:面向用户的文档中,由 4 段构成的 32 位的 IP 地址被直观地表示为 4 个以圆点隔开的十进制整数,其中,每一个整数对应一个字节。4 个字节的 IP 地址版本,称为 IPv4。现在出现新一代的 IP 地址,由 6 个字节组成,称为 IPv6,是今后发展的方向,但目前广大网民还主要使用 IPv4。

互联网是把全世界的无数个网络连接起来的一个庞大的网间网,例如,我国主要的网络有中国教育网、中国科技网、中国电信网、中国网通网等。根据网络的大小,Internet 管理委员会把互联网内的各个网络分成 A、B、C、D、E 这 5 类网络。在每类地址中,还规定了网络号和主机号,IP 地址=网络号+主机号。例如,IP 地址 10.49.151.2 属于 A 级网络,网络号是 10.0.0.0,主机号是 49.151.2。

2. 子网掩码

子网掩码也是一个 32 位地址,用于屏蔽 IP 地址的一部分以区别网络号和主机号,并说明该 IP 地址是在局域网上,还是在远程网上。

　　子网掩码的作用就是和 IP 地址进行与运算后得出网络地址,子网掩码是由 32 位的一串 1 后跟随一串 0 组成的,其中 1 表示在 IP 地址中的网络号对应的位数,而 0 表示在 IP 地址中主机对应的位数。

3. 网关

网关(gateway)就是一个网络连接另一个网络的"关口"。

网关实质上是一个网络通向其他网络的 IP 地址。比如有网络 A 和网络 B,如果网络 A 中的主机发现数据包的目的主机不在本地网络中,就把数据包转发给它自己的网关,再由网关转发给网络 B 的网关,网络 B 的网关再转发给网络 B 的某个主机。网络 B 向网络 A 转发数据包的过程也是如此。所以说,只有设置好网关的 IP 地址,TCP/IP 才能实现不同网络之间的相互通信。那么这个 IP 地址是哪台机器的 IP 地址呢? 网关的 IP 地址是具有路由功能的设备的 IP 地址,具有路由功能的设备有路由器、启用了路由协议的服务器(实质上相当于一台路由器)、代理服务器(也相当于一台路由器)。

一台主机可以有多个网关。默认网关的意思是一台主机如果找不到可用的网关,就把数据包发给默认指定的网关,由这个网关来处理数据包。现在主机使用的网关,一般指的是默认网关。

4. DNS 服务器

DNS(domain name system)是域名解析服务器,DNS 服务器就是域名管理系统。

DNS 服务器在互联网的作用是把域名转换成为网络可以识别的 IP 地址。首先,要知道互联网的网站都是以一台台服务器的形式存在的,但是怎么到达要访问的网站服务器呢? 这就需要给每台服务器分配 IP 地址。互联网上的网站无穷多,人们不可能记住每个网站的 IP 地址,这就产生了方便记忆的域名管理系统 DNS,它可以把人们输入的好记的域名转换为要访问的服务器的 IP 地址。

下面列出全国各地区的 DNS 服务器地址。

香港: ns1.netvigator.com,205.252.144.228

澳门: vassun2.macau.ctm.net,202.175.3.8

北京: ns.bta.net.cn,202.96.0.133,ns.spt.net.cn,202.96.199.133,ns.cn.net, 202.97.16.195,202.106.0.20,202.106.148.1,202.106.196.115

广东: ns.guangzhou.gd.cn,202.96.128.143,dns.guangzhou.gd.cn,202.96.128.68

上海: ns.sta.net.cn,202.96.199.132,202.96.199.133,202.96.209.5,202.96.209.133

浙江: dns.zj.cninfo.net,202.96.102.3,202.96.96.68,202.96.104.18

陕西: ns.snnic.com,202.100.13.11

西安: 202.100.4.15,202.100.0.68

天津: ns.tpt.net.cn,202.99.96.68

学生笔记:

_____

_____

_____

辽宁：ns.dcb.ln.cn，202.96.75.68，202.96.75.64，202.96.64.68，202.96.69.38，202.96.86.18，202.96.86.24

江苏：pub.jsinfo.net，202.102.29.3，202.102.13.141，202.102.24.35

安徽：202.102.192.68，202.102.199.68

四川：ns.sc.cninfo.net，61.139.2.69

重庆：61.128.128.68，61.128.192.4

成都：202.98.96.68，202.98.96.69

河北：ns.hesjptt.net.cn，202.99.160.68

山西：ns.sxyzptt.net.cn，202.99.198.6

吉林：ns.jlccptt.net.cn，202.98.5.68

山东：202.102.152.3，202.102.128.68，202.102.134.68

福建：dns.fz.fj.cn，202.101.98.55

湖南：202.103.100.206

广西：10.138.128.40，202.103.224.68，202.103.225.68

江西：202.109.129.2，202.101.224.68，202.101.240.36

云南：ns.ynkmptt.net.cn，202.98.160.68

河南：202.102.227.68，202.102.224.68，202.102.245.12

新疆：61.128.97.73

深圳：ns.shenzhen.gd.cn，202.96.134.133，202.96.154.8，202.96.154.15

乌鲁木齐：61.128.97.73，61.128.97.74

保定：202.99.160.68，202.99.166.4

武汉：202.103.24.68，202.103.0.117

厦门：202.101.103.55，202.101.103.54

长沙：202.103.96.68，202.103.96.112

2.3.2　网络分级

根据 IP 地址的第一个字节，来判断它是 A、B、C、D、E 这 5 类网络中的哪一类。网络类别如表 2-1 所示。

表 2-1　网络类别表

网络类别	第一字节数值	网络地址长度	最大主机数	网络规模
A	0～127	1 个字节	16 777 216	大型
B	128～191	2 个字节	65 534	中型
C	192～223	3 个字节	254	小型
D		特殊用途		
E		特殊用途		

A 类网络：A 类的网络号由第一个字节来表示，A 类地址的特点是网络标识的第一位

二进制数取值必须为 0。不难算出，A 类地址的第一个地址为 00000001，最后一个地址是 01111111，换算成十进制就是 127，其中 127 留作保留地址。A 类地址的第一段范围是 1～126，A 类地址允许有 128（2 的 7 次方）－2＝126 个网段（减 2 是因为 0 不用，127 留作他用），网络中的主机号为后 3 个字节，每个网络允许有 16 777 218（2 的 24 次方）－2＝16 777 216 台主机（减 2 是因为全 0 地址为网络地址，全 1 为广播地址，这两个地址一般不分配给主机）。A 类网络是拥有大量主机的网络。例如，12.3.5.8，因为第一个字节是 12，属于 A 类网络，其网络号是 12.0.0.0，主机号是 0.3.5.8。

B 类网络：B 类地址的网络标识由前 2 个字节来表示，网络中的主机号占两组 8 位二进制数，B 类地址的特点是网络标识的前两位二进制数取值必须为 10。B 类地址的第一个地址为 10000000，最后一个地址是 10111111，换算成十进制 B 类地址的第一段范围就是 128～191，B 类地址允许有 16 386（2 的 14 次方）＝16 384 个网段，网络中的主机号占 2 组 8 位二进制数，每个网络允许有 65 536（2 的 16 次方）－2＝65 534 台主机，适用于结点比较多的网络。例如，129.3.5.8，因为第一个字节是 129，属于 B 级网络，其网络号是 129.3.0.0，主机号是 0.0.5.8。

C 类网络：C 类地址的网络标识由前 3 个字节来表示，网络中的主机号占 1 组 8 位二进制数。C 类地址的特点是网络标识的前 3 位二进制数取值必须为 110。C 类地址的第一个地址为 11000000，最后一个地址是 11011111，换算成十进制 C 类地址的第一段范围就是 192～223，C 类地址允许有 2 097 154（2 的 21 次方）＝2 097 152 个网段，网络中的主机号占 1 组 8 位二进制数，每个网络允许有 256（2 的 8 次方）－2＝254 台主机，适用于结点比较少的网络。例如，193.3.5.8，因为第一个字节是 193，属于 C 级网络，其网络号是 193.3.5.0，主机号是 0.0.0.8。

D 和 E 类网络，属于特殊用途，如警用和军用等，不向民用开放，公网上的一般网民不能使用该段地址。

对于 IP 地址，还有几个概念需要说明，如下。

(1) 私有地址。

Internet 管理委员会规定某些地址段为私有地址，私有地址可以在自己组网时用，但不能在 Internet 上用，即不能出现在公网上。Internet 没有这些地址的路由，有这些地址的计算机要上网必须转换成合法的 IP 地址。这就像有很多城市，每个城市内都可命名相同的大街，如东大街，在一个城市内可以只说东大街就行了，但对其他城市来说，一定得用某省某市东大街才行。下面是 A、B、C 类网络中的私有地址段，它们不能出现在公网上，用户自己组网时就可以用这些地址了。

A 类网络：10.0.0.0～10.255.255.255。

B 类网络：172.16.0.0～172.131.255.255。

C 类网络：192.168.0.0～192.168.255.255。

学生笔记：
_____
_____
_____

（2）回送地址。

A 类网络号 127 是一个保留地址，用于网络软件测试以及本地机进程间通信，叫作回送地址（loopback address）。无论什么程序，一旦使用回送地址发送数据，协议软件便会立即返回，不进行任何网络传输。含网络号 127 的分组不能出现在任何网络上。

【小技巧】

- ping 127.0.0.1，如果反馈信息失败，说明 IP 协议栈有错，必须重新安装 TCP/IP。如果成功，再 ping 本机 IP 地址，若反馈信息失败，说明你的网卡不能和 IP 协议栈进行通信。
- 如果网卡没接网线，用本机的一些服务如 SQL Server、IIS 等就可以用 127.0.0.1 这个地址。

（3）广播地址。

TCP/IP 规定，主机号全为 1 的网络地址用于广播，叫作广播地址。所谓广播，指同时向同一子网的所有主机发送信息。

（4）网络地址。

TCP/IP 规定，各位全为 0 的网络号被解释成本网络。

由以上规定可以看出，主机号全 0 全 1 的地址在 TCP/IP 中有特殊含义，一般不能用作一台主机的有效地址。

如果一个 IP 地址是 192.168.100.1，这个地址中包含了以下含义。

- 网络地址：192.168.100.0，对照表 2-1，它属于 C 类网络，取前 3 个字节作为网络号。
- 主机地址：0.0.0.1。
- IP 地址：网络地址＋主机地址＝192.168.100.1。
- 广播地址：192.168.100.255。

2.3.3　网络连通

用网线直接连接的计算机或是通过多端口转发器或普通交换机间接连接的计算机之间要能够相互连通，计算机必须要在同一网络，也就是说它们的网络地址必须相同，而且主机地址必须不一样，即 IP 地址不一样。如果不在一个网络就无法连通。

网络地址是通过 IP 地址与子网掩码这两个 32 位数进行与运算得出的。

计算过程是这样的：将 IP 地址和子网掩码都换算成二进制，然后进行与运算，结果就是网络地址。与运算如下所示，上下对齐，1 位 1 位地算，1 与 1＝1，其余组合都为 0。

$$1...0...1...0$$
$$1...0...0...0$$

与运算 ＿＿＿＿＿＿＿＿＿

$$1...0...0...0$$

例如，计算 IP 地址为 202.99.160.50，子网掩码是 255.255.255.0 的网络地址步骤如下。

（1）将 IP 地址和子网掩码分别换算成二进制。

202.99.160.50 换算成二进制为 11001010・01100011・10100000・00110010。

255.255.255.0 换算成二进制为 11111111・11111111・11111111・00000000。

(2) 将二者进行与运算。

$$11001010 \cdot 01100011 \cdot 10100000 \cdot 00110010$$
$$11111111 \cdot 11111111 \cdot 11111111 \cdot 00000000$$

与运算 _____

$$11001010 \cdot 01100011 \cdot 10100000 \cdot 00000000$$

(3) 将运算结果换算成十进制,这就是网络地址。

11001010 · 01100011 · 10100000 · 00000000 换算成十进制就是 202.99.160.0。

例如,设置 1 号机的 IP 地址为 192.168.0.1,子网掩码为 255.255.255.0;2 号机的 IP 地址为 192.168.0.200,子网掩码为 255.255.255.0。经过计算,1 号机和 2 号机的网络地址是 192.168.0.0 且 IP 地址不同,所以这两台计算机就能正常通信。

又如,设置 1 号机的 IP 地址为 192.168.0.1,子网掩码为 255.255.255.0;2 号机的 IP 地址为 192.168.1.200,子网掩码是 255.255.255.0。1 号机的网络地址是 192.168.0.0,2 号机的网络地址是 192.168.1.0,那这两台计算机就无法通信。

2.4 域名

2.4.1 域名的概念

域名是互联网中用于解决地址对应问题的一种方法,是上网单位的名称,是一个通过计算机登上网络的单位在该网中的地址,是互联网上网站相互联络的网络地址。

一个公司如果希望在网络上建立自己的主页,就必须取得一个域名,域名也是由若干部分组成,包括数字和字母。通过该地址,人们可以在网络上找到所需的详细资料。域名是上网单位和个人在网络上的重要标识,起着识别作用,便于他人识别和检索某一企业、组织或个人的信息资源,从而更好地实现网络上的资源共享。除了识别功能外,在虚拟环境下,域名还可以起到引导、宣传、代表等作用。

域名由下面字符组成。

(1) 26 个英文字母。

(2) 0,1,2,3,4,5,6,7,8,9 这 10 个数字。

(3) -(英文中的连字符)。

域名中字符的组合规则如下。

(1) 在域名中,不区分英文字母的大小写。

(2) 对于一个域名的长度是有一定限制的,最短为 1 个字符,最长为 63 个字符。

例如,www.hao123.com 和 www.hao-123.com 都是合法的域名,但是,www.hao@123.com 就不是合法的域名。

2.4.2 域名的分类

域名按其后缀可分为机构属性、国家或地区属性,按其前缀来分可分为一级域名、二级域名等。

1. 域名的机构属性

根据其域名的后缀,可判断该域名的机构属性,表 2-2 是主要的机构属性表。

表 2-2 表示机构类别的域名后缀

域 名 后 缀	类 别	域 名 后 缀	类 别
.com	工、商、金融等企业	.biz	工商企业
.edu	教育机构	.int	国际组织
.gov	政府组织	.org	非营利性的组织
.mil	军事部门	.info	信息相关机构
.net	网络相关机构	.name	个人网站
.coop	合作组织	.aero	航空运输
.pro	医生、律师、会计专用	.cc	商业公司

.com 是最常用的后缀,也是网民最熟悉的后缀,一般推荐企业或个人网站使用。

2. 域名的国家属性

根据其域名的后缀,可判断该域名的国家或地区属性,表 2-3 是主要的国家或地区属性表。例如,www.abc.cn 和 www.abc.com.cn 表示中国域名。

此外,在我国还有代表国家行政区格式的域名,如.sx.cn(代表陕西)、.sh.cn(代表上海)、.gd.cn(代表广东)等,其规则是以省级名称的拼音字母的缩写表示其省属域名。

表 2-3 表示国家或地区类别的域名后缀

域 名	国家或地区	域 名	国家或地区	域 名	国家或地区
.uk	英国	.mx	墨西哥	.in	印度
.ca	加拿大	.au	澳大利亚	.fr	法国
.cn	中国	.ch	瑞士	.jp	日本
.de	德国	.sg	新加坡	.ru	俄罗斯
.it	意大利	.us	美国		

3. 二级域名

相对于一级域名形式 http://www.abc.com 来说,还有一种二级域名,二级域名是一级域名的下一级,形式如 http://bbs.abc.com。

人们注册一级域名后,可以免费使用若干个二级域名,这样可以把网站按栏目分成若干个二级域名。

2.4.3　中文域名

为了在我国普及电子商务,域名的中文化是一个必要的手段。中文域名的应用将为促进华人世界的网络发展和信息交流,提高中文信息服务业的发展水平及其在全球信息服务业中的地位,进一步带动以电子商务为核心的新经济在华人世界加速发展等诸多方面发挥极大的推动作用。由于中文域名具有便于记忆、资源丰富、标识作用显著等特点,所以此项业务一经推出,便得到迅速发展。

中文域名是含有中文的新一代域名,同英文域名一样,是互联网上的门牌号码。中文域名在技术上符合 2003 年 3 月 IETF 发布的多语种域名国际标准(RFC3454、RFC3490、RFC3491、RFC3492)。中文域名属于互联网上的基础服务,注册后可以对外提供 WWW、FTP 等应用服务。

提供中文域名服务的公司很多,所以中文域名的规则也很多,其原理是用一个函数把中文域名指向普通英文域名,然后由英文域名指向 IP 地址。目前还在做中文域名的公司有中国互联中心(www.cnnic.cn)。

由于微软 IE 浏览器不支持中文,所以要在该浏览器上用中文域名,必须在浏览器里安装一个插件,该插件由提供中文域名的公司提供。正因为这个原因,目前中文域名的市场正逐步萎缩。

本节介绍的是由中国互联网信息中心提供的几种中文域名形式。

1. 中文域名形式

中文域名的后缀有.cn、.中国、.网络、.公司,例如:

清华大学.cn;

北京大学.中国;

中软股份.公司;

中国金桥网.网络。

中文域名在浏览器中输入的形式是(如图 2-2 所示):

http://清华大学.cn;

http://北京大学.中国;

http://中软股份.公司;

http://中国金桥网.网络。

目前,很多浏览器已经支持中文域名,就是说

图 2-2　中文域名在浏览器中输入的形式

即使不安装浏览器插件,也能使用中文域名,但建议使用中文上网官方版软件,这样出错的概率较小。

支持中文域名的浏览器有:①IE 7.0 以上版本;②Foxmail 5.0 以上版本;③Mozilla 1.4 以上版本;④腾讯(QQ)浏览器 QQ2003 Ⅲ Beta2 以上版本;⑤Netscape 7.1 以上版本;

学生笔记:

⑥Opera（including IDN in version 7）7.0 以上版本。

中文域名的简体字与繁体字视为同一域名。

2．通用网址

通用网址是一种新兴的网络名称访问技术，是通过建立通用网址与网站地址 URL 的对应关系，实现浏览器访问的一种便捷方式。网民只需要使用自己熟悉的语言告诉浏览器要访问的通用网址即可。

通用网址具有直达网站首页、网站推广超值套餐、现实世界品牌在互联网上的延伸等特点，对在互联网上宣传公司的品牌和产品有着特别重要的意义。客户的通用网址一经注册就能获得全国门户网站、知名搜索引擎的全面支持，访问者借助通用网址网站直达功能即可直接访问注册用户的站点。目前，包括新浪、搜狐、网易、百度、中华网等在内的全国 2000 多家门户网站、搜索引擎、行业站点和地方信息港已经全面提供通用网址的网站直达支持功能，覆盖中国 90％以上的互联网用户。

通用网址可以由中文、字母（A～Z，a～z，大小写等价）、数字（0～9）或符号（－、!）组成，最多不超过 31 个字符（通用网址每一构成元素均按一个字符处理）。

一般来说，通用网址由热门或通用词汇组成，例如：

白金通用词，如手机、计算机、旅游等；

准通用词，如北京手机、广州房产等；

普通通用词，如变频电机、数码手机等；

普通通用网址，除通用词外的通用网址。

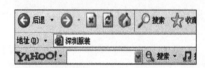

图 2-3　通用网址在浏览器中输入的形式

通用网址在浏览器地址栏中可直接输入，不再需要 http：//等字符，如图 2-3 所示。

注册一个通用网址，用户必须先要注册自己的域名，如 abc.com.cn，然后将通用网址指向的基于域名的网站地址，如 www.abc.com.cn（或 abc.com.cn），提交给注册服务机构，这样通用网址就可以指向用户提供的网站地址。

通用网址查询地址是 http：//cnnic.cn/cxwf/gs/gsdys/，如图 2-4 所示。

图 2-4　通用网址查询首页

3. 概念区别

有些读者可能会问：中文域名、CN 域名、通用网址有什么区别？

中文域名和 CN 域名属于域名体系。中文域名是符合国际标准的一种域名体系，使用上和英文域名近似，作为域名的一种，可以通过 DNS 解析，支持虚拟主机、电子邮件等服务；CN 域名是中国域名，属于英文域名，其规则符合国际域名体系。通用网址是一种新兴的网络名称访问技术，通过建立通用网址与网站地址 URL 的对应关系，实现浏览器访问的一种便捷方式，是基于 DNS 之上的一种访问技术。

2.4.4　无线网址

这里说的无线网址是中国互联网络信息中心（CNNIC）基于国家标准研发的移动互联网地址资源，是企事业单位在移动信息化上的专属名称、专属品牌、专属商标。企事业单位还可以获得基于无线网址的全程移动营销解决方案。

无线网址是为移动终端设备快捷访问移动互联网而建立的关键词寻址技术，它是无线互联网应用的最新服务形式，它以手机等移动终端为载体，打破了传统互联网主要依靠 PC 机为终端的局限，可以随时、随地地信息交互。

无线网址分为两大类。①行业无线网址：特指表示行业、产品、类别、地域等范畴形式的名称或通用词，包括但不限于汉字、阿拉伯数字和拉丁字符构成的、无法明确指向某特定网站名、企事业单位名或产品名的字符组合。②普通无线网址：又称企业（或个人）无线网址，行业无线网址之外的其他名称均称为普通无线网址。

用户注册无线网址后，应首先登录无线网址网站 www.wkey.cn，进行短信、WAP 网站栏目及内容的设定，完成这一步骤后，就可以在现有的 Web 网站上发布宣传资料，或在其他任何媒介上公布该无线网址，吸引移动终端用户访问该无线网址。有关无线网址的具体操作使用方法可参阅 CNNIC 官网的介绍。

2.4.5　域名注册

当给一个网站起好域名后，就要进行注册。域名注册的流程如下。

（1）选一个域名注册服务商进行注册。可在搜索引擎上搜索"域名"，在搜索结果中找一个价廉物美的服务商就行。目前一级代理商有中国万网、中国信网、35 互联、新网数码、商务中国、时代互联、新网互联、易名、中资源、中国频道、阿里云、腾讯云等，但价格较贵。

（2）域名查重。在欲注册域名的网站上查一下自己选的域名是否被别人注册了，如图 2-5 所示。若已被别人注册，就要换其他域名；若还没有被别人注册，就赶紧注册。

图 2-5　域名查询页面

学生笔记：

（3）付款。一般一年一付，也可几年一付，由自己选择。

2.4.6 域名解析

域名解析就是将域名指向 IP 地址的过程。只有将域名解析了，才能在互联网上通过输入域名看到自己网站的内容。一个域名只能对应一个 IP 地址，而多个域名可以同时被解析到一个 IP 地址。域名解析需要由专门的域名解析服务器（DNS）来完成。

其解析过程是：如一个域名为 www.big.com.cn，实现 HTTP 服务，如果想看到这个网站，要进行解析，首先在域名注册商那里通过专门的 DNS 服务器解析到一个 Web 服务器的一个固定 IP 地址 210.25.120.157 上；然后，通过 Web 服务器来接收这个域名，把 www.big.com.cn 这个域名映射到这台服务器上。那么，输入 www.big.com.cn 这个域名就可以实现对该网站的访问了，即实现了域名解析的全过程。具体操作方法（如图 2-6 所示）如下。

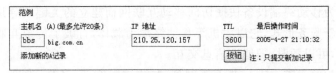

图 2-6 域名解析示意

（1）登录域名管理后台（域名服务商会提供）。

（2）增加 A（Address）记录。A 记录是用来指定主机名（或域名）对应的 IP 地址记录。用户可以将该域名下的网站服务器指向自己的 Web 服务器上。同时也可以设置域名的子域名。此项操作一般 24 小时生效。

（3）域名转发。域名转发就是将一个域名指向另一个域名，而不是直接指向 IP 地址。当用户拥有多个域名的时候，域名转发有实际意义，此项操作可做也可不做。

2.4.7 域名价值

域名地址是比 IP 地址更高级、更直观的形式，实际使用时人们通常采用域名地址。由于域名在互联网上是唯一的，一个域名注册后，其他任何企业就不能再注册相同的域名。这就使域名与商标、企业标识物有了相类似的意义，因此有人也把域名称为"网络商标"。事实上，企业在互联网上注册了域名，设立了网站，就可以被全球的网络用户随时访问和查询，从而建立起广泛的业务联系，为自己赢得更多的商业机会。域名在商业竞争中不只是一个网络地址，还包含着企业的信誉。

那么，哪些域名具有较高的商业价值呢？下面作归类说明。

第一类好域名是全部由字母或全部由数字组成的 3、4 位以内域名（俗称"纯米"），这种域名数量少，品相好，直观明了，容易记忆，因此特别受欢迎，在一手市场几乎买不到，在二手市场价格比较高。在这一类中又分为以下几种类型。

（1）由常用的英语单词组成的域名（俗称"单词米"）。这类单词域名之所以价值高，是因为全世界通用，市场潜力巨大。由于现在网站内容的区域化和城市细分，所以，在常用英文前面加上省市简写的域名，也日渐受人青睐，如 gdcloth（广东服装），这类域名炒作价值不是很大,但有实际应用价值,域名易懂易记,而且因为域名中带有关键词,对搜索引擎比较友好。

(2) 由常用词的拼音组成的域名(俗称"全拼米")。这类域名的价值要视具体情况而定,常用词、众所周知的短语、某个著名企业的名称或某种著名产品的名称等,不但网民认可,搜索引擎也能读懂,市场价值较高,但有些全拼域名只是把两个拼音凑合在一起,没什么实际意义,这样的域名是没有价值的。

(3) 由纯数字组成的域名(俗称"数字米")。4 位以内的纯数字域名已经全部被注册了,但也不能说数字域名价值高。一些易懂易记的数字是很有价值的,例如"1000""2000""2008"。但有些很平常的数字,网民看过多次也未必能记住,其价值就大打折扣。在我国,数字域名当中的电话区号域名很受欢迎,区号域名由于使用的是常用的电话区号,所以,即使不做什么宣传,也会有大量的人记住并且知道它代表的地区,因此有很高的实用价值,从而使这类域名的市场身价颇高。

第二类好域名是数字和字母混合组成的 3、4 位以内域名(俗称"杂米")。这类域名整体来说比第一类域名的市场价格要低,但也会有例外。有时,通过数字的谐音或词义借代,可以缩短域名,使域名更加简短直观,例如 35(商务)、15(实务),又例如 54(青年)、38(妇女)、61(儿童)、mp3、b2b、b2c 等,这些域名比较受建站者欢迎。

这类域名有一种特例,即带-的域名(俗称"横杆米")。数字带横杆或字母带横杆,它们可能是一个品牌或代表众所周知的短句,这样的横杆域名是有价值的,例如代表一年 365 天的日期的横杆域名已全部被注册了。例如 7-11,即 7 月 11 日,除了可以代表日期外,还是 7-11 连锁店的牌子;0-24,可以代表全天候服务。在历史长河中,每天都会有值得纪念的事情发生,所以日期横杆域名成为网民的宠儿。

第三类好域名是用来建站或已经建站的域名(俗称"终端米")。域名的价值,应该在建站应用中体现,但有很多域名已经注册却没有特别明确的终端用户,例如,.cn 域名中 0~9 这 10 个数字,只有 6.cn 做了网站,成为网站域名,而其他的都是空闲着。这类域名中最常见的是行业域名、产品域名和商标域名。

(1) 行业域名。行业域名是由行业关键词组成的域名,大多是第一类里面的单词域名,自然流量大,市场价格高,而且很有实用价值,应用得当,可以为企业节省大笔宣传费用,所以有些网站,宁愿在行业单词前面加上 cn、gd 等区域缩语来保证域名中带有该行业的关键词,也不肯使用其他域名。

(2) 产品域名。产品域名有三种情况:一是通用产品名称,如水果、点心等,这些产品域名其实也是行业域名;二是某一种产品中的品牌,如白酒中的茅台、家电中的海尔,还有各地申报的地理标志性产品,这类产品域名一般都是某个地方的特色产品或拳头产品,相关企业众多,在本地往往形成规模,具备行业域名性质,因而很受相关企业青睐;三是某个厂家生产的某种型号或某一系列的产品,这种产品域名市场价值很小,因为极少厂家会出

学生笔记:

_____

_____

_____

一种产品就注册一个域名来做网站,所以虽然目标明确,但很少会引起终端的兴趣。

（3）商标域名。商标域名指注册商标转换过来的域名,这种域名的价值评估,主要还是要看企业的实力和企业对这个商标的重视程度。因为注册商标在各国都受到保护,所以抢注这种域名很危险,很容易被申请仲裁拿回去或上诉到法院。但也有例外的情况,若早于企业注册商标之前注册了域名,就会得到较大的商业利益。狗不理包子公司（GoBelieve）就是这种情况,这个域名早在2005年已经注册,狗不理公司于2005年以后才注册为商标,所以是无法申请仲裁或打官司的。如果目标企业不需要该商标域名,就很难找到第二个买主。这种情况在一些小型企业中普遍存在,这些企业一旦发现自己的域名被注册,宁愿找个替代域名也不愿意与域名所有人协商,尽管这样做可能会有损企业形象,但却成小型企业的广泛选择。

2.4.8　域名策略

在给网站起域名时,应该遵循以下策略。

1. 分散域名策略

产品多样化或者产品个性强的时候,公司必须为某些品牌独立注册域名,以培养、尊重和强化消费者的消费忠诚度。

分散域名的弊端就是网站建设强度增大,管理力度分散,从而造成网站成本增加。

2. 单一域名策略

单一域名策略最大的好处是使公司有很强的整体感,容易以公司整体的信誉去推动产品的市场占有率。可以节省站点建设开支,既便于管理,也便于统一推广和宣传。

3. 三级域名策略

企业域名的一般形式为"产品名.企业名.com",即所谓的"三级域名"。

"三级域名"最适合公司推出新产品时使用,既可以借助公司信誉推动新产品的市场推广,又可以表示产品的个别性,以试探市场反应,然后确定是否应该把产品品牌独立出去。

4. 相关域名策略

由于域名的价格不高,为防止竞争对手注册与自己相类似的域名,以达到混淆品牌的目的,一般建议用户把常用的后缀全部注册下来,例如,www.bcd123.com、www.bcd123.net、www.bcd123.cn、www.bcd123.com.cn等同时注册。

2.5　虚拟空间

在互联网上浏览的网站、文件等信息需要存储在物理介质上（通常是服务器的硬盘上）,才能被广大网民访问。对于存放的空间,一般可以有自建机房、主机托管、主机租用、虚拟主机等方法,现在来做详细介绍。

2.5.1　自建机房

自建机房一般是大型企业才考虑的方案,它需要购买服务器、路由器、机架等大型网络设备,需要到电信等网络接入服务商那里租用光缆等线路,需要建设防静电、防潮、防尘等高标准的机房,需要一支专业的计算机技术维护团队,费用昂贵,所以,大多数互联网的应用项目不会考虑自建机房的方案。

2.5.2　主机托管

主机托管是客户将自身拥有的服务器放置在 Internet 数据中心的机房(例如电信机房),由客户自己进行维护,或者是由其他签约的服务商进行维护,这种维护一般需要 7×24 小时全天候值班监控,内容包括稳定的网络带宽、恒温、防尘、防火、防潮、防静电等。主机托管能够提供高性能的处理能力,同时有效降低维护费用和机房设备投入、线路租用等高额费用。客户对设备拥有所有权和配置权,并可要求预留足够的扩展空间。主机托管适用于需要大空间、大流量业务的网站服务,或者是有个性化需求,对安全性要求较高的客户。

1. 主机托管服务内容

(1) 免费提供一个 IP 地址和标准机房环境以及安全、可靠、通畅的网络环境。

(2) 免费进行初级硬件维护(软件维护出用户在远程操作或现场操作)。

(3) 24 小时×365 天服务器运行状态监测。

(4) 服务器设备由用户提供,体积小于 43cm×40cm×20cm。

(5) 代理申请其他域名。

(6) 免费提供独立的页面访问计数器。

2. 主机托管优势

(1) 节约成本。第一个是线路成本,企业不必租用昂贵的网通线路,可以共享或独享数据中心的高速带宽;第二个是人力成本,由机房专业技术人员全天候咨询维护,省去了本单位对维护人员的支出;第三个是场地成本,机房完善的电力、空调、监控等设备保证企业服务器的正常运转,节省了本单位建设机房的大量费用。

(2) 灵活性。用户根据需要,可灵活选择数据中心提供的线路、端口以及增值服务,用户也无须受虚拟主机服务的功能限制,可以根据实际需要灵活配置服务器,以达到充分应用的目的。

(3) 稳定性。用户不会因为共享主机而引起主机负载过重,导致服务器性能下降或瘫痪,在独立主机的环境下,用户可以对自己的行为和程序严密把关,精密测试,将服务器的稳定性提升到最高。

(4) 安全性。在共享主机模式中,对于不同的用户会有不同的权限,这就存在安全隐患,在独立主机的环境下,用户可以自己设置主机权限,自由选择防火墙和防病毒设施。

学生笔记:
_____

_____

_____

(5)独享性。共享主机就是共享资源,因此服务器响应速度和连接速度都较独立主机慢,独立主机可以自己选择足够的网络带宽等资源及服务器的档次,从而保证主机响应速度。

3. 与虚拟主机的区别

(1)主机托管是用户独享一台服务器,而虚拟主机是多个用户共享一台服务器。

(2)主机托管用户可以自行选择操作系统,而虚拟主机用户只能选择指定范围内的操作系统。

(3)主机托管用户可以自己设置硬盘,创造数十GB以上的空间,而虚拟主机空间则相对狭小。

主机托管业务主要是针对ICP和企业用户,用户有能力管理自己的服务器,提供诸如Web、E-mail、数据库等服务,他们仅需要借助IDC提升网络性能,而不必建设自己的高速骨干网的连接。

2.5.3 主机租用

主机租用的概念与主机托管几乎相同,不同的是主机托管模式中,其服务器的产权属于用户所有;主机租用模式中,其服务器的产权属于数据中心机房所有。

2.5.4 虚拟主机

虚拟主机是使用专业软件技术,把一台计算机主机硬盘分成相对独立的多个部分,供用户放置站点、应用组件等,提供必要的站点功能与数据存放、传输功能等,供不同的用户使用。每个用户在感觉上是使用一台独立的计算机主机,这就是"虚拟主机"。每一个虚拟主机空间都具有独立的域名,但IP地址一般为共享,它具有完整的互联网服务器功能。在同一台硬件、同一个操作系统上,运行着为多个用户打开的不同服务器程序,互不干扰;而各个用户拥有自己的一部分系统资源(IP地址、文件存储空间、内存、CPU时间等)。虚拟主机之间完全独立,在用户看来,每一台虚拟主机和一台独立的主机的功能完全相同。

虚拟主机技术的出现,是对互联网技术的重大贡献,是广大互联网用户的福音。由于多台虚拟主机共享一台真实主机的资源,每个用户承受的硬件费用、网络维护费用、通信线路的费用均大幅度降低,互联网真正成为人人用得起的网络。现在,绝大部分互联网用户都采用虚拟主机进行创建网站等应用。

1. 虚拟主机常用指标

在购买虚拟主机时,应向供应商问清楚下面5个指标。

(1)空间大小。一般一个企业的普通网站需要100MB空间就够了,如果有论坛,就需要1GB的空间。

(2)支持的脚本组件。要弄清楚网站是用什么语言写的,选择相应的空间。一般常用的语言是ASP、PHP、ASP.NET等,这类空间属于动态空间。还有一类空间叫作静态空间,例如用Frontpage工具编写的HTM文件的网页,只需要静态空间即可。

（3）数据库支持。要弄清楚网站连接什么数据库，选择相应的空间。一般常用数据库有 Access、MySQL、SQL 2000 等。

（4）月流量。有些空间提供商对虚拟主机有流量限制，有些则没有。要预测自己网站的访问流量，从而选择相应的流量指标。

（5）最大连接数。最大连接数就是某一时刻同时上网的人数，也称 IIS 连接数。现举例说明这个概念。

① 用户点击下载文件，结束后正常断开，这些连接是按照瞬间计算的，IIS 连接数是 50 人的网站瞬间可以接受同时 50 个点下载。

② 用户打开页面，就算停留在页面没有对服务器发出任何请求，在用户打开一个页面以后的 15 分钟内也都要算作一个在线。IIS 连接数是 50 人的网站 15 分钟内可以接受不同用户打开 50 个页面。

③ 情况②中用户继续打开同一个网站的其他页面，那么在线人数按照用户最后一次点击（发出请求）以后的 15 分钟计算，在这个 15 分钟内不管用户怎么操作（包括打开新窗口）都还是算作一人在线。

④ 当页面内存在框架（iframe），那么每多一个框架就要多一倍的在线，因为这相当于用户同一时间向服务器请求了多个页面。

⑤ 当用户打开页面然后正常关闭浏览器时，用户的在线人数也会马上清除。

（6）带宽。一个服务器的带宽，直接影响着空间的速度。每个虚拟主机用户没有独立的 IP 地址，每一台服务器上的虚拟主机用户共享一个 IP 地址，一台服务器上的若干用户是共享该服务器的带宽，所以要了解服务器的峰值带宽、平均带宽以及某个虚拟空间用户的实际带宽，以判断空间的速度。如果某个虚拟空间用户的实际带宽在 2Mb 以上，那么速度还算较快。

（7）服务器状况。要了解服务器的 CPU 等硬件指标，服务器存放在哪个机房、是不是电信骨干机房等情况。要了解服务器防病毒、防黑客情况，平均故障情况和修复情况。

（8）售后服务。是否有技术人员 24 小时在线。

2. 双线空间

双线空间是指服务器采用 BGP 双线路接入技术（简称双线路技术），具体就是在一个互联网数据中心（IDC），通过用 BGP 等技术手段把不同的网络接入商（ISP）服务接入一台服务器或一个服务器集群上面，来使其提供的网络服务访问用户能尽可能以同一个 ISP 或互访速度较快的 ISP 连接来进行访问，从而解决或者减轻跨 ISP 用户访问网站的缓慢延迟（网络瓶颈）问题。

双线空间的产生是由于中国互联网物理现状造成的。目前我国有电信和网通两个主要的网络，用户以长江为界划分为电信用户和网通用户。南方大部分用户都是通过电信网络上网，北方大部分用户都是通过网通网络上网。由于电信和网通两家公司相互竞争，导

学生笔记：

_____

_____

_____

致电信用户访问网通网站、网通用户访问电信网站速度都较慢。无论用户网站放在电信的机房,还是网通的机房,都会丢失另外一半客户。为解决这个问题,双线虚拟主机就应市场需求产生了。双线虚拟主机可以实现南北访问都很快的效果,这样最大限度地留住了全国的客户。

双线空间主要有以下 3 种形式。

(1) 假双线。分别在电信和网通各自都有一个网站,它的主要缺点如下。

① 购买成本高:一套网站要购买两个空间。

② 维护成本高:更新一个网站要同时更新电信和网通两个空间上的数据。

③ 有一些程序不适用:对于一些网站程序,会导致数据不同步。例如,电信用户在电信网站上传的图片,网通用户看不到等。

(2) 普通双线。在网站页面建立"电信站"和"网通站"两个连接。但客户访问网站的时候几乎不会去留意这样的选择,这样会导致客户丢失。

(3) 智能双线。采用 BGP 双线路技术,根据用户的 IP 地址智能判断用户是电信的用户还是网通用户。电信用户自动访问电信 IP 地址,网通用户则自动访问网通 IP 地址,这样使全国的用户都可以快速访问。智能双线虚拟主机智能解析原理是用户访问网站时先向DNS 服务器查询这个网站的 IP 地址。而 DNS 服务器会判断用户是通过电信网络上网还是通过网通网络上网。如果是通过电信网络上网就返回电信 IP 地址,如果是通过网通网络上网就返回网通 IP 地址。这样就实现了智能判断、智能识别的效果。

智能双线虚拟主机避免了双线空间的手工切换过程,是真正意义上的双线主机,这算是彻底解决了电信、网通的互通难题。

双线接入是目前网站解决互联互通问题的最佳解决方案。

3. 空间目录

用 FTP 软件进入虚拟主机后台,其目录下有三个子目录:wwwroot、logfile、database。wwwroot 存放用户站点页面,即用户应将网站文件上传至此目录下;logfile 存放站点访问日志;database 存放数据库文件。

【主要知识点】

1.【互联网】①互联网的全称是国际互联网络,简称互联网,又称因特网,因特网是英文Internet 的译称。它是一个基于 TCP/IP 的网络,通过 TCP/IP,实现了不同品牌、不同性能、使用不同操作系统的计算机之间的通信。它是由成千上万个网络和上亿台计算机相互连接而成的,是具有提供信息资源查询和信息资源共享的全球最大的信息资源平台。它是全球最大的、开放的、由众多网络互联而成的计算机网络。②互联网协议的书写格式是:通信协议(Protocol)://主机名或 IP 地址/路径/文件名,例如 http://www.nju.edu.cn /njuc/dep/index.htm。③互联网切不可写成"互连网"。

2.【因特网】与互联网是同一个意思,是 Internet 的音译。

3.【万维网】全称为环球信息网,英文是 WWW(world wide web),它是一个基于超级文本的信息查询工具,把各种类型的信息(图形、图像、文本、动画等)有机地集成起来,供用户查询使用,使互联网具备了支持多媒体应用的功能。它是 TCP/IP 上的应用层协议 HTTP 的一个应用。可以把万维网理解为互联网的一个主要应用。

4.【PSTN 接入】PSTN 接入方式(public switeched telephone network,公共交换电话网),这是我国较早的上网方式,也是典型的窄带接入方式。用户只要有一部普通电话,再加上一个调制解调器(市场上俗称"猫")就可以实现拨号上网。上网速度理论上可以达到上行速度 33.6 Kb/s,下行速度 56Kb/s。

5.【ADSL 接入】ADSL(asymmetric digital subscriber line)是不对称数字用户环路的简称,是目前电信系统所称的宽带网。它是利用现有的市话铜线进行数据信号传输的一种技术,下行速率在 1~9Mb/s,上行速率在 640Kb/s~1Mb/s,终端设备主要是一个 ADSL 调制解调器。各地电信局在宣传 ADSL 时采用的商业名称为"超级一线通""网络快车"等,这些都是指同一种宽带方式。目前,ADSL 是普通居民最常用的一种宽带接入方式。

6.【有线通接入】有线通也称为"广电通",它直接使用现有的有线电视网络,稍加改造,便可以利用闭路线缆的一个频道进行数据传送,而不影响原有的有线电视信号传送,其理论传输速率可达到上行 10Mbps,下行 40Mbps。目前,有线通是普通居民比较常用的一种宽带接入方式,普及程度仅次于 ADSL 接入方式。

7.【IP 地址概念】①TCP/IP 给网上的主机设备配一个地址号,这个地址号叫作 IP。②IP 地址由 4 个字节组成,每个字节以"."隔开,例如 23.37.2.75。③新一代 IP 地址由 6 个字节组成。

8.【DNS 服务器】①DNS(domain name system)是域名解析服务器,DNS 服务器就是域名管理系统。②DNS 服务器在互联网的作用是把域名转换成为网络可以识别的 IP 地址。

9.【网络分级】根据 IP 地址的第一个字节,把网络分成 A、B、C、D、E 这 5 个等级。其中 A、B、C 为民用,D、E 为特殊用途,例如警用和军用等,不向民众开放。第一个字节为0~127,它为 A 级网络;第一个字节为 128~191,它为 B 级网络;第一个字节为 192~223,它为 C 级网络。

10.【域名组成】

域名由下面三组字符组成。

(1) 26 个英文字母。

(2) 0,1,2,3,4,5,6,7,8,9 这 10 个数字。

(3) -(英文中的连字符)。

域名中字符的组合规则如下。

(1) 在域名中,不区分英文字母的大小写。

(2) 对于一个域名的长度是有一定限制的。域名最短为 1 个字符,最长为 63 个字符。

11.【域名后缀属性】常见的几种域名机构属性:①.com 代表工、商、金融等企业;②.edu 代表教育机构;③.gov 代表政府组织;④.net 代表网络相关机构。

域名的地区属性:我国的域名为.cn,必须掌握。美国、德国、英国、法国、俄罗斯、日本等国家的域名后缀也应熟记。

12.【二级域名】①相对于一级域名形式 http://www.abc.com 来说,还有一种二级域名,二级域名是一级域名的下一级,形式如 http://bbs.abc.com;②注册一级域名后,可以免费使用若干个二级域名,这样可以把网站按栏目分成若干个二级域名。

13.【中文域名】①中文域名是含有中文的新一代域名,同英文域名一样,是互联网上的门牌号码。②提供中文域名服务的公司很多,所以中文域名的规则也很多,其原理是用一个函数把中文域名指向普通英文域名,然后由英文域名指向 IP 地址。③目前还在做中文域名的公司有中国互联网中心(www.cnnic.cn)。④由于微软 IE 浏览器等多数浏览器不支持中文,所以要在这些浏览器上使用中文域名,必须在浏览器安装一个插件,该插件由提供中文域名的公司提供。正因为这个原因,目前中文域名的市场正逐步萎缩。

14.【域名价值】公司的域名价值等同于公司商标的价值,称之为网络商标,所以起一个好域名很重要。

15.【主机托管】主机托管是客户将自身拥有的服务器放置在 Internet 数据中心的机房(例如电信机房),由客户自己进行维护,或者是由其他签约的服务商进行维护。

16.【主机租用】与主机托管基本相同,但服务器的产权属于托管机房所有,不属于自己。

17.【虚拟主机】虚拟主机是使用专业软件技术,把一台计算机主机硬盘分成相对独立的多个部分,供用户放置站点、应用组件等,提供必要的站点功能与数据存放、传输功能等,供不同的用户使用,每个用户在感觉上是使用一台独立的计算机主机,这就是"虚拟主机"。每一个虚拟主机空间都具有独立的域名,但 IP 地址一般为共享,它具有完整的互联网服务器功能。在同一台硬件、同一个操作系统上,运行着为多个用户打开的不同的服务器程序,互不干扰;而各个用户拥有自己的一部分系统资源(IP 地址、文件存储空间、内存、CPU 时间等)。虚拟主机之间完全独立,在用户看来,每一台虚拟主机和一台独立的主机的功能完全相同。

18.【双线空间】双线空间的产生是由于中国互联网物理现状造成的。目前我国有电信、网通两个主要的网络,用户以长江为界划分为电信用户和网通用户。南方大部分用户都是电信上网,北方大部分用户都是网通上网。由于电信和网通两家公司相互竞争,导致电信用户访问网通网站、网通用户访问电信网站速度都较慢。无论用户网站放电信机房,还是网通机房,都会丢失另外一半客户。为解决这个问题,双线虚拟主机就应市场需求产生了。双线虚拟主机可以实现南北访问都很快的效果,这样最大限度地留住了全国的客户。

19.【光纤接入】光纤接入指的是终端用户通过光纤连接局端设备。根据光纤深入用户程度的不同,光纤接入可以分为 FTTB(fiber to the building,光纤到楼),FTTP/FTTH(将光缆一直扩展到家庭或企业)等。

【技能训练】

实训二　网络线的制作

无论在家里、学校宿舍还是在工作单位,网络线是最常用的网络设备之一,掌握它的一般制作技能,是对现代青年的基本要求。

步骤一　购买工具和器材,主要有 5 类:双绞线、压线钳、测线仪、切线钳、水晶头,如图 2-7~图 2-10 所示。

通过图 2-7 和图 2-8 可以看到最简易的压线钳,中间部分是剥皮刀和切线刀,前端的黑色空位是放水晶头的压线位置。

图 2-7　压线钳

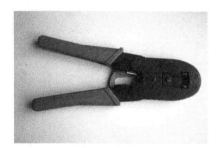

图 2-8　压线钳另一面

图 2-9　测线仪

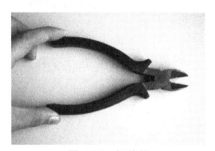

图 2-10　切线钳

切线钳主要用于切割金属线。

步骤二　网线剥皮,请注意线位置和露出的长度(约 2~3 厘米)。剥皮后的网线共有 4 股:橙、绿、蓝、棕,如图 2-11 和图 2-12 所示。

图 2-11　网线剥皮

图 2-12　剥皮后的网线共有 4 股:橙、绿、蓝、棕

步骤三　按顺序摆好后用切线钳切线,注意剩余 1~1.5 厘米,如图 2-13 所示。一般用

学生笔记:

以下方式确定线序：铜芯指向前方，从左到右依次为橙白－橙－绿白－蓝－蓝白－绿－棕白－棕，如图 2-14 所示。排线序的同时尽量把网线压扁，至此可以插入水晶头。

步骤四　插进水晶头，要求把 8 根线都插到底，具体来说就是从水晶头的前端可以看见 8 个铜芯截面在反光。记住，再次检查线序，如果只插入一半就很难插入，不要强行插入，退出后把线理顺理直再插入，并且要与水晶头的金属部分接触。

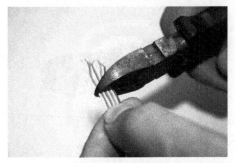

图 2-13　按顺序摆好后用切线钳切线

图 2-14　切线一定要整齐，然后并排塞进水晶头

步骤五　用压线钳压制网线。要求水晶头根部的卡扣完全扣好，这里就很考验压线钳的质量了，很多压线钳会把这个卡扣压断，导致日后使用网线容易松脱。因此可以把网线往上轻轻翘起一些，使卡扣更容易扣入。将网线已经排布好的水晶头放入压线钳的压线凹槽中，用力压手柄，如图 2-15 所示。压好的水晶头如图 2-16 所示。

图 2-15　将网线已经排布好的水晶头放入
　　　　　压线钳的压线凹槽

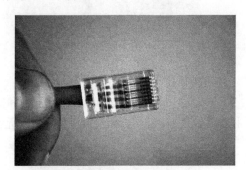

图 2-16　压好的水晶头

注意，步骤三中预留的 1～1.5 厘米就是现在看到的网线部分，太长露出太多，信号不稳定，并且网线容易断，太短不能压进去。

步骤六　把网线两头都打好，用测线仪测量网线是否按照正确的顺序连接，是否形成通路，如图 2-17 所示。如果不通或者线序错了就要重新打线，因此布线的时候就要求网线两端预留10～15 厘米。如果是屏蔽线还要检测水晶头是否与屏蔽线的屏蔽层接触良好。

图 2-17　用测线仪测试网络线

实训三 无线路由器安装

通过无线路由器,将自己家里或者宿舍内的有线网络信号转换为无线网络 WiFi 信号,使得手机、平板计算机、笔记本计算机等移动通信设备很便捷地连上互联网,这是一个很普遍的应用,当代大学生应该掌握这些本领。

本实训以 TP-Link 路由器为例进行示范操作,其他品牌的产品,安装设置方式大同小异。系统环境为 Windows XP(或 Windows),联网方式为 ADSL 拨号上网。

需要的设备为调制解调器、无线路由器、网络线、计算机。

步骤一 线路连接,按照图 2-18 所示操作。

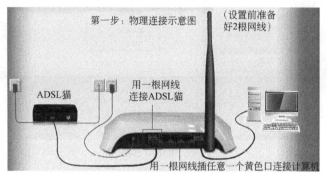

图 2-18 设备物理连接

步骤二 设置计算机登录路由器管理界面。

(1) 右击"网上邻居"图标,选择"属性"选项,如图 2-19 所示。

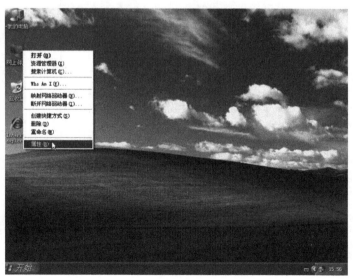

图 2-19 操作示意图之一

学生笔记:

_____

_____

_____

（2）右击"本地连接"图标，选择"属性"选项，如图 2-20 所示。

图 2-20　操作示意图之二

（3）向下拖动滚动条找到并选中"Internet 协议"选项，单击"属性"按钮，如图 2-21
所示。

图 2-21　操作示意图之三

（4）全部勾选"自动获取 IP 地址 自动获得 DNS 服务器地址"选项，全部确定后关闭对
话框，如图 2-22 所示。

图 2-22　操作示意图之四

步骤三　登录路由器开始对路由器进行设置。

（1）单击打开设置向导，如图 2-23 所示。

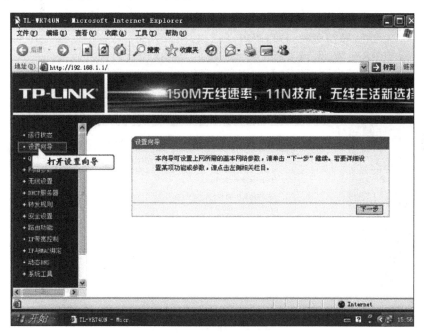

图 2-23　操作示意图之五

学生笔记：

（2）进入图 2-24 所示界面直接单击"下一步"按钮即可。

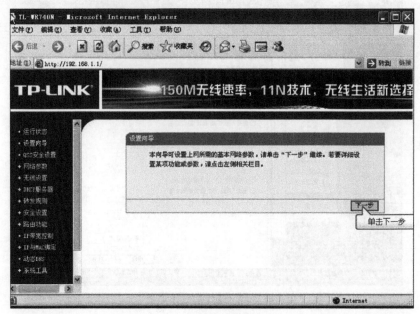

图 2-24　操作示意图之六

（3）选中"PPPoE（ADSL 虚拟拨号）"单选按钮，单击"下一步"按钮，如图 2-25 所示。

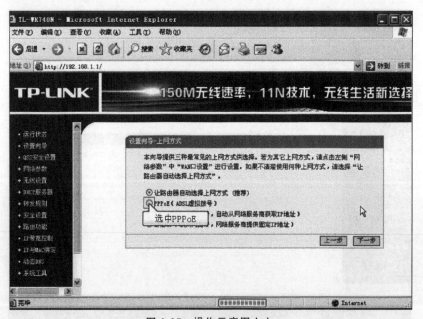

图 2-25　操作示意图之七

（4）在图 2-26 所示的界面输入宽带上网账号和密码（一定要准确输入，否则无法上网）。

（5）进入无线网络设置。SSID 为无线网络名称，只能用英文来命名。PSK 密码为无线

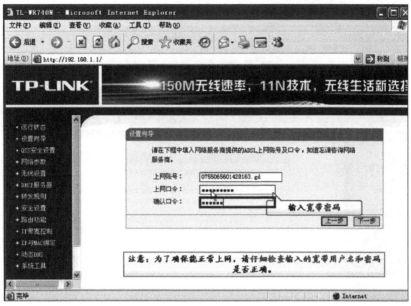

图 2-26　操作示意图之八

网络密码,设置不少于 8 位的英文＋数字,如图 2-27 所示。

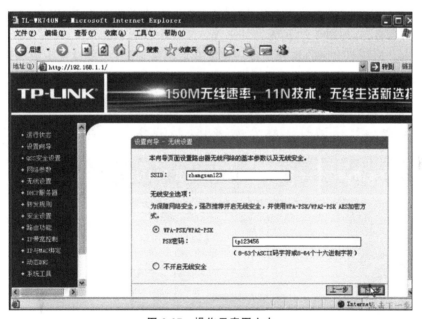

图 2-27　操作示意图之九

学生笔记:

（6）设置完成后重新启动即可，如图 2-28 所示。

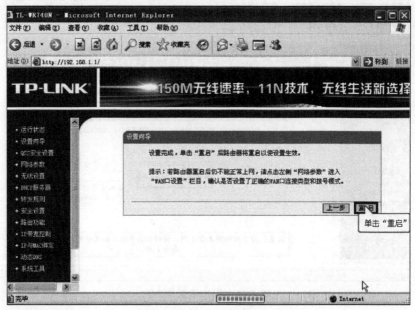

图 2-28　操作示意图之十

（7）重新启动后回到主页面选择"运行状态"选项，在此界面查看"WAN 口"是否有 IP 地址与 DNS 服务器，如图 2-29 所示。如果 WAN 口状态全部显示"0.0.0.0"，那说明未设置好，正常情况严格按照上面的步骤操作一定能获取网络地址，如果设置不成功请检查设置中是否未按说明操作，恢复默认设置再试一次。

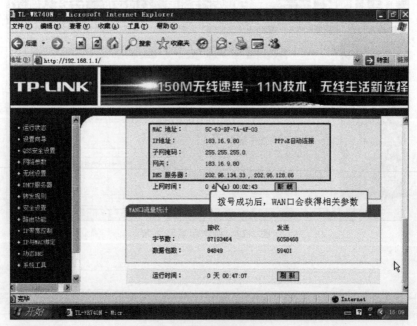

图 2-29　操作示意图之十一

步骤四 设置计算机连接无线路由器。

无线路由器设置好之后,打开带无线网络功能的计算机,双击"无线网络连接"图标,即图 2-30 中鼠标指针的位置。找到自己的无线网络名称,双击连接,输入密码即可上网。

图 2-30 操作示意图之十二

【本章小结】

· 互联网基本概念

互联网的全称是国际互联网络,简称互联网,又称因特网,因特网是英文 Internet 的译称。它是一个基于 TCP/IP 的网络,通过 TCP/IP 实现不同品牌、不同性能、使用不同操作系统的计算机之间的通信,它是由成千上万个网络和上亿台计算机相互连接而成的,是全球最大的提供信息资源查询和信息资源共享的信息资源平台。它是全球最大的、开放的、由众多网络互联而成的计算机网络。

· 互联网接入方式

常用的网络接入方式有:

(1) PSTN 接入

(2) ISDN 接入

(3) ADSL 接入

学生笔记:

(4) 有线通接入

(5) 局域网接入

(6) 光纤接入

(7) 无线接入

- IP 地址

IP 地址就是给每个连在 Internet 的主机分配一个在全世界范围内唯一的标识符,在 TCP/IP 中,IP 地址是以二进制数字形式出现的,共 4 个字节,即 32 位。

根据 IP 地址的第一个字节,来判断它是 A、B、C、D、E 这 5 类网络中的哪一类。第一个字节在 0~127,它属于 A 级网络;第一个字节在 128~191,它属于 B 级网络;第一个字节在 192~223,它属于 C 级网络;第一个字节在 223 以上的,它属于特殊用途,不属于民用。

- 域名

域名是互联网中用于解决地址对应问题的一种方法,是上网单位的名称,是一个通过计算机登上网络的单位在该网中的地址,是互联网上网站相互联络的网络地址。

域名按其后缀可分为域名的机构属性、国家或地区属性,.com/.net/.edu/.org,是常用的机构属性后缀;.cn 是中国域名后缀、.us 是美国域名后缀、.rn 是俄罗斯域名后缀、.jp 是日本域名后缀。按其前缀可分为一级域名、二级域名等,http://www.abc.com 是一级域名,http://bbs.abc.com 是二级域名。

中文域名的后缀有.cn、.中国、.网络、.公司等,例如:

清华大学.cn

北京大学.中国

中软股份.公司

中国金桥网.网络

- 虚拟空间

虚拟主机是使用专业软件技术,把一台计算机主机硬盘分成相对独立的多个部分,供用户放置站点、应用组件等,提供必要的站点功能与数据存放、传输功能等,供不同的用户使用。每个用户在感觉上是使用一台独立的计算机主机,这就是"虚拟主机"。每一台虚拟主机都具有独立的域名,但 IP 地址一般为共享,它具有完整的互联网服务器功能。在同一台硬件、同一个操作系统上,运行着为多个用户打开的不同的服务器程序,互不干扰;而各个用户拥有自己的一部分系统资源(IP 地址、文件存储空间、内存、CPU 时间等)。虚拟主机之间完全独立,在用户看来,每一台虚拟主机和一台独立的主机的功能完全相同。

双线空间的产生是由于中国互联网物理现状造成的。目前我国有电信和网通两个主要的网络,用户以长江为界划分为电信用户和网通用户。南方大部分用户都是通过电信网络上网,北方大部分用户都是通过网通网络上网的。双线虚拟主机可以实现南北方访问都很快的效果,这样最大限度地留住了全国的客户。

【练习作业】

一、选择题

1. 互联网这个概念与下面哪个概念完全相同?

A. 万维网　　　　　　B. 新闻网　　　　　　C. 互联网　　　　　　D. 全球网

2. 1 T bit 与下面哪个选项相等？

A. 1 G bit　　　　　　B. 1 G byte　　　　　C. 1024 G bit　　　　　D. 1 T byte

3. 下面哪个不属于宽带接入？

A. ADSL　　　　　　B. 局域网接入　　　　　C. 有线通接入　　　　　D. PSTN

4. 92.31.27.3 属于哪个网络？

A. A 级网络　　　　　B. B 级网络　　　　　C. C 级网络　　　　　D. D 级网络

5. 中国的域名后缀是哪个？

A. .cn　　　　　　　B. .jp　　　　　　　C. .ru　　　　　　　D. .us

二、讨论题

1. 宽带接入都是利用现有线路进行的，否则耗资太大。ADSL 使用电话线，有线通使用电视线。我们家里还有哪根现有线路没有用？家家都有的水管是否可以接入宽带？

2. 当朋友亲戚乔迁新居时，你怎样向他们推荐合适的宽带接入方式？根据你家人与朋友使用的不同宽带接入方式，说说常用的几种宽带接入方式的优缺点。

3. 请你讲出自己认为好的 5 个域名，再到网站查一查该域名是否被别人注册。大家讨论什么是好域名。

三、操作题

下面 4 个网站都是知名的域名空间服务商，但价格偏贵。具体做网站时，可找当地略有规模的网络公司，切忌找个体户，因为后者的服务得不到保障。请登录下列网站，仔细比较它们之间的差异，您更喜欢哪个网站？

1.【www.net.cn】中国万网公司——基于云计算的领先的互联网应用服务提供商，企业互联网服务首选品牌。中国万网致力于为企业客户提供域名服务、互联网基础应用、网站建设以及高端解决方案等基于云计算的全方位服务。

2.【www.xinnet.com】北京新网公司是中国数码集团旗下的一家国内外知名的信息化基础应用服务提供商。业务范围包括域名注册服务、虚拟主机服务和电子邮箱服务等。

3.【www.dns.com.cn】北京新网互联公司致力于为企业提供一流的综合性网络营销服务，不断推出的基于互联网技术的创新应用产品，力求在为客户和合作伙伴创造价值的过程中实现自身价值。

4.【www.ename.net】易名——域名交易服务平台，其中主要服务包括域名代注、域名停放、域名交易中介等。当一手域名没有合适的，可以到二手域名网站查找。

学生笔记：

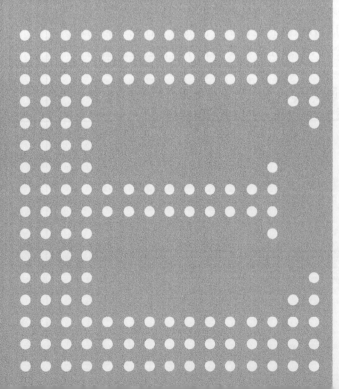

第3章

网站建设基础

【学习目标】

通过本章的学习，了解营销型网站的概念和作用，掌握网站建设的若干种方法，对各种类型的网站的功能、使用场合、盈利方式有准确全面的理解，在实际应用中能选择适当的网站平台来为企业经营服务。

本章重点内容是网站类型介绍。通过本章学习，学生应该有以下认识。

（1）网站建设有技术层面和经营层面两方面，计算机专业学生负责技术层面的网站建设，也称网页设计；经济管理类专业学生负责经营层面的网站建设。

（2）网站建设的技术手段：①用网页制作工具开发，可以制作比较简单的网站；②用程序设计语言开发，可以制作比较复杂的网站；③用自助网站系统开发，可以满足普通百姓建设很简单的网站的需求。

（3）网站的常见类型有门户网站、百科网站、论坛网站、分类信息网站、贸易平台网站、交友网站、社区互动（SNS）网站、购物网站等几种。

【学习要求】

　　本章内容涉及网站建设的概念。网站建设是电子商务的关键内容之一。网站是电子商务的载体,没有网站,很难做好电子商务。网站建设分为技术制作和日常运作两部分,其重点在于日常运作部分。要学好这部分内容,最好有网站经营的经验,但目前的状况是,大多数学生没有网站经营的经验,即使有的同学开了博客或者淘宝店铺,也很少能拥有高流量。因此在上课前,学生应到相关网站购买域名空间,此空间配有门户网站系统。同学应该边操作、边体会、边学习,使自己在短期内对网站有个直观概念。

【关键词】

　　网站、网站建设、营销型网站、网站类型、盈利模式。

　　虽然网络营销在没有网站的情况下也能进行,但是由于近年来网络技术飞速发展,建设一个网站的成本不断下降,其费用在整个电子商务系统运营中几乎可以忽略不计,所以一般提倡在有网站的基础上进行网络营销,在系统学习电子商务知识时,也应建立自己的网站,边操作、边体会、边学习,这样会取得较好的效果。

　　本章不从程序设计的角度来讲网站建设,而是从经营角度来讲网站建设中必须注意的问题。

3.1　从不同角度理解网站建设的概念

　　提起网站建设,很多人会联想到这是一个技术活,是计算机技术人员的工作。这种理解过于局限。恰恰相反,网站程序设计工作只是网站建设过程中的一个很小的部分,随着技术的日趋成熟,网站建设中的技术问题已经不是难题,真正难的是网站的经营模式,而不同的行业有不同的经营模式,不同规模的公司也有不同的方法,这是需要企业经营人员结合本企业、本行业长期探索的问题。

3.1.1　计算机技术人员在网站建设中的主要工作

　　计算机技术人员应该侧重于技术实现手段,例如程序设计语言和数据库的选择、网站运行速度、网页程序所占空间大小、不同平台的兼容性问题、用户界面的友好问题、加密问题、病毒防范问题、数据安全问题以及版本平滑升级等。以上内容属于技术层面的网站建设工作。

3.1.2　企业经营人员在网站建设中的主要工作

　　企业经营人员应该侧重于营销手段和商业目标的实现,例如网站栏目设置、网站功能选择、内容编辑和更新、网店陈列、网站点击率、用户浏览的质量问题、与客户在线交流、反

学生笔记:
_____
_____
_____

馈信息处理、网站推广、网络营销、图片处理软件的使用和营销软件工具的使用等。以上内容属于经营层面的网站建设工作。

3.2　网站应该发挥的作用

由于现在网站建设的成本较低,很多企业都建有网站。那么作为一家企业的网站,可以发挥哪些作用呢? 归纳起来,主要有下面几点。

(1) 发布信息,例如新产品、公司新闻、招标/招聘信息等。

(2) 收集信息,可以从注册会员和市场调查栏目中得到消费者的第一手反馈信息。

(3) 与客户互动,通过在线聊天、表单、留言、电子邮件等工具与客户 24 小时沟通。

(4) 网上直销,实现交易过程的电子化。

(5) 网上促销,用网络营销方式支持线下传统营销,作为线下传统营销的补充。

(6) 品牌宣传,是公司品牌宣传的一个重要手段。

因此建设一个网站已成为企业或个人宣传自己的必要手段,被越来越多的企业和个人所接受。

3.3　网站建设的方法

网站代码开发本身是程序设计的过程,它与所有软件系统开发一样,有购买、租借、外包、自建 4 种方式,企业可以根据自身的情况选用某一种方式进行。

3.3.1　购买

购买是最常见的方式,即到软件公司去购买现成的网站代码,程序源代码归自己所有。这种方式开发时间短,需要的专业人员少。现在市场上有很多各种类型的网站可供选择,其功能能满足大众需要,系统运行也很稳定,如网店系统等。小企业或个人建站时常选用这种方法。

网站的价格差别很大,从几千元到几十万元不等,价格贵的未必就好,价格便宜的未必就差,这是软件市场的现状。购买时一定要有软件专业人士反复调研、试用、比较后才能决定选型的网站系统。

3.3.2　租赁

由于软件的选择难度大,购买时难以判别软件的质量好坏和该商家的服务优劣,所以网站软件购买还是有很大风险的。为此,网站系统开发商推出了租赁的模式,这种方式是购买者只拥有使用权,通常是一年,但相对于购买方式而言,价格低了许多,还提供租赁期的系统技术维护。对于中小公司而言,往往无足够的人力投入系统维护,当购买成本很高的情况下,租借比购买更有优势。最重要的是,使用方基本上都不在意网站代码的所有权归属问题,只关心网站能否使用。对于无力大量投资于电子商务的中小型企业来说,租赁很有吸引力。

3.3.3　外包

对于开发较大型、较专业或个性化的电子商务网站系统,往往采用外包的方式,委托专业网站开发公司进行开发。但这种方式一般周期长(几个月至一年才能稳定),成本较高,尤其要注意企业与开发商的沟通,把设计意图向开发商详细讲清楚,将开发商的技术优势与企业电子商务的需求密切结合,才能大大提高整个电子商务网站开发的成功率。这需要找到一个开发经验丰富并且服务良好的软件公司,一般应找本地的软件公司开发,不适宜找外地软件公司合作。目前独立开发中小型网站的价格在 1 万～3 万元,开发周期在两个月以内。

3.3.4　自建

当公司自身有较强的技术实力时,自建能更好地满足公司的具体要求。那些有资源和时间去自己开发网站的公司或许更喜欢采用这种方法,以获得差异化的竞争优势。

当个人建站时,如果个人拥有较强的技术实力,也可以自行开发小型网站程序,达到网站个性化效果。

自建网站可采用的技术方法主要有以下 3 种。

1. 用网页制作工具开发

市场上有很多网页制作工具,帮助我们轻松地进行网站开发。比较知名的开发工具有Frontpage、Flash、Dreamweaver 等。有了这些工具,即使不是专业的程序开发人员,即使不懂程序代码,也能做出精美的网站。对于要求不高的网站建设者来说,这是一种较好的选择。

2. 用程序设计语言开发

如果要开发功能复杂的网站,就要用专门的程序开发语言和数据库来开发,常用的网站开发程序设计语言有 ASP、JSP、PHP、Java 等,与之相关联的数据库有 Access、SQL 等。这种方式要求有较高的计算机编程能力,适合计算机专业人员使用。

3. 用自助网站系统开发

为了使网站制作和使用方法不断普及,国内有些公司开发了自助网站系统,帮助没有任何计算机专业知识的普通百姓制作网站。它们的口号是"会打字就会做网站",采用傻瓜型操作方式,满足了市场低端需求。

自助网站系统提供了大量的模板供用户选择,并有多种功能作为备选,它们一般提供以下功能。

(1)上千个网页模板和上百个封面模板,还可上传自己设计的网站封面。

(2)功能强大的在线网页编辑器,支持图文、表文混排。

学生笔记:
_____
_____
_____

（3）客户网站具有简、繁、英三种版本,简繁自动转换。

（4）自由增加、修改、删除栏目,也可以隐藏或加密栏目。

（5）网站功能丰富,具有单页图文、新闻文章、图文展示、在线表单、访客留言、自定义链接、文件下载、网上购物等功能模块。

各个公司提供的产品在功能上各有千秋,但近年来竞争非常激烈,价格也迅速下降,正规服务提供商租用一年只要一千多元(最便宜的只要几百元),包括虚拟空间、域名、网站租用费,功能之多已足够满足中小公司的网站建设的技术需求。

现在市面上流行的网站系统有自助建站系统、自助建店系统、多用户商城系统、商贸信息系统、新闻文章系统等通用系统,但专用系统一般要定制开发。到阿里云、腾讯云等网站上可以找到多种模板的建站系统。值得说明的是,在互联网上搜索"自助建站",能找到成百上千个自助建站服务提供商,它们大都是原创软件公司的代理,而国内专注于自助建站系统开发的厂商却很稀少。

【小工具】 自助建站系统的原创软件公司的网站示例如下。

- 美橙互联智能建站网：www.cndns.com/cn/website
- 小达网站建设：www.xiaoda.net

3.4 网站类型

随着互联网应用的深入,网站的类型呈现出多样化的现象,其主要有以下9种。

3.4.1 门户网站

门户网站是网民很熟悉的一种网站类型,国家级的门户网站有新浪、搜狐、网易等,另外还有地方性的门户网站和行业性的门户网站。地方生活门户网站是时下最流行的,以本地资讯为主,一般包括本地资讯、同城网购、分类信息、征婚交友、求职招聘、团购集采、口碑商家、上网导航、生活社区等大的频道,还包含电子图册、万年历、地图频道、音乐盒、在线影视、优惠券、打折信息等非常实用的功能。

作为个人建站的站长,用门户网站来作为自己的官方网站的情况越来越多。

门户网站几乎包含所有的栏目类型,如新闻、图片、下载、信息、产品、会员、问吧、订单、财务、专题、全站搜索、广告、自定义表单、个人空间、短消息、邮件订阅、评论、Digg、心情指数、问卷调查、留言本、友情链接、网站公告等。

例如,素肌美人精油网就是采用门户网站类型,包含了众多类型的栏目,有新闻栏目、购物栏目、问吧栏目、会员栏目等。图 3-1 为素肌美人精油网首页。

中小站长做此类门户网站时,第一注意不要做小而全的网站,而要做某一领域的专业网站。例如,不能做包含新闻、房产、体育、美容、汽车等互不相关领域的大型门户网站,而做化妆品里的一个小项精油网站,这样能集中精力做好。第二注意扩大信息量,至少要有两三名专职网站编辑。门户网站是靠信息量取胜,不断更新的信息量可以提高客户的忠诚度,另外也会更多地被搜索引擎收录。

门户网站的收益主要靠广告收入,也可以靠销售产品、付费阅读文章、付费下载软件等

图 3-1　个人门户网站示例

手段取得收入。图 3-2 是门户网站可以取得广告效益的区域。

图 3-2　门户网站可以取得广告效益的区域

学生笔记：

3.4.2 百科网站

百科网站(又称 Wiki)是一种多人协作的写作工具。Wiki 站点可以由多人(甚至任何访问者)维护,每个人都可以发表自己的意见,或者对共同的主题进行扩展或者探讨。Wiki 可以调动广大网民的群体智慧参与网络创造和互动,它是 Web 2.0 的一种典型应用,是知识社会条件下创新的一种典型形式。

对于众多的中小站长而言,利用百科网站能够在最短的时间内,花费最低的费用,采用最少的人力,架设一个性能优异、功能全面、安全稳定的科普网站平台,以对产品进行互动式宣传。它可以进行创建/编辑词条、添加/修改资料、站内短信、百科搜索等众多的基本百科操作。

图 3-3 百科网站示例

这类网站对知识性产品是一个很好的平台,例如精油产品,有丰富的美容知识、养生知识、保健知识和医疗知识。仅仅是一个购物网店无法将精油产品的性能充分说明,对该类专业性强的产品搭建一个百科网站,就很容易聚集人气,让客户感到网站的主办者是很专业和权威的。图 3-3 为百科网站示例,它一般包含百科分类、排行榜、随便看看、尝试编辑词条、开始创建词条等栏目。

中小站长做百科网站时,重点要注意做某一窄小领域的专业网站。例如做煲汤食谱百科网站,而不做泛泛的饮食网站。既要发动广大网民参与,也要有一两名该行业的权威人士参与该网站的词条审核。网民参与词条编辑,一定要给予积分,累计到一定额度,就奖励某个相关产品。较多的词条信息量可以提高客户的忠诚度,也会有更多地被搜索引擎收录的机会。

百科网站的收益主要靠建立在该行业的权威性,从而招募代理商加盟;也可以通过在主要词条中加入链接本公司官方网站的方式,提高产品购买的可能性,但要注意链接行为切不可太多;也可以靠部分广告获得收入。图 3-4 是百科网站可以取得收入的方式。

3.4.3 论坛网站

论坛也是网民熟悉的概念,它全称为网络论坛 BBS(bulletin board system 或 bulletin board service),中文叫作电子公告板,是 Internet 上的一种电子信息服务系统。它提供一块公共电子白板,每个用户都可以在上面书写,可发布信息或提出看法。它是一种交互性强、内容丰富而即时的 Internet 电子信息服务系统。用户在 BBS 站点上可以获得各种信息服务,发布信息,进行讨论、聊天等。

论坛是企业开放给客户交流的平台,人们可以对网站的产品和服务发表看法,客户可以发表一个主题,让大家一起来探讨,也可以提出一个问题,大家一起来解决等,具有实时性、互动性。

中小站长做论坛网站时,主要是围绕本公司的产品来做,让客户有讨论产品的地方,可

图 3-4　百科网站可以取得收入的方式

以作为公司官方网站的一个栏目(频道)，要保持客户评论的原貌，不要刻意把不好的评论删掉。当然，若发现有涉及违法、色情、漫骂等帖子，要果断删除。不断增多的网民帖子，可以提高客户的忠诚度，也会增加被搜索引擎网站收录的机会。

论坛网站本身是没有收益可言的，主要靠宣传公司产品，获得产品销售收入。

3.4.4　分类信息网站

分类信息又称分类广告。日常在电视、报刊上所看到的广告，往往是不管用户愿不愿意，都会强加给用户，因此这类广告被称为被动广告；而人们会主动去查询招聘、租房、旅游等方面的信息，对这些信息的广告，称它们为主动广告。在信息社会逐步发展的今天，被动广告越来越引起人们的反感，而主动广告却受到人们的广泛青睐。

分类信息是 Web 2.0 的衍生物，是新一代互联网应用模式，它让网络变得更平民化，更普及，更贴近生活，更方便生活，该类网站一般可以非常灵活地按城市、区域、街道发布信息，设置房产、招聘、家政等各类信息，通过筛选来显示不同地域或不同类型的信息。站长可以选择做全国分类信息系统或地区性的分类信息系统，但一般后者较容易成功。例如可以做一个小区的分类信息系统或一个校园的分类信息系统等。图 3-5 为 58 同城分类信息网站的一个页面。

分类信息网站的收益主要靠收费信息展示位。一般信息的发布是免费的，但由于信息海量，一般不易被人找到，为了将信息放在较前位置，客户就要付费。另外也可以靠部分广告收入。图 3-6 是分类信息网站的收费信息示例。

学生笔记：
_____
_____
_____

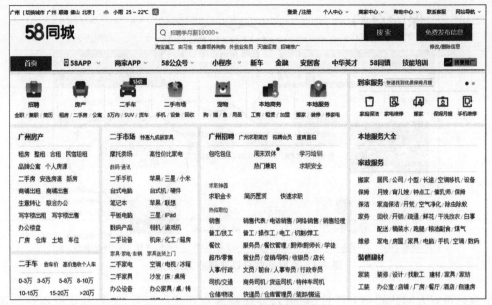

图 3-5　分类信息网站示例

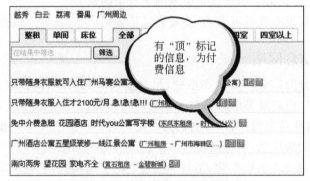

图 3-6　分类信息网站的收费信息示例

3.4.5　贸易平台网站

所谓贸易平台就是网站开办者(一般为网络公司)专门搭建的一个网络商城,吸引众多卖家在网络商城中开店或发布产品信息,吸引众多买家在其中购买商品。商城开办者本身不参与买卖交易,而是靠收取中介费营利。建立贸易平台好比是开一家超市或商场,在贸易平台中开店可以形象地比喻为在超市或商场中租用一节柜台营业。

贸易平台一般可分为 B2B、B2C、C2C 系统。B2B 系统是企业与企业之间的电子商务系统,就是在该平台上从事产品批发业务,典型网站有阿里巴巴(www.alibaba.com)和慧聪(www.hc360.com)。B2C 系统是企业与消费者之间的电子商务系统,就是在该平台上从事产品零售业务,典型网站有当当网(www.dangdang.com)和亚马逊网(www.amazon.cn)。C2C 系统是消费者与消费者之间的电子商务系统,这里的消费者大多数是没有工商营业执照的,也就是个人之间的小额交易,也可以理解为在该平台上从事产品零售业务,典型网站有淘宝网(www.taobao.com)、天猫(www.tmall.com)、拍拍网(www.paipai.com)、易趣网(www.eachnet.com)等。

中小站长做贸易平台网站时,要注意细分行业,做某一窄小领域的专业网站。例如做牛仔裤商贸平台网站,而不泛泛地做服装商贸平台,行业越大越难做。

贸易平台网站的收益是靠收取网店租赁费、买卖交易费用、会员注册费用、前置位置竞价费、广告费等。一旦建立的贸易平台在某个细分行业或某个地区有知名度后,其营业收入将源源不断,是一种较好的商业模式。

3.4.6 交友网站

网络的出现使人们能够自由自在且隐秘地在网上寻找、筛选、确定自己的恋人。传统模式的婚介服务机构开始受到挑战,上门用户服务越来越少,加上整个行业的诚信机制缺乏,媒体的负面报道等使得传统的婚介服务机构逐步退出市场。因此网上"鹊桥"业务近年来呈逐年上升趋势,做交友网站会有很大的发展空间。

网络交友的优点是更加经济、安全、健康。现在的上网条件非常便利,上网费用也极其低廉,无须耗费大笔的资金去请朋友们吃喝玩乐以增进感情。网上交友因其可以异地开展文字、音频、视频聊天,无须面对面相处在一起,这样就减少了犯罪的概率。网络交友因其所进行的活动都是通过网络,很大程度减少了网络之外的交友开销,符合低碳经济的发展趋势,因此是一种健康的交友方式。

中小站长做交友网站时,做地方性的网站或特殊群体网站比较容易成功,如一个城市的交友网站,或一个城市的外籍人士交友等。

交友网站的收益主要有两点。第一是会员会费收入。普通会员免费、高级会员收费,高级会员拥有更多的权限,例如排名靠前,可以看别人的照片、获得对方的联系方式,可以发起约会等。这是一种会员的盈利模式。第二是线下活动收入。组织交友的聚会是比较容易赚钱的,不过所花精力比较大。场数比较少的时候可以自己组织,场数较多的,可以和其他组织共同主办,共享利润。图 3-7 是世纪佳缘交友网站首页。

3.4.7 社区互动(SNS)网站

社区互动(SNS, social network service)网站是一种专业性的社交网络服务网站。它依据六度关系理论,以认识朋友的朋友为基础,扩展自己的人脉,并且无限扩张自己的人脉。六度关系理论是指在人际脉络中,要结识任何一位陌生的朋友,这中间最多只要通过 6 个朋友就能达到目的。就是说如果 A 想认识 B,托朋友找朋友,最终认识 B,中间不会超过 6 个人。

人人网(www.renren.com)是 SNS 网站的一个成功案例。它是一个真实社交网络,加入该网站,网民可以找到老同学,结识新朋友,了解朋友的最新动态,用照片和日志记录生

学生笔记:
_____
_____
_____

图 3-7　交友网站系列

活,展示自我,和朋友分享相片、音乐和电影等。

此类网站需要较有实力的公司来经营,其盈利模式一般为广告收入。

3.4.8　购物网站

多数网站站长选择以网上开店的方式进行网络创业。网上商店系统(购物系统)由于使用者众多,所以一般从网站系统中独立出来,成为一个独立的分支。

现介绍两个免费网店系统的网站,它们也从事收费定制网店系统的开发业务。网上商店系统的使用方法如下。

(1) 从网站上下载免费网店代码。

(2) 上传到自己注册开通的虚拟空间中。

(3) 进行域名指向(可委托域名或虚拟空间服务商代为操作)。

(4) 开始使用。

1. ShopEx 网店系统

ShopEx 网店系统(www.shopex.cn)成立于 2002 年,用户超过 300 万家,是国内市场占有率较高的网店系统,支持免费下载、免费使用、免费升级,没有任何使用时间和功能限制。它支持淘宝的支付宝系统。图 3-8 是 ShopEx 网站首页,具体操作使用方法可通过其网站的使用说明书详细了解。

2. HiShop 网店系统

长沙海商网络技术有限公司(简称 HiShop)成立于 2002 年,是国内电商系统及服务提供的知名品牌。其官网是 www.hishop.com.cn,如图 3-9 所示。

HiShop 网店系统是国内较早的网络分销解决方案(也称 DRP 分销管理方案),利用互联网优势为商家的网络分销业务提供全程管理。其宣传口号是"花最少的钱,快速扩张市场的优秀模式"。一站式提供零售、批发、代理代销、连锁加盟等多条销售渠道,同时多业务精细化集中管理。不管是生产商还是渠道商,只要是货源优势的商家,该系统都将助商家

图 3-8　ShopEx 网店系统网站

图 3-9　HiShop 网店系统网站

打造优质销货渠道。

3.4.9　直播视频网站

传统媒体平台已经有了基于电视或广播的现场直播形式,如晚会直播、访谈直播、体育比赛直播、新闻直播等。随着互联网的发展,尤其是智能手机的普及和移动互联网的速度

学生笔记:
_____

_____

_____

提升,直播的概念有了新的延展,越来越多的基于互联网的直播形式开始出现。

所谓"网络直播"或"互联网直播",指的是用户在手机上或计算机上安装直播软件后,利用摄像头对发布会、采访、旅行等活动进行实时呈现,其他网民在相应的直播平台可以直接观看与互动。2016 年起,互联网直播进入爆发期,直播平台超过 300 家,用户超 2 亿人。现阶段谈到的"直播营销""移动直播营销"等,多数情况下默认是基于互联网的直播。

互联网直播营销有以下两个显著的优势:第一是参与门槛大大降低,网络直播不再受制于固定的电视台或广播电台,无论企业是否接受过专业的训练,都可以在网上创建账号,开始直播;第二是直播内容多样化,除传统媒体平台的晚会、访谈等直播形式外,利用互联网可以进行户外旅行直播、网络游戏直播、发布会直播等。

2015 年,国内映客、熊猫、花椒等纷纷布局移动直播市场,相关直播创业公司也顺势成立,市场上最多曾同时有 300 余个直播平台。

2016 年,网络直播市场迎来了真正的爆发期,手机视频直播备受各大直播平台的青睐,直播内容覆盖生活的方方面面,包括聊天、购物、游戏、旅游等。这些直播平台利用"明星＋主播"的形式,请明星助阵,对明星专访,让明星做主播,通过一系列活动,迅速占领了移动直播的一部分市场。

在众多短视频平台中,抖音因其巨大的流量、年轻的用户,以及不可估量的商机从而脱颖而出,成为各大品牌入驻短视频平台的不二之选。抖音是于 2016 年 9 月上线的一款音乐创意短视频社交软件,是一个专注年轻人的 15 秒至 5 分钟的音乐短视频社区,瞄准的大多是一二线城市的年轻用户,85％以上的用户是"95 后"和"00 后"人群。图 3-10 是抖音平台

图 3-10　抖音平台主播入驻栏目功能

主播入驻栏目功能示意图。

3.5　全网营销网站

全网营销型网站应该包含 PC 平台、H5 格式、小程序、App、微信公众号等 5 种以上的终端入口。建设营销型网站开展全网营销的优势在于提升品牌形象，规范销售市场，促进整体销量，解决线下销售瓶颈，完善客服体系，梳理分销渠道。

3.5.1　移动端网站

移动端网站一般称为微站，是相对于 PC 端网站而言的。微站是移动互联网时代企业的基础应用平台和移动门户，也是移动互联网统一的数据入口。微站可以快速构建手机网站，生成手机客户端 App，并集成与微信、微博、二维码的数据接口，实现企业信息化管理与移动互联网技术的结合。企业可以在微站平台上，集成在线客服系统、在线商城、短信系统、企业 CRM 系统等多平台，并可以扩展出多种移动应用，例如微调查、微活动、微商城、抽奖、会员管理等。微站可以帮助企业进行信息同步分享并传播，整合企业网络营销推广的要求，提升企业营销的精准性，扩大营销的互动性，放大企业信息传播效应，从而提高企业品牌的商业价值。

微站是移动互联网时代创新型的企业移动门户和手机客户端 App 的总称，可以快速构筑更适合手机直接访问的手机网站，生成动态手机客户端 App，并融合微信、微博、二维码等多种营销方式，帮助企业展示形象，打造品牌，开创营销新模式。

微站集企业信息化建设与移动互联网建设经验之大成，以企业实务信息为基础，以"建站—同步—传播—互动"为主线，快速构建简约、精准、互动的企业移动门户。微站内容可以自动生成并实现，解决了传统互联网建站中"建站繁""维护难""互动差"等诸多弊端，能够帮助企业建立自己的"移动互联网根据地"，不再依赖于第三方信息平台。

微站可以将企业信息（新闻、广告、图片、文字等）快速构建成一个手机网站，同时生成 App。相对于传统网站，微站具有风格简约、形式多样、内容丰富的特点，并且维护方便、易于及时更新，是移动互联网时代企业在移动终端展示品牌形象的良好途径。

移动端网站的主要特点如下。

（1）与 PC 网站内容同步。手机直接访问传统网站时经常出现下载缓慢、页面与屏幕适应性差、网站部分功能手机端无法操作等问题。微站打通了与传统网站的数据接口，可以将企业网站信息内容自动同步更新到手机网站上。通过微站，用户可以直接使用手机进行快速信息获取，参与在线预订、在线支付、在线反馈、在线报名、在线调查等操作活动。

（2）融合微博。微站打通了与微博的数据接口，实现了微站与微博的信息互享，可以融合企业已有的微博营销体系。微站可以与主流微博，例如新浪微博、搜狐微博等完成信息同步共享。用户进入微站,设置关注企业微博,即可进入到企业官方微博。用户也可以通过企业官方微博中发布的链接进入微站。

在微站首页中,可以实时显示最新发布的微博内容。

(3)融合微信。微站打通了与微信公众平台的数据接口,实现了微站平台与微信平台之间的自由跳转。用户进入微站后,设置关注微信公众号,可以进入微信平台。用户通过微站编辑消息内容,由微信平台自动推送,已关注这些公众号的微信用户接收消息后,点击消息内容中的链接可进入微站。

利用微站,企业可以全面整合微信营销功能,打通微站与原有微信营销体系的信息交互渠道。

(4)融合二维码。微站融合了二维码营销功能。微站的内容信息(整个微站或者某个页面)可以生成一个二维码。企业可以将微站中的信息,例如优惠活动、抽奖活动、团购活动、调查活动等生成二维码,印制到海报、名片、宣传册、彩页上,用户通过扫描可以直接进入微站浏览信息。通过二维码这个纽带,可以将微站与传统广告业(户外广告牌、印刷品广告、视频传媒广告等)进行连接,帮助企业打通移动互联营销通道。

3.5.2　微站主要形式

所谓微站,是指在手机上或者平板计算机上运行的网站,由于能够在小屏幕上展示的内容较少,所以在使用习惯、人机交互、用户体验感与 PC 端网站有很大不同,要针对手机或平板计算机用户专门设计。目前微站使用人数已经超过 PC 端网站使用人数,引起了网站建设领域企业的高度重视。

1. H5 网站

H5 就是 HTML5 的简称,是国内网民的专门术语,国外文献一般不用这个简称。所谓 HTML5,是指 HTML 的第 5 个版本,而 HTML 则是指描述网页的标准语言。因此, HTML5 是第 5 个版本的"描述网页的标准语言"。"描述网页的标准语言"其实就是网页文件的格式,就像 Word 可以打开 doc/docx 文件一样,浏览器基本都能打开 HTML 文件。

手机网站,以前称呼为 WAP 网站,就是适合手机观看的网站。它和制作 Web 网页的制作方法相同,不过网页布局的时候不用准确的像素数,而是使用百分比来控制,以实现在不同尺寸手机屏幕上显示出相同的效果。

刚开始的手机网站是指手机 WAP 浏览器可浏览的网站,网址的开头是 wap 而不是 www,它使用 WML(Wireless Markup Language),和计算机上的网站是不同的。之后随着智能手机的普及,网速的提升,以及国内手机浏览器的快速成长,这种基于 WML 做的网站已经逐步被淘汰了。如今的智能手机可以直接浏览 HTML 网页,所以大家现在说的 WAP 网站,就是手机网站。H5 网站就是手机用浏览器可以打开的网站。

2. 微信小程序

微信小程序简称小程序。微信小程序是一种不需要下载安装即可使用的应用,它实现了应用"触手可及"的梦想,用户扫一扫或者搜一下即可打开应用。也体现了"用完即走"的理念,用户不用关心是否安装太多应用的问题。应用将无处不在,随时可用,但又无须安装或卸载。对于开发者而言,微信小程序开发门槛相对较低,难度不及 App,能够满足简单的基础应用,适合生活服务类线下商铺以及非刚需低频应用的转换。微信小程序能够实现消息通知、线下扫码、公众号关联等七大功能。其中,通过公众号关联,用户可以实现公众号与微信小程序之间相互跳转。

微信小程序是近几年来中国 IT 行业里一个真正能够影响普通程序员的创新成果,已经有超过几百万的开发者加入微信小程序的开发中,共同发力推动微信小程序的发展,微信小程序应用数量上千万,覆盖多个细分的行业,日活跃用户超过 4 亿,微信小程序还在许多城市实现了支持地铁、公交服务。小程序发展带来更多的就业机会,社会效应不断提升。

几乎人人手机上都装有微信,因此小程序的普及率很高,是流量入口的极佳方式,网络营销不能缺少小程序。

3. App 端软件

App 是英文 application 的简称,即应用软件,通常是指 iPhone、安卓等手机应用软件。手机软件是通过分析、设计、编码等工作生成的软件,主要指安装在智能手机上的软件。App 完善了手机原始系统的不足与个性化,是手机完善其功能,为用户提供更丰富的使用体验的主要手段。手机软件的运行需要有相应的手机操作系统,目前市场上的手机操作系统主要有苹果公司的 iOS、谷歌公司的 Android(安卓)系统,此外使用较少的塞班系统和微软系统。

App 发展初期以媒体、游戏、新闻、书籍的移动应用为主,随着智能手机的普及,App 开始运用于商务和企业的移动化办公管理。App 能直接将 PC 网站内容和功能移植到手机上,使网民方便地使用互联网的各种应用,包括网上购物等日常消费,其缺点是要消耗手机的内存,使得手机只能安装有限数量的 App。对商家而言,开发一款 App,其成本也比小程序高出很多。

3.5.3　全网营销网站基本要素

全网营销是全网整合营销的简称,指将产品规划、产品开发、网站建设、网站运营、品牌推广、产品分销等一系列电子商务内容集成于一体的新型营销模式;是集传统渠道网络、移动互联网、PC 互联网为一体进行营销,并将新媒体营销工具纳入其中,从而形成的一个庞大的网络营销体系;是整个网络媒体行业的创新和突破,是当今互联网时代营销必备的手段。要达到全网营销的目的,全网营销网站应该具备以下几个要素。

(1) 要包含供应端(S)、商户端(B)、客户端(C),如图 3-11 所示。

(2) 要满足全行业需求,如图 3-12 所示。

(3) 要能实现全渠道流量导入,能够打造企业私域流量,如图 3-13 所示。

(4) 要具备线上线下(O2O)一体化营销功能,如图 3-14 所示。

(5) 要有多种会员营销体系,不断提升会员活跃度,如图 3-15 所示。

学生笔记:
_____

_____

_____

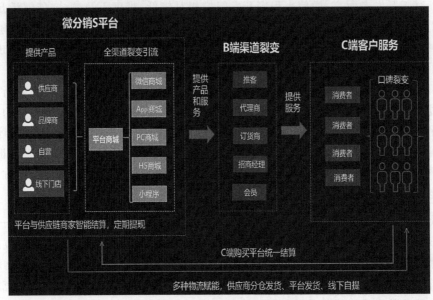

图 3-11　全网营销网站示意图

图 3-12　全网营销网站满足多个行业

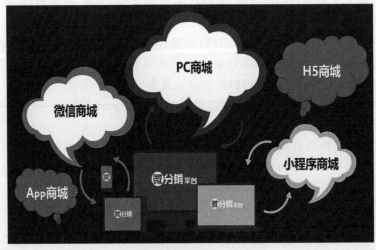

图 3-13　网站多端入口示意图

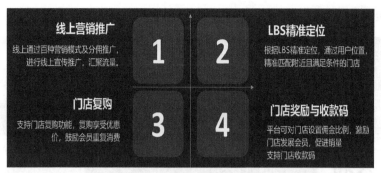

图 3.14　网站 O2O 示意图

图 3-15　网站多种营销方法

（6）要有多种促销工具，刺激客户购买欲望，如图 3-16 所示。

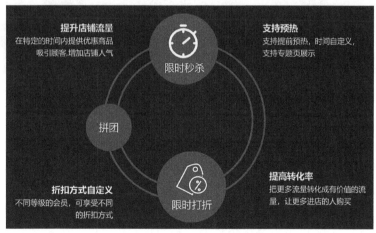

图 3-16　网站多种促销工具

学生笔记：

（7）要能支持与淘宝等大型平台的数据互通，如图 3-17 所示。

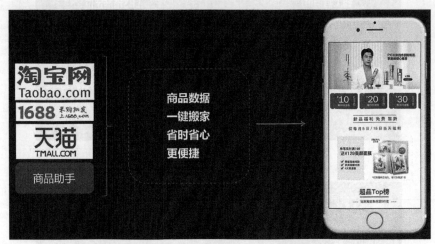

图 3-17　网站与大型平台互通数据

（8）要具备多种智能结算方式，如图 3-18 所示。

图 3-18　网站多种结算方法

3.5.4　全网营销网站常见促销方法

接下来将对全网营销网站的多种促销方式进行介绍。

1. 团购

团购，英文名是 group purchase，指团体购物，是网上认识或不认识的消费者联合起来，加大与商家的谈判能力，以求得最优价格的一种购物方式。根据薄利多销的原理，商家可以给出低于零售价格的团购折扣和单独购买得不到的优质服务。团购作为一种新兴的电子商务模式，通过消费者自行组团、专业团购网站、商家组织团购等形式，提升用户与商家的议价能力，并极大程度地获得商品让利，是消费者和商家常用的一种促销方法。

1）团购的本质

团购是一种促销手段,起到了聚拢人气的作用。团购实质上相当于批发,团购价格相当于产品在团购数量时的批发价格。

团购分开团和跟团两种:开团者称为团长,是组织团购的一方;跟团者称为团员,是参加团购的一方。除团长和团员以外,还有提供商品的一方,称为商家。

2）网络团购

网络团购,是指一定数量的消费者通过互联网渠道组织成团,以折扣价购买同一种商品。其根本特征就在于借助互联网的凝聚力量来聚集资金,加大与商家的谈判能力,取得价格上的优惠。随着全球服务业和互联网经济的不断发展与融合,网络团购的促销方式被越来越多的商家所采纳,也得到了越来越多消费者的青睐。

3）社区团购

社区团购就是居住在真实社区内居民团体的一种购物消费行为,是依托真实社区的一种区域化、小众化、本地化的团购形式。现在的移动电商平台,都有 LBS 定位功能,通过社区商铺为附近居民提供团购活动,促进商铺对核心客户的精准化宣传和消费刺激,实现商铺区域知名度和美誉度的迅速提升,对商铺的营销产生积极的效果。

在社区团购中,提供社区团购服务的机构扮演顾客与商家间桥梁的角色,为供货商提供批量顾客,为消费者提供物美价廉的商品。同时该组织机构述将要承担调解由团购产生的质量纠纷的责任。社区团购的优势如图 3-19 所示。

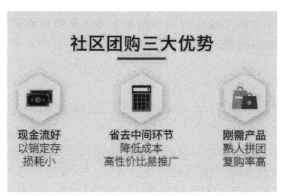

图 3-19　社区团购优势

4）团购的数量

一次团购活动是否成功,取决于开团之初设定的拼团数量。拼团人数设置多一些,营销效果好,但往往不容易拼团成功;拼团人数设置少一些,容易拼团成功,但销售效果欠佳。对于小型商城来说,设置 3～5 人的拼团比较适合。

学生笔记:

_____

_____

_____

2. 秒杀

"秒杀"是网络术语,是网上竞拍的一种新的方式。网络卖家发布一些超低价格的商品,所有买家在同一时间到网上抢购数量有限的折扣商品。由于商品价格低廉,往往一开盘就被抢购一空,有时只需要用一秒钟。

1)秒杀的参与方式

(1)常规秒杀。常规秒杀就是跟正常的购物流程一样,秒杀开始之后第一时间抢购、填写收货等信息,完成支付,即为秒杀成功。

(2)答题秒杀。答题秒杀就是秒杀开始之后要先答题,正确答题之后才能够接着下一步的操作:填写(选择)收货地址等信息,完成支付,即为秒杀成功。

(3)验证码秒杀。验证码秒杀就是秒杀开始之后抢购必须先输入网页上显示的验证码,正确填写验证码之后才能够接着下一步的操作:填写(选择)收货地址等信息,完成支付,即为秒杀成功。

2)秒杀的类型

(1)一元秒杀。一般都是限量1件或者几件,秒杀价格低到令人无法抗拒而去参与,此种秒杀一般在开始之后1~3秒之内就会秒杀完毕,抢购速度非常快。

(2)低价限量秒杀。此种形式也可以理解为低折扣秒杀,限量不限时,销完即止,对于客户来说在时间的把握上要求没有那么苛刻,能够买到的概率相对来说是比较大的。

(3)低价限时秒杀。这种秒杀限时不限量,在规定的时间内,无论商品是否秒杀完毕,该场秒杀都会结束,对于客户来说在时间的把握上要求虽然没有那么苛刻,但是下手一定要及时,过了规定的秒杀时间就不能够参与,买到的概率一般都会很大,但是时间上一定要把握好。

3)秒杀的作用

(1)带来流量。秒杀迎合了一大群重度网购人群的乐趣,也吸引了轻度网购人群,为商家带来大批流量。

(2)带来交叉销售。商家一般会在秒杀的商品下面附带其他利润高的商品链接,比如卖掉一件可能就把几件秒杀品亏损的利润赚回来了。一般用户都有一次多买几件商品的习惯。这就看搭配销售的商品是否有很高的购买率,如果有5%以上的用户同时购买搭配的商品,是很有可能盈利的。

(3)起到广告效应。秒杀活动本身可能是亏损的,但是商家把它作为广告宣传的投入,作为客户引入的成本,为整个产品生命周期作营销。通过做活动吸引用户在自己的店里购买,然后通过自己的优质服务留住用户。

3. 买赠模式

通过向消费者赠送小包装的新产品、价格较低的小件商品,以买 x 件则送 y 件等形式,使消费者快速地熟悉企业的产品,刺激消费者的购买欲望。让产品迅速打开市场,为企业赢得稳定的利润。

1)赠品是新品

使用场景如下,商家新上架的产品,急需推广,为了让更多人了解该商品,就推出买赠的促销方法。卖家通常会推出试用装、迷你装,让用户尝试性使用这部分规格的新品,目的是提高新品认知率,测试市场反馈。比如某个客户买了某大品牌的防晒霜,商家送了一瓶新品牌的防晒喷雾。客户在多次使用之后觉得防晒喷雾的使用效果较好,于是不断回购。

2) 赠品是金额较低的小件商品

使用场景如下,与竞争对手发售同质量同价格的商品时,通过直接的利益刺激达到短期内销售量的增加。它给予客户比较划算的感觉,增强用户的购买欲,同时又没有打破原有的价格体系。如在淘宝买衣服的时候,商家会赠送一双袜子。

3) 买 x 件则送 y 件同一商品

使用场景如下,商品清库存或急需增大销售量;在淡季吸引客流;庆祝商家开业等。比如大家去超市买东西,经常见到酸奶区有打包好的"买 2 送 1"或者"买 3 送 2"的酸奶。

如图 3-20 所示是参与薇婷个护旗舰店的买赠活动的购物车界面。

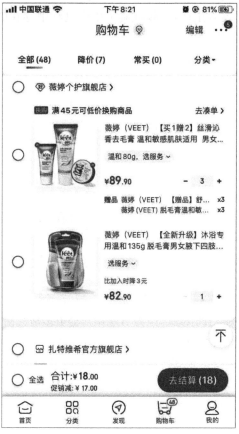

图 3-20　买赠模式示意图

学生笔记:

4. 特价模式

以较市场价偏低的价格进行促销，这个价格接近成本价，属于微利销售的商业行为，它与秒杀不同，秒杀是低于成本价销售，是一种广告行为，而且数量有限。特价模式中商品数量一般是比较宽裕的，消费者几乎都能买到。特价销售的目的是为了走量，占有更大的市场份额，因为它可以凭借价格在同类商品中脱颖而出，对消费者更具有吸引力，更有号召力，薄利多销成为众多商家制胜的法宝。比如女生买口红，平常可能某款口红是 150 元，但是某个时间段会搞特价活动，价格可能降至 120 元。随着消费升级，在"特价"的基础上，有一部分平台又新增了一些限时特价、限量特价的活动。

5. 预售

预售是指在产品还没正式进入市场前进行的销售行为。对于一些新研发制造的商品，可以通过预售来了解该种商品是否有市场，特别是针对一些只能批量化生产的商品而言，通过预售达到一定量后才投入生产，有效规避了生产过程中存在的一些风险。

6. 加价购

在原来购买的基础上，只要再少增加一部分费用就可以再购得另一个原价商品。这样可有效提高带货率。比如冬天销售羽绒服，商家推出加价购绒卫衣或厚裤子的活动。客户购买羽绒服的时候如果发现加购产品比较合适，就会花少部分的钱进行加购。客户既觉得加价购买到了划算，商家也达到了带货的目的。

7. 满减（赠）模式

1）满减

（1）满减减元。"满减 x 元"表示在消费达到规定金额后，可以在总价基础上减免固定金额，比如满 100 元减 30 元。一般在参加了满减活动后，原先商品的单价会降低。例如客户想在当当网买一本价格 90 元的书，如果不参加满减，就是 90 元原价购买。此时如果遇到"满 100 减 30"的活动，也就是随便选择一本 10 元的书凑单，反而会减少原本价格为 90 元的书的付款金额。

（2）满减减折扣。"满减折"是在消费达到规定金额后，可以享受总价折扣，比如满 199 元打 9 折。满折更多适用于 B2B 的消费模式，因为 B 端用户会更多地去衡量各个商品的毛利率。

（3）满减券。"满减券"是在消费时达到相应的金额后，可以获得用来抵扣商品部分价格的一种券，比如满 500 元赠 1 张 300 元抵扣券。平台发送的平台券，目的是给平台引流，起到提升平台下单成功率的作用，最好的效果是客户在使用平台券的时候带动多个店铺的销量。店铺券更多的是起到提升店铺转化率和客单价的作用。

满减模式如图 3-21 所示。

2）满赠

满赠模式如图 3-22 所示。

3）满件折

满件折模式如图 3-23 所示。

4）套装

套装模式如图 3-24 所示。

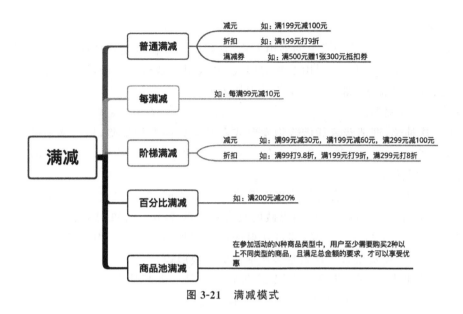

图 3-21　满减模式

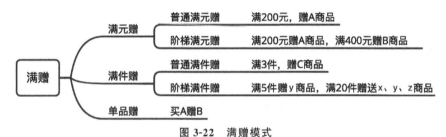

图 3-22　满赠模式

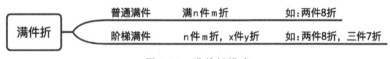

图 3-23　满件折模式

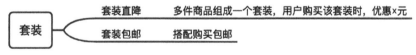

图 3-24　套装模式

　　套装表示将同一用途的多个商品组合在一起销售。比如买一支牙膏需要 20 元,买一支牙刷需要 10 元,如果分开购买总共需要 30 元,但购买牙膏和牙刷的套装则可能只需要 23 元。

学生笔记:

_____

_____

_____

8. 抽奖

抽奖促销是日常生活中常见的促销方式,它利用客户在接受消费反馈的过程中可能获大奖的心理,设置中奖机会,利用抽奖的形式,来吸引消费者购买商品。不管是大品牌,还是新进入市场的小品牌,都是常常采用的促销方式。

1)常见的抽奖形式

(1)一次抽奖,即消费者凭借购物发票或者其他凭证参加抽奖,根据预先设定的方案,中奖者领取奖品。购物发票或者凭证在参加一次抽奖活动后,就失去抽奖效用,消费者不再享有参加抽奖的资格。

(2)多次抽奖,即消费者凭借购物发票或者其他凭证,可以多次参加抽奖活动,兼中兼得。这种抽奖活动对于提高品牌的忠诚度具有积极的作用。例如 JVC 的"震撼促销活动"规定,凡购买任何一款 JVC 产品,即可获得两次中奖机会:第一次中奖,赠送特制手表;第二次中奖,奖品是免费旅游。这就是多次抽奖的促销形式。

(3)答题式抽奖,即根据科普常识、广告宣传作品或者其他介绍材料,回答商家设置的问卷表,所有问题回答正确的用户,即可凭借问卷编号或者电话号码参加抽奖活动,中奖后到指定地点领取奖品。

(4)游戏式抽奖,即预先设置某种游戏项目,消费者完成游戏项目后,获得参加抽奖活动的资格,中奖者领取奖品。

(5)连动抽奖,即消费者凭借优惠券、贵宾卡等,自动享有参加抽奖活动的资格。

2)抽奖活动优缺点

(1)采用抽奖促销的优点是能够覆盖大范围的目标消费群体,对销售具有直接的拉动作用,可以吸引新顾客尝试购买,促使老顾客再次购买或者多次重复购买。

(2)抽奖促销的缺点主要表现在现在消费者的消费观念已经比较理性,对抽奖促销兴趣可能不大。

3)抽奖规则决定效果

为了提高抽奖促销活动的效果,策划时应注意抽奖方案的科学设计,特别注意中奖率、奖品价值的设计。在奖金总额既定的前提下,在法律允许范围内,有两种设计办法:降低中奖率,提高单项奖的奖金数额;降低单项奖的奖金数额,提高中奖率。这样,抽奖活动对消费者才会具有吸引力。

9. 促销方法归纳

促销方法如表 3-1 所示。

表 3-1　促销方法归纳

促 销 方 法	目　　　的
团购	提高销售额
秒杀	吸引大量的流量和关注度
限时购	吸引流量,提高销售额
买赠	提高新品认知率,提升支付转化率

续表

促 销 方 法	目　　的
特价(立减/直降)	提高限时商品下单率
预售	减少库存量
加价购	连带销售,提升带货率
满减	提高用户黏性,完成市场调研
满赠	提升客单价
满件折	促进从不买到买,提升客单数
套装	清库存,提升客单数
抽奖	连带销售

10. 电商系统常见营销功能

电商系统常见营销功能如表 3-2 所示。

表 3-2　营销功能归纳

营 销 功 能	内　　容
优惠券	代金券类型:普通代金券、首次领取代金券,每天限领张数。领取金额设置:满多少元即可使用,代金券可用于商城消费抵现。有限期:以天数计算,有固定截止日期
续费管理	结合推广员有效期使用
活动管理	消费满送功能
微广告	添加文章;借用微信公众号里所添加文章的链接,用户选择文章启用广告图,分享朋友,点击广告图跳转到所链接的商城内容,宣传商城,同时锁定上下级关系
微推广工具	添加文章;借用微信公众号里所添加文章的链接,用户选择文章,分享文章给朋友,点击广告图跳转到所链接的商城内容,宣传商城,同时锁定上下级关系
升级大礼包	添加礼包;选择对应礼包类型,设置分佣比例,启用礼包,用户购买对应礼包成为对应身份人员,后台可记录礼包销售量与订单
文件发布	添加软文;首页分享信息;通过文章来锁定上下级关系
趣味测试	平台提供娱乐功能,用户在参与趣味活动的同时,分享给朋友建立关系,壮大团队
填地址免费送	引流用户,用户只需填写一个收货地址即可领取产品,平台可针对产品设置数量收取快递费
投放广告	点击广告链接跳转到商品即可下单,仅支持货到付款
砍价	邀请好友砍价互动
分享有礼	主要用于商户推广平台时,利用微信红包和商城优惠券引流吸粉

学生笔记:

_____

_____

_____

_____

11. 电商系统常见促销工具

电商系统常见促销工具如表 3-3 所示。

表 3-3　促销工具归纳

促 销 工 具	内　　容
轮盘抽奖	根据商家的营销活动,设置轮盘抽奖功能,根据商家的奖励制度,设置相应的中奖概率
双人轮盘抽奖	双人轮盘抽奖是一项以推广员为导向的吸粉活动,同时分享活动也可以建立关系
微现场/微信墙	最适用于做大型活动,配合摇一摇、对对碰、上墙对话等小游戏会更具趣味性
摇一摇抽奖	根据商家设置的活动奖项以及概率,用户进行摇一摇抽奖活动
一战到底	开发问题数据库,产生更多互动
摇钱树	根据商家设置的活动奖项以及概率,用户进行摇钱树抽奖活动
宠物老虎机	根据商家设置的活动的奖励模式,用户参与并可拿到商家设定好的奖品
扭扭蛋	商家可自主进行规则设定,用户参与并领取由商家设定好的奖品
大吉大利	商家自由设置抽奖次数限制,灵活操控奖品中奖概率,对于没有中奖的用户,可以给予祝福语
幸福满袋	商家自由设置抽奖次数限制,灵活操控奖品中奖概率
求爱大作战	商家自由设置抽奖次数限制,灵活操控奖品中奖概率,通过设定戒指、彩电、巧克力等虚拟物品,用户求爱可选择某种礼品进行赠送
捞金鱼	类似游戏的抽奖活动,微信捞金鱼,通过捞金鱼领取奖品,商家自由设置抽奖次数限制,灵活操控奖品中奖概率
水果达人	以收集水果为主题的抽奖活动,将线上活动智能化地转移到移动端,增加趣味。商家自由设置抽奖次数限制,灵活操控奖品中奖概率
猜大小	将线下的猜大小游戏完整地迁移到微信中,商家可通过此款应用增加粉丝黏性
淘金子	类似黄金矿工的一款微信商家互动抽奖游戏,商家自由设置抽奖次数限制,灵活操控奖品中奖概率
打企鹅	微信打企鹅,用户在玩游戏的同时有机会赢得奖品。商家自由设置抽奖次数限制,灵活操控奖品中奖概率
惩罚台	此工具主要用于 KTV 行业,商家可提前设定好游戏规则,参与者根据摇奖情况,决定处罚情况
冰桶挑战	活动界面具有精美的动态画面,参与者会被冰水淋透全身,并参与抽奖,商家自由设置抽奖次数限制,灵活操控奖品中奖概率
拆礼盒	用户领取礼盒(商家设置),需要邀请几个(商家设置)微信好友帮忙拆开礼盒(转发给好友)才有机会获得奖品(商家设置奖品数量和中奖概率)
分享赢积分	商家发起活动,使用户互相分享、关注,参与活动赚取积分,待关注商家的用户达到一定数量后即可领取奖品,商家还可设定送奖品上门,用户只需支付较小的金额就可以等待奖品

续表

促 销 工 具	内　　　容
猜大小积分版	与猜大小功能类似,但具有不同的界面显示
集照片	通过集照片的形式达到商家设置的要求,即可中奖,奖品由商家自由设置
微砍价 2 版	用户只要参与了砍价活动,其朋友圈任何人都可以帮忙砍价,达到商家预设的最低价格,就可以进行线上支付购买商品
年会抽奖	只需一个显示屏和一个工作人员就可以进行抽奖,结合后台音乐能够增强抽奖现场的氛围,让抽奖过程变得不再枯燥。可对全体参与人员分类别进行抽奖(适用于公司员工抽奖,参会嘉宾抽奖等)
优惠券	用户领取商家发放的优惠券,可线下与商家兑换优惠
订货会	商家在后台添加关于"订货会"的内容,用户通过关注公众号来了解这个会议相关议程信息
第三方话费流量充值	此功能主要用于为客户端提供充值话费和流量套餐服务,需对接第三方流量话费充值平台

3.6　选用适宜的网站平台

自己建设的独立网站系统和第三方商贸平台都是适宜的创业网站平台,有实力的网站站长可同时选用两种平台,将二者结合起来效果会更好。

3.6.1　自建独立网站系统

所谓自建的独立网站系统,就是自己申请一个独立域名和空间,自己独立开发(或委托软件公司开发)网站程序,然后进行网站推广和网络营销。

这样做的主要好处如下。

(1) 容易创建自己的品牌。

(2) 容易让客户产生信任感,感受到商家的规模和实力,形成好的口碑。

(3) 最大限度挖掘客户成为代理商,若没有自己的独立网站,很难发展代理商。

但也存在以下缺点。

(1) 刚开始时网站流量少,网络营销得从零开始。

(2) 建站需要耗费一些资金。

网站站长可以在 3.4 节中所叙述的 9 类网站中选择一种类型作为自己的创业网站平台。

3.6.2　选用第三方商贸平台

自己建设独立网站平台固然有形象好、易于品牌建设的优点,但也有推广难、流量少的

学生笔记:

缺点。所以大部分刚起步的网络创业者都选用第三方商贸平台。

选用第三方平台开店的优点如下。

(1) 用平台的知名度迅速提高自己的网店流量。

(2) 减少店主网络技术瓶颈的烦恼,如申请域名、空间、上传服务器等技术操作。

(3) 选择平台系统提供的支付手段,使买卖双方增加信任度。

京东商城、1 号店、天猫商城等是目前国内市场上较知名的第三方商贸交易平台。想要开展电子商务的企业,可到这些商城租用网上店铺,在比较短的时间内取得成功的可能性是比较大的。具体操作使用方法可到其网站详细了解,本书不作过细的操作介绍。

3.7 网站建设的流程

不管是何种类型的网站,一般都要按以下步骤进行才能使网站正常运作起来。

(1) 网站技术制作,程序设计。中小型网站在一个月内可以完成。

(2) 网站内容准备,包括文字/图片/栏目。在初期就要开始构思,其工作量较大。

(3) 申请域名,租用网站空间。应注意选用双线空间网络。

(4) 用 FTP 软件将网站程序上传到服务器网站空间。该操作瞬间就可以完成。

(5) 网站功能测试。

(6) 网站内容发布,正式运营。

(7) 网站推广宣传,增加访问流量,提高其在搜索引擎上的排名名次。

(8) 通过网络营销方法搜索潜在的客户信息。

(9) 与客户在线联系、反馈信息、洽谈业务。

(10) 网站内容经常更新,做好日常维护。

其中,(1)~(6)项是一次性工作,(7)~(10)项是长期的工作。

【主要知识点】

1.【技术层面网站建设】主要是网页设计的概念,一般由计算机技术人员来完成。主要考虑的问题有程序设计语言和数据库的选择、网站运行速度、网页程序所占空间大小、不同平台的兼容性问题、用户界面的友好问题、加密问题、病毒防范问题、数据安全问题以及版本平滑升级等。

2.【经营层面网站建设】主要是网站运营的概念,一般由企业经营人员来完成,它侧重于营销手段和商业目标的实现。主要考虑的问题有网站栏目设置、网站功能选择、内容编辑和更新、网店陈列、网站点击率、用户浏览的质量问题、与客户在线交流、反馈信息处理、网站推广、网络营销、图片处理软件的使用和营销软件工具的使用等。

3.【网站的作用】①发布信息;②收集信息;③与客户互动;④网上直销;⑤网上促销;⑥品牌宣传。

4.【网站建设的技术手段】①用网页制作工具开发;②用程序设计语言开发;③用自助网站系统开发。

5.【门户网站】门户网站是网民很熟悉的一种网站类型,国家级的门户网站有新浪、搜狐、网易等,另外还有地方性的门户网站和行业性的门户网站。地方生活门户网站是时下最流行的,以本地资讯为主,一般包括本地资讯、同城网购、分类信息、征婚交友、求职招聘、团购集采、口碑商家、上网导航、生活社区等大频道,网内还包含电子图册、万年历、地图频道、音乐盒、在线影视、优惠券、打折信息等非常实用的功能。

6.【百科网站】百科网站(又称 Wiki)是一种多人协作的写作工具。Wiki 站点可以有多人(甚至任何访问者)维护,每个人都可以发表自己的意见,或者对共同的主题进行扩展或者探讨。由于 Wiki 可以调动广大网民的群体智慧参与网络创造和互动,它是 Web 2.0 的一种典型应用,是知识社会条件下创新的一种典型形式。

7.【论坛网站】全称为网络论坛 BBS(bulletin board system 或 bulletin board service),中文叫作电子公告板,是 Internet 上的一种电子信息服务系统。它提供一块公共电子白板,每个用户都可以在上面书写,可发布信息或提出看法。它是一种交互性强、内容丰富而即时的 Internet 电子信息服务系统。用户在 BBS 站点上可以获得各种信息服务,如发布信息、进行讨论、聊天等。

8.【分类信息网站】又称分类广告,日常在电视、报刊上所看到的广告,往往是不管用户愿不愿意,都会强加给用户,称这类广告为被动广告;而人们主动去查询的招聘、租房、旅游等方面的信息,对这些信息,称它为主动广告。在信息社会逐步发展的今天,被动广告越来越引起人们的反感,而主动广告却受到人们的广泛青睐。

9.【贸易平台网站】贸易平台就是网站开办者(一般为网络公司)专门搭建的一个网络商城,吸引众多卖家在网络商城中开店或发布产品信息,吸引众多买家在其中购买商品。商城开办者本身不参与买卖交易,而是靠收取中介费盈利。建立贸易平台好比是开一家超市或商场,在贸易平台中开店可以形象地比喻为在超市或商场中租用一节柜台营业。

贸易平台一般可分为 B2B、B2C、C2C 系统。B2B 系统是企业与企业之间的电子商务系统,就是在该平台上从事产品批发业务,典型网站有阿里巴巴(www.alibaba.com)和慧聪(www.hc360.com)。B2C 系统是企业与消费者之间的电子商务系统,就是在该平台上从事产品零售业务,典型网站有当当网(www.dangdang.com)和亚马逊网(www.amazon.cn)。C2C 系统是消费者与消费者之间的电子商务系统,这里的消费者大多数是没有工商营业执照的,也就是个人之间的小额交易,也可以理解为在该平台上从事产品零售业务,典型网站有淘宝网(www.taobao.com)、天猫(www.tmall.com)、拍拍网(www.paipai.com)、易趣网(www.eachnet.com)等。

10.【交友网站】网络的出现使人们能够自由自在且隐秘地在网上寻找、筛选、确定自己的恋人。传统模式的婚介服务机构开始受到挑战,上门用户服务越来越少,加上整个行业的诚信机制缺乏,媒体的负面报道等使得传统的婚介服务机构逐步退出市场。所以网上"鹊桥"业务近年来逐年呈上升趋势,做交友网站会有很大的发展空间。

11.【社区互动(SNS)网站】社区互动是指 SNS(social network service)网站,是一种专

学生笔记:
_____
_____
_____

业性的社交网络服务网站。它依据六度关系理论,以认识朋友的朋友为基础,扩展自己的人脉,并且无限扩张自己的人脉。六度关系理论是指在人际脉络中,要结识任何一位陌生的朋友,这中间最多只要通过 6 个朋友就能达到目的。就是说如果 A 想认识 B,托朋友找朋友,最终认识 B,中间不会超过 6 个人。人人网(www.renren.com)是 SNS 网站的一个成功例子。

12.【购物网站】多数网站站长选择以网上开店的方式进行网络创业。网上商店系统(购物系统)由于使用者众多,所以一般从网站系统中独立出来,成为一个独立的分支。ShopEx 网店系统(www.shopex.cn)是国内市场占有率较高的网店系统。

13.【适宜的网站平台】自己建设的独立网站系统和第三方商贸平台都是适宜创业的网站平台,前者容易突出自己的品牌、规模和实力,后者容易低成本快速提升网站流量。有实力的网站站长可同时选用两种平台,将二者结合起来效果就更好。

14.【微站】微站可以快速构建手机网站、生成手机客户端 App 的功能,并集成与微信、微博、二维码的数据接口。

【技能训练】

开展电子商务的前提是要使手机或者计算机联网,在移动互联网日益普及的今天,如果在某些场合或者某些时候不能上网,将会失去很多商机。在没有网络信号时,使用一些方法将笔记本计算机或者平板计算机进行联网,是非常重要的技能。下面这个实训就是应急办法之一,请大家认真练习。

实训四 利用 WiFi 精灵来共享 WiFi 信号

由于手机、平板计算机等操作系统各不相同,其版本也在不断变化着,因此操作方式也会略有不同。现在介绍一款免费正版的 WiFi 共享软件——WiFi 精灵(www.wifigx.com)。该软件有 PC 版和手机版,PC 版是将笔记本计算机的网络信号共享给手机或者平板计算机等移动设备,手机版是将手机 4G/5G 网络信号共享给其他手机或者计算机等设备上网。软件的下载、安装和设置方法都非常简单,在它的官网上都有详细说明可根据自身客观条件进行实际操作的练习,这里不再赘述。

【本章小结】

- 从不同角度理解网站建设的概念

在网站建设中,计算机技术人员的主要工作侧重于技术实现手段,企业经营人员应侧重于营销手段和商业目标的实现。

- 网站的作用

企业建网站的作用主要是发布和收集产品与客户信息,进行公司品牌宣传,开展网上促销活动,也可开展网上直销。

- 网站建设的方法

　　网站代码开发本身是程序设计的过程,它与所有软件系统开发一样,有购买、租借、外包、自建 4 种方式,企业可以根据自身的情况选用某一种方式进行。

　　自建网站可采用的技术方法主要有用网页制作工具开发、用程序设计语言开发、用自助网站系统开发 3 种方法。

- 网站类型

　　目前主要流行的网站类型有直播视频网站、门户网站、百科网站、论坛网站、分类信息网站、贸易平台网站、交友网站、社区互动网站和购物网站,其中购物网站是最常见创业的网站类型。

- 全网营销型网站

　　包含 PC 平台、H5 格式、小程序、App、微信公众号等 5 种以上终端入口。建设营销型网站开展全网营销的优势在于提升品牌形象,规范销售市场,促进整体销量,解决线下销售瓶颈,完善客服体系,梳理分销渠道。

- 选用适宜的网站平台

　　自己建设的独立网站系统和选用第三方商贸平台都是适宜创业的网站平台,有实力的网站站长可同时选用两种平台,将二者结合起来效果会更好。

- 移动终端网站

　　微站是移动互联网时代企业基础应用平台和移动门户,也是移动互联网统一数据入口。微站可以快速构建手机网站、生成手机客户端 App 的功能,并集成与微信、微博、二维码的数据接口。

- 网站建设的流程

　　网站建设是一次性工作,但网站维护和推广是长期的工作。

【练习作业】

一、选择题

1. 下面哪个不属于网站应该发挥的作用?

　　A. 发布信息　　　　B. 收集信息　　　　C. 制造产品　　　　D. 品牌宣传

2. 下面哪个程序语言不适合网页设计?

　　A. ASP　　　　　　B. JSP　　　　　　C. PHP　　　　　　D. BASIC

3. 下面哪个网站不属于 C2C 网站?

　　A. 拍拍　　　　　　B. 阿里巴巴　　　　C. 有啊　　　　　　D. 易趣

4. 缩写 BBS 的含义是什么?

　　A. 网贴　　　　　　　　　　　　　B. 电子公告板

　　C. 博客　　　　　　　　　　　　　D. 婴儿抚养知识交流平台

学生笔记:

_____

_____

_____

5. 下面哪个网站不属于国家级门户网站？

    A. 搜狐   B. 网易   C. 百度   D. 新浪

二、讨论题

1. 新浪、搜狐、网易都是门户网站，它们是靠什么来盈利的？

2. 阿里巴巴是第三方贸易平台，它是靠什么来盈利的？

3. 淘宝是第三方贸易平台，它是靠什么来盈利的？

三、操作题

1. 登录 www.cndns.com/cn/website/，用自助网站系统开发一个自己的网站。

2. 登录 www.53kf.com，仔细了解这个沟通工具在网站中能起到的作用。

3. 登录高露洁网站 www.colgate.com.cn，认真浏览该网站的各个栏目，仔细体会高露洁公司的网站策略。根据自己对网站的评价标准，谈谈对该网站的评价和分析。

第 4 章

网站运营

【学习目标】

　　网站运营是网站建设的目的所在。本章中没有新的知识点,主要内容是网站的操作。电子商务这门课,其知识体系并不高深,但操作技巧却是难度较高的。有的学生考试得高分,网站却运作不成功,这就是操作技巧没有掌握好。

　　本章重点内容是网站装修。通过本章学习,学生应该有以下认识。

　　(1)起个好域名是非常重要的,一旦选定域名,就应长期不变。

　　(2)虚拟空间的选择是要考察众多指标的,一旦选定,就不要轻易更换。

　　(3)网站的后台操作是每一个站长必须要掌握的内容,要想让网站成功运营,必须把后台的操作做得很熟练。

　　(4)要使一个网站运营成功,需要一个班子,仅仅靠某一个专业的人员是不够的。网站运营班子应该由内容编辑人员、图片设计人员、客户服务人员和技术维护人员 4 类组成。

【学习要求】

要学好本章内容,最好有网站经营的经验。读者应该先购买域名和网站,边学习边操作。

【关键词】

网站架设、网站栏目、网站运营、客户服务。

有些书把网站构建、网站运作、网站推广等全过程称为网站运营,也有些书仅把网站的日常运作称为网站运营。本章所说的网站运营是指前者。

当花了较大心血构建好网站,接下来就要让网站运行起来。虽然网站建设要花费较大的人力和财力,但相比网站运作和网站推广来说,这才是刚刚开始,是万里长征的第一步,更复杂的事情还在后面。网站站长要做好充分的心理准备,要将更多的人力投入网站运作、网站推广中去。如果这一环节跟不上,那将前功尽弃。

网站运营第一是需要人员,各类专业人员的配合是网站运营成功的先决条件;第二是需要配备先进的支付手段,方便快捷的在线支付方式是提高网站销量的必备技术手段;第三是需要良好的物流配送模式,高效和放心的物流配送公司是网站运营成功的良好保障;第四是需要热情周到的服务,离开了良好的服务,网站运营无从谈起,所有其他工作都将竹篮打水一场空;第五是需要充分利用网站的特点来进行促销活动,提高客户的参与积极性,提高网站的流量和销量;第六是需要布置网站安全措施,提高网站数据的保密性和安全性。

4.1 网站架设

网站站长一旦选好网站平台类型,就应着手按第 3 章讲述的方法开发网站代码。网站代码开发好后,就可开始网站的架设工作了。

4.1.1 购买域名

站长要建立自己的网站,首先必须申请一个域名。域名是互联网上网站相互联络的网络地址,通俗地说,就是给网站起一个名称。域名一般由数字和字母构成,以 2~5 个字符为最佳选择,取名应该朗朗上口,便于记忆。一般建议注册后缀为.com 的域名。

1. 域名起名

域名是连接企业和互联网网址的纽带,它像品牌、商标一样具有重要的识别作用,是访问者通达企业网站的"钥匙",是企业在网络上存在的标志,担负着标示站点和导向企业站点的双重作用。在选取域名时,首先要遵循域名应该简明易记和赋予内涵意义两个基本原则,具体应遵循以下原则。

(1) 用企业名称的汉语拼音作为域名。

用企业名称的汉语拼音作为域名是为企业选取域名的一种较好方式,实际上大部分国内企业都是这样选取域名的。例如,红塔集团的域名为 hongta.com;新飞电器的域名为 xinfeijituan.com;海尔集团的域名为 haier.com;长虹集团的域名为 changhong.com;华为技术有限公司的域名为 huawei.com。这样的域名有助于提高企业在线品牌的知名度,即使企业不做任何宣传,其在线站点的域名也很容易被人想到。

(2) 用企业名称相应的英文名作为域名。

用企业名称相应的英文名作为域名也是国内许多企业选取域名的一种方式,这样的域名特别适合与计算机、网络和通信相关的一些行业。例如,长城计算机公司的域名为 greatwall. com. cn;中国电信的域名为 chinatelecom. com. cn;中国移动的域名为 chinamobile.com。

(3) 用企业名称的缩写作为域名。

有些企业的名称比较长,如果用汉语拼音或者用相应的英文名作为域名就显得过于烦琐,不便于记忆。因此,用企业名称的缩写作为域名不失为一种好方法。缩写包括两种方法:一种是汉语拼音缩写;另一种是英文缩写。例如,泸州老窖集团的域名为 lzlj.com;计算机世界的域名为 ccw.com.cn。

(4) 用汉语拼音的谐音形式给企业注册域名。

在现实中,用汉语拼音的谐音形式给企业注册域名的企业也不在少数。例如,康佳集团的域名为 konka.com;格力集团的域名为 gree.com。

(5) 不要注册其他公司拥有的独特商标名和国际知名企业的商标名。

如果选取其他公司独特的商标名作为自己的域名,很可能会惹上官司。换言之,当企业挑选域名时,需要留心挑选的域名是不是其他企业的注册商标名。

2. 域名注册

(1) 选一个域名注册服务商进行注册。可在百度或谷歌搜索引擎上输入"域名"进行搜索,在搜索结果中找一个价廉物美的服务商就行。目前.com、.net、.cn 等域名价格一般在 60～90 元/年。

(2) 域名查重。在欲注册域名的网站上查一下自己选的域名是否被别人注册了。若已被别人注册,就要换其他域名,若还没有被别人注册,就赶紧注册。

(3) 付款。一般一年一付,也可几年一付,可自主选择。

3. 域名解析

域名解析就是域名申请后,将域名对应到 IP 地址的转换过程。IP 地址是网络上标识站点的数字地址,为了简单好记,采用域名来代替 IP 地址标识站点地址。域名的解析工作由 DNS 服务器完成。

此外站长还应熟悉 A 记录(主机名)和 Cname 记录(别名记录)两个概念。

(1) A(Address)记录是用来指定主机名(或域名)对应的 IP 地址记录。用户可以将该域名下的网站服务器指向自己的 Web 服务器上。同时也可以设置域名的二级域名。

(2) Cname 记录,即别名记录。这种记录允许网站将多个名字映射到同一台计算机,通常用于同时提供 www 和 mail 服务的计算机。例如,有一台计算机名为 host.

学生笔记:

mydomain.com（A 记录），它同时提供 www 和 mail 服务。为了便于用户访问服务，可以为该计算机设置两个别名（Cname）：www 和 mail。这两个别名的全称是 www.mydomain.com 和 mail.mydomain.com。实际上它们都指向 host. mydomain.com。

图 4-1　域名空间商的管理面板首页

图 4-1～图 4-6 比较清晰地揭示了 A 记录和别名记录添加的流程，读者参照图示就能明白操作步骤。各公司的域名管理面板虽有不同，但操作方式大同小异。

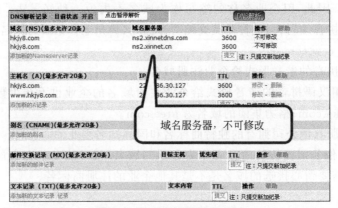

图 4-2　域名管理面板内容页

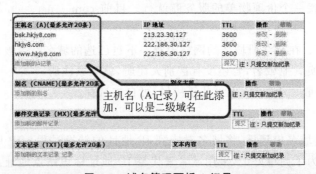

图 4-3　域名管理面板 A 记录

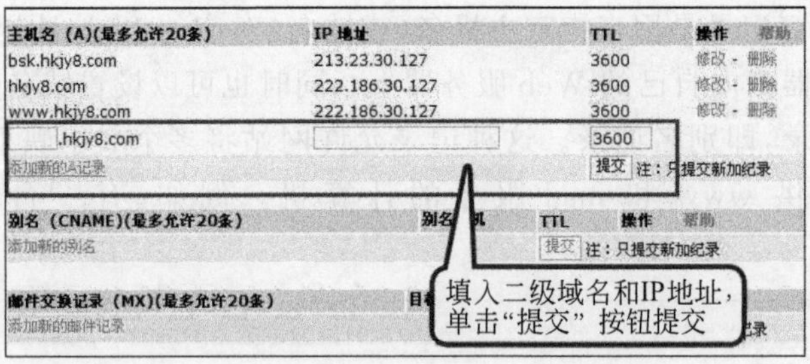

图 4-4　域名管理面板 A 记录添加方法

图 4-5 域名管理面板别名

图 4-6 域名管理面板别名添加方法

任何一个一级域名或二级域名,其 A 记录、Cname 记录、URL 转发记录,只能三选一,不能同时存在。请在做指向的同时,先确认在其他两项中是否存在相同记录,以免误删。

4.1.2 购买虚拟空间

虚拟主机的功能之一就是用于存放和运行网站代码。

虚拟主机是使用特殊的软硬件技术,把一台运行在互联网上的服务器主机分成一台台"虚拟"的主机,每一台虚拟主机都具有独立的域名,具有完整的 Internet 服务器(WWW、FTP、E-mail 等)功能,虚拟主机之间完全独立,并可由用户自行管理。在外界看来,每一台虚拟主机和一台独立的主机完全相同。

虚拟主机用户没有独立的 IP 地址,同一台虚拟主机的若干用户共享一个 IP 地址。其麻烦之处就是当一个用户的网站内容违法或违规后,电信运营商就将该 IP 地址停用,其他没有违规的用户也会连带遭殃。

虚拟空间的好坏,影响网站能否顺畅运营,所以必须考察其如下各项指标。

1. 空间大小

空间分为网页空间、邮局空间、数据库空间,不特别指明的话一般指的是网页空间。例如,100MB Web 空间只能装 100MB 网站数据。通常中小网站购买 300MB 空间足够了。目前价格大概是单线空间每 MB 1 元钱,双线空间每 MB 3 元钱左右。100MB 大小的空间

学生笔记:

大概可以生成 2000 多篇文章。有些廉价大空间，号称 1GB 或 2GB 空间，中小站长是用不了这么大的。

2. 支持脚本和组件

脚本和组件是技术概念，这里不详细阐述，只是说明空间要支持编写网站代码的语言。常用的网站代码语言有 PHP、JSP、ASP、ASP.NET、Java 等几种。一定要购买支持网站代码语言的空间，例如网站代码是 PHP 语言编写的，那么空间也要支持 PHP 语言，否则，网站无法运营。

3. 数据库支持

现在的网站大多有后台操作，也就是带有数据库。现在常用的数据库有 Access、MySQL、MSSQL 等。一定要购买支持网站数据库的空间，例如网站代码所用的数据库是 MySQL，那么空间也要支持 MySQL 数据库，否则，网站无法运营。要注意，数据库空间是要另外购买的，一般网站空间的价格不包含数据库价格。

4. CPU 占用率

CPU 占用率是给每个虚拟空间分配的计算机资源。其占用率限制在 5% 以内的，属于最小的配置，一般要求分配到 10% 以上。静态网站所占资源有限，对此指标要求不高。若是动态网站，如由 ASP 或 PHP 等程序编写的网站，每一个用户的访问请求都会交由 CPU 处理，这样就较大地占用了 CPU 的资源。由于有多少人同时访问网站是无法估计的，因此当此项指标比较少的时候，服务器的 CPU 资源就不够用了，反馈给网民的可能是网站卡顿甚至打不开。所以此项指标比较重要，应该尽量配置得充裕一些。

5. 月流量

月流量就是每个月访问网站的数据流量，当访问流量超过限定额时，就不能访问网站了。例如流量 15GB 指的是每月流量在 15GB 以内，当超过 15GB 时，就不能访问网站了，或者必须再花钱购买网站流量。

6. 最大连接数（IIS 连接数）

购买虚拟主机时，很多主机商都会注明某个型号的空间 IIS 连接数。IIS 连接数是指在同一时间内服务器可以接受的访问数，可以简单地理解为在同一时间内允许向服务器发出读取的线程数。IIS 连接数可以粗略地认为，在同一时间多少人可以同时在线。例如，IIS 连接数为 100，指网站最多可以 100 人同时在线，当已经有 100 人同时在线，第 101 人要访问网站时，会打不开网站。当然这个例子中的 100 人是个理论数，实际上往往少于 100 人，因为每个浏览者访问某站点时，可能同时打开几个网页，会占用几个连接，这是由计算机自动处理的，这样做的目的是为了加快速度。所以 IIS 连接数为 100 时，往往只能有 30 多人同时在线。

7. 带宽限制

带宽限制是一台服务器接到互联网上的带宽，目前大多数是共享带宽 100MB，或者独享带宽 10MB。这个数字越大越好。

8. 单线、双线空间

我国南方的大部分地区用电信线路上网，北方大部分地区用网通线路上网。由于电信和网通是两个独立公司,电信线路和网通线路交接处是网络访问瓶颈,所以影响电信和网通网络的互访。站长选择电信和网通之一的服务器,就是所谓的单线空间。双线路主机是实现国内电信用户、网通用户都可以快速访问的服务器,一般双线空间的价格比单线空间价格贵 2 倍以上。

9. 售后服务

服务是最重要的指标,要考察其在线客服人员的数量多寡,夜间是否有人值班,回答问题态度是否热情,回答的问题是否到位和专业等。

4.1.3   上传服务器

虚拟空间买好后,空间提供商会将 IP 地址、用户名、密码发给站长。站长要下载一个叫作 FTP 的软件,它在互联网上有下载资源。下载安装后,就可以将网站代码上传到虚拟空间了。图 4-7～图 4-11 展示了 FTP 软件连接过程和网站代码上传的方法,正文中不再赘述。

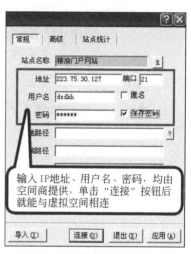

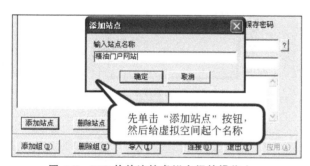

图 4-7   FTP 软件连接虚拟空间的操作之一

图 4-8   FTP 软件连接虚拟空间的操作之二

在每个虚拟主机目录下均设有 3 个文件夹,W2K 虚拟主机目录下为 wwwroot、database、logfiles,分别用来存放页面文件、数据库数据及访问日志。Linux 虚拟主机目录下为 wwwroot、logs、others,分别用来存放页面文件、访问日志及其他。访问日志文件为系统自动生成,不占用户空间。

4.1.4   测试

网站上传到服务器后,就开始测试网站。测试网站的目的是检查网站能否正常运行,有无程序错误等。

学生笔记:

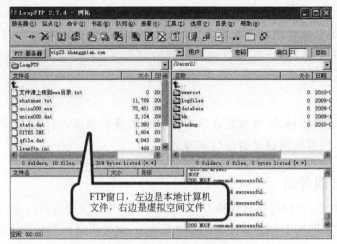

图 4-9 FTP 软件界面

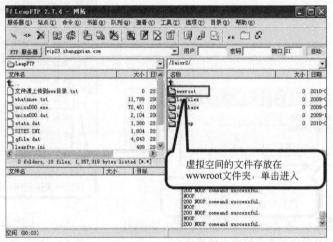

图 4-10 存放网页文件的 wwwroot 文件夹

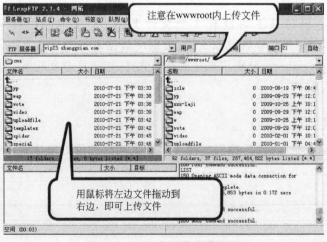

图 4-11 FTP 的文件上传方法

1. 测试方法

测试的方法分为黑盒测试和白盒测试。

白盒测试是在源代码级了解软件内部数据结构、实际的逻辑流程和体系结构的基础上测试软件，是从开发者的角度看待测试，综合考虑用户端、特定的系统知识和操作环境。Web 应用由大量的组件（包括软件和硬件）组成，这些组件必须在设计系统的环境中测试，以便评价它们的功能和兼容性。白盒测试一般由计算机编程人员完成。

黑盒测试是测试网站后台的各项功能是否能正常运行，要对网站后台的每一项功能进行操作。黑盒测试是使用者测试，应组织多人使用，发现问题及时向技术人员报告。

2. 测试内容

黑盒测试的主要内容如下。

（1）链接。所有链接是否按指示的那样确实链接到了该链接的页面，所链接的页面是否存在。应保证 Web 应用系统上没有孤立的页面（即没有链接指向该页面，只有知道正确的 URL 地址才能访问）。

（2）表单。必须测试表单提交操作的完整性与正确性。例如，用户填写的出生日期与年龄是否正确，填写的所属省份与所在城市是否匹配等。如果使用了默认值，要检验默认值的正确性；表单是否只能接受指定的某些值，例如只能接受某些字符，测试时可以跳过这些字符，看系统是否会报错；服务器能否正确保存通过表单提交的数据；后台系统能否正确解释和使用这些信息。

（3）数据库接口。应测试浏览器与服务器的接口，即提交事务，然后查看服务器记录，并验证在浏览器上看到的正好是服务器上发生的。还可以查询数据库，确认事务数据已正确保存。

（4）购物车。应对购物车等应用系统特定的功能需求进行验证。要尝试用户可能进行的所有操作，例如下订单、更改订单、取消订单、在线支付等。

（5）兼容性。要测试不同厂商的浏览器是否都能打开网站。目前主要的浏览器有 IE、Microsoft Edge、Google Chrome、360 安全浏览器、火狐、搜狗等，都要进行测试。

（6）安全性。用户名和密码是否采用特定规则，如大小写限制、限制最大字符数、限制字母和数字字符组合方式，是否支持频繁的密码修改，是否限制登录失败次数。

白盒测试最主要的内容是压力测试，即加载超容量数据后，网站运行的速度和其他非正常行为，以及故障恢复能力等。由于白盒测试属于计算机专业人士的测试，本书不作详细叙述。

4.2　熟悉网站操作

其实，测试网站的过程也是熟悉网站操作的过程。不同版本、不同类型的网站前后台

学生笔记：

_____

_____

_____

的操作本质都是大同小异的,仅是操作顺序和操作繁简程度不同而已。

4.2.1 后台操作

熟悉网站后台的每一个操作,是网站站长必做的功课。站长在网站架设后的第一个月内,必须熟悉后台的全部操作。本节仅讲述网站后台的主要功能。任何一个正规的网站系统,都带有详细的网站操作说明书,站长应仔细阅读并对照操作。图 4-12 为基础型网站后台。

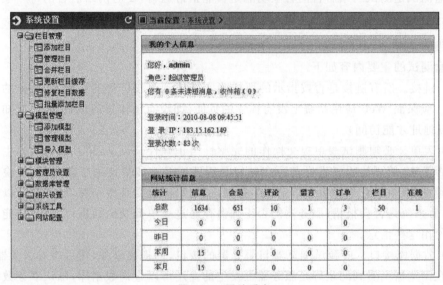

图 4-12　网站后台

1. 栏目管理

栏目管理是网站最重要的操作,前台栏目(频道)及其类型的设置都在这里进行。栏目一定是和模型绑定的,一个栏目只能绑定一个模型,同时要为栏目选择栏目类型。

栏目类型如下。

(1) 内部栏目(可绑定内容模型,并支持在栏目下建立子栏目或发布信息)。

(2) 单网页(可更新单网页内容,但是不能在栏目下建立子栏目或发布信息)。

(3) 外部链接(可建立一个链接并指向任意网址)。

栏目管理一般包含添加栏目、修改栏目、添加子栏目、删除栏目、移动栏目、清空栏目、合并栏目等操作。

2. 模型管理

现在较多的网站带有新闻、图片、下载、信息、产品等多个模型,站长应在创建栏目时进行选择,以便创建不同类型的栏目。例如,站长可以使用软件模型去制作一个软件下载站点,用图片模型去建立一个美图图库,用商品模型去开一个商店等。用这些模型进行组合,也可以创建不同形式、不同类型的站点,例如一个地区门户网站,需要有新闻资讯、分类信息、会员图片;又例如创建一个 IT 门户网站,需要新闻、软件下载、产品等模型。

3. 模块管理

除了模型外,网站往往还有独立的模块,如友情链接模块、问吧模块、广告管理模块、会员模块、个人空间模块、投票问卷模块、短消息模块、财务模块、订单模块、邮件订阅模块、网站公告模块、全站搜索模块等。这些模块一般都是独立的、功能完善的程序代码,基本上都是免费自由代码,只要稍加改进,就可以嵌套在网站中使用。网站系统开发者往往把这些代码与网站系统整合在一起,供客户选用。

安装模块前,请确认将该模块文件夹上传至服务器上,模块位于网站根目录。

4. 模板管理

模板就是前台的版面,或称页面风格,与传统报纸的页面排版的概念相类似。一般网站开发者会自带两三套模板,供客户选用。当然客户也可以另外付费,让网站开发者专门开发自己喜欢的版面。

一般网站的模板方案都保存在./templates/ 目录下(如果需要在线修改,请通过 FTP 将该目录权限设置为 777,并应用到子目录)。网站安装时使用的模板方案为默认模板 ,保存路径一般为./templates/default/,其他模板方案的变化不会影响网站前台的显示。如果站长需要增加网站模板方案,请把新的模板方案上传至./templates/目录。

5. 会员管理

会员管理是网站的一个重要内容。一般可以在这里把会员分成几个级别。

第一种分类方法是按类型分类,即分为管理员组与普通会员组,管理员组的成员可以进入网站后台进行操作,也可以进入前台进行操作;普通会员组只能进入前台进行操作。这种分类方法是每个网站必备的。

第二种分类方法是按级别分类。管理员组可以分为超级管理员、网站主编、网站编辑等级别,每个级别分配不同的操作权限。普通会员组可以分为一般会员、银牌会员、金牌会员等级别,不同的级别有不同的购物优惠折扣等。这种分类方法也是每个网站都必备的。

第三种分类方法是按身份分类。例如,普通会员组分为企业会员和个人会员,不同的会员要求的注册信息不同,其在前台操作权限也不同。只在部分网站有这种分类方法。

6. 订单管理

客户在前台下的订单,可以在订单管理模块进行管理,一般有订单审核、收款确认、发货、交易成功确认等功能。订单管理是购物网站不可缺少的功能。

7. 财务管理

功能较为完备的网站都设置了财务管理模块。会员在前台的现金充值、转账、会员积分的增减、现金与积分的转换都在这个模块中处理。支付宝等第三方支付平台的账户设置,也在此模块中完成。

学生笔记:
_____
_____
_____

8. 数据库管理

网站都是带有数据库的,数据的备份、恢复、修复等操作都在数据库管理模块中进行。站长要养成良好的数据备份习惯,至少每周将网站数据库备份一次,然后用 FTP 软件将备份的数据库下载到本地计算机。

4.2.2 前台操作

后台的所有操作都是为前台服务的,都应该在前台得到验证。

1. 游客

游客就是没有在网站注册而浏览网站的网民,这部分浏览者大多数是初次浏览网站,但人数众多,因此要给游客留有好的印象。前台的大部分栏目功能应该对游客开放,对应评论、投票、调查等功能尤其应该如此。对于新闻类网站,应对游客开放所有文章;对于论文类网站,除了少数收费阅读文章外,也应对游客开放大多数论文。

2. 注册会员

注册会员是网站的忠诚读者,是网站用户的主体,一般应该能操作前台所有功能。下载软件、上传图片、发布文章等功能要对会员开放。对于注册会员来说,好的会员系统尤为重要。图 4-13 为基础型网站会员面板。

图 4-13　基础型网站会员面板

一般来说,前台会员系统的信息管理模块提供发表、修改文章,发表分类信息,提问和回答问题等功能;财务管理模块提供在线充值、转账、现金与积分转换申请等功能;广告模块还可以发布广告,当然广告是要付给站长广告费的。此外还有发布站内短消息和站内邮件订阅等功能,个人空间可以做个人博客等。

凡是在后台设置的每个功能,都要在前台操作一遍,验证是否能正常操作。

4.2.3 权限设置

权限设置主要针对管理员组。一般来说,管理员组可以有多名管理员,但多名管理员的权限应该不同,各司其职,职责分明。例如,张三管理员有财务模块的操作权,李四管理员有栏目模块的操作权等。

4.3　网站装修

4.3.1　构思网站栏目

网站建设是一个系统工程,从选择网站平台开始到目前为止,只完成了技术性的工作,网站的商务操作可以说还没有开始。构思网站栏目应该说是网站商务操作的第一步。

网站建设分为技术建设阶段和商务建设阶段,技术建设阶段一般由计算机专业人士完成,其内容包括下列项目的设置与处理:程序设计语言和数据库,网站运行速度,网页程序所占空间大小,不同平台的兼容性问题,用户界面的友好问题,加密问题,病毒防范问题,数据安全问题,版本平滑升级等。商务建设阶段由网站经营者完成,其内容包括网站栏目设置、网站功能选择、内容编辑和更新、网店陈列、网站点击率的统计与提高、用户浏览质量的改进、与客户在线交流、反馈信息处理、网站推广、网络营销、图片处理软件的使用和营销软件工具的使用等。此阶段侧重于营销手段和商业目标的实现,因此任务更艰巨。

网站栏目设置类似于报纸的版面设计,应该重点突出主要产品和客户服务两个中心主题,此外应该提供与产品相关的知识介绍和娱乐性内容,要有与客户互动的论坛、问吧等栏目,要在明显的位置介绍公司的资质和联系方式。

例如一个精油网站,应设置精油产品、精油入门、精油功效、精油配方、SPA 专题、精油辞典、精油博客、客户问答和女性话题等栏目。精油产品栏目放在第一个位置,是网站盈利的主要手段;精油入门、精油功效、精油配方三个栏目是围绕精油产品的相关知识而开设的;SPA 专题和女性话题带有一定的娱乐性;精油博客带有一定的新闻性;客户问答是与客户互动的栏目,不可或缺;精油辞典链接到精油百科网站,试图确立精油名词解释的系统性和权威性,从而确立素肌美人精油产品在精油行业的地位。图 4-14 为素肌美人精油网栏目。

图 4-14　精油网栏目

网站栏目的构想需要深思熟虑,一旦确定,便不可随便更改。每个栏目都要有专人负责编辑、更新内容。

4.3.2　撰写网站文稿

栏目设置完成,只是搭建了网站的框架,要能吸引客户,还要靠内容。内容新颖和实用是保持客户黏度的最主要手段。客户黏度就是客户初次浏览网站后,反复浏览网站的频

学生笔记:

度。频度越大,客户黏度就越大,也可以说客户的忠诚度就越高。

新建的网站,其每个栏目至少要发布50篇以上的文章,之后要定期增加文章,例如每天或每周等,要长期坚持,不可半途而废。很多网站在一天之内发布了上百篇文章,而以后几个月没有新增文章,这种做法非常不可取。

4.3.3　设计网站图片

图片是吸引客户眼球的重要手段,要制作得体大方的产品宣传图片来点缀网站版面。注意,不要用低俗的美女图片,不要过多地使用动画、Flash 等,即使静态图片也不能使用过多。要有专业美工规划版面。网站的 LOGO 和 Banner 是网站最重要的图片展示位置,要花精力设计好。图 4-15 为网站 LOGO 和 Banner 的示意图。

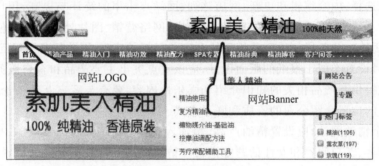

图 4-15　网站 LOGO 和 Banner

4.3.4　货品上架

做网站的目的,一种是为了自娱自乐,展示自己,另一种是为了销售产品或服务,达到赢利的目的。大多数站长是为了后一种目的。

要拍摄效果良好的产品照片,经过后期制作后,上传到网站上,商品的其他信息,如货号、单价、会员优惠价、库存等一并写全。例如服装产品,一定要聘用专业模特试穿并拍摄正面照、侧面照、背面照,对产品细节地方要拍摄特写照,供顾客仔细鉴别。

要把与产品相关的文章全部上传到网站,例如卖服装的网站,要把服装保养、流行趋势、服饰搭配等众多文章准备好,使得网站图文并茂,内容丰富,让网民浏览网站后,即使不买产品,也有较大的收获。

4.3.5　支付与物流

有关支付与物流的系统知识请阅读本书第 7 章与第 9 章,本节只作简单操作说明。

1. 支付

要在网站的明显位置注明支付方式。最好的方法是将网上银行或第三方支付模块嵌套在网站中,使客户能在线支付,但这种方法要向支付平台支付 5000 元左右的年费,每笔支付还需提取 3‰～5‰ 的手续费。对于中小站长来说,这种方法可能有些困难。目前最常见的方法是在几家较大的银行办理若干银行卡,另外加上支付宝、微信支付,供客户选择。

（1）到工商银行、建设银行、农业银行、中国银行、招商银行开设了银行账号，并开通了网上银行功能。

（2）到支付宝与微信平台进行注册，开通账户，方便那些喜欢支付宝与微信转账的客户。

（3）在网站购物指南栏目中写上支付账号。

2. 物流

要在网站的明显位置注明物流配送的方式。站长芳芳小姐是这样操作的。

（1）联系了申通快递、圆通快递两家快递公司，与他们的业务员进行了沟通，约定他们上门取货事宜。

（2）在网站购物指南栏目中写上物流配送的公告说明和其他注意事项。物流配送的公告是这样写的。

① 邮局投递，全国各地均可到达。

a. 邮局平邮：一瓶油 12 元起，每加一瓶加 3 元，自发货起约 7～15 天到达（根据距离的远近而定）。

b. 邮局快邮：一瓶油 18 元起，每加一瓶加 3 元，自发货起约 5～10 天到达（根据距离的远近而定）。

c. EMS：一瓶油 30 元起，每加一瓶加 5 元，自发货起约 2～3 天到达（根据距离的远近而定）。

② 快递公司：一瓶油 18 元起，每加一瓶加 5 元，自发货起约 2～3 天到达。

③ 大宗物流：一般一箱 30～50 元，一箱可装 20 瓶左右。自发货起约 4～7 天到达，通过公路运输，要到货运站自提，提货时自己付运费。

4.4　人员配置

4.4.1　图片设计人员

网站由很多图片构成，网站上的商品也是由图片的方式来展示，所以成功的网站离不开图片，当然也需要熟练的图片设计人员。

图片设计人员一般由美术类专业毕业，应该熟练操作 Photoshop 软件，能制作简单的动画和 Flash 作品，并掌握简单的摄影技巧。

良好的产品图片能够提高网站的销量，例如卖服装的网店，应该挑选身材良好的模特，拍摄所卖服装款式的正面、背面、侧面照片，经过精心的后期处理，发布到网站上。对于产品的细节处和商标处，应该有专门图片显示，并配有文字说明。

为了提高产品图片质量，前期摄影也非常重要，对于经常变换款式的产品来说，有条件的站长应该配有简单的摄影棚，例如销售女生手袋箱包的站长应该考虑配备简单的摄

学生笔记：
_____
_____
_____

影棚。

当网站对图片要求不高时,也可考虑外聘兼职人员担任图片设计工作。例如经营电话卡销售的网店,就可以考虑外聘兼职人员的模式,以便降低人工成本。

4.4.2　内容编辑人员

网站内容编辑人员往往被站长忽略,认为可有可无,或者让技术人员兼任。很多网站由于没有专职人员,使得网站内容匮乏,长期不更新,最终导致网站无人问津,形同虚设。所以内容编辑人员是非常重要的岗位,一定要选择合适的人员。

网站编辑与杂志编辑的职责相类似,可见是非常重要的一个岗位。有的站长认为只有像新浪、搜狐等门户网站才需要网站编辑,而个人小网站则不需要。这是一个非常错误的观点。

任何一个网站要吸引客户,并让客户长期光顾网站,除了靠物美价廉的产品外,还需要免费的公益内容。例如,卖化妆品的网店,除了要有好的化妆品外,网站上还需要有大量保养皮肤的知识;卖女鞋的网店,除了要有新颖的款式外,网站上还需要有大量与服装搭配的方案、国外鞋款流行趋势、足部护理和皮鞋保养方法等相关知识。这样会让客户感觉网站很有"看头"。

此外,网站编辑还要编写与产品相关的博客和论坛帖子等内容。

归纳起来,网站内容编辑主要的工作内容如下。

(1) 负责网站栏目信息内容的搜集、把关、规范、整合和编辑,并更新上线。

(2) 管理和维护社区,完善网站功能,提升用户体验。

(3) 收集、研究和处理用户的意见和反馈信息。

(4) 组织策划虚拟社区的推广活动及相关业内文章撰写。

(5) 协助完成频道管理与栏目的发展规划,提高网站的知名度。

网站内容编辑一般是中文专业、新闻专业等专业人员,需要文笔流畅,热爱网络工作,对网站的产品所在行业非常热爱,对产品的商业指标和技术指标非常熟悉。

4.4.3　客户服务人员

客户服务人员负责与客户交流和沟通,往往分为售前服务和售后服务。当公司规模较小时,售前服务人员又可与销售业务人员合为一体。

要使网站发挥作用,客户服务人员必不可少。有些公司由于没有专人负责,很长时间以后才发现网站里有大量的业务咨询留言或电子邮件,因此白白流失了许多业务机会。

客户服务人员对学历和专业没有什么特别的要求,但需要打字熟练(每分钟 80 个汉字以上)、办公软件使用熟练、对产品各项指标和价格熟悉,并且有热心和耐心。

4.4.4　技术维护人员

技术维护人员主要负责系统的数据备份、病毒防范、故障排除等工作,需要是计算机专业人员。对于规模较小的网站,可采用外聘兼职技术维护人员的方法。

4.5　客户服务类别

网站要经营好,客户服务是最重要的环节,要赢得客户信赖,热情周到全面的客户服务能起到最直接的作用。

4.5.1　在线值守模式

通过即时通信工具软件进行在线值守,是目前最普遍的网站服务模式。

利用 QQ 给每个客服配一个账号,最好是实名制账号,图 4-17 中的客服图标就比图 4-16 中的客服图标更具有亲和力,让客户一下就知道正在与哪位客服洽谈。

图 4-16　QQ 客服工具交谈图标之一

图 4-17　QQ 客服工具交谈图标之二

现在网站一般都嵌套 QQ 工具接口,只要将号码输入相应模块就行了。例如素肌美人精油网站,进入后台,在系统设置→网站配置→扩展设置,可以填入 QQ、阿里旺旺等号码,在前台的底部就会出现它们的交谈符号,如图 4-18 所示。

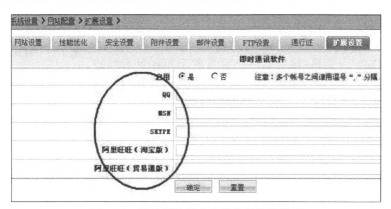
图 4-18　精油网站后台客服号码设置栏目

此外,利用专用客服工具,这样即使用户没有 QQ 账号,只要点击交谈图标,也能立即交谈。该类交谈图标任凭屏幕上下移动,始终漂浮在屏幕的中间左侧或中间右侧,非常方便客户进行点击交谈。有的交谈工具还会在屏幕正中自动弹出交谈图标,以提醒客户主动

学生笔记:

与客服交谈。图4-19为专用客服工具交谈图标,图4-20为专用客服工具弹出交谈图标。

图4-19 专用客服工具交谈图标

图4-20 专用客服工具弹出交谈图标

4.5.2 有问必答模式

除了在线交谈模式外,很多网站还提供了有问必答的模式。这种模式是采用表单的形式提交问题,然后等待网站回复,它不是即时模式,但服务好的网站一般在半小时以内就会回复。与即时通信模式相比,它的好处是把客户问题归类,每类问题由专门人员回答,这样的回答就会更加专业,更加精准。有问必答模式一般用于售后服务。图4-21中的中间图标为有问必答模式图标。点击该图标就显示如图4-22所示的有问必答模式提交表单。

4.5.3 常见问题罗列模式

对于任何一个网站来说,不管卖什么产品,客户提出的问题中80%是经常性问题,是重复的。可以把它们归类,专门用一个栏目对它们一一解答,这样就可以节省客户和客服人员的很多时间,图4-23为常见问题罗列模式。

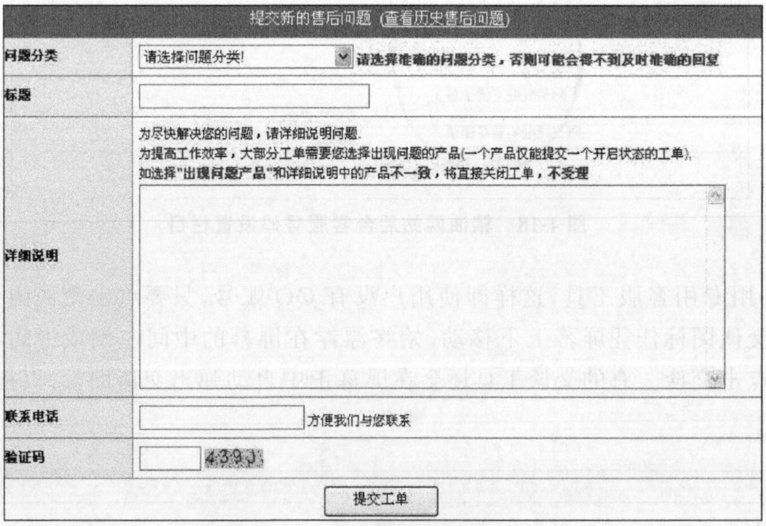

图4-21 有问必答模式图标

图4-22 有问必答模式提交表单

图 4-23　常见问题罗列模式

4.5.4　客户服务时间

由于网络的特点,24 小时都可能有客户光顾网站,所以要尽可能安排较长的值班时间。从事国内业务的网站一般要从上午 9 点到晚上 12 点安排客服人员在线值班,从事国际业务的网站一般要 24 小时安排客服人员在线值班。网站站长千万不能为了节省人工,只安排白天的班次,因为晚上才是网民比较活跃的时段。

4.6　积分促销方法

积分促销在网络上的应用比起传统营销方式要简单和易操作。积分促销可以增加网民访问网站和参加某项活动的次数,可以增加网民对网站的忠诚度,可以提高活动的知名度等。总之,能增加网站的流量和销量。

积分实际上是网站商家对客户或潜在客户参与网站活动的一种奖励或馈赠,在名称上,可用"积分""E 币""Q 币""U 币""虚拟币""虚拟货币"等。这些都属于虚拟货币,虚拟货币可以折合成一定数量的现金等价物,或参与网站的优惠购物,但一般不会以现金的形式返还给客户。

4.6.1　通过购物累计积分

让客户通过购物来累计积分,是目前商家最常用的方法,无论是传统的超市,还是银行发行的信用卡,都采用这一有效的方式。由于网站普遍采用会员制,因此积分应与会员级别挂钩,可设置普通会员、银牌会员、金牌会员等级别,级别较高的会员享有更高的优惠折扣。购物数量对应积分累计的方法和会员级别的级数由网站站长自己确定,例如购买 1 元产品得 1 积分,累计 100 积分可升级银牌会员,但积分归零;银牌会员再累计 1000 积分可升级金牌会员,积分再次归零;普通会员可以 9 折购物,银牌会员可以 8 折购物,金牌会员可以 7 折购物;金牌会员累计 500 积分,可以兑换网站某一商品,或以 5 折竞购某一商品,竞购商品每天限量供应。

学生笔记:

_____

_____

_____

4.6.2　通过参与网站活动累计积分

除了购物之外,要以多种方式来吸引客户或潜在客户参与网站活动,只要能够积极参与网站活动,无论购物与否,都要给予鼓励,给予相应数量的积分。给予积分的前提是该客户要免费注册成普通会员,提供准确的联系方式。

网站的活动一般包含参与网站市场调查、参与网站博客软文写作、参与网站商品评论、参与其他网民发表的博客文章的评论、回答其他客户的问题、阅读网站文章等,只要客户参与这些活动都可以给予积分。例如,素肌美人精油网站是这样规定的:参与网站市场调查得 1 积分;参与网站博客软文写作得 5 积分,质量较好者得 10 积分;参与网站商品评论者得 3 积分;参与其他网民发表的博客文章的评论者得 2 积分;回答其他客户的问题者得 10 积分;阅读网站文章,给出顶或踩的操作者得 1 积分。

管理员必须对客户写的博客软文或评论进行严格审核,审核通过者才能在前台发表。网站的后台一般都设有审核的功能和积分设置的功能,如果没有这些功能,应该要求软件开发者加进这些功能。

有些游戏类、文学类、百科类等网站,对会员级别分得很细,也较有特色。例如,有的网站设置有白丁、书童、秀才、举人、进士、状元、翰林、太傅、圣贤等级别来显示会员的身份;有的网站设置有员工、组长、主管、经理、总经理等级别来显示会员的身份。

4.7　数据备份

做好网站的技术维护工作,是网站正常运营的必要前提和保障。及时做好网站数据备份,是网站站长要做的日常工作,一般每周至少备份一次,最好每天备份一次。

数据备份分为数据库备份和程序代码、图片备份。

1. 数据库备份

网站的后台都有数据库管理的栏目,如图 4-24 所示的数据库管理面板,不需要技术人员就能进行操作。

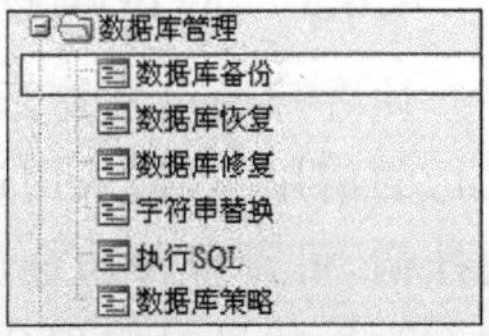

现在网站常用的数据库有 Access、MySQL、MSSQL 这 3 种,无论哪一种,都建议到网站后台的数据库管理栏目中备份,而不要到虚拟空间的管理平台上去备份。备份后将数据库文件下载到本地计算机。

图 4-24　网站后台数据库管理面板

2. 程序代码备份

用 FTP 软件连接虚拟空间,将整个目录文件打包压缩,然后下载到本地计算机。

【主要知识点】

本章无新的知识点。

【技能训练】

开通虚拟空间、绑定域名是运营网站最基本的前提,学生必须掌握其操作技能。如果仅仅是会背诵一些概念,而不会构建网站,要取得电子商务这门课的学分,是说不过去的。

我国网站运营是需要备案的,备案时间一般为一个月左右,备案的具体要求可咨询虚拟空间提供商,也可登录网站 beian.miit.gov.cn 查询具体内容。为了节约并省去域名备案时间,可考虑开通境外空间,其速度与国内空间的相比差不多。目前域名与境外虚拟空间绑定时不需要备案。但无论网站托管在境内虚拟空间还是境外虚拟空间,都需要遵守国家法律法规。

实训五　Web 空间的开通

实训目的:

1. 掌握 FTP 软件的功能与操作方法。

2. 掌握 Web 空间的功能与操作方法。

3. 掌握网站代码的传输与前台显示。

实训内容:

1. 在本地计算机下载和安装 FTP 软件。

2. 申请 Web 空间的账号。

3. 设置并连接 FTP,将本地计算机与服务器空间连通。

4. 上传网站代码。

5. 用临时域名打开网站页面。

实验步骤:

1. 到相关网站上下载 FTP 软件。

2. 在本地计算机安装 FTP 软件。

3. 在网站上申请 Web 空间。申请成功后,网站管理员会给出 IP 地址、用户名、密码。

4. 打开 FTP 软件,输入相应的参数,如图 4-25 所示。

5. 单击"连接"按钮,即可将本地计算机与服务器连通并上传网站代码。

6. FTP 软件的高级设置,一般按照默认的设置操作就行了,如图 4-26 所示。

7. 连通以后,就可以将网站代码上传服务器空间了。在本地计算机的相关文件夹里找到网站代码文件,用鼠标拖动到服务器的 wwwroot 文件夹就行了。估计几分钟上传完毕。若文件较大,上传中断后,可重新连接,重新上传,如图 4-27 所示。

学生笔记:
_____
_____
_____

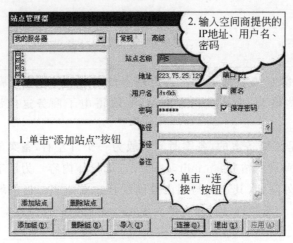

图 4-25　FTP 连接方法

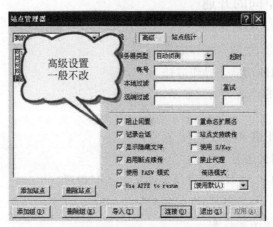

图 4-26　FTP 高级设置

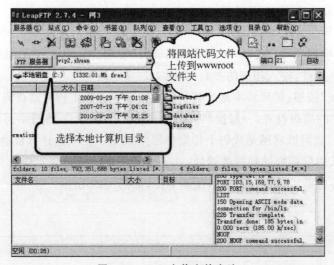

图 4-27　FTP 上传文件方法

8. 上传完毕后,可用空间商提供的临时域名在浏览器中打开网页。若能打开,表示上传成功,若打不开,检查是否上传全部代码,是否上传到 wwwroot 目录,是否在 wwwroot 里有子目录。

9. 如果网站代码要在服务器中安装,就会提示用户安装。安装过程中,若要填写数据库的用户名、密码等参数,请先与空间商联系开通 MSSQL 数据库等事宜后再安装。

10. 进入临时域名后,登录网站虚拟空间的管理后台,仔细了解虚拟空间的各项功能,如图 4-28 所示。虚拟空间的管理后台功能全部了解大约需 4 个小时,请读者慢慢摸索。

图 4-28　Web 空间后台操作面板

实训六　域名的绑定

请参照 4.1.1 节"购买域名"内容进行操作。由于各个域名空间商所用的虚拟空间管理平台不同,而且经常更新版本,所以在操作界面上与本书描述不同是不可避免的,但原理都是相同的,这里不再赘述。

【本章小结】

· 网站架设

1. A(Address) 记录用来指定主机名(或域名)对应的 IP 地址记录。用户可以将该域名下的网站服务器指向自己的 Web 服务器。同时也可以设置域名的二级域名。

2. Cname 记录,即别名记录。这种记录允许网站将多个名字映射到同一台计算机。通

学生笔记:
_____
_____
_____

常用于同时提供 www 和 mail 服务的计算机。例如,有一台计算机名为 host.mydomain.com(A 记录)。它同时提供 www 和 mail 服务。为了便于用户访问服务,可以为该计算机设置两个别名(Cname):www 和 mail。这两个别名的全称为 www.mydomain.com 和 mail.mydomain.com。实际上它们都指向 host.mydomain.com。

3. 虚拟空间的好坏,影响网站能否顺畅运营,应考虑的技术指标有空间大小、脚本和组件、数据库类型和空间、CPU 占用率、月流量、带宽、IIS 连接数、单线双线空间、售后服务等。

• 熟悉网站操作

熟悉网站后台的每一个操作,是网站站长必做的功课。站长在网站架设后的第一个月内,必须熟悉后台的全部操作。任何一个正规的网站系统,都带有详细的网站操作说明书,站长应仔细阅读并对照操作。

后台的所有操作都是为前台服务的,都应该在前台得到验证。

• 网站装修

网站建设是一个系统工程,构思网站栏目应该说是网站商务操作的第一步。

商务建设阶段由网站经营者完成,其内容包括网站栏目设置、网站功能选择、内容编辑和更新、网店陈列、网站点击率统计与提高、用户浏览质量的改进、与客户在线交流、反馈信息处理、网站推广、网络营销以及图片处理软件的使用和营销软件工具的使用等。此阶段侧重于营销手段和商业目标的实现,因此任务十分艰巨。

栏目设置好,只是搭建了网站的框架,要能吸引客户,还要靠内容。内容新颖和实用,是保持客户黏度的最主要手段。新建网站,每个栏目至少要发布 50 篇以上的文章,之后要定期增加文章,例如每天或每周等,要长期坚持,不要半途而废。

图片是吸引客户眼球的重要手段,要制作得体大方的产品宣传图片来点缀网站版面。注意,不要用低俗的美女图片,不要过多地使用动画、Flash 等,即使静态图片也不能使用过多。要有专业美工规划版面。

网站要图文并茂,内容丰富,让网民浏览网站后,即使不买产品,也有较大的收获。

要在网站的明显位置注明支付与物流方式。

• 人员配置

网站运营需要图片设计人员、内容编辑人员、客户服务人员和技术维护人员 4 种人员,缺一不可。

• 客户服务类别

1. 利用 QQ 给每个客服配一个账号,最好是实名制。

2. 利用专用客服工具,这样即使用户没有 QQ 账号,只要点击交谈图标,也能立即交谈。

3. 有问必答模式是采用表单的形式提交问题,然后等待网站回复,它不是即时模式,但服务好的网站一般在半小时以内回复。与即时通信模式相比,它的好处是把客户问题归类,每类问题有专门人员回答,这样回答的问题就会专业一些,更精准一些。有问必答模式一般用于售后服务。

4. 将常见问题罗列归类,专门用一个栏目对它们一一解答,这样可以节省客户和客服人员的很多时间。

5. 从事国内业务的网站一般要从上午 9 点到晚上 12 点安排客服人员在线值班,从事国际业务的网站一般要全天 24 小时安排客服人员在线值班。

- 积分促销方法

1. 让客户通过购物来累计积分,是目前商家最常用的方法。由于网站普遍采用会员制,因此积分应与会员级别挂钩,可以设置普通会员、银牌会员、金牌会员等级别,级别较高的会员享有更高的优惠折扣。

2. 网民参与网站市场调查、网站博客软文写作、网站商品评论、对其他网民发表的博客文章进行评论、回答其他客户的问题、阅读网站文章等网站活动,网站站长都要给予积分,以提高网站的流量和销量。

- 数据备份

网站数据备份是网站站长要做的日常工作,一般每周至少备份一次,最好每天备份一次。

【练习作业】

一、选择题

1. 指定主机名(或域名)对应的 IP 地址记录的操作,应该是下面哪个操作?

 A. A (Address) 记录   B. CNAME 记录

 C. URL 转发   D. 中文域名指向英文域名

2. 若一个虚拟空间的 IIS 连接数是 100,那么实际能顺畅地上网浏览网页的人数可能是?

 A. 100 人   B. 99 人   C. 30 人   D. 102 人

3. 下面哪个不属于黑盒测试的内容?

 A. 链接测试   B. 代码测试   C. 表单测试   D. 购物车测试

4. 下面哪个不属于网络客户服务类别?

 A. 在线值守模式   B. 有问必答模式

 C. 常见问题罗列模式   D. 拜访客户模式

5. 在网站运营阶段,下面哪个不是一定要配备的人员?

 A. 程序员   B. 美工   C. 客服   D. 内容编辑

二、讨论题

1. 赶集网、58 同城网站都是分类信息网站,它们是靠什么来盈利的? 它们运营需要哪些人员? 如果你来经营这类网站,你认为成功的关键在哪里?

2. 珍爱网等交友网站运营成功的关键是什么? 你有什么办法杜绝虚假征友信息?

3. 谈谈团购的盈利模式,目前团购网站存在哪些问题? 应该怎样改进?

学生笔记:

_____

_____

_____

三、操作题

1. 登录 www.58.com,在 3 个不同的类别里发布 3 条不同的信息,看看发布的信息有没有反馈。再试一试购买置顶信息,观察其效果。

2. 登录唯品会官网 www.vip.com,仔细了解这个购物网站,并作一次购物体验。谈谈它与淘宝的区别。截至 2020 年,唯品会注册会员人数超过 3.4 亿,活跃用户人数超过 8400 万,以年轻人群、白领人群和大牌爱好者为主。用户复购订单数占比超过 98%,复购率高,用户黏性强。作为中国百强互联网公司,其以 38.1% 的市场份额位列中国特卖市场前列,为广大消费者提供了物超所值的大牌好货以及极致便利的购物体验。

3. 美团网(www.meituan.com)是团购网的代表网站。2010 年,美团网正式上线。它是全球较早的团购与位置服务相结合的社会化网站。尝试在该网站做一次团购体验,比一下价格是否比平常便宜,买到的物品或者服务是否有缩水现象。团购网是否能取代一般的购物网站?

第 5 章

网站评估

【学习目标】

通过本章的学习,知悉网站评价的技术标准和运营标准,充分理解网站在线沟通功能的重要性,熟练掌握网站排名、网站 PR 值等概念的运用。学会网站评估工具的使用。

本章重点内容是从用户的角度来评价网站优劣。通过本章学习,学生应该有以下认识。

(1) 网站要有清晰的定位。建站的目的就是为了营销,只有集中做好某一件事,才会更好地展现网站,这样网站内容建设相对也会比较简单。

(2) 网站访问速度要快。要做到这点,除了虚拟空间是一个重要因素外,网站代码的优劣也是关键。要尽量缩减大量的 JS 脚本和 Flash 动画。

(3) 网站要有好的用户体验。界面是否美观,阅读是否清晰,操作是否方便等都是用户是否喜欢网站的主要原因。

【学习要求】

网站的评估工具,主要以英文网站较多。学生应该对电子商务英语专业词汇有一定程度的了解。这些词汇大多比较新,中文译名也不固定,英语教师也不是很熟悉,所以使用Alexa 等英文网站时,对一些词条的理解比较费劲,请学生多查工具书,多向专业老师请教。

【关键词】

网站评估、网站排名、Alexa 排名、PR 值、客服工具、在线沟通。

对网站的评价,站在不同的角度有不同的标准。正所谓外行看热闹,内行看门道。多年来,社会上包括企业的领导在内的很多人都以网站的外表美观程度来衡量网站的优劣,各类网页设计大赛也是将这一评判标准当作重要指标。并不否认外表美观的作用,但要清醒地认识到,网民浏览网站,绝不是来欣赏网站的美工设计,而是对网站上的产品、内容、服务感兴趣。所以,要从用户角度出发设计出好的网站。

5.1 技术标准

网站的技术标准主要应该考虑在线沟通方式、打开网站所需时间、导航性、站内搜索、在线支付、常见问题解答、网站界面、网站代码正确性等。

5.1.1 在线沟通便捷

网站上要有在线沟通功能,例如在线聊天(即时沟通工具)、表单、留言单、E-mail、网眼、在线电话等功能,这样会方便客户与公司客服人员在线沟通。

1. 即时通信工具

现在市面上流行的在线聊天工具主要是腾讯、QQ,它是即时通信工具,使用方法极为方便,50 岁以下的民众均会使用。在线聊天工具除了文字聊天外,还能语音聊天、视频聊天,使沟通很方便,大大拉近了客户和公司在空间上的距离。因此,必须在网站上用好这个工具。

在具体方法上,不能简单地在网页下面留一个 QQ 账号,而是要用最方便的方法提供给客户。现在一般采用 QQ 漂浮框,无论网页上下左右移动,QQ 漂浮框始终在屏幕的中间位置,使得客户与客服人员沟通非常方便,如图 5-1所示。

2. 表单

表单不是即时通信工具,不能即时进行在线沟通,客户有问题便填写这个表单(如图 5-2 所示),上传后就发送给网站管理员。网站管理员收到表单后要及时回复客户问题,越快越好,最长不能超过 24 小时,否则,客户会失去耐心。

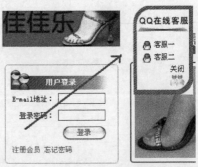

图 5-1 QQ 漂浮框

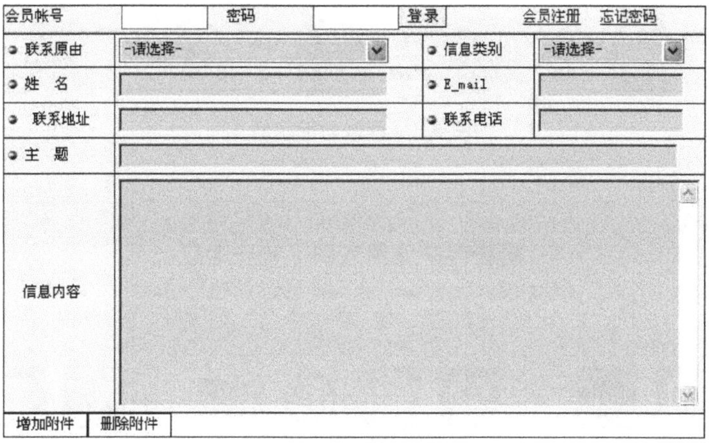

图 5-2　表单

3. 留言单

留言单与表单类似,不同之处在于表单上交后,其网站上没有痕迹,其他网民看不到刚刚递交的内容,而留言单是公开在网站上的,任何网民都可以看到留言。网站管理员对每个网民的留言都要认真回复,这样才能赢得好声誉。

4. 电子邮件

电子邮件目前仍然是较普及的电子沟通方式,一个网站上至少要留有一个电子邮件地址供客户沟通之用。

5. 微信

微信是我国最普及的电子沟通方式,一个网站上至少要留有一个微信账号和微信群号供客户沟通之用,有条件的公司应该把微信公众号的二维码也放在网站尾部供网民扫描关注,否则很难辨别网站是否处于运营状态。

6. 专用在线客服

专用在线客服实际上也是一种即时通信工具,一般俗称"网眼","53 快服"和"TQ"是这类产品的代表。一般情况下,当网民浏览网站时,网站的工作人员并不知道当时有哪些网民正在浏览网站,因此像 QQ 等工具只能被动等待客户来联系。装了专用客服工具后,网站工作人员可以主动与网站的浏览者联系,增大了与客户交流的机会,有利于增加商业成交机会。网眼能记录统计网站的浏览者详细信息,图 5-3~图 5-11 是网眼功能示意图,归纳起来一般有以下功能。

（1）跨平台支持。支持网页、微信、WAP、App 等不同平台接入,统一在线客服。

（2）数据安全。强大系统支持,加密连接,动态重连机制,保障服务顺畅。

学生笔记:

图 5-3　网眼功能示意 1

图 5-4　网眼功能示意 2

（3）访客提醒。访客进入网站后，客服端将自动提醒客服人员。

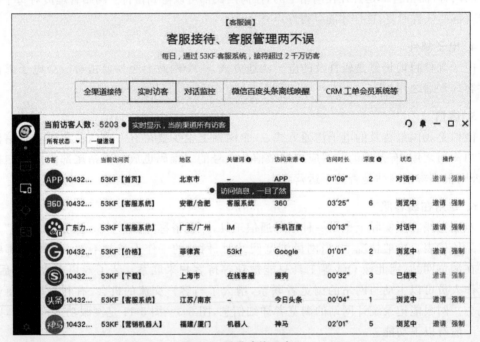

图 5-5　网眼功能示意 3

（4）主动邀请。客服可以主动邀请网站访客对话，主动出击，先发制人。

（5）即时对话。访客只需点击网站客服图标即可与客服人员进行对话。

（6）消息预知。客服可以预先知晓访客正在输入的内容，提前做好回复准备。

（7）快捷回复。快捷回复支持多级分类，方便客服对常用语的管理，并且还支持向 QQ、旺旺等窗口发送常用语消息，极大方便了客服工作。

（8）访客信息。客服人员可以查看到访客的 IP 地址、地区、来源及网址,浏览页面以及备注信息等,帮助客服判断访客是否为重要客户或者潜在客户。

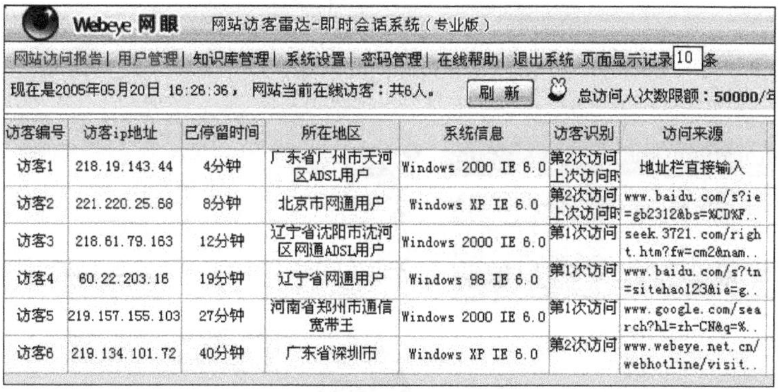

图 5-6 网眼功能示意 4

（9）浏览轨迹。客服人员可以一目了然地查看访客浏览页面的时间、地址和页面标题。

（10）界面自定义。网站运营方可以自定义访客端的界面,以便与网站色彩风格保持一致,也与产品类型保持协调。

（11）熟客识别。对于已经备注过访客名片的熟客,系统将自动识别,并分配给最近对话的客服。

（12）数据分析。提供访客信息、客服信息、对话留言等数据分析,为网站营销提供数据基础。

7. 点击呼叫电话

"点击呼叫"网络电话,是专门为在网页上拨打电话特别设计开发的产品。该产品可以实现点击网页上的电话号码,立即直接拨通该号码的电话,实现从计算机到电话机(PC to phone)通信的强大功能。点击呼叫业务是继网页之后电子商务时代最流行的新型语音通信工具。它结合了网页信息服务和 VoIP 语音服务,一经推出即风靡全球。

使用该项业务的企业,可以在企业门户网站、各类综合或行业网站、文档和电子邮件等众多宣传场所放置免费通话图标链接。一旦企业的现有或潜在客户点击这些图标,就能和企业进行免费通话,通话费用由企业承担。

（1）即时语言沟通会进一步加强信任程度。

语言交流可以进一步提高交易的成功率。文字沟通可以使买卖双方初步了解交易事项,即时语音互动沟通对于排除疑虑,捕捉瞬间购买冲动,建立顾客与商家之间的信任,改善客户关系,提高客户忠诚度等都具有极大的帮助,可大大提高交易的成功率。

（2）可大大降低企业的客服电话成本。

相比 400、800 电话,免费电话的价格更有优势,可大大降低企业的免费电话成本。

学生笔记:

图 5-7　网眼功能示意 5

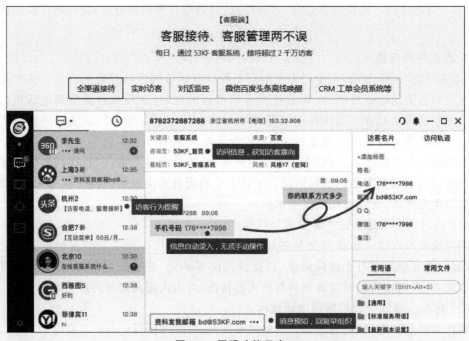

图 5-8　网眼功能示意 6

（3）提高 50 岁以上访客的沟通效率。

网站上常常会遇到 50 岁以上的、因打字慢或不习惯使用聊天软件的一些访客。免费电

图 5-9　网眼功能示意 7

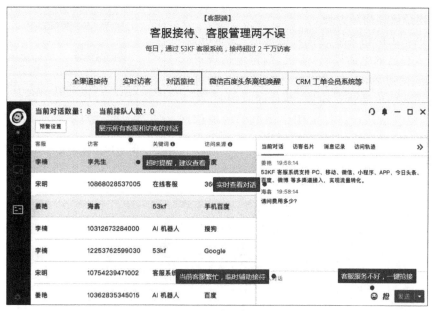

图 5-10　网眼功能示意 8

学生笔记：

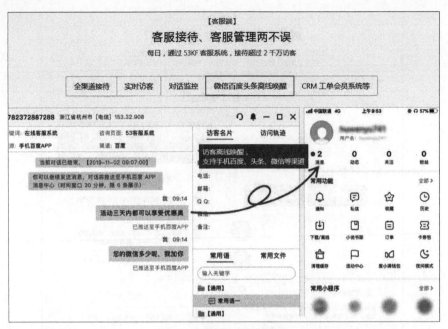

图 5-11　网眼功能示意 9

话可大大提高公司与这部分访客的沟通效率，在达成交易的同时提高这部分客户的服务体验和用户黏性。

（4）使用流程简单方便。

来到网站上的访客通过在对话框的"免费电话"功能里输入自己的电话号码（手机、固定电话皆可），单击"确定"按钮后，点击呼叫电话将网站站长绑定的电话与访客的电话建立连接，并且同时响起，接听即可通话，此电话连接信号采用中国电信的通信网络，并非 Internet，所以此免费电话的声音效果与普通电话效果一致。

图 5-12　点击呼叫电话示意 1

图 5-12 和图 5-13 是点击呼叫电话示意图。

图 5-13　点击呼叫电话示意 2

【小工具】　在线客服产品的网站地址：

www.53kf.com

www.tq.cn

【小工具】　点击呼叫电话的网站地址：

www.ti-net.com.cn

5.1.2　网站打开时间

谷歌、百度等网站首页非常简洁，并没有做花哨的 Flash 等亮丽图片，为的是要尽量减少网站的首页字节数，从而使网站打开时间缩短。

互联网上有几千万个网站供网民选择，如果您的网站等待 20 秒钟以上还打不开，网民很有可能选择放弃进入，从而失去一个潜在顾客。因此，要避免在网站的首页放置过分清晰的图像、过多的图片、过多 Flash 以及声音等其他多媒体，尽量减少网站首页的文件字节数。

当然，网站打开时间与网站存放的空间也有很大关系，要选择速度较快的空间，尤其要选择双线空间（即适用于北方的网通线路和南方的电信线路）。

5.1.3　网站导航性

当网站规模较大时，必须做网站导航系统，让客户快速找到所需资料。在图 5-14 中，客户能清楚地知道现在正在"服装"栏目下→"女上装"子栏目→"女式 T 恤"位置。

5.1.4　站内搜索功能

当网站规模很大，站内网页超过 1000 页时，应该做站内搜索引擎系统。图 5-15 是一个网站内搜索引擎系统的实例。

图 5-14　网站导航系统

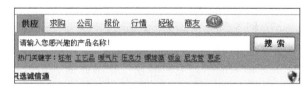

图 5-15　网站内搜索引擎系统

5.1.5　在线支付功能

网站系统最好提供在线支付功能，与支付宝等支付平台有接口。网上购物的客户往往存在冲动消费的因素，在线支付功能使得客户购物后立即付款，能提高网上购买的成功率。

学生笔记：

_____

_____

_____

5.1.6　常见问题解答功能

因为企业网站经常收到用户关于某一方面问题的来信,应当设立一个常见问题解答(FAQ,frequently asked questions)栏目,这样既方便网民,也可以节约网站客服的时间和成本。

5.1.7　网站界面

客户对网站的最初印象就是网站界面,因此,网站设计应该做工考究,界面美观。

1. 风格与布局

网站内的所有页面应当遵从统一的风格,包括统一色彩、统一主题、统一语气和人称、统一图片效果。同时在页面布局方面,应当加强视觉效果,加强文案的可视性和可读性。

2. 美工与字体

网页色彩应当均衡,要凸现可读性,同时切忌将所有颜色都用到,一般要求色彩控制在3种以内。由于很多国外用户没有安装任何支持汉字的系统,因此定位为国际性质的网站应当针对不同的目标访问者,设计不同的字体或语言。

3. 动画与声音

在页面上应该慎用动画和声音,更不能滥用。因为一方面会影响下载速度;另一方面可能会招致用户的厌恶和抵触情绪。

5.1.8　网站代码的正确性

1. 兼容性

(1) 显示兼容:在 800×600(px)、1024×768(px)等常用分辨率条件下能够显示正常。

(2) 操作系统兼容:在 Windows 7/10、Linux、Mac 等操作系统中运行正常。

(3) 浏览器兼容:在 IE、Netscape、360、搜狗、火狐等浏览器中运行正常。

2. 网页链接

网站中不能出现无效链接。在企业网站中,链接的有效性占有重要的地位,无效链接会直接影响用户对网站本身的信任度。

3. 代码 bug

网站不能存在任何代码错误,不能出现非正常跳出。

5.2　运营标准

5.2.1　网站排名

www.alexa.com 是全球公认的对网站访问量排名的权威网站,它对收录的几千万个网站的访问量作统计,并按照最近 3 个月的平均数来确定排名。Alexa 的网站排名是按照每个特定网站的被访问量进行排名的。访问量越大,排名越靠前。这里要指出的是,Alexa 给出的是全球排名。图 5-16 为 Alexa 网站首页。

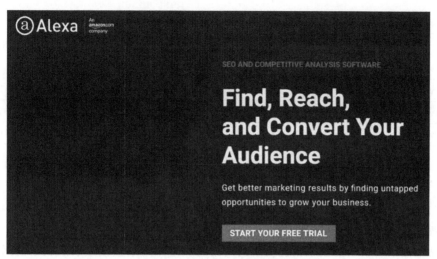

图 5-16　Alexa 网站首页

网站在 Alexa 排名的名次，决定着该网站的价值。对于 Alexa 的排名，业界流传着这么一个形象比喻。

（1）排名在 1 000 001 名以外的，是散兵游勇，属于业余级。

（2）排名在 100 001～1 000 000 名的，是游击队，属于业余级。

（3）排名在 10001～100 000 名的，是正规军，属于专业级，运用了专业的网络营销手段。

（4）排名在 1001～10 000 名的，是王牌军，是一个非常优秀的网站。

（5）排名在 1000 名以内的，是虎狼之师，网站极具商业价值。

当然，少数人为了追求在 Alexa 获得较高的排名，采用了软件自动点击网站等作弊手段，应对于这种行为予以谴责。Alexa 一旦发现作弊行为，就立即将该网站驱逐出排名榜。

刚建好的网站在查询中没有数据，三个月以后，其排名会从几千万左右逐步上升。若长时间排名得不到进步或者根本没有数据，就应该分析一下原因。

5.2.2　网站 PR 值

Google 搜索引擎采用的核心软件称为 PageRank，这是由 Google 创始人开发的一套用于网页评级的系统，是 Google 搜索排名算法中的一个组成部分，级别从 1 级到 10 级，10 级为满分。PR 值越高说明该网页在搜索排名中的地位越重要，也就是说，在其他条件相同的情况下，PR 值高的网站在 Google 搜索结果的排名中有优先权。网页级别由此成为 Google 所有网络搜索工具的基础。表 5-1 为一些知名网站的 PageRank 值。

学生笔记：

_____

_____

_____

企业或个人网站的 PR 值达到 5 时,说明该网站的网页质量很好。

表 5-1　一些知名网站的 PageRank 值

网　　站	PageRank 值	网　　站	PageRank 值
www.Google.com	10	www.alibaba.com.cn	8
www.msn.com	9	www.baidu.com	8
www.sohu.com	8	www.amway.com.cn（安利）	7
www.sina.com.cn	8	www.haier.com（海尔）	6

5.2.3　网页链接数

网页链接数是衡量网站质量的又一个重要指标。

1. 搜索引擎收录数

网站在搜索引擎中的收录情况关系到网站的质量。网站被搜索引擎收录的网页越多,被客户找到的可能性就越大。主要的搜索引擎有百度、谷歌、雅虎、搜搜、有道、必应、搜狗等。

2. 搜索引擎反向链接情况

搜索引擎反向链接情况是指在搜索引擎中的其他网页,有指向本网站的链接。这种链接越多越好。以前有专门的信息发布软件进行群发,为的是增加这种反向链接数,但现在已经渐渐失去了作用。增加反向链接的根本办法就是增加网站的静态网页,并定期增加网页。

5.2.4　客户黏度

独立访问者(unique visitors)数量当然越多越好,对应的是 IP 越多越好,但要注意访问者应该是潜在客户,而不是无意中闯进网站的游客。这个指标就是客户黏度,通俗地说,重复访问者的数量越多越好,重复访问次数也是越多越好。

一般网站评估工具会提供以下指标来评估网站。

(1) 页面浏览数(page views)。

(2) 用户在网站的停留时间。

(3) 流量注册比。即一定时期内,网站注册人数占访问量的比例。

(4) 提袋率。提袋率是指一定时期内,将商品放入购物车或加入收藏夹的顾客人数占该时间段网站访问量的比例。网络销售的提袋率并不能直接反映出企业经营业绩的好坏,因为将商品加入购物车里的消费者并不一定要为它们买单。

(5) 订单转换率。即一定时期内的订单数占访问量的比例。这是反映流量商业价值最核心的指标,只有当流量转换为订单,企业才能收获"真金白银"。一些互联网零售企业有可能不在意流量注册比、提袋率等指标,订单转换率却是所有企业都关注的数据。

(6) 跳出率。这是指一定时期内,仅仅在首页匆匆"飘"过,便立即离开网站的人数占所有访问量的比例。跳出率越高的网站,意味着流量的无效性也越高。

5.2.5　网站维护

（1）网站的内容及时更新，最好每天更新，最长一周更新一次。

（2）对客户的询问、投诉及时反馈，一般在 4 小时内答复，最长 24 小时内必须答复。客服每天在线时间超过 12 小时。

（3）网站 bug 要及时修改。

（4）最好有镜像，防止服务器故障。

（5）病毒防范全面及时。

（6）数据每天备份。

5.3　网站可信度评估

目前互联网上信息鱼龙混杂真假难辨，钓鱼网站层出不穷，违法网站屡屡出现，仿冒网站以假乱真，若轻信不实内容很可能导致各种财产损失，因此网民必须通过一定工具来查验网站的可信程度。

5.3.1　百度查验方法

（1）直接在百度搜索公司名称或者域名，有"官网"字样的网站，则可放心浏览访问，如图 5-17 所示。

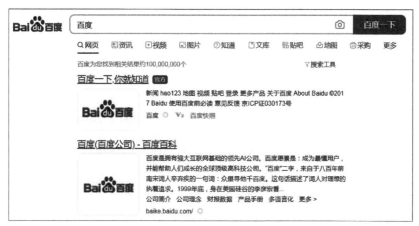

图 5-17　百度搜索中出现"官网"标记

（2）在百度搜索"公司域名 ＋@V"，如果出现公司认证信息，则可放心浏览访问，如图 5-18 所示。

学生笔记：

_____

_____

_____

图 5-18　百度搜索中出现公司认证信息

5.3.2　浏览器查验方法

在主流浏览器中打开公司域名,如果域名左端出现认证标记,则可放心浏览访问。图 5-19 是用 360 浏览器访问域名 huawei.com 后的画面,地址栏的左端有个"证"字,表面该网站已经得到认证。

证 华为 🔒 https://www.huawei.com/cn/

图 5-19　地址栏左端出现认证标记

5.3.3　专门网站查验方法

征信网(pinggu.zx110.org)向网民提供网站风险分析服务,用以辅助大家判断网站是否可信。"网站可信度评估"分析结果是基于网站的基本信息(比如所有者信息、服务器地址信息、备案信息、网站上的公示信息等)、第三方网站检测信息(比如安全监测信息、网站认证信息、网站处罚和举报记录)以及其他相关信息综合评定的,并根据网站的可信度评估结果给出该网站的访问建议。

(1) 如何使用"网站可信度评估"?

打开征信网(pinggu.zx110.org),输入网址提交后,"网站可信度评估"将对该网站进行逐项检查、综合评估,给出该网站的可信度评估结果,评级结果从 0 星到 5 星不等,同时给出相应的访问建议,如表 5-2 所示。

表 5-2　征信网的星级说明查询

评估结果星级	访问建议	评估结果星级	访问建议
3～5 星	放心访问	0.5～1 星	不建议访问
1.5～2.5 星	谨慎访问		

在检查列表中,会逐项显示各数据项的检查结果,并将存在风险的项目特别提示出来提醒用户注意。图 5-20 是征信网查询 huawei.com 的评估结果。

图 5-20　征信网查询 huawei.com 的评估结果

(2)“网站可信度评估”是如何评估网站的?

“网站可信度评估”是基于网站的客观信息和人工审核综合评估的。其中客观数据项的权重占 80%,主要是基于表 5-3 所示的网站信息。

表 5-3　征信网评价指标的权重

项目名称	影响程度	项目名称	影响程度
域名备案信息	高	第三方网站安全监测	中
网站所有者信息	高	第三方网站认证信息	低
服务器所在地	中	第三方网站处罚举报信息	低
网站公示的内容信息	中		

(3)“网站可信度评估”的评估结果是可以信任的吗?

学生笔记:

_____

_____

_____

作为一项鉴别网站是否可信的辅助服务,"网站可信度评估"的结果通常是可以信任的,但是无法提供 100% 的保证,网民还需要结合其他信息作进一步的判断。

5.4 网站评估工具

网站运营标准的评估,要靠专业的工具完成,现在就介绍几个主要的网站。

5.4.1 浏览量评测

网站访问流量,以前都是用计数器单一统计访问量。由于指标过少,现在逐步使用专门的评估工具。

目前较为有知名度的网站是数据专家友盟(www.umeng.com),它是由国际著名风险投资商 IDG 投资的网络技术服务公司,是较有影响力的免费流量统计技术的服务提供商,专注于为互联网各类站点提供专业、权威、独立的第三方数据统计分析。图 5-21 所示是数据专家网站的首页。

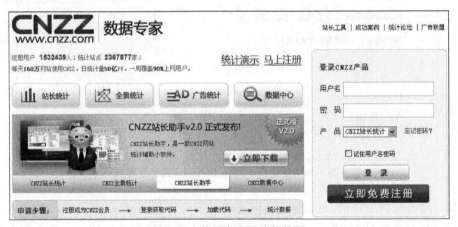

图 5-21 数据专家网站的首页

通过 CNZZ 站长统计,站长可以随时知道自己网站的被访问情况,每天多少人看了哪些网页,新访客的来源是哪里,网站的用户分布在什么地区等非常有价值的信息数据。站长们根据 CNZZ 站长统计,可以及时调整自己的页面内容、推广方式,并对自己网站的调整做出客观公正的评测。图 5-22 为数据统计步骤。

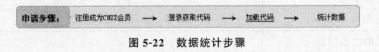

图 5-22 数据统计步骤

具体步骤如下。

(1) 注册成为 CNZZ 会员。

进入注册页面,填写账户信息,完成注册。

(2) 登录获取代码。

在站点列表页单击"添加站点"按钮,填写站点名称、域名、网站类型、地区、简介等信息,勾选"开通统计"单选按钮,即完成添加站点,如图 5-23 所示。

图 5-23 网站用户注册

返回站点列表页,单击站点设置中的"获取代码"按钮,即可选择多种展现形式的统计代码,如图 5-24 所示。

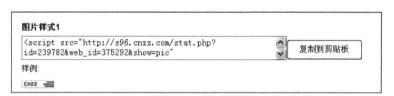

图 5-24 站长获取统计代码

(3)加载代码。

将选好的统计代码粘贴到页面源码中,该页面即可参与统计,如图 5-25 所示。该项操作需要略懂 HTML 语言的用户才会进行,若没有 HTML 语言的知识基础,可请网站代码开发者帮助加载代码。

(4)统计数据。

登录后,进入站点列表页,单击"查看统计报表"按钮,即可查看该站点统计数据,如图 5-26 所示。

5.4.2 站长工具

现在较为方便有效的站长工具有很多,这里只介绍两个网站:站长之家和一起查网站。

1. 站长之家

学生笔记:

图 5-25　把代码插入网站尾部

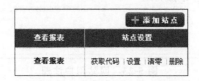

图 5-26　查看网站统计数据

站长之家（tool.chinaz.com），站长之家（中国站长站）创建于 2002 年 3 月，是一家专门针对中文站点提供资讯、技术、资源、服务的网站，网站现有上百万用户，拥有较专业的行业资讯频道、国内较大的建站源码下载中心、站长聚集的站长社区、较大的建站素材库、较实用的站长工具。该网站还提供了很多专门针对网站建设的特色服务，图 5-27 所示的是站长之家的首页。

图 5-27　站长之家的首页

站长之家提供了众多的网站评测指标和测量指标的工具（如图 5-28 所示），站长可以仔细查看各项功能，慢慢尝试其效果。详细操作方法该网站里有说明，本书不再赘述。

2. 一起查网站

一起查网站助手（www.17cha.cn）是 SEO 服务平台，拥有国内众多可以查询运营指标的工具类网站，有很多工具供站长查询使用，一起查网站首页如图 5-29 所示。

相信本章介绍的两个站长工具的指标，足以从各方面来评估各种网站了。

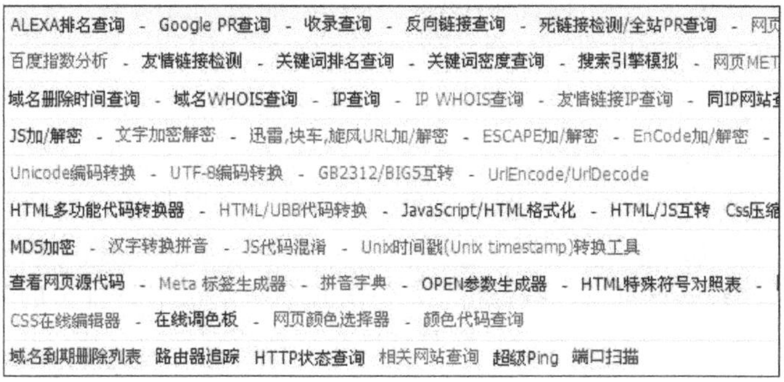

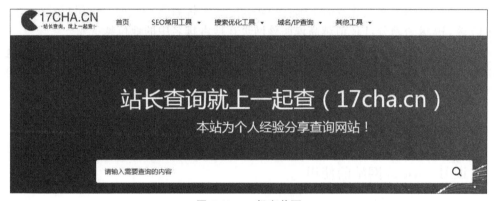

图 5-28 站长之家提供的评测工具

图 5-29 一起查首页

【主要知识点】

1.【即时通信工具】即时通信工具就是通常所说的在线聊天工具,例如腾讯 QQ。在线聊天工具除了文字聊天外,还能语音聊天、视频聊天,使沟通很方便,大大拉近了客户和公司在空间上的距离。

2.【表单】表单就是一张在线表格,客户有问题便填写这个表格,上传后就发送到网站管理员那里。网站管理员收到表单后要及时回复客户问题,越快越好,最长不能超过 24 小时。表单一般只有后台管理员能看到,其他网民在网站前台看不到某个网民提交的表单。

3.【留言单】留言单与表单类似,不同的是,留言单除了后台管理员能看到外,其他网民在网站前台也能看到某个网民提交的留言。

4.【专用在线客服】专用在线客服实际上也是一种即时通信工具。一般俗称"网眼",53快服和"TQ"是这类产品的代表。一般情况下,当网民浏览网站时,网站的工作人员不知道

学生笔记:

当时有哪些网民正在浏览网站,因此像 QQ 等工具只能被动等待客户来联系。装了专用客服工具后,网站工作人员可以主动与网站的浏览者联系,增大了与客户交流的机会,提高了商业成交概率。网眼还能记录统计网站的浏览者详细信息。

5.【点击呼叫电话】点击呼叫电话就是网络电话,是专门为在网页上拨打电话特别设计开发的产品。该产品可以实现点击网页上的电话号码,立即直接拨通该号码的电话,实现 PC to phone 的强大功能。

6.【Alexa 排名】www.alexa.com 是全球公认的对网站访问量排名的权威网站,它对收录的几千万个网站的访问量作统计,并按照最近 3 个月的平均数来确定排名。访问量越大,越靠前。

7.【网站 PR 值】Google 搜索引擎采用的核心软件称为 PageRank,这是由 Google 创始人开发出的一套用于网页评级的系统,是 Google 搜索排名算法中的一个组成部分,级别从 1 到 10 级,10 级为满分,PR 值越高说明该网页在搜索排名中的地位越重要。

8.【客户黏度】独立访问者数量(unique visitors)当然越多越好,对应的是 IP 越多越好,但要注意访问者应该是潜在客户,而不是无意中闯进网站的游客。这个指标就是客户黏度,通俗地说重复访问者数量越多越好,重复访问次数也是越多越好。

【技能训练】

实训七　Alexa 网站的使用

步骤一　打开 www.alexa.com 网站。

步骤二　在网站首页,单击"browse top sites"按钮。

要求:请指出全球排名前十和中国排名前十的网站名称,仔细浏览这些顶级网站,体会它们的版面风格和内容陈列,熟记它们的域名。

步骤三　在网站首页,输入你学校的官网域名。

要求:

1. 了解你所在学校的官网在全球或者中国的排名。

2. 仔细浏览你所在学校的官网在 Alexa 网站的各项指标。由于网站是英文的,所以教师要把主要专业词汇给学生讲解清楚。

步骤四　在网站首页,输入淘宝官网域名。

要求:仔细浏览淘宝官网在 Alexa 网站的各项指标。由于一些学校的官网浏览量太小,在 Alexa 几乎查不到数据,所以再以淘宝为例查询主要指标是有必要的。

【本章小结】

• 技术标准

1. 网站评估的指标主要包括有多种在线沟通方式、网站打开时间较短、网站导航性较好、有网站搜索功能、有在线支付功能、有常见问题解答、网站界面美观和网站代码正确等。

2. 网站上要有在线沟通功能,如在线聊天(即时通信工具)、表单、留言单、E-mail、网眼等功能,这样客户很方便与公司客服人员在线沟通。

- 运营标准

网站评估的指标主要有 Alexa 网站排名、Google 网站 PR 值和网页链接数。Alexa 网站排名能进入一万名以内,就是一个很好的网站。PR 值在 5 以上,也是一个很好的网站。

- 网站可信度评估

判断一个网站是否合规有效的网站,有百度查验方法、浏览器查验方法、专门网站查验方法 3 种方法。

- 网站评估工具

网站的评估工具主要有站长之家(tool.chinaz.com)和一起查网站助手(www.17cha.cn),要熟练掌握这些网站的使用方法。

【练习作业】

一、选择题

1. 对于 TQ 这个工具,下面哪个描述是最恰当的?

    A. 普通聊天工具　　　　　　　　　　B. 市场占有率最大的聊天工具

    C. 专门客服工具　　　　　　　　　　D. 与 QQ 功能相同的聊天工具

2. 下面哪个不属于即时通信工具?

    A. QQ　　　　　　　B. MSN　　　　　　C. 网眼　　　　　　D. 表单

3. 对于 Alexa 排名,下面哪个说法是正确的?

    A. 按照每天的浏览量排名　　　　　　B. 按照每周的平均浏览量排名

    C. 按照每月的平均浏览量排名　　　　D. 按照每季度的平均浏览量排名

4. 按照 Google PageRank 的排名,MSN 网站的 PR 值是多少?

    A. 7　　　　　　　　B. 10　　　　　　　C. 9　　　　　　　　D. 8

5. 对应客户黏度,下面哪个描述是最恰当的?

    A. 网站追求浏览量越大越好

    B. 网站追求 IP 数量越大越好

    C. 网站追求网民重复浏览次数越大越好

    D. 网站追求独立访问数量越大越好

二、讨论题

1. 对于个人网站来说,用 QQ 来做即时通信工具更实用还是用 TQ 更实用?

2. 请比较凡客网(www.vancl.com)和走秀网(www.xiu.com),谈谈它们的优点和缺点。

3. 本章介绍了评估网站的很多指标,请说说,你认为哪一个指标最重要?

学生笔记:

_____

_____

_____

三、操作题

请到下面网站去仔细浏览，并按要求进行操作。

1. 登录站长站（www.chinaz.com），进入站长工具栏目，对你熟悉的三个网站进行测试评估。

2. 登录友盟网站（www.umeng.com），注册一个站长统计工具，嵌入你自己的网站，每天评估你网站的流量等指标。

3. 全面评估你学校中的某个网站，写出全面的评估报告。

第6章

网络营销

【学习目标】

通过本章的学习，熟练掌握搜索引擎营销、微信营销方法，了解电子邮件营销、虚拟社区营销、网络广告、病毒营销、交换链接等其他方法。具体来说，学生应该有以下认识。

（1）网络营销是开展电子商务的重头戏，是其成功与否的关键手段。

（2）本章讲解了十余种网络营销的方法，在实际应用中，并不是要全部都用上，只要用上1~2种自己最擅长的方法即可，但要用好用透，使其将自身特点发挥得淋漓尽致。

（3）每一种方法都要花很大力气才能做好，想轻轻松松把网络营销做好，是不可能的。要么花钱，要么花力气，两者都不做就想增加网站流量，是不可能的。所谓花钱，就是做广告，在新浪、百度、微信、抖音、今日头条等平台做广告，会很快得到流量，但费用较高，想少花钱得到流量，就要花很大的工夫。这里说的要花很大的工夫，一是需要一个营销团队，光靠一个人的力量是不够的；二是指要坚持较长时间，一般一年以上才能得到明显效果。

（4）网络营销是中小微公司、草根阶层能使用的最好营销武器。

（5）学好网络营销的途径只有一个，实践，实践，再实践。

【学习要求】

1. 学本章之前就建设好一个独立网站，条件不具备者，可在淘宝开一个店铺。

2. 选择自己喜欢的网络营销方法进行尝试，并每天坚持按书中方法进行操作，至少坚持三个月，最好坚持三年，这样才会有营销效果。

【关键词】

网络营销、搜索引擎、电子邮件、虚拟社区、网络广告、病毒营销、交换链接、微信、微博。

如何让网站的流量增大，如何让产品家喻户晓？这就需要靠正确的网络营销。

网络营销主要有搜索引擎营销、微信平台营销、社区裂变营销、直播与视频营销，以及早期的电子邮件营销、网络广告等几种方法，现在分别作介绍。

6.1 搜索引擎营销

搜索引擎是早期网络营销中最有效的方法，近年来随着智能手机的普及、移动互联网应用日趋增多，搜索引擎的营销效果有所下降。尽管如此，搜索引擎仍然是网络营销手段中最主要的方法之一，其重要性不言而喻。百度等搜索引擎依然能带来较大的流量，因此广大网民不能小觑搜索引擎的营销效果，仍然需要花力气把搜索引擎原理、方法、规则好好学习一下。

截至 2020 年 12 月，我国搜索引擎用户规模达 7.70 亿，较 2020 年 3 月增长 1962 万，占网民总数的 77.8%；手机搜索引擎用户规模达 7.68 亿，较 2020 年 3 月增长 2300 万，占手机网民总数的 77.9%。

近几年来，搜索引擎行业竞争激烈，各个公司的产品和服务不断丰富，搜索服务内容生态布局加快演变，比如信息流服务已经日趋普及，它是基于兴趣的主动推送服务，能够对基于需求的主动搜索服务进行有效补充，帮助搜索引擎完善内容生态布局，缓解 App 间数据壁垒导致的流量获取难题，获得更多的用户和收益。百度公司依托搜索引擎入口，不断优化算法，提供文字、短视频等富媒体内容，持续改进信息流产品。字节跳动公司发布移动端搜索产品，涵盖旗下信息流、短视频、问答等产品的内容，同时抓取全网资源，为用户提供综合搜索服务。

6.1.1 搜索引擎分类

获得网站网页资料，能够建立数据库并提供查询的系统，都可以把它叫作搜索引擎。按照工作原理的不同，可以把它们分为两个基本类别：计算机自动搜索型和人工分类目录型。

1. 计算机自动搜索型

计算机自动搜索型的数据库是依靠一个叫作"网络机器人（spider）"或叫作"网络蜘蛛

(crawlers)"的软件,24 小时不停地通过网络上的网页链接自动获取大量网页信息内容,并按已定的规则分析整理形成的。Google、百度都是比较典型的计算机自动搜索型系统。它通常也称为全文搜索引擎。

在这类搜索引擎中,还有元搜索和垂直搜索两个概念。元搜索引擎是基于多个搜索引擎结果并对之整合处理的二次搜索方式;垂直搜索引擎是对某一特定行业内数据进行快速检索的一种专业搜索方式。

2. 人工分类目录型

人工分类目录型则是通过人工的方式收集整理网站资料形成数据库的,例如雅虎以及国内的搜狐、新浪、网易等都属于人工分类目录型。另外,在网上的一些导航站点,也可以归属为原始的人工分类目录型,例如"网址之家"(www.hao123.com)。它通常简称为目录搜索引擎。

计算机自动搜索型和人工分类目录型在使用上各有优劣。计算机自动搜索型因为依靠软件进行,所以数据库的容量非常庞大,但是,它的查询结果往往不够准确;人工分类目录型依靠人工收集和整理网站,能够提供更为准确的查询结果,但收集的内容却非常有限。为了取长补短,现在的很多搜索引擎,都同时提供这两类查询。

6.1.2　搜索引擎市场份额

1. 世界搜索引擎市场份额

全世界搜索引擎市场份额占有排名,Google 搜索无可置疑排名第一,约占世界市场份额的 90% 以上,Bing 搜索、Yahoo 搜索、百度搜索、Yandex 搜索加起来约占世界市场份额的 7%,其他小众搜索引擎的市场份额 1%～2% 。百度搜索虽然在国内知名度很高,但在其他国家使用率并不高,在全世界的市场份额占有率较低,不到 2% 。表 6-1 和图 6-1 展示了全世界的主要搜索引擎所占市场份额。

表 6-1　全世界的主要搜索引擎所占市场份额

2020年全球搜索引擎市场份额					
搜索引擎	Google	Bing	Yahoo	Baidu	YANDEX RU	Sogou
占有率	93.39%	2.47%	1.64%	1.51%	0.55%	0.44%
公布日期	2020年3月4日					
统计年度	从2019年2月至2020年2月					

2. 国内搜索引擎市场份额

国内搜索引擎市场份额占有排名,百度毋庸置疑排名第一,约占中国市场份额的 70%,

学生笔记:
_____
_____
_____

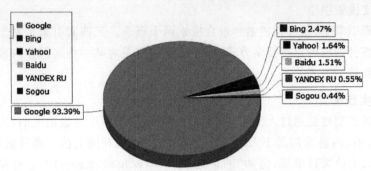

图 6-1　全世界的主要搜索引擎所占市场份额

搜狗搜索、神马搜索、360 搜索、Google 搜索、Bing 搜索加起来约占中国市场份额的 29%，其他小众搜索引擎的市场份额不到 1%。值得一提的是 Google 搜索虽然是世界排名第一，但由于在中国大陆没有服务器，所以在中国大陆使用率很低，只有 2% 左右的市场份额。表 6-2 和图 6-2 展示了国内的主要搜索引擎所占市场份额。

表 6-2　国内的主要搜索引擎所占市场份额

2020年中国搜索引擎市场份额					
搜索引擎	百度	搜狗	神马	360	谷歌	必应
占有率	72.80%	14.90%	4.45%	3.77%	2.04%	2.02%
公布日期	2020年4月2日					
统计年度	从2019年2月至2020年3月					

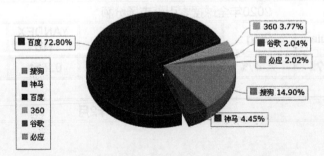

图 6-2　国内的主要搜索引擎所占市场份额

6.1.3 知名搜索引擎介绍

1. 百度搜索

网址：www.baidu.com

创办时间：2000 年

创办人：李彦宏、徐勇

百度公司（Baidu.com, Inc）于 1999 年底成立于美国硅谷。2000 年 1 月，百度公司在中国成立了它的全资子公司百度网络技术（北京）有限公司，随后于同年 10 月成立了深圳分公司。2001 年 6 月又在上海成立了上海办事处，2001 年 8 月，发布搜索引擎 beta 版，从后台服务转向独立提供搜索服务，并且在中国首创了竞价排名商业模式。2001 年 10 月 22 日正式发布 Baidu 搜索引擎。2005 年 8 月 5 日，百度公司在美国纳斯达克上市。

百度是一个互联网搜索引擎综合服务提供商，提供搜索引擎、地图、百科、贴吧、金融等服务，并且支持云计算和云存储、百度快照、百度移动、百度联盟等各类功能。最近十年来，百度在深度学习、对话式人工智能操作系统、自动驾驶、AI 芯片等前沿领域展开投资，这使得百度成为一个拥有强大互联网基础的领先 AI 公司。

目前百度是国内最大的商业化全文搜索引擎，占国内 70% 以上的市场份额。它属于计算机自动搜索型搜索引擎。图 6-3 是百度网站首页。

图 6-3 百度网站首页

2. 谷歌搜索（Google）

网址：www.google.com

创办时间：1998 年 9 月

创办人：Larry Page 和 Sergey Brin

特点：独创的 PR 值算法

搜索网页：超过 80 亿

搜索图片：超过 10 亿

Google 界面的可用语言：100 多种

Google 搜索结果采用的语言：35 种

学生笔记：

　　谷歌(Google)是全世界最大的搜索引擎,在搜索引擎领域始终保持着领先的地位。它于 1998 年 9 月 7 日创建,自创办以来,屡获殊荣,现在几乎家喻户晓,人人皆知。它具有网页搜索、图片搜索、文件搜索、新闻搜索、天气查询、手机号码查询、股票查询、英汉翻译等众多功能。它属于计算机自动搜索型搜索引擎。图 6-4 是谷歌网站首页。

图 6-4　谷歌网站首页

3. 雅虎搜索

网址:www.yahoo.com

创办时间:1994 年 4 月

创办人:David Filo 和美籍华人杨致远(Gerry Yang)

　　雅虎被人们称为搜索引擎之王,是最早的目录索引之一,也是目前很重要的搜索服务网站,它属于人工分类目录型搜索引擎。图 6-5 是雅虎网站首页。

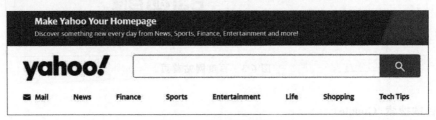

图 6-5　雅虎网站首页

4. 搜狗搜索

　　搜狗(www.sogou.com)是搜狐旗下的专业搜索引擎,而搜狐是国内最著名的门户网站之一,也是国内最早提供搜索服务的站点。图 6-6 是搜狗网站首页。

5. 有道搜索

　　有道(www.youdao.com)是网易旗下的专业搜索引擎,而网易是全球范围内最大的中文门户网站之一。图 6-7 是有道网站首页。

6.1.4　关键词策略

　　在搜索引擎竞价排名中,主要是靠关键词和出价多少来排名,例如,谷歌搜索引擎在某个时刻,对于"牛仔裤"这个关键词,张三出价 2 元一次,李四出价 3 元一次,王五出价 2.3 元

图 6-6　搜狗网站首页

图 6-7　有道网站首页

一次,那么,网民在谷歌搜索"牛仔裤"时,李四的网站则排名第一,王五的网站排名第二,张三的网站排名第三。在另一时刻,王五修改出价,改为 3.7 元一次,李四与张三不变,那么,王五的网站排名第一,李四的网站排名第二,张三的网站排名第三。

1. 关键词的匹配方式

关键词的匹配方式有下面 3 种。

1) 广泛匹配

网民在搜索引擎上用于搜索的关键词与网站站长(广告主)投放的关键词有部分匹配,就认为是关键词匹配,便启用竞价排名策略。例如,网站站长(广告主)投放的关键词为"玫瑰花",那么,网民在搜索引擎上搜索"玫瑰""红色玫瑰""红色玫瑰花"等,也认为是关键词匹配,启用竞价策略,网站在搜索引擎靠前排列,当然点击一次是要收费的。网站站长(广告主)在搜索引擎后台设置时,关键词两侧不用任何符号,就表示是广泛匹配方式,例如"玫瑰花"。

2) 完全匹配

网民在搜索引擎上用于搜索的关键词与网站站长(广告主)投放的关键词要完全匹配,一个词也不能有差别,才认为是关键词匹配,才能启用竞价排名策略。例如,网站站长(广告主)投放的关键词为"玫瑰花",那么,网民在搜索引擎上搜索"玫瑰""红色玫瑰""红色玫

学生笔记:

_____

_____

_____

瑰花"等,都不认为是关键词匹配,只有在搜索引擎上搜索"玫瑰花"才认为是关键词匹配,才能启用竞价策略。网站站长(广告主)在搜索引擎后台设置时,将关键词放于中括号中间,就表示是完全匹配方式,例如"［玫瑰花］"。

3）词组匹配

网民在搜索引擎上用于搜索的关键词要完全包含网站站长(广告主)投放的关键词,即后者是前者的子集,才认为是关键词匹配,才能启用竞价排名策略。例如,网站站长(广告主)投放的关键词为"玫瑰花",那么,网民在搜索引擎上搜索"玫瑰""红色玫瑰""红色玫瑰花""玫瑰花"时,"玫瑰"和"红色玫瑰"都不认为是关键匹配,而"红色玫瑰花"和"玫瑰花"才认为是关键词匹配,才能启用竞价策略。词组匹配要比完全匹配规则限制略微宽松一些。网站站长(广告主)在搜索引擎后台设置时,将关键词放于双引号中间,就表示是词组匹配方式,例如"玫瑰花"(玫瑰花一词两边加英文模式双引号)。

2. 关键词选择方法

关键词选择得当,是网络营销的关键。

1）通过联想给出尽量多的相关联的词

在考虑关键词时,除了找出与产品直接相关的词外,还要通过联想,找出与其相关的词。

例如,在卖鲜花的网站中,可以考虑的关键词有:鲜花、花、玫瑰花、玫瑰、塑胶花、水仙花、杜鹃花等,还应联想到使用鲜花的场合,所以还应选用生日、生日礼物、情人、情人节、情侣、清明等词汇作关键词,这样,有可能使用鲜花的客户能通过这些关键词找到网站。

例如,在卖牛仔裤的网站中,可以考虑的关键词有:牛仔裤、牛仔、牛仔衣、牛仔裙、牛仔短裤外,还应选用九分裤、七分裤、三分裤、热裤、辣裤、绣花等词汇作关键词。

例如,在提供公务员考试咨询的网站中,使用了这些关键词:公务员考试、公务员招考、考试软件、在线测试、在线练习、免费资料、招考信息、历年真题、考前复习、押题猜题、面试技巧、考试通过率高、行政职业能力、申论、招警、选调生等,其主要目的是尽量扩大覆盖面。

2）站在用户角度给出适合大众习惯称谓的词

在考虑关键词时,要多做调查研究,使关键词符合大多数人的用语习惯。例如在研究生考试咨询网站中,是用"研考"还是用"考研"更符合大众的用语习惯,就要仔细斟酌。有人认为,"中考""高考",再上去应当是"研考",所以在百度上关键词竞价时用了"研考",而结果却不理想。在遇到这种琢磨不定的情况下,可以到百度等搜索引擎上用这两个关键词检索一下,看哪个反馈的结果多,就选用哪一个。图6-8和图6-9是在百度中搜索"研考"和"考研"的结果。

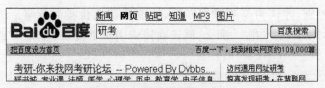

图6-8　在百度中搜索"研考"

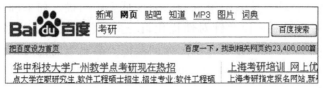

图 6-9　在百度中搜索"考研"

可以发现,用"研考"去搜索,只有 109 000 条信息,而用"考研"去搜索,就有 23 400 000 条信息,说明大众的用语习惯是"考研"而不是"考研"。

3) 要给出有一定的专业性的词

有些时候,除了给出通用性的词汇外,还要结合产品的特点,给出与产品紧密联系的专门性术语。

例如,在卖丝袜的网站中,除了使用丝袜、长筒袜、长筒袜、连裤袜、连身袜、连袜裤、大腿袜、短袜、对对袜等外,还要考虑使用天鹅绒、包芯丝、二骨袜、四骨袜等说明丝袜质量的术语,这些也是丝袜产品上经常用到的规格指标,把它们作为关键词后,有助于潜在客户找到网站。

对于电子产品等技术含量较高的产品,是采用通俗的产品名称、商标和大众称谓,还是用技术指标作关键词,这要看客户对象是谁。若是下游产品,直接面对广大消费者,应以通俗的产品名称为主、技术指标为辅来选用关键词,例如单反相机、手机、计算机等产品。若是上游产品,面对企业批发销售的半成品或原材料,则可以技术指标为主来选用关键词,例如电阻、电缆、二极管、集成电路等产品。

4) 不用意义太泛的关键词

如果是从事螺丝等机械制造,则选择"机械"作为核心关键字就无益于吸引到目标客户,而选用"螺丝"就具体多了。实际上,为了准确找到需要的信息,搜索用户倾向使用具体词汇及组合寻找信息(尤其是二词组合),而不是使用那些大而泛的概念。此外,使用意义太广的关键词,也意味着网站要与更多的网站竞争排名,难以胜出。

5) 知名企业用自己的品牌做关键词

如果是知名企业,则别忘了在关键词中使用公司名称或产品品牌名称。

6) 使用地理位置

地理位置对于服务于地方性的企业尤其重要。如果业务范围以本地为主,则在关键词组合中加上地区名称,如"镇江香醋"比"香醋"更易于定位,"义乌小商品"比"小商品"更易于定位,等等。

7) 控制关键词数量

一页中的关键词最多不要超过 5 个为佳,然后所有内容都针对这几个核心关键词展开,

学生笔记:
_____
_____
_____

才能保证关键词密度合理。搜索引擎也会认为该页主题明确。如果确实有大量关键词需要呈现，可以分散写在其他页面并针对性优化，让这些页面也具有"门页（entry）"的效果。这也是首页和内页的关键词往往要有所区分的原因。最典型的情况是拥有不同的产品和服务的情况下，对每个产品进行单网页优化，而不是罗列在一个首页上。

【关键词工具】 www.78901.net

6.1.5 百度营销

百度营销凭借其强大的用户产品优势，每天数十亿次搜索请求、超过1亿用户浏览百度信息流、800亿次定位服务请求，为客户提供全系列产品广告资源，覆盖用户生活全场景。百度大脑通过AI技术让投放更简单，为客户实时捕捉用户行为，智能推荐创意，自动根据内容追投广告，为商家节省成本。百度借助行业领先的百度搜索和资讯流推荐，根据用户的意图和行为数据、超过200万种特征的精准用户画像，识别每一位用户真实需求及兴趣爱好，把客户的广告展现给精准用户。

1. 搜索推广

搜索推广是基于百度搜索，在搜索结果显著的位置展示商家的推广信息，只有网民点击广告之后，商家才需要付费。

1）标准推广

操作简单、效果快速，支持多个显著位置展现按点击收费，展示免费，如图6-10所示。

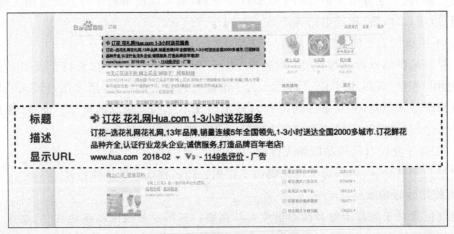

图 6-10　百度标准推广展示形式

2）图片凤巢

一图胜千言，图文更具更吸引力；图片智能匹配，推广效果更佳，如图6-11所示。

3）线索通

线索通能在搜索结果页通过电话线索、咨询线索、表单线索组件直接展现服务功能使需求明确的网民减少跳转，直接联系，留下销售线索，如图6-12～图6-14所示。

图 6-11　百度图片凤巢推广展示形式

图 6-12　百度电话线索推广展示形式

2. 品牌推广

百度品牌专区,位于百度搜索结果首位,以超大黄金首屏展示位置,以文字、图片、视频等多种广告形式全方位推广展示企业品牌信息,将最为精华和直接的品牌信息展现在网民面前。网民可以更便捷地了解品牌官网信息,更方便地获取所需的企业资讯,是提升企业品牌推广效能的创新品牌推广模式。

1)品牌专区

商家可以在用户品牌学习阶段,通过品牌词及产品词触发来展现自身的品牌形象,如图 6-15 所示。

学生笔记:

_____

_____

_____

图 6-13　百度咨询线索推广展示形式

图 6-14　百度表单线索推广展示形式

2）知识营销

商家可以在用户处于潜在需求阶段，在百度知道与商家自身业务相关的问题上植入广告。商家通过回答问题的方式生成专属的问题页面，在搜索结果页、知道详情页展现。用户在查阅答案时就不知不觉查看了广告，如图 6-16 所示。

3）品牌华表

商家可以在用户兴趣阶段，通过在搜索结果页右侧强势展现品牌广告，增加品牌露出，如图 6-17 所示。

3. 搜索动态商品广告

动态商品广告是适用于海量商品售卖的搜索投放产品，它专注于围绕"商品"来实现批量投放及动态创意生成，最终达成精准、高效的广告展现和投放管理，如图 6-18 所示。

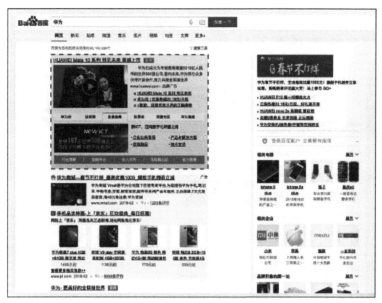

图 6-15　百度品牌专区推广展示形式

图 6-16　百度知识营销推广展示形式

学生笔记：

图 6-17　百度品牌华表推广展示形式

图 6-18　百度动态商品广告推广展示形式

6.2　微信营销

　　作为即时通信工具的微信平台，人们已经非常熟悉了。但对于大多数人来说，只熟悉微信的常用功能，而对个人微信、企业微信、公众号等众多营销功能，并不是很熟悉。对于社群电商的用户，更有必要作一个全面了解。

6.2.1　微信平台特点

1. 信息传递多样性

微信支持文字、语音、图片、视频、表情的即时传送,支持位置分享,支持发送红包。红包金额在 0.01～200 元,最多不超过 200 元。

2. 强关系链接

微信的本质是点对点的私密社交,是以手机通讯录和 QQ 好友为基础的强关系链接网络。这种基于强关系发展起来的特点,非好友无法查看他人评论等设置都保证了私密性。陌生人的言论可能不可信,但朋友之间的信任使用信息传播更加具有可信度,如果用户信任一家企业或某一产品为其在朋友圈宣传的话,效果会非常好。

3. 定位精准

微信从诞生之日起,一直在移动互联网方向做应用,现在已有 10 亿多用户都在使用微信,而且大多绑定了手机号。相比其他新媒体,微信的受众群体除了数量惊人,基于强关系的链接,粉丝质量也更高。另外,微信公众账号的关注用户本身可能对公司产品感兴趣,可以通过后台的用户分组和地域控制,实现精准的消息推送。

4. 营销成本低

传统媒体宣传成本都非常高,而微信推广的成本则非常低,尤其是在用户关注公众号之后,每次群发推送图文内容,都是通过计算机群发软件来进行的。对用户需求的把握和公众号设计,都可以根据用户反馈和后台数据及时调整,效果不好的设计和内容可以在第一时间进行修改,修改的成本几乎为零。

5. 营销到达率高

用户只要关注了某一个公众号,那么该公众号的信息,用户都会 100% 收到。用户数据统计分析非常便捷,微信的数据统计可以直观地看到用户数量的变化趋势,用户的性别、语言、地理分布及所占比例等特征。图文分析可以直观地看到用户接收、图文阅读、分享转发、原文阅读的次数等。这些数据都可以为企业制定营销计划提供比较好的参考。

6.2.2　微信营销入门

1. 准备工作

(1) 设置好昵称。昵称是建立信任的第一个关口,在互联网社交时代,微信朋友圈作为社交最大的基石,只有信任才能建立自己的圈子,通过影响他人的行为习惯来创造价值。

(2) 设置好头像。头像的设置也特别的重要,可以通过头像给人留下第一印象。

(3) 设置好签名。签名是非常重要的,它是用一句话来告诉别人账号的作用,可以设置

学生笔记:

_____

_____

_____

品牌个性签名,巧妙地利用签名给自己打广告。

(4) 设置好朋友圈封面。封面的布局和头像的布局非常类似,但是为了追求最大影响力,所以朋友圈的营销布局也需下一番功夫。

2. 利用微信自带功能进行网络营销

1) 位置签名——附近的人

借助微信 LBS 插件,可以搜索到半径 1000 米范围以内的微信用户。在促销活动地点,家电卖场,或者人流量较大的区域,搜索附近人群,打招呼,加好友,发送活动信息。同时,在顾客查看招呼或信息时,微信的个性签名就是免费的广告位。

借助微信营销软件,可实现批量搜索附件的人,批量打招呼,批量摇一摇,批量修改签名等。

2) 二维码

微信二维码,是 O2O 模式的接入点,顾客在线下终端或者网上,均可扫描二维码,获得虚拟会员卡,关注微博,进入活动页面等。二维码在线上和线下的充分利用、曝光,无论在促销端,还是在推广端,都将起到巨大的作用。

终端二维码可以在很多方面体现出便利。每一个商品的信息,和竞品的比较,均可制作一个二维码链接到专门的权威网站上,例如百度百科、百度知道等。辅助成交,甚至不用讲解就能达成交易。

3) 摇一摇

在活动现场,通过微信摇一摇功能,实现现场抽奖并添加好友的目的。借助微信营销软件,在活动现场或者人流量较大的地方,多账号同时进行,自定义每个微信账号的"摇一摇"次数,达到同一账号"摇无上限"的效果,增加品牌曝光度,创造营销机会。

4) 朋友圈

微信 4.0 版本以上具备朋友圈功能,可以把收到的信息或者自己的照片分享给所有的微信好友。

通过微信公众平台收到的信息,可以分享到朋友圈中,所有好友均会看到,感兴趣的好友会主动加入到公众平台中。

5) 群发助手

传统营销的短信信息裂变同样适合微信,甚至更加适合微信。通过二维码扫描,加入微信公众平台。公众平台群发图文信息或者文字信息给用户。用户在接收后,可以免费群发信息,且无须手动编写信息,更有助于用户进行有效信息裂变。

6) 账号推荐——公众平台的推广利器

所有用户,可在私人微信账号里面将微信公众平台群发推荐给自己的好友,推广效果非常显著。

将账号推荐、群发助手、朋友圈联合公众平台推广,病毒营销也会做到极致、产生效果。

6.2.3 商家微信营销方法

现在的实体企业,往往有公众号、小程序、网站以及 App,它们在不同的经营场景里发挥了与用户沟通的良好作用,但只有微信个人号可以把所有不同领域、不同场景、不同工具上的用户统一起来,因为微信个人号在流量世界里处在最低处,所有渠道的流量都可以流进来,它有海纳百川的能力。

商家要成功运营微信个人号,必须建立专门的微信运营部门,配备内容创作人员、活动策划人员、在线销售人员等,运营成百上千部手机,与数十万用户互动沟通。这种情况正在成为一种新趋势。

根据腾讯发布的报告,从 2019 年开始,互联网用户特点发生了一些新的变化,必须引起商家的注意。

(1)中国的移动互联网正在向新板块迁移,在一二线城市及 18～40 岁的核心用户中,互联网红利日渐稀少。

(2)老年网民增幅比想象得更快,不论是规模还是消费能力,老年网民都有可能是未来红利中最大的一个板块。

(3)县城及农村是互联网新的热土,那里的年轻人同样习惯了熬夜,有很多需要填满的时间。

(4)母亲身份的网民群体扩大,消费导向从女性向孩子转移,这给互联网母婴、教育领域带来更大的利好。

(5)移动支付的全面普及,将线下零售高效接入互联网体系,整个市场将进入线上线下一体化新阶段。

真正的 O2O 一体化新商业已经到来,微信个人号是最简单又最实用的营销工具。下面介绍一下微信个人号建立私域流量池的几个方法和注意事项。

1. 花钱圈粉

不同的行业获取用户的成本也不一样,民营医院、美容整形、出国留学、婚纱摄影等行业,获取一个进店成交用户的成本达几百元,有些甚至超过一千元。

众所周知,一个商店生意好坏与地理位置、产品性价比有关,但最直接的原因是商店的客户数量多少。一家店铺,无论快餐小店还是国际品牌加盟店,如果有 5 万用户支撑,生意一定会兴隆。所以把周边 3 公里内的用户都圈进店主的微信个人号里,花一些钱还是值得的。

目前点击一次百度竞价广告,有些行业已经高达几十元,但网民点击一次未必就能成为网站客户。微信获得好友成本目前不会超过 10 元/个,而且能长期保留强联系方式,所以微信加好友然后再进行转化,是一个获得客户的价值洼地。

现在很多企业花钱做广告去推广微信公众号,若这些企业变换思路,用做广告的钱去推广微信个人号,无论是宣传品牌还是销售产品,都会取得很好的效果。为了避开微信个人号 5000 好友的上限,可以采用多个微信号分时段分区域投放广告。

2. 主动出击加好友

所有人群聚集的场所,如公园、广场,店铺周边的街道,都可以推广微信个人号。比如,

学生笔记:
_____

_____

_____

有家卖老年保健鞋的电商,在 300 多个城市里发起针对早晨跳广场舞大爷大妈的地推活动,不到半年时间,就加满 100 多个微信个人号,积累了 50 万个微信粉丝。

开在大型商城的店铺,要想办法与购物中心的管理层取得联系,可用一年中几次大小黄金周的活动把整个商场的流量转化到自己的店铺。这些人中大多数都是有很强购买力的高净值用户。

3. 主动点赞、评论

很多做不好微信个人号运营的商家都抱怨发了朋友圈没有人看,担心自己的员工不够专业,不知道从何处入手。微信个人号私域流量池里最有效果的用户触点在哪里?是用户发的朋友圈!注意是客户的朋友圈,不是商家的朋友圈,也不是商家发起的私聊。

很多人发朋友圈都会期待有人点赞和评论,如果商家及时出现,而且经常出现,就会成为用户众多微信好友里最贴心的朋友。所以商家应该安排员工先去给用户的朋友圈多多点赞,巧妙评论。这件事最简单,人人都会,而且最有效,哪怕一条朋友圈都不发,照样能够激活很多销售机会。

经常给用户点赞、评论,走进用户心里的人,需要有非凡的耐心和毅力。真正的微信个人号私域流量运营不只是做买卖,更是要通过用户触点改善客户关系。商家和用户之间要有高频次的互动,有彼此认可的文化符号和仪式,这才是专业的互动激活。

4. 坚持每天发 10 条朋友圈

一条朋友圈的生命周期是指从发出被微信好友们看到开始,到收获点赞和评论,再到没有任何互动结束。一条朋友圈的生命周期一般是 30 分钟左右,因此,商家如果有内容生产能力,应该保证每隔 1 个小时发一条朋友圈,每天发 10 条以上朋友圈。

发朋友圈不是目的,激活用户对话才是目的。朋友圈中的文字、图片和小视频,可以针对产品提问,也可以针对热点提问,总之一定要吸引用户留下评论,这样运营人员才有机会把每一次评论变成一次销售机会。

内容的好坏也决定了互动的好坏,不同类型的内容有多少人点赞和评论,做好数量统计,对获得点赞、评论多的内容进行总结分类,受欢迎的类型留下来,不受欢迎的类型坚决淘汰,以此调整内容创作方向。

5. 做好用户裂变

根据微信官方公布的数据显示,70%的微信用户都有 200 个以上的微信好友。如果商家经营的微信账号有 2000 个微信好友,假定每个微信好友能推荐 1～2 个新用户,那么商家经营的个人账号就会很快加满 5000 个好友。

老用户推荐过来的新用户,是基于对老用户的信任,所以商家与之沟通的成本更低,成交概率更大。商家把加到的每一个好友都看作是种子用户,利用种子用户带来新用户,这是经营微信个人号必须努力实现的目标。

商家应该在朋友圈定期搞用户裂变活动,鼓励所有微信好友参加,也可以充分利用私域流量私密性的特点,与好友单独互动。用户裂变的互动活动可以长期、持续、逐个完成。

6. 做好分组标签

微信个人号本身具备功能齐全的客户管理系统,备注、分组、标签、描述、电话、照片都可以给每个好友贴上概貌标签。

标签分组是一个很重要的功能,可以对每一个微信好友加多个不同的标签,详细地为用户"画像",比如可以按性别分组、按年龄分组、按成交意向分组、按地区分组、按行业分组、按兴趣分组、按用户特点描述分组、按推荐人分组等,这种结构化的标签分组方式,可方便商家在通讯录和查询里快速查找不同用户,也可以针对不同的分组用户发送不同的朋友圈内容。

用昵称的备注功能可以详尽描述当前成交状态,方便商家在给用户朋友圈点赞和评论时第一时间分辨出重点用户。

6.2.4　微信公众号

微信公众号可以分为订阅号、服务号、企业号,在选择微信公众号的时候,要明白这几个公众号的作用和入驻条件。

1. 微信公众号类别

(1) 订阅号。为媒体和个人提供一种信息传播方式,主要偏于为用户传达资讯(类似报纸杂志),主要的定位是阅读,每天可以群发 1 条消息。

(2) 服务号。为企业、机构组织提供对用户的服务,主要偏于服务交互(类似银行提供服务查询),每个月只可群发 4 条消息。

(3) 企业号。企业号已与企业微信合并,主要用于公司内部通讯、移动办公。

2. 微信公众号选择

(1) 如果想简单地发送消息,达到宣传效果,建议选择订阅号。

(2) 如果想用公众号获得更多的功能,例如开通微信支付,建议选择服务号。

(3) 如果想用来管理企业内部员工、团队,对内使用,可申请企业号。

订阅号可通过微信认证资质审核,通过后有一个升级为服务号的入口,升级成功后类型不可再变,服务号不可变更成订阅号。

3. 微信公众号营销

微信公众号营销,是一个很专业的领域,需要高水平的运营团队来运营,这个团队包含编辑、美工、推广等岗位,并且需要良好的策划功底。下面是几点最基础的注意事项。

1) 微信公众号名称

微信公众号名称也有许多注意事项,除了精准匹配,还有关键词匹配。微信公众号的名称要包含词根,这样的公众号可以在搜索引擎中获取一定的自然排名,这种自然排名也能带来部分用户。比如做化妆品的公司,取名兰朵海藻泥,兰朵是公司名,海藻泥是化妆品的品类,准客户一看便明白是卖海藻泥的商家。

学生笔记:
_____
_____
_____

2）微信公众号介绍设置

虽然微信公众号的介绍对公众号排名没有任何影响,但功能介绍也是显示到搜索结果详细页面的,可以直接影响用户的选择。当排名靠前的时候,有一个好的功能介绍直接影响用户关注量,而经常被选择关注的公众号会被腾讯判断为精准需求,给予更好的排名。最好的写法就是适当出现关键词,但切忌堆砌关键词,语句要通顺,有吸引力,字数在 40 字左右。

3）微信公众号认证

认证的公众号排名一般都高于未认证的,这和天猫与淘宝的排名规则类似,天猫都是有营业执照的商家;而淘宝有个人的,也有商家的。对于微信公众号而言,认证过的企业,给人感觉靠谱和专业度高一些,通过认证的公众号的排名绝对排在非认证的公众号前面,占有绝对优势,这个原则是确定的。

4）微信公众号内容

微信时代,内容为王,优质的内容才能吸引人们关注,所以,公众号的内容很重要。内容要与公众号主题内容相关,内容要原创,排版要漂亮,图文并茂,文章长度适中,这是内容质量度好坏的衡量标准。要定期发布内容,比如每周五发表新内容,越有规律越好,这是提升用户体验的重要指标。

5）公众号粉丝活跃度

与粉丝在后台的互动很重要,这是用户黏度问题,属于更深层次的用户体验,如粉丝在后台的提问要及时回复。要经常有福利活动促使粉丝在后台留言或者回复。最好还要有微社区,经常在微社区里面进行调动用户活跃度的行为。

6.2.5　微信直播

互联网技术经过 30 余年的发展,开启了全新的时代——5G 时代。在 3G 时代,网民体会到了图文并茂;在 4G 时代,网民体验了娱乐视频;到了 5G 时代,人们迎来了直播为王的时代,可以轻松实现随时随地高清、无延迟、无卡顿的直播。直播本身有实时性、互动性、直接性、真实性的特点,所以说 5G 的到来将会进入全民直播的时代。

1. 微信直播概念

微信直播就是以小程序为载体,观众不用下载 App,通过微信的关联一键进入自己的直播间,实现一键下单,一键分享,一键转发,一键致富的直播平台。微信直播社交电商的出现,不仅可以赋能商家、主播,还可以让很多不会直播的普通人、创业者通过推广微信直播来享受到 5G 风口的红利。

2. 微信直播的优势

（1）微信直播更快速:店主开直播,微信好友直接看到人货场景。

（2）无限流量:享受微信庞大流量,微信好友可直接在朋友圈群发分享。

（3）实时在线互动:用户可以在直播间进行评论、问答等活动。

（4）销售更简单:通过直播销售自己的产品,也可销售直播平台的产品。

（5）粉丝黏性强:基于社群,养粉更容易。

（6）实时推送通知：每次开播都会在微信提醒，可及时观看直播，也可回看，回看同样可以留言互动，购买产品。

（7）分享裂变：设置商品佣金，分享直播间可以赚取佣金。

6.2.6　视频号

2020 年，微信增加了视频号功能。微信视频号不同于订阅号、服务号，而是一个全新的内容记录与创作平台，也是一个了解他人、了解世界的窗口。视频号的位置也不同，放在了微信的发现页内，就在朋友圈入口的下方。

视频号内容以图片和视频为主，可以发布长度不超过 1 分钟的视频，或者不超过 9 张的图片，还能带上文字和公众号文章链接，而且不需要 PC 端后台，可以直接在手机上发布。视频号支持点赞、评论互动，也可以转发到朋友圈、聊天场景，与好友分享。

6.3　直播与视频

在传统媒体平台就已经有基于电视或广播的现场直播形式，如晚会直播、访谈直播、体育比赛直播、新闻直播等。随着互联网的发展，尤其是智能手机的普及和移动互联网的速度提升，直播的概念有了新的延展，越米越多基于互联网的直播形式开始出现。

所谓"网络直播"或"互联网直播"，指的是用户在手机或计算机上安装直播软件后，利用摄像头对发布会、采访、旅行等活动进行实时呈现，其他网民在相应的直播平台可以直接观看与互动。自 2016 年起，互联网直播进入爆发期，直播平台超过 300 家，用户超 2 亿人。现阶段谈到的"直播营销""移动直播营销"等，多数情况下默认是基于互联网的直播。

互联网直播营销有以下两个显著的优势：

（1）参与门槛大大降低。网络直播不再受制于固定的电视台或广播电台，无论企业是否接受过专业的训练，都可以在网上创建账号，开始直播。

（2）直播内容多样化。除传统媒体平台的晚会、访谈等直播形式外，利用互联网可以进行户外旅行直播、网络游戏直播、发布会直播等。

6.3.1　直播发展进程

近二十年来，互联网直播大致经历了图文直播、秀场直播、游戏直播、移动直播等几个历史阶段，它们直接改变了年轻人的生活方式，也对电子商务的模式产生了重大影响。

1. 图文直播

拨号上网与宽带上网刚兴起的时候，网速普遍较慢，网民上网以聊天、看新闻、逛论坛为主。因此，这一时期的直播形式仅支持文字或图片，网民通过论坛追贴、即时聊天工具分享等形式，了解事件的最新进展。

学生笔记：

_____

_____

_____

2. 秀场直播

随着网速的提升,视频直播开始出现。但受制于计算机运行速度及内存容量限制,网民无法同时打开多款软件进行"一边玩游戏一边直播"或"一边看体育比赛一边做解说"等操作,仅支持利用网页或客户端观看秀场直播。

3. 游戏直播

随着计算机硬件的发展,网民可以打开计算机进行多线操作,"一边听语音直播一边玩游戏"的形式开始出现,游戏直播开始兴起。与此同时,国内外一系列游戏直播平台开始出现。

2008年,主打语音直播的YY语音面世,并受到游戏玩家的推崇。在早期网游领域,使用YY语音进行游戏沟通成为游戏爱好者的默认共识。随后2013年YY游戏直播上线,2014年斗鱼直播上线,国内PC端游戏直播平台初具规模。

4. 移动直播

随着智能手机硬件不断升级,互联网逐步提速降费,网民进入全民移动直播时代,与之对应的是大批移动直播网站的兴起。

2015年,国内映客、熊猫、花椒等纷纷布局移动直播市场,相关直播创业公司也顺势成立,市场上最多曾有300余个直播平台。

2016年,网络直播市场迎来了真正的爆发期,手机视频直播备受各大直播平台的青睐,直播内容覆盖生活的方方面面,包括聊天、购物、游戏、旅游等。这些直播平台利用"明星＋主播"的形式,请明星助阵、对明星专访、让明星做主播,通过一系列活动,迅速占领了移动直播的一部分市场。

6.3.2 网红介绍

直播离不开主播,主播又常常与网红联系在一起。在过去,一个人如果想从零开始成为明星,一般是参加电视选秀、尝试出版书籍、拍摄电影和电视剧等,但这些渠道需要大量的资金投入,且短期内无法制造影响力。而互联网的出现给个人带来了更多低成本的曝光机会,尤其是随着直播的发展,一部分有个性、有鲜明特点的"草根"开始利用互联网,成为"网络红人"或"网络明星"。

"网络红人"指在网络中因为某个事件或者某个行为而被网民关注从而走红的人。其"走红"通常因为自身的某种特质在网络作用下被放大,与网民的审美、娱乐、刺激、偷窥等心理契合,刻意或无意间受到网民的追捧。"网络红人"与互联网的发展密不可分,从早期的文字、图片、视频,到现在的直播与短视频等,每个阶段都有具备鲜明特征的"网络红人"活跃在互联网上。

1. 网红1.0时期

在以文字为主的互联网时代,网络文学作者成为"网络红人"。这个时期众多文学作者通过在互联网发表连载文学作品,而成为被网友追捧的"网络红人",其代表人物包括著有《第一次的亲密接触》的"痞子蔡"、著有《七月与安生》的"安妮宝贝"、著有《悟空传》的"今何在"、著有剧本《武林外传》的"宁财神",以及著有《天堂向左,深圳往右》后被改编为都市青春偶像励志片《相爱十年》的"慕容雪村"等。

2. 网红 2.0 时期

2005 年前后,互联网带宽增加,图片得以在网络上流畅传输,互联网从充满想象的文字时代进入丰富视觉的阅读时代。在这个时期,通过充满个性的图片展示自我的人,会受到网民的追捧,代表人物包括著有《男女内参》的"木子美",通过网络传播自制短片风靡一时的"叫兽易小星"、在水木清华和猫扑等论坛上传夸张照片而成为红人的"芙蓉姐姐"、因一系列夸张言论及照片而受关注的"凤姐"罗玉凤等。

3. 网红 3.0 时期

在 2010 年前后,一批"意见领袖"网红出现。"意见领袖(KOL)"是指在人际传播网络中经常为他人提供信息,同时对他人施加影响的"活跃分子"。随着微博等产品的出现,越来越多的个体能够发出自己的声音并及时传播,此时言辞犀利、见解独到的用户更容易成为"意见领袖",获得粉丝的关注,顺势成为"意见领袖"类的网络红人。比如"微博女王"姚晨、北京普思投资有限公司董事长王思聪、因上传萌宠照片而受宠物爱好者喜爱的"回忆专用小马甲"、微博知名互联网观察者"互联网的那点事"等。

4. 网红 4.0 时期

从 2015 年开始,"网络红人"进入 IP 时代,其变现能力获得显著的提升。IP(intellectual property)直译是知识产权,它可以是一个故事、一种形象、一件艺术品或一种流行文化,也指适合二次或多次改编开发的影视文学、游戏动漫等。粉丝出于对某部作品的喜爱而不断追随与此作品相关的游戏、电影、动漫甚至相关人物,且其消费能力不容小觑。

IP 时代,网民对于"网络红人"的认识也不再局限于搞怪等行为,通过互联网分享生活、传授知识、经验等的个人都有机会成为网络红人。IP"网络红人"的代表人物包括自媒体视频脱口秀《罗辑思维》主讲人罗振宇、以幽默解读 12 星座而被网友追捧的"同道大叔"、在线教育领域的"秋叶大叔"、凭借原创短视频内容而走红的 papi 酱等。

由于网络直播的参与门槛低,越来越多的网络直播主播通过幽默的语言、富有特色的才艺或独特的直播场景而逐渐被粉丝追捧,成为 IP 时代直播行业的新"网络红人"。

6.3.3　直播筹备

现在几乎人人都知道直播是一种很好的营销方式,但不少企业真正想进入直播领域时却感到束手无策,主要表现在没有思路、不会方法、不懂细节,下面就介绍一下具体操作流程。

1. 场地选择

进行场地筛选时,要优先选择消费者购买与使用产品频率较高的场所,以拉近与观众之间的距离,加深观看直播后的产品印象。与此同时,可以根据活动策划需要,根据人数、游戏内容、产品摆放等筛选场地。

当直播活动需要长时间占用场地时,场地负责人需要提前与场地管理方及相关部门进行沟通报备,确保直播时段场地的顺畅使用。场地负责人需要了解场地在安保、硬件设备、场地面积、场搭建等方面的要求,以防止直播时因以上问题造成直播活动的中断。

2. 直播道具

直播道具由展示产品、周边产品及宣传物料等组成。

(1)产品作为直播活动的主角,需要在直播的各个方面均有所展现,其中包括直播时使用的产品、产品展示架等。提前对场地进行考察和测量,有助于制作规范适用的产品物料。

(2)直播中的宣传物料范围较广,包括企业定制化的海报、台标、胸卡、贴纸、气球等一系列能够出现在直播镜头中的宣传物料。

3. 直播设备

直播设备是确保直播清晰、稳定进行的前提,在直播筹备阶段,需要对手机、电源、摄像头等设备进行反复调试,以达到最优状态。目前直播的主流设备是手机,直播方在手机端安装直播软件,通过手机摄像头即可进行直播。当使用手机进行直播时,需准备至少两台手机,并且在两台手机上同时登录直播账号,以备急用。由于手机受到电池电量、网络信号等因素制约,由此还需要借助直播辅助设备进行优化。

1)电源

方便携带的移动充电宝是移动直播的必备电源,经实测,直播手机电量剩余 50% 左右时就必须开始对手机进行充电,以剩余电量的续航时间换取充电时间,满足后续直播用电需求,保证直播不因电量原因而中断。

2)无线网络

无线网络的网络速度直接影响直播画面质量及观看体验。在户外进行直播时,无线网络往往无法满足直播需求。此时需要购买"流量卡"支持网络需求,"流量卡"与手机卡相似,可以直接插入手机使用,或购买移动 WiFi,把"流量卡"放入"移动 WiFi"设备中,发射无线网络热点,直播所用手机连接无线网络热点进行直播。

3)支架

直播支架包含固定机位直播支架和移动机位防抖直播支架两种。固定机位直播支架又包含单台手机及多台手机固定机位支架。单台手机直播时,可以使用如三脚架、懒人手机支架;多台手机直播时,可以使用多平台直播支架,可支持 5 台以上手机同时直播。对于主播而言,长时间手持手机进行直播并不实际,手机直播时的抖动会对观看效果造成影响。关于移动机位防抖,可以使用手持手机稳定器,或手机防抖云台进行防抖处理,三轴防抖效果最好。

4)补光灯

直播时多使用前置摄像头进行直播,在暗光环境下进行直播并不能取得较好的观看效果。因此需要对主播进行补光。补光灯建议使用支持冷光和暖光两用类型的灯,同时打开冷光和暖光,避免因冷光造成的皮肤过白或因暖光造成的皮肤过黄的现象。在进行大型活动直播补光时,还需使用专业补光灯。

5）收音

在安静的环境下,直播手机距离主播越远,手机的收音效果就会越差;如果是在嘈杂的环境下,距离一米以上就需要外接收音设备来辅助收音。收音的方式分为两种,第一种是蓝牙耳机无线收音,随着越来越多的直播应用支持蓝牙耳机功能,可以使用蓝牙耳机进行辅助收音;第二种是外接线缆收音,适合对多人进行采访时使用。

6）提词

直播活动的及时性要求在直播中不能出现任何差错及穿帮行为,在直播过程中,想要向主播提示某些关键词时,就需要提词器来配合提词。

提词内容包括产品关键信息、抽奖信息、后续活动信息和向其他平台导流的台词等。一场直播内容较多,主播要讲的内容也非常多,不做提词难免会在直播中遗漏关键信息。

提词器包括主播手卡和白板。手卡中需提前填写直播中需要主播讲出的信息,其中有产品名字、构成成分、使用人群、优惠活动、抽奖规则等。白板为手写板,尺寸不宜过大,白板不会出现在直播中,其用途为在直播过程中,当需要对主播进行场外沟通而又不方便出现在直播镜头中时,可以将沟通内容通过手写板向主播传达。

7）相机

相机并不出现在直播中,但是直播活动的宣传需要高清大图,因此需要使用专业相机来拍照,同时专业相机可以对现场进行视频录制,以便后期剪辑视频进行宣传。

相机方面推荐使用单反相机,若需要录制视频并后期剪辑,至少需要两台单反相机,方便固定机位全程录制、移动机位随机录制以及拍照。

6.3.4　直播执行

直播营销包括直播前的策划与筹备、直播中的执行与把控、直播后的传播与发酵三大模块,在细节层面每个模块又可以继续拆分与细化。

1. 直播活动的开场

开场是直播带给观众的第一印象,观众进入直播间后会在1分钟之内决定是否要离开。

1）直播活动的开场涉及的5个层面

（1）引发观众兴趣。

直播开场时的观众来源分为两部分:第一是前期宣传,通过直播开始前微博、微信等自媒体平台宣传,有观看目的的粉丝;第二是平台流量,在该直播平台随意浏览的网友,有一定概率会点击进入直播间。

主播需要利用语言、道具等,充分调动观众的积极性。

（2）促进观众推荐。

前期宣传及平台流量带来的观众是有限的,甚至一部分观众会因为临时有事、网络故障等情况而退出,因此在开场时,主播需要主动引导观众邀请自己的朋友加入直播间,促进直播间持续火爆的氛围。

(3) 带入直播场景。

观看一场直播,观众所处环境各不相同,有的可能正在办公室加班,有的可能在宿舍上网,也有的可能在赶往飞机场的路上。主播需要利用开场,第一时间将不同环境下的观众带入直播所需的场景中。

(4) 渗透营销目的。

直播营销属于营销活动的一种形式,但本质上都需要达成相应的营销目的。在开场时,主播可以在 3 方面进行渗透。

第一,将企业广告语、产品名称、销售口号等穿插植入台词中。

第二,充分利用现场的道具(产品、旗帜、玩具、吉祥物等)对企业品牌进行展示。

第三,提前声明利他的营销信息(特价产品、独家链接等),促成销售。

(5) 平台资源支持。

资源位置包括首页轮转图、看点推荐、新人主播等,除事先购买的广告占用资源位置外,一部分资源位置会安排给当日直播表现好、口碑佳的直播间。因此利用开场迅速积累人气并引导互动,会带来可能的资源位置,从而更快聚集直播间粉丝。

2) 常见的直播活动开场形式

(1) 直白介绍。

在直播开场时,直接告诉观众直播相关信息,包括主持人自我介绍、主办公司简介、直播话题介绍、直播大约时长、直播流程等。一些吸引人的环节(如抽奖、彩蛋、发红包等)也可以在开场中提前介绍,促进观众留存。

(2) 提出问题。

开场提问是在一开始就制造参与感的好方法。一方面,开场提问可以引导观众思考与直播相关的问题;另一方面,开场提问也可以让主播更快地了解本次观众的基本情况,如观众所处地区、爱好、对于本次直播的期待等。

(3) 抛出数据。

数据是最有说服力的。直播主持人可以将本次直播要素中的关键数据提前提炼出来,在开场时直接展示给观众,用数据说话。特别是专业性较强的直播活动,可以充分利用数据开场,第一时间令观众信服。

(4) 故事开场。

通过一个开场故事,带着观众进入直播所需场景,能更好地开展接下来的环节。

(5) 道具开场。

主持人可以借助道具来辅助开场。开场道具可以包括企业产品、团队吉祥物、热门卡通人物、旗帜与标语、场景工具等。

场景工具根据直播内容而定,比如:趣味拍卖直播可用拍卖槌作为场景工具;知识分享直播可以借助书籍作为场景工具;户外运动直播可以加入足球、篮球等作为道具。

(6) 借助热点。

网民,尤其是参与直播的观众,普遍对于互联网上的热门事件和热门词汇有所了解。

直播开场时,主持人可以借助热点,拉近与观众之间的心理距离。

2. 直播互动

常见的直播互动包括弹幕互动、剧情参与、直播红包、发起任务、礼物赠送。

1）弹幕互动

弹幕,即大量以字幕弹出形式显示的评论,这些评论在屏幕上飘过,所有参与直播的观众都可以看到。

传统的弹幕主要出现在游戏直播、户外直播等纯互联网直播中,目前已经有直播平台尝试参与电视直播,与体育比赛、文艺演出等合作,进行互联网直播及弹幕互动。

2）参与剧情

参与剧情多见于户外直播。主播可以邀请网友一起参与策划直播下一步的进展方式,增强观众的参与感。

3）直播红包

直播间观众可以为主播或主办方赠送虚拟礼物,表示对其的认可与喜爱。但此类赠送只是单向互动,其余观众无法参与。为了聚集人气,主播可以利用第三方平台进行红包发放或等价礼品发放,与更多的观众进行互动。

直播红包的发放步骤分为以下几步。

第一步,约定时间。主播可以告诉观众"5 分钟后我们会发红包""20：00 准时发出红包",一方面通知在场观众抢红包时间,另一方面暗示观众邀请朋友加入直播等待红包,促进直播人气。

第二步,平台说明。除在直播平台发红包外,主播可以选择支付宝、微信、微博等作为抢红包平台,提前告知观众。这一步的目的是为站外平台引流,便于直播结束后的效果发酵。

第三步,红包发放。到约定的时间后,主播或其他工作人员在相应平台发红包。在红包发放前,主播可以进行倒计时,让"抢"红包更有氛围。

4）发起任务

直播中发起任务,类似"快闪"活动,即在一个指定的版块,在相同的时间,同时做一系列指定的行为,一群人一起做一件事,可以同时满足很多人的自我成就感,活动可以参考以下几个例子。

（1）建群快闪,邀请观众共同进入一个微信群,在群内喊出自己不敢说的话,直播结束后此群解散。

（2）占领留言区,邀请观众共同在某论坛的帖子下方或微信公众号评论区留言。

（3）晒出同步动作,号召观众一起做出相同的动作,随后大家分别晒在社交网站。

5）礼物打赏

在直播过程中,出于对主播的喜爱,观众会进行礼物赠送或打赏。无论在哪个直播平台,"感谢打赏"已经成为默认的礼仪。只顾着自己说话或与观众聊天,对打赏无动于衷的主播,会被观众打上"没礼貌""不懂规矩"的标签。

3. 直播收尾

企业直播需要以结果为导向,通过直播达成营销目的,实现品牌宣传或销售转化。

直播现场的营销效果取决于开场的吸引程度及进行中的互动程度;直播结束后的营销效果则取决于收尾的引导程度。

直播结束后,需要解决的最核心问题即流量问题。无论现场观众是十万人还是百万人,一旦直播结束,观众马上散去,流量便随之清空。为了利用直播现场的流量,在直播结束时的核心思路就是将直播间的流量引向销售平台或公共账号。

1) 销售转化

流量引导至销售平台,从收尾表现上看即引导进入官方网址或网店,促进购买与转化。

通常留在直播间直到结束的观众,对直播都比较感兴趣。对于这部分网民,主播可以充当售前顾问的角色,在结尾时引导观众购买产品。销售转化要有利他性,能够帮观众省钱或帮观众抢到供不应求的产品,否则在直播结尾植入太过生硬的广告,只会引来观众的指责弹幕。

2016 年 5 月 15 日,巴黎欧莱雅进行了李宇春专访直播。直播过程中,主持人读出粉丝弹幕,与李宇春互动问答,并邀请李宇春介绍走红毯经验、分享自用唇膏。直播结束时,主持人再次强调购买平台(天猫旗舰店)及购买方式,直接导致直播后 4 小时内欧莱雅天猫旗舰店该色系唇膏脱销。

2) 引导关注

在直播结束时,主播可将企业的自媒体账号及二维码告诉观众,以便直播后继续向本次观众传达企业信息。

3) 邀请报名

流量引导至粉丝平台,从收尾表现上看即告知粉丝平台加入方式,邀请报名。在同一场直播中积极互动的网友,通常比其他网友更同频,更容易与主播或主办单位"玩"起来,也更容易参加后续的直播。这类观众,可以在直播收尾时邀请入群,结束后通过运营该群,逐渐将直播观众转化成忠实粉丝。

6.4 社群裂变

裂变营销可以说是伴随互联网行业快速发展应运而生的产物,因为在这个快节奏的时代,大部分企业已经没有条件再花数年的时间打造一个口碑老店,在各项成本都逐年增加的情况下,做生意如果不能迅速地获客,往往就会死亡。只有借助互联网工具和营销手段,产品和服务才能通过用户的分享、通过互联网的关系链传遍全国,这是一种成本相对较低的获客方式,比较适合营销费用并不充裕的中小企业。

6.4.1　社群裂变的概念

1. 裂变的追溯

早期接触互联网行业的网民,大多是做 PC 端电子商务的。他们开发 PC 端购物网站,并做好百度网站的 SEO 优化工作,保证用户在搜索产品关键词的时候能轻松地找到网站。考虑到有很多用户会直接上淘宝网搜索产品,商家也会同时把产品信息上传到淘宝网,并在站内设置好产品关键词,保证用户在搜索产品关键词的时候,很容易就能找到相关产品。在做好产品信息上传和关键词优化后,接下来就是引流的问题。商家一般采用的主要方式是在论坛里发布各种推广产品的软文,通过宣传产品的卖点来吸引用户,感兴趣的用户就会在百度或淘宝网搜索产品的关键词,从而找到商家的产品或店铺,进而产生购买行为。

这就是互联网行业最常见、最传统的产品销售流程,通过投放广告招揽用户,用户点击广告后跳转到产品页面了解相关信息,最终产生购买行为或者关掉页面。商家从广告投放到最终用户形成购买的过程中,大量的用户流失了。因为很多用户关掉购买页面后,商家就再也找不到这个用户了。而事实上,每个点击广告的用户都是潜在目标用户,都有购买产品的可能,只是他们现在暂时没有产生购买需求,但这并不代表这些用户在未来的某个时间点不会购买产品,可最终的结果却是可能会购买产品的用户流失了,而流失则意味着商家再也没有转化成交的机会。

对此,解决的方法是,将所有点击的用户沉淀下来,再对用户进行不断的培养和宣传,最终促成交易。只有这样,商家为促使用户点击所付出的广告成本才是有价值的,短时间内的得失就变得没那么重要了。只要用户有需求,即使今天没有购买,通过不断地培养和宣传,未来购买的可能性也是非常大的,只要保证用户需要购买产品的时候能找到商家就行了。

在移动互联网时期,最大的改变就是将之前点击的方式变成了关注微信公众号。用户关注之后,微信公众号自动向用户推送商品的链接介绍和购买地址,这样用户既关注了微信公众号,又可以购买产品。通过微信公众号,还能对用户进行跟踪,比如用户点击了哪些商品,查看了哪些信息,关注了哪些内容,参加了商家组织的哪些活动。针对不同的用户,可以制定不同的营销策略,从而实现转化的最大化,只要这个用户没有取消关注,就有转化的可能。

2. 裂变的定义

在互联网普及以前,每个人能影响的人群只有身边的亲朋好友,每个人的影响力都非常有限。而在移动互联网时代,人们能很容易地与和自己拥有共同爱好或利益相关的人进行连接,形成一个虚拟的社交圈。每个人都是一个传播的媒介,也连接着各种形形色色的人和圈子,而人与人之间的口碑传播,总是要比某些组织或平台推送的信息更令人信服。

在社交媒体时代,大部分成功的营销活动都是依靠消费者之间的互相推荐完成的,而

学生笔记:

企业要做的仅仅是充分利用个体的力量,激发每个消费者进行自主传播,最终实现产品的全面传播。

互联网行业中的裂变,是基于用户社交圈的裂变,通过社交工具在用户自有的圈子里进行一次或多次的传播,在很短时间内达成用户介绍用户的目的,从而在短时间内实现大量的用户及销售额的增长。社交裂变营销得以实现的基础是社交媒体的出现,人与人之间不再是简单的单向或双向沟通,而是形成了一张巨大的关系网,有了关系网后,裂变就随之产生。

3. 裂变传播原理

裂变传播通常有 3 个要素:传播源、激发层、裂变层。传播源通常是发出活动信息的渠道,比如该企业的公众号、微博、微信群、朋友圈等,称为 A;激发层主要是所谓的种子用户,包括 A 的员工、忠实粉丝、朋友、KOL(意见领袖),称为 B;裂变层则是 B 的亲朋好友、忠实粉丝等能和 B 产生关系的人,称为 C。

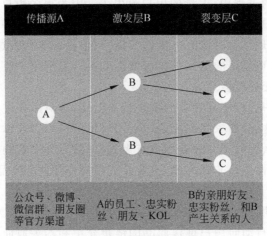

图 6-19　裂变三要素

裂变传播路径如图 6-19 所示,从 A 到 B,再从 B 到 C……如果一个裂变活动是成功的,那么裂变的层级可能会有无数层,它能激发用户一直传播下去。而且,越往下传播,因为基数的增大,增长会越来越快,也就是指数级增长。但是绝大部分的裂变活动,可能在第 4 层就结束了,当 C 转发后没有在各自的朋友圈形成再次分享,传播就会中断,裂变就此结束,也就形成不了规模性的影响。

在裂变营销中,最关键的一环是用户的自主传播,那么怎样才能引发传播?用户转发信息的动机是什么?为什么用户会自愿为商家传播呢?最主要的因素是利益诱导。利益诱导是人们最常用的方式,如转发领红包、领电子书、领礼品,朋友购买有提成等,这是利用了用户"占便宜"的心理。但是,利益诱导的缺点是其带来的用户忠诚度很低,这些用户极有可能领完奖品就消失了,用户的留存率低。所以,要想提高留存,还需要在利益诱导的基础上,尽量让活动有趣,并且和品牌高度契合,不然一场活动做完,人们可能根本记不住这个品牌。

以拼多多为例来详细说明。拼多多的主要用户群体是低消费人群,他们通常喜欢低价购买商品,所以无论是拼多多的微信公众号推文还是各种活动形式,内容都非常的简单直接。当用户看到"砍价可以免费拿"的链接之后,会带着好奇心,抱着"占便宜"的心理点开。无论出于什么目的,用户愿意点开就代表活动有吸引力。点开之后用户发现真的可以砍价,于是便有较大概率分享出去。为了将商品的价格砍到 0 元,会不停地邀请好友帮忙。这期间的每一次分享都是一次传播,这就是活动的传播力。最后,如果用户成功将商品的价格砍到了 0 元,那么之后大概率还会继续参与此类活动,就算没砍价成功,商品价格在很低的情况下,用户还是有下单购买的可能性。在整个传播过程中,平台也会推荐很多其他便宜的商品,也发放一些优惠券,吸引用户进行购买,促成了更多的交易,这是最高效的转化能力。至此,整个活动流程就实现了很好的用户转化。

4. 裂变的推动机制

裂变的推动机制一般设计为两层。常见的裂变活动一般如下,商家发起一个活动,然后由企业内部人员在朋友圈进行分享,有人看到这个活动海报便报名参加了活动(即为第一批用户),在朋友圈进行分享并且引来了第二批用户,这时就形成了第一层裂变(公司内部人员分享裂变不算在内)。也就是说,截至目前,裂变活动已经达到了传播的目的。但第二批用户是否会进行下一步裂变是不受控制的,大部分的裂变活动没有考虑到第二批用户的传播动力。

这时候,就需要设置一个两层推动的机制,让第一批用户来影响第二批用户的裂变,将双方的利益在一定程度上进行捆绑,进而让第一批用户去推动第二层用户进行裂变。

比如可以组建一个团长团。参与活动的用户需要招 10 个团长,如果招够数量的话,用户可以得到一定的奖励。但是如果用户想得到更大的奖励,除了要招够 10 个团长外,还需要这 10 个团长中起码有 3 个人也招够了 10 个团长。双重的奖励机制,让参与的用户有充足的动力引导下一层的用户进行裂变,就这样一层一层地推动。只要奖励设置得足够有吸引力,裂变活动就能保持较高的概率持续进行下去。

5. 适合裂变的高频低价产品

大家去逛实体商场的时候,应该不难发现,所有商场里的超市,都不是一进门就能看见的,通常要在商场里走好久才能找到超市入口。这就是一个很典型的以高频带动低频的例子。逛超市的行为属于经常性的活动,如果在人们去超市的路上开设一些低频消费的门店,比如服装店、美甲店、珠宝店等,人们经过的时候,或许就会产生消费行为。

在线上,商家裂变活动的最终实现都需要让用户去分享,然后再带动这个用户圈子里的其他用户进一步分享。但是,分享只解决了传播的问题,并没有解决用户到店的问题。无论是线上还是线下,都要让用户先去"店里"才能进一步去转化,促成购买。如果有两个裂变活动,一个达成了一万次传播,最终成交了 10 单,另一个达成了一千次传播,最终成交了 100 单,那商家肯定会毫不犹豫地选择第二个活动。所以,筛选出高质量用户显得尤为重要。不需要过多的低质量用户来消耗为数不多的资源,要的是实打实的成交量。要想实现

学生笔记:
_____

_____

较好的传播效果,则投入的产品必须是高频次、低客单价的产品,比如花低价买张游乐场的20次使用卡。高频次意味着用户要经常消费,决策时不会过多犹豫是否用得上;低客单价意味着决策门槛低,不用担心质量、能否退货等一系列问题。

如果在高频次、低客单价的基础上再加一个"刚需"的条件,对于传播就会更加有利。无论是线上还是线下,商家通常都会拿高频、低价产品去做流量池来带动低频产品的消费。

6.4.2 裂变方式

裂变活动经常使用的操作方法有很多,在具体的实践过程中,由于行业不同、产品不同,需要采用的裂变方式也是不同的。因此,应该根据产品的属性、优势及自身拥有的资源,来选择合适的裂变方式。

1. "老带新"裂变

"老带新"即老用户邀请新用户,平台会给一方或者双方奖励。目前,大部分平台都是同时给予邀请方和被邀请方奖励,在邀请方发送邀请链接时,相当于分享了一件互惠互利的事,而不是纯粹请求帮忙,双方也就更容易接受。

比如最典型的案例是某品牌咖啡,老用户邀请新用户,双方可以各得一杯咖啡;还有滴滴出行的老用户邀请新用户,也是双方同时获得打车优惠券,让推荐者与被推荐者都能获利,才能让裂变持续进行下去。

2. 分享领红包裂变

分享领红包裂变这种形式是从外卖行业兴起的,即如果用户使用过美团外卖或是饿了么,会发现在完成一笔订单后,平台会给用户发一个红包,但是这个红包必须分享出去才能领取,红包金额可用于下次消费抵扣现金。

对于经常点外卖的城市白领人群来说,一顿饭需要花费几十元,每次分享有机会得到大额红包还是挺有吸引力的。活动设计的巧妙之处就在于,用户如果想领到金额最大的红包,就必须分享给朋友帮忙把前面的名额都领完,自己来领最后一个大红包,这样一来,拉新的目的就达成了。

3. 砍价裂变

砍价是很常见的裂变方法,用户为了能以极低的价格购买到商品,可以邀请好友帮忙砍价,一个人能砍掉多少金额是随机的,所以用户需要分享给很多人,直至砍到最低价格。不过,这种裂变方式有一个明显的缺点,即大家都只是砍价,能被转化的用户寥寥无几。于是后来的砍价活动在此基础上对玩法进行了升级,比如,在进行第二次砍价时需要关注公众号,而且系统会设置如果每人都是只砍一次价格,就无法砍到最低价,这样就会驱动用户引导他的朋友关注公众号再砍进行一次砍价。

砍价活动一般在电商平台应用比较多,当然,砍价也有另外一种形式——助力,助力与砍价的原理一样,只是呈现形式略有不同。助力通常出现在想要得到某种权益或礼物的时候,邀请朋友助力,因为这些东西往往不是用价格衡量的,所以不能称为砍价,而叫作助力。

4. 拼团裂变

拼团的典型代表是拼多多,也正是拼团的裂变模式让拼多多迅速获取了大量用户。具体形式是,用户发起拼团活动并邀请好友一起参团,组团成功后即可以低价购买商品,个人单独购买的话就需要花更多的钱。一方面,拼团满足了用户低价购买商品的心理;另一方面,平台用很低的成本收获了大量的下沉用户,达成了双赢。因此,拼团裂变成为最有效的裂变方式之一,不仅能促成高分享率,还能达到高转化率。

目前,拼团裂变应用比较广泛,很多电商平台都在使用。拼团也衍生出了很多新形式,比如抽奖团、分销团等。

5. 线上赠送裂变

线上赠送裂变的概念可能比较抽象,通俗点来讲,就是用户在线上购买了一款礼品或礼券,通过线上分享图片或链接等方式赠送给朋友,朋友可以凭礼券去线下领取实物。这是一种比较新的裂变方式,也比较有创意,典型的例子就是星巴克小程序里的"星巴克用星说"版块。

这种裂变具备很强的社交属性,因为赠送礼物一定是好朋友或者比较熟悉的人之间的行为。用户打开"星巴克用星说"即可购买咖啡饮品或者电子星礼卡,并通过微信赠送给朋友,赠送的时候还可以写几句留言,或是附上一张图片、一段视频。朋友收到礼品后,点击即可保存到微信卡包,去门店的时候展示二维码给收银员便可使用。

对于实体店来说,有到店就有概率成交,那些收到星礼卡的朋友,想要花完里面的储值额度,一定会进行二次消费。因为星礼卡的额度设计得非常巧妙,以最小额度 50 元来说,可能购买一杯咖啡有余,购买两杯咖啡又不够,为了不浪费储值卡里的钱,用户有很大概率会再次充值消费。

6. 拆红包裂变

拆红包和上文所说的分享裂变有点相似,但内容又不太一样。拆红包是用户在某次消费之后可以获得一个红包,但是需要把这个红包分享出去,有其他用户点击拆红包,他才能得到相应红包,同时对方也能得到。跟分享领红包唯一的不同是,这个红包没有最大金额,每个人拆到的都是随机金额,拆多少双方就获得多少。

以贝店为例,每个用户在贝店下单成功后,都会收到一个红包提示,只要把这个链接分享给别人,对方点了之后该用户就能获得随机金额的贝币,而贝币可做等额人民币使用,在下次下单时直接抵扣。因为使用贝币的用户多是在家带孩子的妈妈,属于一群比较热衷于参与活动的群体,所以这种拆红包的形式裂变效果还比较明显。

7. 分销裂变

分销裂变是目前很火爆的裂变方式。用户通过海报或推文的形式将活动分享到社交网站,若有人成功注册或购买,则分享者会赚取随机或一定金额的赏金,比如某些平台的推广员模式,还有大家比较熟悉的支付宝赚钱红包和新世相、网易等刷屏的知识付费课程都是利用了这种方式。

学生笔记:
_____
_____
_____

新世相的课程一度在朋友圈刷屏,因为其争议性还出了很多新闻,但不可否认的是,它采用的分销裂变的方式是成功的。它的活动之所以火爆,首先是因为新世相本身的影响力巨大;其次,它的分销模式驱动了人们主动分享,只要有人通过裂变海报购买了课程,那么分享者就可以获得一定数额的佣金。

8. 情绪裂变

这里说的情绪泛指感动的情绪、被触动心弦的情绪,还有炫耀的情绪、获得成就感的情绪,以及渴望被关注、被了解的情绪。总之,是不带有任何物质利益驱动,但是用户愿意主动去分享的情绪。比如,网易新闻的"我的新年Flag"案例满足的是人们想被关注的情绪;支付宝年账单满足的是人们炫耀的情绪;网易云音乐"性格、星座分析"满足的是人们渴望被了解的情绪;而游戏"里程碑或成就"的分享满足的是人们渴望被夸赞的情绪。

通过分析以上8种裂变方式,能够看出,每一种活动都精准地把控着用户的心理。总的来说,一个活动想要吸引用户参与或者分享,活动的设计必须符合用户想要获得成就感、满足攀比心理、获得利益等多种动机中的任意一种或多种。

6.4.3 诱饵设计

裂变活动能够有效传播,其中诱饵的设置起着非常关键的作用,具备吸引力的诱饵,才能驱动用户主动分享或付费。诱饵分为实物诱饵和虚拟诱饵。虚拟诱饵边际成本为零,是非常好的裂变诱饵,但同时又有很大的局限性,因为虚拟诱饵种类有限,适用的行业也非常有限:比如母婴行业,可以用儿童绘本电子书作为诱饵;知识付费课程,可以用免费课程引流。但在很多其他的行业中,用虚拟产品就不合适了,只能选择实物诱饵。因此,实物诱饵更具普适性,以下主要讲述在选择实物诱饵时,需要遵循的原则。

1. 设计诱饵的原则

1)与自身品牌相关

最好选择和自身产品有一定相关性的商品,比如做母婴的电商,可以送和孕妇、宝宝、宝妈相关的产品,如婴儿推车、宝宝理发器等。如果奖品和行业不相关,一是会显得不专业,二是无法获得精准目标用户。

2)实用性较强

产品的实用价值主要表现在生活中是否经常用到,用户是否要经常为此付费,只有具备实用价值的产品,才会吸引更多的人参与。以母婴行业为例,纸尿裤比宝宝定制相册更具实用性,也许有时候宝宝定制相册对某些用户来说更吸引人,但它一定不如纸尿裤吸引用户的范围广。

3)普遍适宜

普遍适宜其实和实用性有点类似,但大众通用主要针对目标人群覆盖范围,比如纸尿裤是实用的,但未必是通用的。选择通用的产品就需要分析目标用户,看他们都需要哪些东西,你在用我也在用,这就是通用。如果产品的目标用户不是小众群体,那就尽量选择通用性的产品。

4)生活必需用品

可以选择目标用户一定要用到的商品。对宝妈来说,宝宝推车和宝宝防晒霜相比,更需要推车,防晒霜则是可有可无。

总的来说,吸引人的诱饵,对用户来说必须具有高价值,但对企业来说,必须是低成本,两方面要综合考量。

2. 设计二级诱饵

要不断提高诱饵的吸引力,那就必须有高价值的诱饵,这也提高了商家的成本,但如果进行二级诱饵的设置,就能在降低成本的同时有效地提高诱饵吸引力。

所谓二级诱饵,就是设置两层奖品,用户完成设定的第一个任务,就能得到第一层奖品,完成第二个任务,就能得到第二层的奖品。当然,这两个任务不是彼此分裂的,是同一件事情,只是要求不同。打个比方,邀请 10 个人关注公众号可以获得一个故事机,但如果再努力一下,再邀请 30 个人,一共完成 40 个人的邀请任务,就可以得到第二层的奖品,一个理发器。这就是"两层任务设定＋两层奖励机制"。

当然,这个任务的设定和奖励的发放都是有其内在逻辑,不是随便设定的。比如,邀请 10 个人得到一个故事机,这个故事机的成本可能只有 10 元,设置邀请 10 个人,也就代表着商家获得一个用户最多花费 1 元。1 元获取 1 个关注,对于企业来说其实成本已经不算低了,毕竟后期还会面临流失。对于用户来说,活动的吸引力其实不是很大,但故事机市场售价在 20 元左右,所以还是有一部分用户愿意参加,毕竟邀请 10 个人不是什么难事。

如果想让更多的人参与进来,商家就必须再抛出一个更有吸引力的奖品,比如理发器,理发器的市场价在 120 元左右,对于企业来说产品的成本可能只有 80 元,设置邀请 40 个人为门槛,成本就是 2 元 1 个关注。这是否提高了企业成本呢? 答案是没有。

原因是这样的,邀请 10 个人可能很容易,于是大部分人都完成了任务,当然也有小部分用户完成不了,这些人邀请的新用户就相当于商家没有花费成本。完成任务后获得故事机的用户会有以下两种心理:第一种是认为这个活动是真实的(可能之前有所怀疑);第二种是既然已经拿到一个奖品了,不妨再往上冲刺试试,说不定能得到理发器。所以,这些得到故事机的用户会有一部分人选择继续冲刺。但是,并不是每一个冲刺的人最后都能完成任务,拿到理发器。

所以,最终的结果是小部分人最后拿到了理发器,对于这批用户企业付出了每人 2 元的成本。但是,大部分的用户并没有完成 40 个人的邀请任务,他们可能邀请了 20～30 个人,但只要没完成,商家付出的就还是之前的 1 元钱成本,却获得了大量成本之外的用户。通过两层奖品的设置,商家把成本降低到了原来的 1/3,同时,活动的吸引力却大大提高了。

6.5　传统网络营销

自从 1994 年我国加入国际互联网组织以来,互联网的应用得到了日新月异的发展,网络营销手段也发生了天翻地覆的变化,代际更替越来越频繁。在智能手机普及以前,电子

学生笔记:

_____

_____

_____

邮件营销、虚拟社区营销、网络广告、病毒营销、交换链接等是网络营销普遍使用的方法。时至今日,虽然它们已经退出主流营销市场,但在某些领域仍然是有效手段。网络营销方法层出不穷,没有必要去追时髦方法,当把某个网络营销方法用得娴熟时,就没有必要把它更替掉,而是应该继续用好用透,使其将自身特点发挥得淋漓尽致,就一定会起到营销效果。下面将早期行之有效的网络营销方法作一个介绍。

6.5.1 电子邮件营销

电子邮件已经与人们的工作和生活密不可分,我国网民中用得最早的互联网应用就是电子邮件。目前电子邮件的使用越来越方便,以至于对于毫无计算机专业知识的人来说,也是一学就会。时至今日,大量的外企仍然将电子邮件作为工作交流的标配来执行。但是,电子邮件营销这个概念就显得陌生多了,能正确在实际中操作的人更是寥寥无几。因此有必要对电子邮件营销的基本概念作一个阐述。

1. 邮件营销方法

1) 技术条件

在开始电子邮件营销之前,必须具备一些技术条件,主要如下。

(1) 至少一台性能良好的计算机。

(2) 以宽带方式接入互联网。目前常用的方式:一是到电信、移动、联通公司办理光纤接入上网;二是到有线电视台办理宽带上网;三是到所在小区办理局域网接入上网。

(3) 购买一套正版的群发软件。

2) 人员配备

在开始电子邮件营销之前,还必须配备相应的人力资源,主要有以下几类人才。

(1) 计算机专业人才,主要负责群发软件的操作、邮件列表的管理等。

(2) 内容编辑人才,主要负责邮件内容的撰写。

(3) 美工人才,主要负责邮件内容里的图片制作。

3) 列表选用

列表管理是包括电子邮件营销在内的所有的直复营销方式的中心环节,再出色的营销信件如果无处投递或者投递给了无关的人群,都不会收到好的效果。

获取目标市场人群邮件地址的方法有两种:自己积累或者租用第三方现成的邮件地址列表,两者各有优点。自己积累名单定向性好,但耗时耗力。使用租用名单可以很容易达到需要的发件规模,但定向性较差,退信率高,甚至有时还会成为垃圾邮件。

一般而言,租用名单主要是为了获得新顾客,不过,在获得新顾客方面,使用电子邮件并不是一个好方法,因此,租用名单时要非常慎重。

使用租用列表要格外注意电子邮件的质量,要争取收件人的任何形式的回复,因为按照租用合同,公司没有同那些没有回复的人进行第二次联系的机会。反过来,公司可以保留那些回复邮件人的地址,实际上,这些人将进入公司的自有列表。

在决定租用列表前,公司必须弄清列表的来源,最好能让列表管理公司提供使用了这一列表的客户的联系方法,然后从客户那里了解租用列表的质量。如果没有这些细致的工作,租用列表的成本就可能不会产生效益。

有时候可以选择购买电话号码列表,原因是一些电话号码列表具有很高的质量。公司可以努力将这些电话号码转变为选择加入的电子邮件列表。

4)主题与内容

电子邮件的创意会对电子邮件的开信率和回复率产生很大影响,电子邮件的创意主要表现在主题行的选择、文案的撰写、版面的设计、多媒体的创作和个性化处理的运用等方面。

(1)主题行。

在这个垃圾信息泛滥成灾的时代,许多人会根据邮件主题决定要不要打开一封商业邮件,所以为了让收件人看到企业的电子邮件信息,精心构思电子邮件的主题便必不可少。确定邮件主题的原则类似于文章标题或者关键词的选择,选择主题时要尽量遵守以下原则:

① 开门见山地告诉收件人该邮件给收件人提供的利益;

② 用词要准确,避免使用过于含糊的表达方式;

③ 避免可能被垃圾邮件过滤器过滤掉的词汇,如"免费""赠送"或者"中奖"等;

④ 要保持简短,主题不超过 20 个字;

⑤ 标题和内容要统一,靠无关的关键词诱骗收件人打开信件的后果只能是让收件人把企业的邮件地址加入黑名单。

(2)内容。

邮件内容要突出公司产品的各种利益,表述要简洁,层次分明,使用分级标题,使文章适合阅读。最重要的内容要在邮件的开头部分出现,要让用户不用翻页就可以读到。重要的词可以用粗体来强调,但不要使用下画线,以免被收件人误以为是链接。将即时回复的选项放置在显要位置。如果使用 HTML 格式编写信件,用插图支持文字说明会提高信件的可读性。电子邮件中使用的图像要大小合适,可以快速下载,原文件最好储存在运行稳定可靠的服务器上。另外,电子邮件的内容要同企业使用其他传播渠道发布的信息以及公司的形象相得益彰。最后,在群发邮件以前,要对广告的文案、版面设计进行全面的测试,找出最适合目标市场的设计。

(3)个性化。

个性化是建立关系提高回复率的有效手段,所以要力争使邮件富有个性,这可以从以下几个方面去考虑:

① 使问候语个性化,显然,王老师的称呼比先生/女士的称呼要好得多;

② 使内容个性化,在内容中提及对收件人的了解,如公司情况、行业情况等;

③ 邮件的署名应该是公司中一个真实的人,只签署部门名称或者头衔都会使信件带上很重的官僚气息。

学生笔记:
_____
_____
_____

5）发送频次

频次选择是直复营销策略的一个重要方面。不论营销人使用简单电子邮件还是电子刊物,都需要决定发送同样内容的信息给同一个人的次数和频率。

没有一个固定的时间是最佳的周期,但二次发送的间隔至少在一周以上。同样的内容不可重复发送,应该变化版面格式或视觉效果后再进行发送。

6）操作技巧

在实际操作中,应该使用一些技术上的技巧,例如电子邮件营销的两大利器:签名档和自动应答器。

（1）商业电子邮件的签名档。

商业电子邮件的签名档在电子邮件营销中扮演着很重要的角色,从消极的方面讲,电子邮件的签名可以通过向收件人披露发件人的信息打消收件人的疑虑;从积极方面讲,电子邮件签名可以用一种很自然的人们很容易接受的方式作自我宣传。好的签名通常可以包含信件的结尾,签名档还应该包含一个有关发件人的联系方式、业务范围等说明,说明必须简短,否则用在主体内容短小的信件后会显得喧宾夺主,结构很不协调,通常应该保持在6~8行以内。例如:

深圳素肌美人精油批发部
从事单方精油/复方精油/基础油/纯露的批发和零售
深圳市龙岗区××大厦三楼
王杰经理
网址:www.×××.com
邮箱:×××@126.com

企业可以准备不同版本的签名档用于不同场合的电子邮件通信,签名档还可以用于在电子论坛和新闻组发表和回复帖子,签名档中的商业信息不会被认为是同主题无关的垃圾信息。

（2）自动应答器。

邮件自动应答器也被称为邮件机器人,它其实是运行在互联网服务器上的一种程序,当收到邮件时,它可以自动给发件人返回预先设定好的信息,它的作用其实类似一个可以自动发送特定信息的传真机。显然,使用自动应答器可以大幅提高处理问讯邮件的效率。许多问讯邮件其实问的都是同一些问题,逐一回答这些重复的提问自然会浪费时间,所以有必要建立一个详细解答常见问题(frequently asked questions,FAQ)的文件,并提醒用户可以通过发邮件给一个特定的邮件地址来获得常见问题的答案,所以 FAQ 是邮件自动应答器的一种常见的应用。当然部分用户可能从自动应答器那里得不到想要的解答,他们会进一步同企业联系,不过,他们的兴趣说明了他们是企业很好的潜在顾客,值得企业投入更多的时间。除了用于解答常见问题,自动应答器还经常被用于提供报价单、产品目录等。

自动应答器对于那些还没有建立网站的网络营销者尤其重要,因为营销者可以用这种方法在网上存储固定的文件供潜在客户随时查找。

（3）要在电子邮件中包含尽可能多的回复途径，如电子邮件、800 电话、地址等。

（4）用于直销的产品要经过认真测试，从多种方案中选择出最具市场潜力的一种。一次直销广告最好只提供一种产品。

（5）善于运用软销售技巧。企业使用租用来的邮件地址时要格外小心，因为列表上的收件人对企业来讲都是陌生人，彼此之间还没有建立起相互信赖的关系，所以开始的时候，企业需要小心翼翼地去熟悉这群人的需求，设法取得他们允许企业进一步同他们联系的许可。不要一开始就唐突地去推销，这样只会吓跑企业的潜在顾客。

（6）要给顾客创造反馈的便利，直复营销的力量来源于互动、准确定位和充分的控制，因为电子邮件营销的许多沟通并不是瞄准即刻产生销售，所以要为顾客提供其他的反馈的方法，例如让收件人给某个地址发信索取更多的资料或者优惠券，邀请他们参加新产品推介会，甚至让他们来信索取免费的样品。总之，要给他们提供激励，与企业产生互动。

2. 垃圾邮件

垃圾邮件在世界范围内广泛流行，并被广大网民深恶痛绝的。很多希望通过电子邮件营销的企业由于对垃圾邮件的界定认识模糊，也不自觉地走到了垃圾邮件营销的队伍中。所以对垃圾邮件的定义必须要搞清楚，这样在实际操作中才能避免走弯路。不同的国家/组织/部门对垃圾邮件有着不同的定义。这里举一些有代表意义的表述加以说明。

依照营销企业是否取得"向收件人发送邮件的许可"，电子邮件营销可以分为许可营销和垃圾邮件营销（或者无许可电子邮件营销）两种。垃圾邮件营销虽然被一些专家学者所不齿，但目前垃圾邮件已经成了一种很普遍的网络社会现象，而且目前绝大部分的电子邮件营销都可以归入垃圾邮件营销一类。

绝大多数发垃圾邮件的网民其主观上并不想发垃圾邮件，只是不知道如何进行正规的电子邮件许可营销。参照美国国会 2004 年开始生效的《未经请求的色情和营销侵袭控制法案》，满足下列四条之一的邮件即可称为垃圾邮件。

（1）正文中没有公司名称和地址。

（2）使用捏造的回邮地址。

（3）主题与内容不符。

（4）无法取消订阅。

因此，只要避开这四条就能成为规范的电子邮件营销。

由垃圾邮件营销变为许可电子邮件营销的关键步骤如下。

（1）有退订功能，凡退订者可立即从邮件列表中删除邮件。

（2）有真实的联系方式，包含地址、电话、邮箱、网址等。

（3）主题与内容一致，主题绝对不能是"老同学想你了""快速致富"等诱惑性和虚假性的词汇。

（4）主题中应有"广告"或"AD"字样。

学生笔记：
_____
_____
_____

（5）内容含金量高,外表美观,有明确的内容组稿编辑计划,围绕同一主题的邮件每次发送都要有不同的表现形式和版本。

（6）有专人定向搜集和整理邮件列表,有详细的发送记录、发送计划、用户资料管理、退信管理、用户反馈跟踪等管理工作。

（1）～（4）条比较容易做到,而真正要做好（5）、（6）条,其工作量是较大的,关键是要有一支专业化的队伍,包含美工、内容编辑、技术人员等。个体户往往由于精力所限,慢慢地忽略了第（5）、（6）条,从而又走到垃圾邮件营销的老路上去了。

6.5.2　网络广告

网络广告是指广告主利用一些受众密集或有特征的网站投放以图片、文字、动画、视频或者与网站内容相结合的方式传播自身的商业信息,并设置链接到某目的网页,达到告知、劝说和提醒的目的。商业信息的传播是通过互联网来完成的。

传统媒体广告主要有电视、广播、报纸、杂志和户外广告。在传统广告中,电视广告一枝独秀,遥遥领先于其他媒体广告。但是在近十年来,电视广告的霸主地位也开始让位于网络广告。在 2020 年,报纸、杂志、广播等较为传统的广告媒介刊例下降幅度较大,报纸、杂志等纸媒下降了 30%以上;广播媒介下降了 19.5%;电视广告、传统户外广告同样下降了4.9%和 9%。整体而言,传统媒体广告刊例的消费呈下降趋势。图 6-20 是近十年网络广告的市场规模。

图 6-20　近十年网络广告的市场规模

1. 网络广告类型

自 20 世纪初期首次登台亮相,网络广告一直稳步发展。归纳起来,网络广告可分成以下 3 种类型。

1）新型广告类型

例如,四方游广告、游动广告、固定浮标、弹出窗口、自动打开关闭广告、下坠抖动广告、右侧飞舞广告、方块介绍广告、滑过弹出窗广告、全屏广告、缩图大小流媒体广告等。

2）基本广告类型

例如,对联广告、顶部 Banner、大型条幅、顶部 LOGO、中部 LOGO、底部 LOGO、消息中心、底部文字、广告链接等。

3）其他形式

例如,邮件广告、冠名广告、栏目合作广告等。

2. 提高网络广告效果的方法

1）网页上方比下方效果好

统计表明,许多网站的访客不愿意通过拖动滚动条来获取一页面内容,因而放在网页上方和网页下方的广告所能获得的点击率是不同的。放在网页上方的广告点击率通常可达到 3.5 ％~4％。

2）广告面积越大越好

通常网络广告的标准大小有 468×60(px)、150×68(px)和 88×31(px)这 3 种常用规格。显而易见的是,一个大的广告图更容易吸引用户的注意。因而不同大小的横幅价格也会不同。

3）经常更换图片

当同一张图片放置一段时间以后,点击率会开始下降。而当更换图片以后,点击率又会增加。所以保持新鲜感是吸引访客的一个好办法。

4）采用合适的语句

广告中使用的文字必须能够引起访客的好奇和兴趣,可以是召唤性的或煽动性的语句,如"CLICK HERE";也可以是时效性的,如"最后机会";还可以是"FREE"之类的词语,这种看起来俗套的词语却能够起到意想不到的效果。

5）将广告链接到目的页面

应该将广告链接到最想宣传的那个页面。

6）适当运用动态图片

统计表明,动态图片的吸引力比静止画面高三倍。但是如果动态图片应用不当则会引起相反的效果,如过于花哨或文件过大影响了下载速度。所以通常广告商会限制图片的大小。

7）不可忽视纯文字的作用

在电子邮件杂志中可以放置纯文字广告,由于纯文字广告通常可以表现 100 字左右的文字内容,而且几乎不影响下载速度,所以措辞得当的纯文字广告甚至可获得高达 12％的点击率。

3. 网络广告的计费模式

一个网络媒体(网站)会包含有数十个甚至成千上万个页面,网络广告所投放的位置和价格就牵涉到特定的页面以及浏览人数的多寡。网络广告的计费模式主要有以下几种。

学生笔记:
_____
_____
_____

1) 按每千印象计费

CPM(cost per mille,或者 cost per thousand;cost per impressions)表示按每千印象计费,或每千人成本。

网络广告收费最科学的办法是按照有多少人看到广告来收费。按访问人次收费已经成为网络广告的惯例。CPM(每千人成本)指的是广告投放过程中,听到或者看到某广告的每一人平均分担到多少广告成本。传统媒介多采用这种计价方式。对于网络广告,CPM 取决于"印象"尺度,通常理解为一个人的眼睛在一段固定的时间内注视一个广告的次数,但实际上是指该广告横幅的显示次数,即广告所在网页的访问次数。例如一条广告横幅的单价是 1 元/CPM 的话,意味着每一千人次浏览该广告横幅所在的网页,就收取 1 元,无论访客是否注意到这条广告横幅。如此类推,10 000 人次访问的主页就是 10 元。

至于每 CPM 的收费究竟是多少,要根据以主页的热门程度(即浏览人数)划分价格等级,采取固定费率。

2) 按点击计费

CPC(cost per click;cost per thousand click-through)表示每点击成本。

以每点击一次计费。这样的方法加上点击率限制可以增加作弊的难度,而且是宣传网站站点的最优方式。但对于此类方法,有不少经营广告的网站觉得不公平,例如,虽然浏览者没有点击,但是他已经看到了广告,对于这些看到广告却没有点击的流量来说,网站做了无用功。有很多网站不愿意做这样的广告,是因为传统媒体从来都没有这样的计费先例。

3) 按行动计费

CPA(cost per action)表示每行动成本。

CPA 计价方式是指按广告投放实际效果,即按回应的有效问卷、注册会员或下载软件的数量来计费,而不限广告投放量。CPA 的计价方式对于网站而言有一定的风险,但若广告投放成功,其收益也比 CPM 的计价方式要大得多。

广告主为规避广告费用风险,只有当网络用户点击旗帜广告,链接广告主网页后,并且完成了某个事先约定的操作后才付给广告站点费用。

4) 按回应计费

CPR(cost per response)表示每回应成本。

以浏览者的每一个回应计费。这种广告计费充分体现了网络广告"及时反应、直接互动、准确记录"的特点。但这显然是属于辅助销售的广告模式,对于那些实际只要亮出名字就已经有一半满足要求的品牌广告,大概所有的网站都会给予拒绝,因为得到广告费的机会比 CPC 还要渺茫。

5) 按购买计费

CPP(cost per purchase)表示每购买成本。

广告主为规避广告费用风险,只有在网络用户点击旗帜广告并进行在线交易后,才按销售笔数付给广告站点费用。

无论是 CPA 还是 CPP,广告主都要求发生目标消费者的"点击",甚至进一步形成购买,才予以付费;而 CPM 则只要求发生"目击"(或称"展露""印象"),就产生广告付费。

6）按时间计费

很多国内的网站是按照月费的固定收费模式来收费的，这对客户和网站都不公平，无法保障广告客户的利益。虽然国际上一般通用的网络广告收费模式是 CPM（千人印象成本）和 CPC（千人点击成本），但在我国，很长时期以来的网络广告收费模式始终含糊不清，网络广告商们各自为政，有的使用 CPM 和 CPC 计费，有的干脆采用包月的形式，不管效果好坏，不管访问量有多少，一律一个价。尽管现在很多大的站点多已采用 CPM 和 CPC 计费，但很多中小站点依然使用包月制。

6.5.3 病毒营销

1. 基本概念

病毒营销并非真的以传播病毒的方式开展营销，而是通过用户的口碑宣传，网络信息像病毒一样传播和扩散，利用快速复制的方式传向数以千计、数以万计的受众。病毒营销的经典范例是 Hotmail.com 公司，还包括 Amazon、ICQ、eGroups 等国际著名网络公司。当年 Hotmail.com 公司就是向广大网民免费提供电子邮箱，在网民所发的每封邮件下面，附加宣传自己公司产品的广告，即邀请他们订购免费电子邮件的服务。这样，Hotmail.com 公司的产品就想病毒传播一样，一传十，十传百，达到了营销的效果。

2. 病毒营销的特点

病毒营销是通过利用公众的积极性和人际网络，让营销信息像病毒一样传播和扩散，营销信息被快速复制传向数以万计、数以百万计的受众。因此，它存在一些区别于其他营销方式的特点。

1）有吸引力的"病源体"

病毒营销主要利用了目标消费者的参与热情，但目标消费者并不能从"为商家打工"中获利，他们为什么自愿提供传播渠道？原因在于第一传播者传递给目标群的信息不是赤裸裸的广告信息，而是非常有吸引力的"病源体"，是经过加工的、具有很大吸引力的产品和品牌信息，而正是这一披在广告信息外面的漂亮外衣，突破了消费者戒备心理的"防火墙"，促使其完成从纯粹受众到积极传播者的变化。

网络上盛极一时的"流氓兔"证明了"信息伪装"在病毒营销中的重要性。韩国儿童教育节目动画片中，有一只新的卡通兔，这只兔子相貌猥琐、行为龌龊、思想简单、诡计多端、爱耍流氓、只占便宜不吃亏，然而正是这个充满缺点、活该被欺负的弱者成了反偶像明星，它挑战已有的价值观念，反映了大众渴望摆脱现实、逃脱制度限制所付出的努力与遭受的挫折。流氓兔的 Flash 出现在各 BBS 论坛、Flash 站点和门户网站，私下里网民们还通过聊天工具、电子邮件进行传播。如今这位网络虚拟明星衍生出的商品已经达到 1000 多种，成了病毒营销的经典案例。

流氓兔的 Flash 对网民来说，非常有吸引力，所以他们非常乐于"免费"传播，达到了推

学生笔记：

_____

_____

_____

广宣传该动画片的目的。

2）能几何倍数增加传播速度

大众媒体发布广告的营销方式是"一点对多点"的辐射状传播，实际上无法确定广告信息是否真正到达了目标受众。病毒营销是自发的、扩张性的信息推广，它并非均衡地、同时地、无差别地传给社会上每一个人，而是通过类似于人际传播和群体传播的渠道，产品和品牌信息被消费者传递给那些与他们有着某种联系的个体。例如，目标受众读到一则有趣的Flash，他的第一反应或许就是将这则 Flash 转发给好友、同事，这样一传十，十传百，无数个参与的"转发大军"就构成了成几何倍数传播的主力。

3）高效率地接收

大众媒体投放广告有一些难以克服的缺陷，如信息干扰强烈、接收环境复杂、受众戒备抵触心理严重。以电视广告为例，同一时段的电视有各种各样的广告同时投放，其中不乏同类产品"撞车"现象，大大减少了受众的接受效率。而对于那些可爱的"病毒"，是受众从熟悉的人那里获得或是主动搜索而来的，在接受过程中自然会有积极的心态；接收渠道也比较私人化，如手机短信、电子邮件、封闭论坛等等（存在几个人同时阅读的情况，这样反而扩大了传播效果）。以上各方面的优势，使得病毒营销尽可能地克服了信息传播中的噪音影响，增强了传播的效果。

4）更新速度快

网络产品有自己独特的生命周期，一般都是来得快去得也快，病毒营销的传播过程通常是呈 S 形曲线的，即在开始时很慢，当其扩大至受众的一半时速度加快，而接近最大饱和点时又慢下来。针对病毒营销传播力的衰减，一定要在受众对信息产生免疫力之前，将传播力转化为购买力，方可达到最佳的销售效果。

3. 病毒营销的界限

在病毒营销的实际操作中，如果没有认识到病毒营销的本质是为用户提供免费的信息和服务这一基本问题，有时可能真正成为传播"病毒"了。尤其利用一些技术手段来实现的病毒营销模式，如自动为用户计算机安装插件、强制性修改用户浏览器默认首页、在 QQ 等聊天工具中自动插入推广信息（称为"QQ 尾巴"）等。

4. 病毒营销的成本

天下没有免费的午餐，任何信息的传播都要为渠道的使用付费。之所以说病毒营销是无成本的，主要指它利用了目标消费者的参与热情，但渠道使用的推广成本是依然存在的，只不过目标消费者受商家的信息刺激自愿参与到后续的传播过程中，原本应由商家承担的广告成本转移到了目标消费者身上，因此对于商家而言，病毒营销通常不需要为信息传递投入直接费用。

但病毒营销方案不会自动产生，需要根据病毒营销的基本思想认真设计，在这个过程中必定是需要一定资源投入的，因此不能把病毒营销理解为完全不需要费用的网络营销，尤其在制定网站推广计划时，应充分考虑到这一点。此外，并不是所有的病毒营销方案都可以获得理想的效果，这也可以理解为病毒营销的隐性成本。

所以，病毒营销的实施过程通常是无须费用的，但病毒营销方案设计是需要成本的。

5. 常用工具

常用的工具包括免费电子书、免费软件、免费 Flash 作品、免费贺卡、免费邮箱、免费即时聊天工具等，它们是可以为用户获取信息、使用网络服务、娱乐等带来方便的工具和内容。

1) 免费电子书

电子书(包含电子杂志)是一种比较常见的病毒营销方法，一般电子书中引人入胜的故事情节或有视觉冲击力的美观图片吸引网民相互传播，广泛阅读，书中的内容包含了产品的信息及联系方式，使潜在客户在需要的时候及时找到公司。

电子书一般放在自己公司网站上或大型博客论坛上供别人下载使用。

电子书之所以成为人们喜欢的媒体，主要有以下原因。

(1) 信息完整并可长期保存。电子书与网页不同，不需要一个页面一个页面地逐个打开，一部电子书的内容是一个完整的文件，读者下载后书中所有的信息都将完整地被保留，而且书中内容不会因为原提供下载的网站发生变动而改变，只要读者不从计算机等设备上删除，电子书就可以长期保存，随时阅读。

(2) 可以离线阅读。从网上下载后电子书即可用各种阅读设备离线阅读，这样不必像其他网上信息一样必须在线浏览，毕竟不是所有用户任何时候都可以方便地上网。而一本有价值的书往往会得到读者的反复阅读，并有可能在多人之间传播。正是在这样的阅读和传播中，电子书实现了其病毒营销、达到宣传和获得新用户的目的。

(3) 便于继续传播。获得尽可能多用户的阅读是电子书营销的关键，而电子书下载后可以方便地通过电子邮件、P2P 等方式向别人继续传播，甚至可以在一定范围内共享，如果书中内容对读者有足够的吸引力，这种继续传播是自发的，效果也会更好。

(4) 促销和广告信息形式灵活。由于电子书本身具有平面媒体的部分特征，同时又具有网络媒体的部分优点，如具有超链接功能、显示多媒体信息等，因此促销和广告信息可以采用多种形式，如文字、图片、多媒体文件等。读者在线阅读时，还可以点击书中的链接直接到达广告目的网页。

(5) 营销效果可以度量。由于电子书具有的互联网媒体特征，其中的电子书广告具有网络广告的一般优点，例如，可以准确地测算每部电子书的下载次数，并可统计记录下载者的分布等，这样便于对潜在读者做进一步的研究。

根据 CNNIC 的调查表明，电子书籍是用户在网上经常查询的信息内容之一，有价值的电子书可以获得用户的关注，并且用户会主动查找电子书信息，这也是一些提供电子书下载的网站通常具有较高访问量的原因。

2) 免费软件

对于软件公司来说，提供免费软件是最好的病毒营销方法。具体方法是提供软件的初级版本给用户无偿使用，该初级版本能正常使用，并且能长期使用。在软件的下方标明版

学生笔记：
_____
_____
_____

权信息,点击该版权信息,能链接到软件公司的网站。

由于是免费使用,一个客户使用后得到了不错的体验,会推荐给他的朋友,当需要较高版本时,就会产生购买需求。

例如,网店软件系统的提供商,把 Access 版本网店系统无偿提供给客户使用,在该网店系统下方注明版权信息,并给出链接。若该客户是利用网店系统销售产品的,那么购买产品的客户又看到了该软件公司的信息,从而使该软件公司迅速扩大知名度。

免费邮箱和免费即时聊天工具等也是常用的病毒营销方法。腾讯在 QQ 品牌推广时,就非常注重对低"免疫力"人群的寻找和锁定。据统计,腾讯 QQ 的用户平均年龄为 20.6 岁,他们追逐时尚,对新潮流、新趋势、新事物的嗅觉反应非常敏锐。这些特点,注定了他们是低"免疫力"人群,他们对腾讯 QQ 病毒没有任何抵御能力,能很快接受并且适应腾讯提供的有别于 ICQ 的中文界面即时通信工具,并且还会积极地将这一病毒通过鼠标和口头语言向其他人传播。

但开发和提供这类产品服务需要较大的资金投入,所以除了早些时候有成功的案例外,目前很难再复制以前的辉煌了。

3)游戏

对于有实力的企业,可以针对自己的产品开发一套游戏软件,放在网上免费供网民使用。玩家每过一关,都显示公司的产品信息,当玩家攻入最后一关时,给出相应的密码,玩家凭密码到公司领取奖品。这样,公司很快达到了产品推广的目的。

与正规游戏软件相比,还有一种是偏娱乐(恶作剧)的游戏方式。

一款称为"轰动新闻制造器"的游戏已被好几家大型网站采用。这样的"造假"新闻生成器就是使用一张图片,在固定的地方显示用户输入的姓名,然后合成一张新的图片。生成网页上面的所有新闻等都是为了烘托这个气氛,写得非常夸张,由于青年朋友们觉得有趣,便发送这样的网页给亲朋好友,放松一下心情。于是这个网页的地址很快家喻户晓了。

4)手机彩信

企业也可以针对自己的产品开发手机彩信、彩铃、手机背景壁纸、电子贺卡、Flash 插件、MP3 歌曲等向客户发送。这种方法成本低、范围广、传播方便,只要设计得好,是比较容易操作的。

5)免费试用产品

这是一种传统的方法,通过免费试用产品,迅速产生轰动效应,达到营销推广的效果。国内某药厂在自己的网站上开设了网上赠药的促销活动。只要患者发一封电子邮件,说明自己的病症,药厂的网上医师就会依据患者的病情,寄去药品。当服用初有效果时,患者就会继续邮购药品。同时,药厂还准备了大量的《健康向导》书籍,只要网民有兴趣索要,药厂邮购部也会赠送一本。

6.5.4 交换链接

1. 基本概念

网站之间的资源合作是互相推广的一种重要方法,其中最简单的合作方式为交换链接。没有链接,就没有万维网,正是因为有了一个个链接、一个个独立的页面才构成了统一的万维网。一个网页与其他网页间的链接恰似该网页连接外部的桥梁。因此,建立与其他网站的链接是网站推广的一种重要手段。

交换链接也称互惠链接、互换链接、友情链接等,是具有一定互补优势的网站之间的简单合作形式,即分别在自己的网站上放置对方网站的 LOGO 或网站名称,并设置对方网站的超级链接,使得用户可以从合作网站中发现自己的网站,达到互相推广的目的。交换链接有图片和文字链接两种主要方式。图 6-21 是文字交换链接示意图,图 6-22 是图片交换链接示意图。

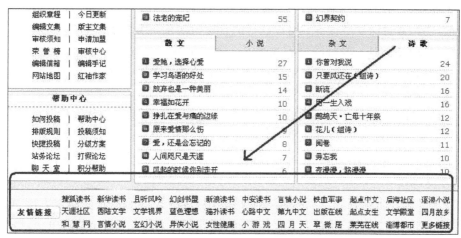

图 6-21　文字交换链接

图 6-22　图片交换链接

交换链接的作用主要表现在以下几方面。

学生笔记:

（1）获得访问量。

（2）增加用户浏览时的印象。

（3）在搜索引擎排名中增加优势。

（4）通过合作网站的推荐增加访问者的可信度。

（5）可以获得潜在的品牌价值。

交换链接的本意是增加访问量,但在网络营销的过程中,交换链接的意义实际上已经超出了是否可以直接增加访问量这一范畴,获得潜在的品牌价值和业内的认知和认可已经上升为主要目的。

一般认为,通过网站链接方式可以获得的直接访问量是有限的。新发布的网站链接的推广效果比较明显,但一段时间之后效果就会逐步下降。所以,网站链接推广策略常作为阶段性的网站推广方法使用,当网站获得一定数量的链接之后,往往就告一段落。

2. 主要方法

1) 向内的单向链接

许多网站开辟有"新站登录"的栏目,给新发布的站点提供难得的宣传机会。如果有建立向内单向链接的机会,企业一定要好好把握。

2) 交互链接

商业伙伴间经常存在相互交换链接的机会,交换链接的前提是交换双方网页的流量(或搜索引擎排名)大体相当,访问者群体相同,而且双方不存在业务上的竞争。

3) 网站联盟和 Web 环

网站联盟指具备交互链接条件的多个网站为了提高各自的热门程度和共享网站流量而组建的一个网站推广联盟,联盟中的每个成员都要在自己网站的特定位置加入指向其他成员网站的链接,网站联盟的成员数一般在 10 个左右,若运作成功的话,能成功地提升各成员的网上品牌知名度。

Web 环(Web ring)是网站联盟的一种特殊形式,它是相互链接的一组内容和主题相似的网站。在最早的 Web 环中,各个网站仅有一个向内的链接和一个向外的链接,访问者通过点击"下一个网站"(或"前一个网站")的链接,可以访问一个新的网站,不断点击 Web 环成员网站上的"下个网站"(或"前一个网站")的链接,访问者就可以回到较早出发的网站,Web 环因此得名。不过现在的 Web 环一般允许用户同时查看 Web 环中的多个网站,网站间的链接关系也不再是线性的了。Web 环不同于普通网站联盟的一个特点是环中网站的名单存储在一个中央服务器上,这就允许新的网站很方便地加入 Web 环中,也允许原有的成员随时退出。因此,Web 环是一个很松散的网站联盟,它的成员很可能随时都在变化。一般而言,Web 环的成员比普通网站联盟的成员多很多。在 Web 环组织的网站上,用户可以找到上万个不同主题的 Web 环。

Web 环对网站推广而言是一把双刃剑,它既可以为网站带来流量,也会把访问者分流到其他网站上。因此,在是否加入 Web 环的问题上,企业一定要慎重考虑,一般而言,流量小于平均水平而质量高于平均水平的网站可以放心加入 Web 环。加入 Web 环对提高网站在搜索引擎上的排名有好处。

4）链接交易中介

链接交易中介是指从事网络广告交换的中介机构,因为它采用的商业模式非常新颖,而且有很好的回报,所以有许多模仿者也开始提供类似服务。这里所说的链接交易指的是通过中介交换网络广告的一种商业模式。

企业可以"免费"申请使用链接交易所的网络广告交换服务,使用该服务的公司需要通过在自己的网站上显示其他使用者的广告(一般为旗帜广告或文字广告)来积累信用点,这些信用点可以换取自己的广告被其他用户显示的机会。

通过链接交易中介进行的广告交换一般不会是一对一,一个网站可能需要显示两次其他企业的广告才可以换取一次自己的网站被其他网站显示的机会,中间的差额就成了公司支付给中介公司的佣金。

3. 注意事项

在网站链接的实际操作中,常常会有一些同类问题,需要引起注意。

1）LOGO 链接应以静态图片为主

交换链接有图片和文字链接两种主要方式。如果采用图片链接(通常为网站的LOGO),由于各网站的标志、图片的格式、色彩等与自己网站风格很难协调,过多的图片链接影响网站的整体视觉效果,应注意以下问题。

(1) 不用过多的图片链接。

(2) 不用过多的动态图片,最好不用动态图片。

(3) 动态图片跳动速度不要太快,以免产生眼花缭乱的感觉。

(4) 图片文件宜小不宜大,以免影响网页打开速度,一般不超过 50KB。

2）链接的网站应内容相关或有互补性

链接的网站应选择与自己内容和规模都差不多的网站,最好内容有互补性,例如同一行业的上游企业或下游企业,尽量不要把竞争对手的网站加入链接。例如做牛仔裤厂家的网站可以链接卖牛仔布料的上游企业或批发牛仔裤的下游企业。

不要链接与自己内容无关的网站。

3）网站链接的数量要适宜

网站链接的数量不是越多越好,一般不要超过 3 行。在网站的首页和内页都可做链接。要培养正确的观念,那就是注重网站链接的质量,节制网站链接的数量。

4）回访友情链接伙伴的网站

交换链接是双向的。交换链接一旦完成,就会具有一定的相对稳定性。由于网站的更新比较频繁,所以需要不定期回访友情链接伙伴的网站,看对方的网站是否正常运行,自己的网站是否被取消或出现错误链接,或者因为对方网页改版、URL 指向转移等原因,是否会将自己的网址链接错误。因为由于交换链接通常出现在网站的首页上,错误的或者无效的链接对自己网站的质量有较大的负面影响,所以要及时纠正无效的链接。

学生笔记:
_____
_____
_____

新网站每天都在不断诞生,交换链接的任务也就没有终了的时候,当新网站主动提出合作的请求,对这些网站进行严格的考察,从中选择适合自己的网站,将合作伙伴的队伍不断壮大和丰富。

6.5.5　网站联盟

网站联盟,专业术语叫作网络会员制营销,通常指网络联盟营销,也称联属网络营销。网站联盟的平台网站将广告主与广大网站联系起来,结合成一个销售联盟。广告主的网站称为宿主网站,在自己网站上投放广告主广告的中小网站叫作加盟网站。

网站联盟平台网站与宿主网站可以是两家公司,也可以是一家公司。如 Yahoo、当当网、卓越网、百度主题推广、Google Adsense 等既是网站联盟,也是宿主网站,即广告主。但像站长之家,就是专业的网站联盟平台,其宿主网站和加盟网站都是它的客户。

网站联盟本质上来说是一种按效果付费的网络广告形式。当访问者点击加盟网站上的广告进入宿主网站产生诸如点击广告、下载程序、注册会员、实现购买等行为后,宿主网站根据这种行为支付给加盟网站一定数额的佣金,一般一周或一个月支付一次。

6.5.6　SNS 社区营销

SNS 社区营销属于虚拟社区营销大类,但近几年来,它发展势头强劲,把它单独列出,作为一类。

SNS(social networking services)即社会性网络服务,专指旨在帮助人们建立社会性网络的互联网应用服务。1967 年,哈佛大学的心理学教授 Stanley Milgram 创立了六度关系理论,主要含义是:"你和任何一个陌生人之间所间隔的人不会超过六个,也就是说,最多通过六个人你就能够认识任何一个陌生人"。按照六度关系理论,每个个体的社交圈都不断放大,最后成为一个大型网络。人们就是根据这种理论,创立了面向社会性网络的互联网服务,通过"熟人的熟人"来进行网络社交拓展。但"熟人的熟人"只是社交拓展的一种方式,而并非社交拓展的全部。因此,现在一般所谓的 SNS,其含义已经远不止"熟人的熟人"这个层面。例如根据相同话题进行凝聚(如贴吧)、根据学习经历进行凝聚(如 Facebook)、根据周末出游的相同地点进行凝聚等,都被纳入 SNS 的范畴。

国内的开心网(www.kaixin001.com)和人人网(www.renren.com)都是 SNS 网站的典型代表。

6.5.7　二维码营销

二维码是一个矩阵式的图片,包含了商品信息和加密信息,如图 6-23 所示。

1. 二维码的主要使用方式

(1) 商家将二维码通过彩信发到用户手机上,用户使用时通过设在服务网点的专用读取设备对手机上的二维码图像进行识读认证,作为交易或身份识别的凭证来支撑各种应用。

(2) 用户在手机上安装二维码客户端,使用手机拍摄或扫描媒体、报纸等上面印刷的二维码图片,获取二维码存储的内容并触发相关应用,比如名片识读、拨打电话等多种关联操

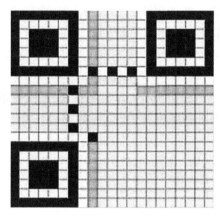

图 6-23　二维码

作。微信软件就包含对二维码的识别功能。

2. 二维码的主要应用

（1）信息获取（名片、地图、WiFi 密码、资料等）。

（2）网站跳转（跳转到微博、手机网站、网站等）。

（3）广告推送（用户扫码，直接浏览商家推送的视频、音频广告）。

（4）手机电商（用户扫码，手机直接购物下单）。

（5）优惠促销（用户扫码，下载电子优惠券，抽奖）。

（6）会员管理（用户手机上获取电子会员信息、VIP 服务）。

3. 二维码营销的功能

二维码营销就是将企业的视频、文字、图片、促销活动、链接等植入在一个二维码内，再选择投放到名片、报刊、展会名录、户外广告、宣传单、公交站牌、网站、地铁墙壁、公交车身等。当企业需要更改内容信息时，只要在系统后台更改即可，无须重新制作投放。方便企业随时调整营销策略，帮助企业以最小投入获得最大回报。用户通过手机扫描即可随时随地体验浏览、查询、支付等，达到企业宣传、产品展示、活动促销、客户服务等效果。

6.5.8　免费营销

免费是最容易的销售。网络可以说是免费的世界，因此免费策略在网上如鱼得水。人们把花钱买报纸、买杂志、买电影票当作天经地义的事情，但花钱到网站看新闻就变得不可思议了。所以免费策略在互联网上很有用户基础。但免费的目的还是为了销售。主要的免费策略有以下几种形式。

（1）基本产品免费，升级付费。例如软件的基本版本免费，升级版本付费。

（2）用户免费，广告商付费。例如报纸、广播、网站等媒体的广告。

学生笔记：

_____

_____

_____

（3）买家免费，卖家付费。例如阿里巴巴这种 B2B 商贸平台，卖家要查询买家的联系电话时，需要诚信通会员，即付费会员才可以查询。

（4）产品免费，延伸服务收费。例如网络游戏产品本身免费使用，但购买游戏装备等延伸服务则要付费。

（5）设备免费，耗材收费。例如喷墨打印机免费，使用的墨水则要付费。

（6）用户免费，企业收费。招聘网站中，应聘员工刊登求职简历免费，企业招聘员工则要付费。

（7）付费产品赠送免费礼物。例如用户买名牌高档化妆品，则赠送另一品牌的面膜，由此打开面膜的销路。

【主要知识点】

1.【搜索引擎】获得网站网页资料，能够建立数据库并提供查询的系统，把它叫作搜索引擎。

2.【计算机自动搜索型】计算机自动搜索型搜索引擎的数据库是依靠一个叫作"网络机器人（spider）"或叫作"网络蜘蛛（crawlers）"的软件，24 小时不停地通过网络上的网页链接自动获取大量网页信息内容，并按已定的规则分析整理形成的。

3.【人工分类目录型搜索引擎】人工分类目录型搜索引擎是通过人工的方式收集整理网站资料形成数据库的，网上的一些导航站点，也可以归属为原始的人工分类目录型。

4.【垃圾邮件】大量发送的未经过邮件接收者许可的广告邮件，并且该邮件无法退订，这类邮件称为垃圾邮件。

5.【BBS】BBS 的英文全称是 Bulletin Board System，翻译为中文就是"电子公告板"。

6.【CPM】按每千米印象计费。例如，一个网站每天有 3 万浏览量，就可以说是 30 个"千印象"，无论访客是否点击，都按 30 千印象收取广告费。

7.【CPC】按点击计费，访客每点击网络广告一次，就收一次费用，无论该点击是否产生成交记录。

8.【病毒营销】病毒性营销并非真的以传播病毒的方式开展营销，而是通过用户的口碑宣传，网络信息像病毒一样传播和扩散，利用快速复制的方式传向数以千计、数以万计的受众。

9.【交换链接】交换链接也称互惠链接、互换链接、友情链接等，是具有一定互补优势的网站之间的简单合作形式，即分别在自己的网站上放置对方网站的 LOGO 或网站名称，并设置对方网站的超级链接，使得用户可以从合作网站中发现自己的网站，达到互相推广的目的。

10.【网站联盟】网站联盟，专业术语叫作网络会员制营销，通常指网络联盟营销，也称联属网络营销。网站联盟的平台网站将广告主与广大网站联系起来，结合成一个销售联盟。广告主的网站称为宿主网站，在自己网站上投放广告主广告的中小网站叫作加盟网站。网站联盟本质上来说是一种按效果付费的网络广告形式。当访问者点击加盟网站上的广告进入宿主网站产生诸如点击广告、下载程序、注册会员、实现购买等行为后,宿主网站根据这种行为支付给加盟网站一定数额的佣金,一般一周或一个月支付一次。

11.【SNS】按照六度关系理论,创立了面向社会性网络的互联网服务,通过"熟人的熟人"来进行网络社交拓展。就是 SNS。根据相同话题进行凝聚(如贴吧)、根据学习经历进行凝聚(如 Facebook)、根据周末出游的相同地点进行凝聚等,都被纳入 SNS 的范畴。

12.【二维码】二维码是一个矩阵式的图片,包含了商品信息和加密信息。

【技能训练】

实训八　关键词竞价

步骤一　由于本书是纸质媒介,展示静态的图片效果远远不及动画介绍,所以请直接到百度官网观看。打开 e.baidu.com,选择相关选项,认真观看操作视频,视频模拟了操作的全部流程。由于百度网站内容不断变化,下述百度推广示意图可能与网站实际打开的界面有所不同,但操作流程大同小异。

步骤二　在浏览器地址栏输入网址 www2.baidu.com,然后输入用户名和密码以及验证码进行登录。初次使用需要注册百度账号,联系百度客服给账户充值,目前第一次充值金额大约需要 5000 元,各地区略有差别。

进入后台后显示图 6-24 画面。若有的计算机不能正常显示,需下载百度后台安全控件。

图 6-24　百度推广示意图 1

步骤三　登录百度推广后台,点击进入图 6-25 画面。选择"推广管理"选项就可设置关键词了。添加关键词可设置投放关键词的地区、时间以及设备。

学生笔记:

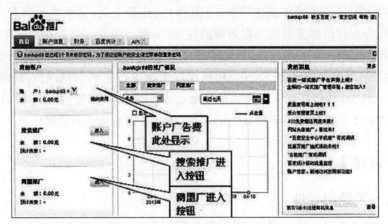

图 6-25　百度推广示意图 2

步骤四　选择"网盟推广"选项,就会进入网盟推广的首页,综合推广的总体情况在这里有全面的概括,一目了然。搜索推广和网盟推广的管理流程基本上就是按照图 6-26～图 6-34 示意的形式进行的。管理灵活,操作简单。大部分功能在首页都有显示,在首页也能对各个功能进行编辑和修改。

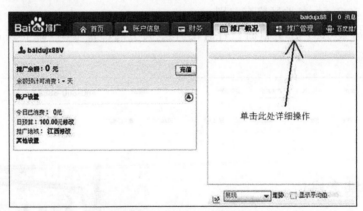

图 6-26　百度推广示意图 3

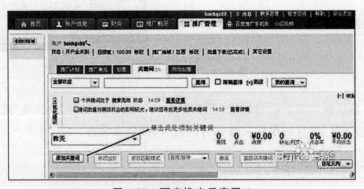

图 6-27　百度推广示意图 4

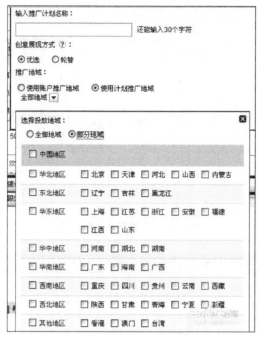

图 6-28　百度推广示意图 5

图 6-29　百度推广示意图 6　　　　　　　图 6-30　百度推广示意图 7

学生笔记：

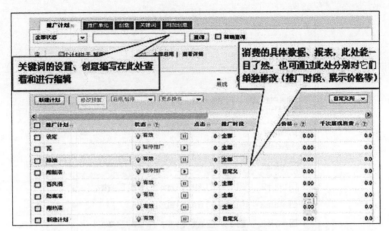

图 6-31　百度推广示意图 8

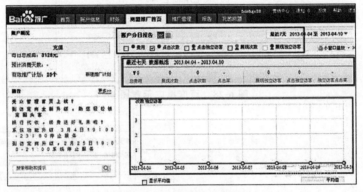

图 6-32　百度推广示意图 9

图 6-33　百度推广示意图 10

实训九　公众号营销

　　以班级为单位,建立一个微信公众号,并且确定一个主题,每个同学都尽力宣传该公众号,安排同学轮流值班,发布主题内容,并且回答粉丝问题。经过一个学期的努力,看看该公众号的粉丝能否到达 10 万人。由于微信的操作方法已在当代青年中普及,所以操作步骤不再赘述,本实训的重点是如何吸引最大量的粉丝,而且是忠实的粉丝。

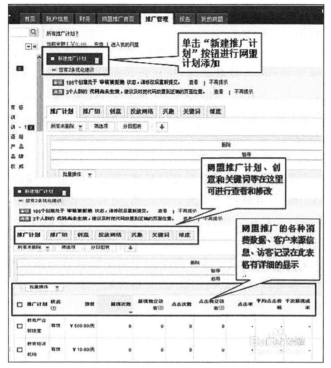

图 6-34　百度推广示意图 11

【本章小结】

第一节　搜索引擎

- 搜索引擎主要分为计算机自动搜索型和人工分类目录型两大类,Google 和 Yahoo 分别是它们的代表。

应熟记 Google、百度、Yahoo 等搜索引擎的网址。

- 竞价排名的规则

对于某个关键词,以点击一次付费为单位,百度从 0.30 元开始竞价,无上限,谁出价高,谁的网站就在百度搜索结果中排在前面。例如,对于关键词"时尚服装",张三出价 0.41 元,李四出价 0.30 元,王五出价 0.52 元,那么当网民以关键词"时尚服装"在百度搜索时,王五的网站在搜索结果中排在第一位,张三的网站排在第二位,李四的网站排在第三位。

- 关键词选择

关键词选择主要应遵循 7 个原则:①词汇联想原则;②适合大众习惯原则;③适当使用专业术语原则;④不用意义太泛的词汇原则;⑤用自己的品牌做关键词原则;⑥使用地理位

学生笔记:

置原则;⑦控制关键词数量原则。

第二节　微信营销

微信支持文字、语音、图片、视频、表情的即时传送,支持位置分享,支持发送红包。微信营销具有信息传递多样性、强关系链接、定位精准、营销成本低、营销到达率高等特点。商家一般可采用花钱圈粉,主动出击加好友,主动点赞、评论,坚持发朋友圈,做好用户裂变、做好分组标签等方法进行裂变。

第三节　直播与视频

所谓"网络直播"或"互联网直播",指的是用户在手机或计算机上安装直播软件后,利用摄像头对发布会、采访、旅行等活动进行实时呈现,其他网民在相应的直播平台可以直接观看与互动。自 2016 年起,互联网直播进入爆发期,直播平台超过 300 家,用户超 2 亿人。现阶段谈到的"直播营销""移动直播营销"等,多数情况下默认是基于互联网的直播。

互联网直播营销有以下两个显著的优势。

(1) 参与门槛大大降低。网络直播不再受制于固定的电视台或广播电台,无论企业是否接受过专业的训练,都可以在网上创建账号,开始直播。

(2) 直播内容多样化。除传统媒体平台的晚会、访谈等直播形式外,利用互联网可以进行户外旅行直播、网络游戏直播、发布会直播等。

在直播流行初期,由于其新颖稀缺,引流效果和带货效果都比较突出,但随着直播用户人数不断增加,其效果直线下降,最终的赢家一定是综合实力强的公司,比如主播有播音主持的专业素质、拍摄技巧高超、后期制作精美、资金实力雄厚等特点的公司。

第四节　社群裂变

互联网行业中的裂变,是基于用户社交圈的裂变,通过社交工具在用户自有的圈子里进行一次或多次的传播,在很短时间内达成用户介绍用户的目的,从而在短时间内实现大量的用户及销售额的增长。社交裂变营销得以实现的基础是社交媒体的出现,人与人之间不再是简单的单向或双向沟通,而是形成了一张巨大的关系网,有了关系网后,裂变就随之产生。

裂变传播通常有 3 个要素:传播源、激发层、裂变层。传播源通常是发出活动信息的渠道,比如该企业的公众号、微博、微信群、朋友圈等;激发层主要是所谓的种子用户,包括员工、忠实粉丝、朋友、KOL(意见领袖);裂变层则是激发层的亲朋好友、忠实粉丝等。

裂变的方式有"老带新"裂变、分享领红包裂变、砍价裂变、拼团裂变、线上赠送裂变、拆红包裂变、分销裂变、情绪裂变等。

第五节　传统网络营销

1. 电子邮件营销

电子邮件已经与人们的工作和生活密不可分,我国网民中用得最早的互联网应用就是电子邮件。时至今日,大量的外企仍然将电子邮件作为工作交流的标配来执行。电子邮件营销一定要谨防发垃圾邮件。

2. 网络广告

• 网络广告概念

网络广告是指广告主利用一些受众密集或有特征的网站投放以图片、文字、动画、视频或者与网站内容相结合的方式传播自身的商业信息,并设置链接到某目的网页,达到告知、劝说和提醒的目的。商业信息的传播是通过互联网来完成的。

- 计费模式

网络广告的计费模式主要有:①按每千印象计费 CPM;②按点击计费 CPC;③按行动计费 CPA;④按回应计费 CPR;⑤按购买计费 CPP;⑥按时间计费等。

3. 病毒营销

病毒性营销并非真的以传播病毒的方式开展营销,而是通过用户的口碑宣传网络,信息像病毒一样传播和扩散,利用快速复制的方式传向数以千计、数以万计的受众。

病毒性营销的经典范例是 Hotmail.com 公司。

常用的工具包括免费电子书、免费软件、免费 Flash 作品、免费贺卡、免费邮箱、免费即时聊天工具等,它们是可以为用户获取信息、使用网络服务、娱乐等带来方便的工具和内容。

4. 交换链接

交换链接也称互惠链接、互换链接、友情链接等,是具有一定互补优势的网站之间的简单合作形式,即分别在自己的网站上放置对方网站的 LOGO 或网站名称,并设置对方网站的超级链接,使得用户可以从合作网站中发现自己的网站,达到互相推广的目。交换链接有图片和文字链接两种主要方式。

5. 其他网络营销方法

网站联盟 、SNS 社区营销 、二维码营销以及免费营销都是在特定领域有效的网络营销方式,值得关注。

【练习作业】

一、选择题

1. 下面哪个不属于人工分类目录型搜索引擎?

　　A. 百度　　　　　　B. 谷歌　　　　　　C. 雅虎　　　　　　D. 搜狗

2. [玫瑰花]这样的表示方法,是属于哪种关键词匹配方式?

　　A.完全匹配　　　　B. 词组匹配　　　　C. 广泛匹配　　　　D. 模糊匹配

3. 下面哪个不是垃圾邮件的属性?

　　A. 正文中没有公司名称和地址　　　　　B. 主题与内容不符

　　C. 无法取消订阅　　　　　　　　　　　D. 正文不美观

4. 下面哪个不属于病毒营销的方法?

　　A.友情链接　　　　B. 手机彩信　　　　C. 免费游戏　　　　D. 免费电子书

5. 下面哪个不属于网络营销的方法?

学生笔记:
_____
_____
_____

A. 网站联盟   B. 户外广告营销

C. 二维码营销   D. SNS社区营销

二、讨论题

1. 本章介绍的各类网络营销方法,你觉得哪几种最具有操作性?你认为哪一种方法在最短的时间内能取得效果?

2. 请讨论传统营销方法与网络营销方法各自的优缺点。

3. 网络广告计费方法中,你觉得哪种计费方法在实际中使用得最多?请结合你了解的广告公司谈谈体会。

三、操作题

请到下面网站去仔细浏览,并按要求进行操作。

1. 请给一个卖鞋子的网站选择20个以上的关键词,并通过调查研究的方式选出5个最有效的关键词。

2. 登录www.126.com网站,注意观察邮件尾部的广告语,仔细体会病毒营销方式和效果。

3. 登录百度网站,观察关键词"服装""深圳服装""中国服装"的竞价价格,给出女装系列的最佳关键词组合。

4. 登录Google网站,观察关键词"服装""深圳服装""中国服装"的竞价价格,与百度竞价情况做比较,给出女装系列关键词的Google网站与百度网站的组合。

5. 登录阿里巴巴网站,注册一个账号并使用,仔细体会B2B营销方式和效果。

6. 将自己的感兴趣的内容整理后做成一本电子书,在书中的适当部分可以加上你的产品广告,免费赠送给需要的同学阅读,看看是否能起到病毒营销的效果。

四、请在互联网上查阅下面的网络术语,分小组讨论它们的含义。

1. 斑竹	2. 马甲
3. 囧	4. 雷人
5. 灌水	6. 水手/水母
7. 潜水	8. 打铁
9. 拍砖	10. 刷屏
11. 扫楼	12. 楼主
13. 盖楼	14. 沙发
15. 椅子	16. 板凳
17. 地板	18. 顶
19. 踩	20. 闪
21. 匿鸟	22. 驴友
23. 火星帖	24. 恐龙
25. 青蛙	26. 犬科
27. 狼族	28. 王道
29. 小白	30. 小黑
31. 粉丝	32. 包子

33. 蛋白质

34. 白骨精

35. 维客

36. 红客

37. 朋客

38. 闪客

39. 黑客

40. 宅男/宅女

41. 菜鸟

42. 大虾

43. 打 call

44. 尬聊

45. 吃土

46. 老司机

47. 小目标

48. 怼

49. 内卷

50. 躺平

学生笔记：

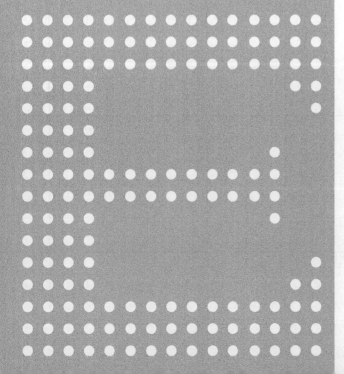

第7章

电子支付

【学习目标】

电子支付是电子商务流程中很重要的环节,可以这么说,没有电子支付,就没有电子商务。因此在学习本章时,除了要了解一些电子货币的概念外,更重要的是要掌握几种常用的电子支付手段。

(1) 通过本章的学习,了解电子货币的含义,正确掌握储值卡、银行卡、信用卡的功能和使用方法,学会开通网络银行并且熟练使用。

(2) 正确理解第三方支付平台对买卖双方所起到的保障作用,体会第三方支付与银行卡支付的区别。

(3) 支付宝(www.alipay.com)与微信支付(pay.weixin.qq.com)是目前移动支付市场占有率前二的第三方电子支付平台,学生应该熟悉掌握二者的使用方法。

【学习要求】

1. 在笔记本计算机、平板计算机、手机上安装网络银行、支付宝或者微信的软件,开通相应账户。

2. 多尝试网上购物,初期注意选择小

额商品,利用不同的支付平台进行操作体验,边学边操作。

【关键词】

　　电子支付、电子货币、虚拟货币、网络银行、第三方支付平台、支付宝、微信支付。

　　电子商务的交易,由于双方互不认识,且不在同一个城市,买卖双方都缺乏信任感。买方坚持要先发货再付款,而卖方坚持要先付款再发货,双方争执不下,很可能使生意不能成交。那么电子商务,究竟可以用哪些支付手段呢? 现阶段有如下常见支付手段。

1. 邮局汇款

　　根据地方不同要 3～7 天才能到达。由于时间较长,不适合电子商务的货款支付,现在很少人使用,本书不再赘述。

2. 银行卡转账

　　到当地银行开一张卡,例如工商银行的牡丹卡、招商银行的一卡通等,买卖双方都要有银行卡,但不要求是同一个银行的卡。买方到银行柜台办理转账业务,一般同行转账即时到账,跨行转账 1～2 天到账。目前较多人使用该种支付方式。到银行办理转账业务,大部分网民都会操作,本书不再赘述。

3. 网上银行转账

　　这是一种先进的支付方式。网上银行又称在线银行,是指银行利用互联网技术,通过网络向客户提供开户、销户、查询、对账、行内转账、跨行转账、信贷、网上交纳水电费等传统服务项目,使客户可以足不出户就能够办理转账交费等业务。这种方式非常适合电子商务的资金支付方式,本书将重点介绍它的使用方法。

4. 第三方网上支付平台

　　一般在线支付平台支持国内多家银行和多种银行卡在线实时支付接口,支付转账过程全部在网上完成,eBay 易趣的贝宝(PayPal)与淘宝的支付宝都是典型的第三方支付平台,该种支付方式非常适合电子商务的支付,本书将重点介绍。

7.1　电子货币

7.1.1　电子货币的含义

　　随着社会生产力的发展,社会商品交换的需求和数量也在不断增长,货币的形态从贝壳、贵金属、普通金属、纸币和票据,逐步发展到现在的电子货币。电子货币是采用电子技术和通信手段在信用市场上流通的,以法定货币单位反映商品价值的信用货币。最常见的电子货币是各种银行发行的储蓄卡和信用卡。

　　电子货币的严格定义是:消费者向电子货币的发行者支付传统货币,而发行者把与传统货币的相等价值,以电子形式储存在消费者持有的电子设备中。

　　通俗地说,就是用一定金额的现金或存款从发行者处兑换并获得代表相同金额的数据,通过使用某些电子化方法将该数据直接转移给支付对象,从而能够清偿债务、贷款、消费等,该数据即可称为电子货币。

1. 电子货币的功能

(1) 结算功能,代替现金,直接用于消费。

(2) 储蓄功能,可以存款、取款。

(3) 兑现功能,可以兑换为货币。

(4) 消费贷款功能。

2. 电子货币具有的优点

(1) 携带轻便,尤其是用于购买价格较高的商品时。

(2) 计数方便,不需清点,也不需找零,能避免差错。

(3) 安全性高,难以伪造,而且盗窃的目标小,有密码保护,即便丢失了也可以立即挂失。

(4) 流通快,因为它是依靠计算机网络流通的。

(5) 便于监督、统计,因为经过计算机处理的每笔交易都有记录,即使交易后也可以追查,事后这些数据还可以用于宏观分析。

3. 电子货币的主要形式

(1) 智能卡形式的支付卡,主要用于线下的支付,其主要用途在于取代日常小额消费的钞票及硬币,例如香港的八达通、深圳的深圳通、各种汽车 IC 卡、商场的储值卡、电话卡等。它除了拥有现金的特性以外,同时还具有一个比现金更优良的特点,即它能安全地通过电子管道(如电话、互联网等)来作为人对人、人对商家、人对银行的远距转值。

(2) 数字方式的货币文件,主要用于线上的支付。它是一种数据形式流通的货币,例如银行发行的银行卡和信用卡等。它把现金数值转换成一系列的加密序列数,通过这些序列数字来表示现实中各种金额的币值。用户在各类商业银行开设账户后,就可以在接受电子现金的商店进行购物。

要全面实现电子货币支付需要有大量的设备投资,还要建立为全社会所有单位和个人服务的账户系统和金融系统。要顺利运行这样的系统,不仅需要进一步完善各种法规和规章制度,而且需要提高金融机构和客户的计算机操作水平。因此,货币电子化建设将是一项长期而艰巨的任务。

7.1.2 储值卡

1. 储值卡概念

储值卡过去大多采用磁卡物理载体,现在大多是采用 IC 卡物理载体。其使用方式主要有接触式 IC 卡和非接触式 IC 卡,其主要用途在于取代日常小额消费的钞票及硬币,避免找零的麻烦。

储值卡一般由非银行机构发行,它可以在多个领域充当支付工具的电子钱包,也称为小额支付卡。小额支付卡系统通常采用非接触式 IC 卡脱机交易方式,由于成本低,交易快捷,适用于交易频繁且交易额度小的场所,特别是交通工具这样的移动单元。常见的储值卡有香港的八达通、深圳的深圳通、各种汽车 IC 卡、商场的储值卡、电话卡、校园卡等,其共同特点是不记名、不挂失、无密码、小额交易、在一定范围内交易。

我国大陆地区使用储值卡的时间不长，无论哪个行业或哪个地区发行的储值卡，其发行量和使用范围都不大，目前我国尚无在全国范围内各行各业都流通的储值卡。最有代表性的储值卡是香港八达通卡，通过它就可以对储值卡有全面的了解。

2. 八达通

八达通字面的意思是"凭卡可以四通八达"，代表一卡在手到处通行。八达通是香港通用的电子收费系统，在 1997 年 9 月 1 日开始使用，最初只应用在巴士、铁路等公共交通工具上，后来陆续扩展至其他行业，包括商店、便利店、停车场等业务，也用作学校、办公室和住宅区的通行卡，像麦当劳、肯德基这种快餐店也可用八达通付款，其充值的方法也由最初的充值机扩展至商店付款处充值和信用卡、银行卡绑定转账。

八达通是全世界最早也是最成功的电子货币之一，普及程度也是全世界最高。截至 2020 年，香港总共流通近 3500 万张八达通，每日交易次数也超过 1.1 亿港元。

八达通是一种非接触式智能卡，使用八达通付款的交易过程极其简单，使用者只需将八达通卡放进阅读器，款项会自动扣除，交易时间平均只需 0.3 秒。交易完成后，读卡器会发出"嘟"的声音，显示屏会显示被扣除的金额及卡的余额。若是儿童卡或老人卡，"嘟"声音调会较高，表示是优惠收费。若是长时间的"嘟"声，则代表交易未能完成，阅读器的红灯会亮起，常见原因是卡并未对准阅读器、余额低于 0.1 港元或交易后余额将低于 35 港元。阅读器能自动判断适当地优惠收费，如积分计划、转乘优惠及地铁特惠站等。

八达通充值可在设有八达通阅读器的商店进行，包括 7-11 便利店、OK 便利店两大超级市场，麦当劳、美心、大家乐等快餐店。港铁市区线、东铁线、西铁线、马铁线全部车站，港铁轻铁部分车站站内的充值机、客户服务中心和车站售票处都提供充值服务，九巴客户服务中心等也有此项服务。每张八达通卡最多可储值 1000 港元。另外，当八达通卡内尚有余额时，允许透支一次，其透支额最大为 35 港币。这样使用者在储值金额不足的情况下，仍能乘搭香港大部分交通工具或购买商品一次，以便提醒客户赶快去充值。

香港政府鼓励市民使用八达通卡，所以当用八达通卡付费时，部分交通工具提供 8 折以内的票价优惠。

用户购买八达通卡时，需要缴付 50 元港币的押金和一定数额的预付票值，当用户退还八达通卡时，押金和卡内金额一同退还，当然要收取一定的手续费。由于八达通不记名、不挂失，所以不需要凭身份证明文件即可购买。使用者遗失了八达通卡，只会遗失了卡内的储值金额，并不会遗失任何其他个人资料，八达通卡有以下 4 种类型。

（1）3～11 岁的儿童可以使用儿童卡，乘车享受半价优惠，其卡颜色为粉红色。

（2）全日制学生可使用学生卡，地铁可享受优惠票价，其他交通工具则无优惠，其卡颜色为蓝色。目前学生卡已逐步由附有学生身份的个人八达通卡取代。

学生笔记：

_____

_____

_____

（3）60 岁以上的老人可以使用长者卡，可享受部分交通工具的优惠票价，其卡颜色为绿色。

（4）成人使用标准的八达通，其卡颜色为金色。

八达通卡还可以做成个性化的卡，上面印有使用者的姓名等身份资料，是否印照片可选。此种八达通卡称作个人八达通，需要持身份证明购买。个人八达通也可作为一张锁匙卡，用于进入住宅及商业大厦等设施。当个人八达通遗失时，可以即时报失，挂失 6 小时后被冻结，以免该卡被盗用。个人八达通当作校园卡时，可作为点名记录、出勤、借书等用途。它还可以与银行卡和信用卡绑定充值。

此外，港铁推出了三日香港交通乘车证，可以在三天内无限次乘搭香港地铁。

由于八达通是香港的特色之一，故吸引了大量游客购买以作留念，八达通公司也提供了"收藏版"八达通卡，用作购买收藏。

7.1.3　银行卡

1. 银行卡概念

银行卡（bank card）是由银行发行、供客户办理存取款业务的新型服务工具的总称。银行卡包括信用卡、支票卡、自动出纳机卡、记账卡等。20 世纪 70 年代以来，由于科学技术的飞速发展，特别是电子计算机的运用，使银行卡的使用范围不断扩大。不仅减少了现金和支票的流通，而且使银行业务由于突破了时间和空间的限制而发生了根本性变化。银行卡的大小一般为 85.60mm×53.98mm，但是也有比普通卡小 43% 的迷你卡和形状不规则的异型卡。

常见的银行卡一般分两种：借记卡和贷记卡。借记卡是储蓄卡，其使用流程是先存款，后消费；贷记卡是信用卡，其使用流程是先消费，后还款。

（1）借记卡（debit card）可以在网络和 POS 机上消费，支持 ATM 转账和提款，不能透支，卡内的金额按活期存款计付利息。消费或提款时资金直接从储蓄账户划出。借记卡在使用时一般需要密码（PIN）。借记卡按等级可以分为普通卡、金卡和白金卡；按使用范围可以分为国内卡和国际卡。通常所说的银行卡，若不特别说明，一般是指借记卡或者储蓄卡。

（2）贷记卡（credit card）是指发卡银行给予持卡人一定的信用额度，持卡人可在信用额度内先消费后还款的信用卡。它具有的特点是，先消费后还款，享有免息缴款期（最长可达 56 天），并设有最低还款额，客户出现透支可自主分期还款。客户需要向申请的银行交付一定数量的年费，其数额各银行不相同，目前通常的做法是一年刷卡指定次数就可以免年费。

准贷记卡是一种存款有息、刷卡消费以人民币结算的单币种单账户信用卡，具有转账结算、存取现金、信用消费、网上银行交易等功能。当刷卡消费、取现账户存款余额不足支付时，持卡人可在规定的有限信用额度内透支消费、取现，并收取一定的利息。不存在免息还款期。

2. 银行卡功能

现在各商业银行推出的借记卡可办理存款取款、个人结算、电子银行、投资理财、自助缴费等多种业务，其具体功能以下几种。

（1）综合账户，一卡多能。

借记卡不仅可以办理活期存款，还可以直接存入各种存期的定期存款，支取时凭卡办理，摆脱保存定期存单的不便。在币种上，有人民币、美元、英镑、欧元、日元等主要货币。存款期限和币种由用户灵活选择。

（2）异地存取，方便快捷。

用户凭卡和密码可在开户银行所在的全国各地任何一家营业网点及有"银联"标识的自动柜员机支取现金，异地取现需支付异地取现手续费，在其他银行的自动柜员机上取款还要支付跨行取款手续费，通常在 1% 左右，各银行规定不一样。

（3）转账汇款，实时到账。

用户凭卡和密码通过银行网点、自动柜员机、网上银行和电话银行等渠道，向同城或异地在开户行开立的账户转账，所转款项均实时到账。通过网上银行还能向他行客户账户内转账。

（4）全面整合电子银行，金融服务跨越时空。

用户凭卡在自动柜员机、网上银行和电话银行上办理各类业务，享受 24 小时无限制的自助服务。客户在申领储蓄卡时，可同时申请开通网上银行或电话银行，也可随后凭身份证件到开户行网点办理注册。注册网上银行还可以选择成为个人客户证书用户，享受更为安全和全面的网上银行服务。

（5）链接投资理财服务，更显价值。

用户凭卡可办理基金、外汇买卖、股票、国债、保险、黄金等各类理财业务，此外，客户还可以凭卡办理各种贷款业务。若用户的储蓄卡账户中存有定期存款，就可使用网上银行办理网上贷款。即刻办理，即刻入账，还可以通过网上还贷，轻松方便。目前大多数商业银行都提供此项业务。

（6）服务日常生活。

用户凭卡可办理众多日常便利服务功能，例如到银行网点交电费、水费、电话费等，用户还可以利用网上银行、电话银行以及自动柜员机缴纳电话费、水电费等。

储蓄卡申请办法非常简单，只需持本人有效身份证件到相关银行营业网点即可实时办理。若卡丢失或被盗，应立即到开户行办理挂失。当卡因为破损、磁条损坏等影响正常使用，可以持有效身份证件和破损的卡到开户行网点办理换卡手续。若用户在使用自动柜员机过程中卡片被机器吞没，可凭本人有效身份证件在吞卡后 3 个工作日内（从吞卡次日算起）到自动柜员机所属网点办理领卡手续。如果用户在 30 日内没有领取卡片，银行将按相关规定程序销毁卡片。在与银行联系取回卡片的过程中，请注意不要泄露卡片密码。若用户的卡被其他银联成员机构的自动柜员机吞没，请于 3 个工作日内领取，逾期未领的，其所属网点将按相关规定对卡片进行销毁处理。

学生笔记：

_____

_____

_____

7.1.4　信用卡

信用卡是商业银行向个人和单位发行的,凭此向特约单位购物、消费和向银行存取现金,具有消费信用的银行卡。信用卡按是否向发卡银行交存备用金分为贷记卡、准贷记卡两类。贷记卡是发卡银行给予持卡人一定的信用额度,持卡人可在信用额度内先消费后还款的信用卡。准贷记卡则是先按发卡银行要求交存一定金额的备用金的信用卡。通常所说的信用卡,一般单指贷记卡。

1. 信用卡历史

信用卡于 1915 年起源于美国。最早发行信用卡的机构并不是银行,而是一些百货商店、饮食业、娱乐业和汽油公司,他们为招徕顾客、推销商品、扩大营业额,有选择地在一定范围内给予顾客赊购商品、分期付款的权利,这就是信用卡的雏形。1952 年,美国加利福尼亚州的富兰克林国民银行作为金融机构首先发行了银行信用卡,由于银行信用卡受到社会各界的普遍欢迎,全世界的银行纷纷推出了各自的信用卡。

2. 信用卡的外观

(1) 信用卡正面一般包括以下内容(如图 7-1 所示):

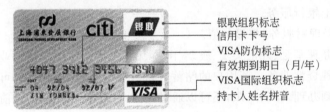

图 7-1　信用卡正面注解

① 该种信用卡的注册商标图案和卡组织标识;

② 信用卡专用标志或防伪标志;

③ 发卡银行(或者公司)的发行银行代号、信用卡号码、持卡人姓名拼音、有效期限等内容。

(2) 信用卡的背面则有以下内容(如图 7-2 所示):

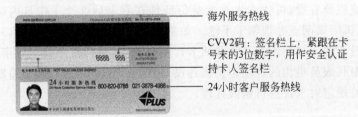

图 7-2　信用卡背面注解

① 一条磁性带,上面记录有持卡人的账号、可用金额、个人密码等信息资料;

② CVV2 码:签名栏上,紧跟在卡号末的 3 位数字,用作安全认证;

③ 信用卡持卡人签名栏;

④ 发卡银行的简单申明;

⑤ 24 小时客户服务热线。

3. 信用卡类别

（1）按照信用卡从属关系,可以分为主卡和副卡。

副卡持卡人使用信用卡所发生的一切债务均由主卡持卡人承担,由主卡持卡人直接向发卡机构或特约单位履行债务。因此,主卡持卡人与副卡持卡人之间多为财产共有关系,或者彼此了解、信任,二者之间存在赠予、委托、有偿承担等约定,同时也决定了主卡和副卡属于同一账户,信用额度共享。

在主、副卡持卡人关系中,主卡持卡人处于主导地位,有权决定增加或取消副卡,副卡持卡人则处于附属地位。如主卡被取消,副卡应主动交还发卡机构。主卡持卡人要求中途停止使用副卡时,也应将副卡交还发卡机构,其未了结的债务,仍由主卡持卡人承担。

（2）按照持卡人信誉地位和资信情况,可以分为白金卡、金卡、普通卡。

白金卡象征着持卡人地位尊贵、资金雄厚、信用良好,其透支额最高,当然,其年费也是最高的,申请白金卡往往要看每月消费的金额和信用来确定是否被批准,只有每月消费的金额达到银行的某个标准才能申请到白金卡。

金卡在每月消费的金额上要略低于白金卡的标准。

我国年龄为 18～60 岁的普通公民均可申请普通信用卡,当然银行要根据申请者是否有固定工作或个人资产情况决定是否批准其信用卡的发放。信用额度随着持卡人使用时间的推移和信用的积累,会逐步提高。目前我国的普通信用卡信用额度在一千元到几万元之间。

（3）按照信用卡账户币种数目,可以分为单币种信用卡和双币种信用卡。

目前,我国单币种信用卡只能以人民币结算,即商场消费、透支、还款都使用人民币,或者说只能在有银联标记的地方才能使用。而双币种信用卡一般可到外国使用,即到有维萨（VISA）和万事达（MasterCard）标记的国家或地区使用,图 7-3 和图 7-4 是这两种卡的图例。

图 7-3 个人信用卡双币维萨卡

图 7-4 个人信用卡双币万事达卡

学生笔记:

_____

_____

_____

（4）按照信用卡发卡对象不同，可以分为公司卡和个人卡。

个人信用卡凭个人身份证明即可申请，而公司信用卡要凭公司营业执照和相关证明才能办理。

有些银行称公司信用卡为商务信用卡，是针对单位高层管理人员或经常差旅人员设计的，可以根据需要选择单位承债或个人承债。单位承债必须由单位统一还款，个人承债可以由单位统一还款，也可以由个人自行还款。图7-5所示是一个公司信用卡的图例。

图 7-5 公司信用卡

4. 信用卡对持卡人的益处

（1）持卡人不必支付现金就可以获得商品与劳务，免去了消费者携带大量现金的不便和风险，方便了消费者外出购物、出差和旅游。

（2）当客户短期的购物需求超出了支付能力，客户可以用信用卡来应急。

（3）信用卡提供积分优惠政策，客户可通过积分得到现金返回、打折商品、礼品赠送等优惠。

5. 信用卡对银行的益处

客户往往会有不解，长达近2个月的免息期，银行如何收益？信用卡业务收入来源如下几方面。

（1）年费。发卡银行会向客户每年收取几十至几百元的年费。目前，有的银行推出一年刷卡指定次数可免年费的政策。

（2）循环利息。超过免息期，其透支费用要收利息，其年息高达18％以上，这是银行任何其他业务均无法与之相提并论的高收入。

（3）刷卡手续费。虽然顾客按标价付款，但商家却要付手续费给发卡银行、收单银行和结算组织（收单行代收），这也是发卡机构的一笔重要收入。

6. 信用卡对特约商户的益处

（1）方便消费者购物和消费，刺激了大额采购和冲动性购物，增加商户的销售额。使用银行卡进行消费，消费者可以避免随身携带大量现金，而且由于银行卡消费结算过程中，没有实体现金付出的概念，消费者往往容易产生冲动性购物的欲望和购物消费的随意性。统计数据也表明，使用银行卡交易的平均消费金额要高于使用现金交易的平均消费金额，这些都大大地增加了商户的销售量和销售额。

（2）比收取现金安全、卫生，还减少了从客户→收银员→商户会计→银行的现金清点环节。商户在收取现金过程中往往需要识别假钞假币，收取后还需要对钞票进行清点、保管，在每日营业终了还需要将现金押解至银行，在此期间，安全始终是商户需要面对的问题。通过受理银行卡则避免了现金带来的安全隐患问题。同时，现金在流通过程中不可避免地沾染上各类细菌和病毒，给消费者和收银员的身体健康带来了威胁，而受理银行卡则可以有效减少细菌和病毒的传播机会，创造了一个安全、卫生的消费环境。

（3）提升了交易处理速度，加快了商户资金的使用效率。商户受理银行卡，不仅在消费结算时交易速度更快，而且款项入账及时、账务清楚，方便商户对资金的调度，提高了商户资金的使用效率。

（4）吸引了更多的消费者。由于不少消费者已经习惯利用银行卡进行消费，商户接受银行卡交易可以给消费者提供更多的方便和选择，吸引更多的新消费群体，也提升了商户形象。如果商户开办了受理国际卡业务，还可以接受类似维萨（VISA）、万事达（MasterCard）等国际卡组织的国际卡，从而吸引更多的境外旅游者。目前，还有各种非传统的交易渠道，如电话、手机、互联网等购物方式，使得更多的消费者足不出户便享受到商户的多样服务。

（5）帮助商户在市场竞争中建立优势地位。通过受理银行卡，商户能够收集到相关消费者数据，通过对数据的分析、研究，可以制定出具有针对性的客户服务计划，开展多种形式的促销活动，和其他行业的企业结盟进行联合营销等，使得商户在激烈的市场竞争中建立并强化优势地位，并树立起良好的企业形象。

7. 国际信用卡组织介绍

国际上主要有维萨国际组织（VISA International）和万事达卡国际组织（MasterCard International）两大组织及美国运通国际股份有限公司（America Express）、大来信用证有限公司（Diners Club）、JCB 日本国际信用卡公司（JCB）三家专业信用卡公司。在各地区还有一些地区性的信用卡组织，如欧洲的 Europay、我国的银联等。

（1）维萨国际组织（VISA International）是目前世界上最大的信用卡和旅行支票组织。维萨国际组织的前身是 1900 年成立的美洲银行信用卡公司。1974 年，美洲银行信用卡公司与西方国家的一些商业银行合作，成立了国际信用卡服务公司，并于 1977 年正式改为维萨（VISA）国际组织，成为全球性的信用卡联合组织。维萨国际组织拥有 VISA、Electron、Interlink、Plus 及 VISA Cash 等品牌商标。维萨国际组织本身并不直接发卡，VISA 品牌的信用卡是由参加维萨国际组织的会员（主要是银行）发行的。目前其会员约三万多个，发卡逾十多亿张，商户超过几千万家，联网 ATM 机近百万台。

（2）万事达卡国际组织（MasterCard International）是全球第二大信用卡国际组织。1966 年美国加州的一些银行成立了银行卡协会（Interbank Card Association），并于 1970 年启用 Master Charge 的名称及标志，统一了各会员银行发行的信用卡名称和设计，于 1978 年再次更名为现在的 MasterCard。万事达卡国际组织拥有 MasterCard、Maestro、Mondex、Cirrus 等品牌商标。万事达卡国际组织本身并不直接发卡，MasterCard 品牌的信用卡是由参加万事达卡国际组织的金融机构会员发行的。目前其会员约两万多个，拥有众多家商户及 ATM 机。

8. 现金、支票、票据的缺点

（1）现金在从外形上要比信用卡厚重，使用复杂，且现金被盗取后难以追回。

学生笔记：
_____
_____
_____

（2）支票有 3 方面的缺陷：一是支票本不容易携带；二是支票难以跨区域使用，这主要是为防范空头支票的风险；三是支票担保服务也只能部分防范空头支票风险，而且担保费用高昂，一般为 1‰～2.2‰，风险程度高的开票人甚至需要支付高达 5‰ 的担保费。

（3）票据作为支付工具，在发挥作用的时候，要受到时间、空间、金额和使用者的限制，要求在一定的时间里由特定的受益人到事前确定的地方按票据填列的金额支取。票据作为信用工具，只有在支付时发挥作用。

9. 信用卡特点

与现金、支票、票据相比，信用卡有以下特点。

（1）信用卡是一种商品，一种特殊的金融商品，它要用货币去购买，而票据则不是商品。

（2）信用卡突破了票据的局限，它不像票据具有使用上的一次性，而是可以多次使用的。可在不同的地方、不同的商户多次支付，金额也不固定，受益人可以是多人次的，它把票据的功能拓展了很多。

（3）信用卡不仅是支付工具、结算工具，还具有消费信贷作用，是任何票据、货币都不具有的。

（4）信用卡的使用促进了邮购、电话购物及网上购物等订货方式的发展。

7.2 虚拟货币

虚拟货币并非真实的货币，因此它也不是电子货币。

虚拟货币是指电子商务经营者给予其网络客户的优惠或馈赠的表现形式，一般以积分来表示。它只能用于兑换本公司或本网站的产品或服务。知名的虚拟货币有百度公司的百度币、腾讯公司的 Q 币和 Q 点、盛大公司的点券等。

现在流行的虚拟货币大致分两类。第一类是人们熟悉的游戏币，主角靠赢得游戏的方式积累货币，它可以购买游戏内的补给品和装备，玩家之间可以交易游戏币。第二类是门户网站或者即时通信工具服务商发行的专用货币，用于购买本网站内的服务。使用最广泛的当属腾讯公司的 Q 币，可用来购买会员资格、QQ 秀等增值服务。

虚拟货币作为电子商务的产物，开始扮演越来越重要的角色，并且越来越和现实世界交汇融合。

一般网站的站长也开始使用虚拟货币的概念进行产品促销，当客户在其网站上购买产品后会被给予一定的积分，当积分累积到一定数值时就可以用优惠价格购买网站的产品。善于经营的网站站长还把积分普及到客户的其他行为上，例如客户阅读产品的评论，发表与产品相关的博客文章，推荐朋友注册会员等，都被给予一定的积分。但某些特定栏目的操作，是要消费客户的积分的，比如阅读文章、下载文件。赠送积分是为了吸引客户关注网站，起到聚集人气的作用。消费积分也是网站盈利的手段之一，例如客户为了下载有价值的文件，就要花人民币购买积分，有了足额积分才能下载文件。

对于一个功能比较健全的网站，任何一个注册用户的账户里都包含现金账户和积分账户两类，现金账户与积分账户的数额可以按一定比例互相转换。

所以，虚拟货币虽非真实的货币，但它在特定场合可以充当货币的角色，因此越来越受到网民的关注。

7.3　网络银行

网络银行又称网上银行、在线银行,是指银行利用互联网技术,通过互联网向客户提供开户、销户、查询、对账、行内转账、跨行转账、信贷、网上证券、投资理财等传统服务项目,使客户可以足不出户就能够安全便捷地管理活期和定期存款、支票、信用卡及个人投资等。可以说,网上银行是在互联网上的虚拟银行柜台。

网上银行又被称为"3A 银行",因为它不受时间、空间限制,能够在任何时间(anytime)、任何地点(anywhere)、以任何方式(anyhow)为客户提供金融服务。

7.3.1　网络银行的特征

(1) 依托迅猛发展的计算机和计算机网络与通信技术,利用渗透到全球每个角落的互联网。

(2) 突破了银行传统的业务操作模式,摒弃了银行由店堂前台接待开始的传统服务流程,把银行的业务直接搬到了线上。

(3) 个人用户不仅可以通过网上银行查询存折账户、信用卡账户中的余额以及交易情况,还可以通过网络自动定期交纳各种社会服务项目的费用以及进行网络购物。

(4) 企业集团用户不仅可以查询本公司和集团子公司账户的余额、汇款、交易信息,还能够在网上进行电子交易。

(5) 网上银行还提供网上支票报失、查询服务,维护金融秩序,最大限度地减少国家、企业的经济损失。

(6) 网上银行服务采用多种先进技术来保证交易的安全,不仅用户、商户和银行三方的利益能够得到保障,并且随着银行业务的网络化,商业犯罪将更难以找到可乘之机。

7.3.2　网上银行业务介绍

1. 基本网上银行业务

商业银行提供的基本网上银行服务包括在线查询账户余额、交易记录,下载数据,转账和网上支付等。

2. 网上投资

由于金融服务市场发达,可以投资的金融产品种类众多,国外的网上银行一般提供包括股票、期权、共同基金投资和 CDS 买卖等多种金融产品服务。

学生笔记:
_____
_____
_____

3. 网上购物

商业银行的网上银行设立的网上购物协助服务,大大方便了客户网上购物,为客户在相同的服务品种上提供了优质的金融服务或相关的信息服务,加强了商业银行在传统竞争领域的优势。

4. 个人理财助理

个人理财助理是国外网上银行重点发展的一个服务品种。各大银行将传统银行业务中的理财助理转移到网上进行,通过网络为客户提供理财的各种解决方案,提供咨询建议,或者提供金融服务技术的援助,从而极大地扩大了商业银行的服务范围,并降低了相关的服务成本。

5. 企业银行

企业银行服务是网上银行服务中最重要的部分之一。其服务品种比针对个人客户的服务品种更多,也更复杂,对相关技术的要求也更高,所以能够为企业提供网上银行服务是商业银行实力的象征之一,一般中小网上银行或纯网上银行只能部分提供,甚至完全不提供这方面的服务。

企业银行一般提供账户余额查询、交易记录查询、总账户与分账户管理、转账、在线支付各种费用、透支保护、储蓄账户与支票账户资金自动划拨、商业信用卡等服务。此外,还包括投资服务等。部分网上银行还为企业提供网上贷款业务。

6. 其他金融服务

除了银行服务外,大商业银行的网上银行均通过自身或与其他金融服务网站联合的方式,为客户提供多种金融服务产品,如保险、抵押和按揭等,以扩大网上银行的服务范围。

7.3.3 招商银行

招商银行的网上银行在我国开通较早,在网民中声誉较好,使用的人数也较多。现在以招商银行为例,介绍如何开通网上银行。由于银行网站不断更新迭代,下述图示可能与网站页面不同,但操作流程大同小异。

招商银行的网上银行系统支持两种证书类型:文件证书和移动证书。文件证书是以文件作为数字证书的存储介质;移动证书是以 USB KEY 作为数字证书的存储介质,USB KEY 见图 7-6。

图 7-6 招商银行的 USB KEY

(1) 到当地招商银行申请一张一卡通,并在柜台申请开通网上银行的服务,招商银行的文件证书类型的网上银行开通目前是免费的,现在大多数人都用文件证书类型的网上银行,而移动证书(USB KEY 或称 U 盾)要收取成本费,但目前由于银行竞争激烈,许多银行已开始免费赠送 U 盾。银行返回给用户的回执上有一组网上银行开通授权码。

(2) 打开招商银行网站(www.cmbchina.com),见到图 7-7 所示的页面。

(3) 单击“个人银行专业版”按钮,进入图 7-8 所示的页面。

(4) 下载“个人银行专业版”客户端软件,安装并运行,这样计算机桌面上就会出现

图 7-7　招商银行网站首页

图 7-9 所示的图标。

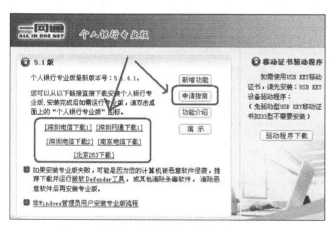

图 7-8　招商银行个人专业版软件下载页面

图 7-9　招商银行个人专业版安装成功 后在计算机桌面安装的图标

（5）双击图标，便出现图 7-10 所示的页面。

（6）单击"证书启用"按钮，按照提示完成所有注册信息的填写，此时要用到银行返回的一组授权码，记住授权码只能使用一次。

学生笔记：

_____

_____

_____

图 7-10　招商银行个人专业版登录页面

（7）注册完成，登录后就看到图 7-11 所示的页面。

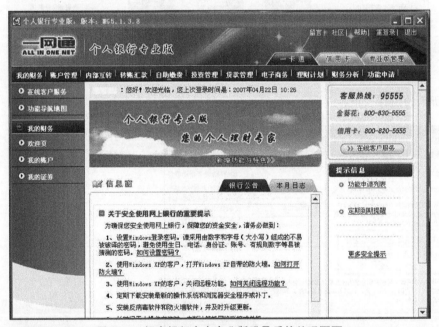

图 7-11　招商银行个人专业版登录后的处理页面

　　如果用户只想查询一卡通上的资金，也可用招商银行个人银行大众版，既不需要到招商银行柜台办理授权码，也不用安装客户端软件，只要在图 7-7 所示的页面中单击"个人银行大众版"按钮，即可进入图 7-12 所示的招商银行个人大众版登录页面。

　　一般而言，银行同城同行转账是免手续费的，异地和跨行转账要收手续费，一般一笔转账按转账金额的 1‰ 收取费用，最低费用是 5 元，最高费用是 50 元。招商银行手续费在不同时期其费率会有所改变，但比较实惠，具体费率请查阅银行官网。

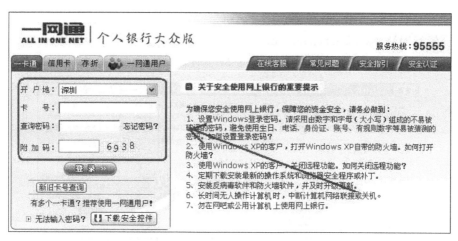

图 7-12 招商银行个人大众版登录页面

7.3.4 其他银行的网上银行

其他银行网上银行的申请与使用方法与招商银行的操作方式大同小异,这里只给出它们的网站地址,各个银行的网站上都有详细说明。

1. 农业银行

农业银行网站:www.95599.cn 与 www.abcchina.com。

图 7-13 是农业银行网站首页,农业银行 24 小时客服热线电话是 95599。

图 7-13 农业银行网站首页

学生笔记:

_____

_____

_____

2. 工商银行

工商银行网站：www.icbc.com.cn。

图 7-14 是工商银行网站首页，工商银行 24 小时客服热线电话是 95588。

图 7-14　工商银行网站首页

3. 建设银行

建设银行网站：www.ccb.cn。

图 7-15 是建设银行网站首页，建设银行 24 小时客服热线电话是 95533。

图 7-15　建设银行网站首页

4. 中国银行

中国银行网站：www.boc.cn。

图 7-16 是中国银行网站首页，中国银行 24 小时客服热线电话是 95566。

图 7-16 中国银行网站首页

5. 其他银行

（1）上海浦东发展银行网站：www.spdb.com,cn。

热线电话：95528

（2）平安银行网站：www.orangebank.com.cn

热线电话：95501

（3）交通银行网站：www.bankcomm.com

热线电话：95559

（4）光大银行网站：www.cebbank.com

热线电话：95595

（5）兴业银行网站：www.cib.com.cn

热线电话：95561

（6）民生银行网站：www.cmbc.com.cn

热线电话：95568

（7）广东发展银行网站：www.cgbchina.com.cn

热线电话：400 830 8003

（8）汇丰中国银行网站：www.hsbc.com.cn

热线电话：95366

学生笔记：

_____

_____

_____

7.4 第三方支付平台

7.4.1 第三方支付平台的概念

第三方电子支付平台是属于第三方的服务中介机构,完成第三方担保支付的功能。它主要面向开展电子商务业务的企业提供电子商务基础支撑与应用支撑服务,不直接从事具体的电子商务活动。

1. 特点

(1) 作为中介方,可以促成商家和银行的合作。对于商家来说,第三方支付平台可以降低企业运营成本;银行可以直接利用第三方的服务系统提供服务,节省网关开发成本。

(2) 有助于打破银行卡壁垒。由于目前我国实现在线支付的银行卡各自为政,每个银行都有自己的银行卡,这些自成体系的银行卡纷纷与网站联盟推出在线支付业务,客观上造成消费者要自由地完成网上购物,必须持有十几张卡。同时商家网站也必须装有各个银行的认证软件,这样就会制约了网上支付业务的发展。第三方支付服务系统可以很好地解决这个问题。

(3) 提供增值服务,帮助商家网站解决实时交易查询和交易系统分析,提供方便及时的退款和中止支付服务。

第三方支付平台是独立于买方、卖方和银行的交易支付网点,它起到买卖双方在交易过程中的资金中转、保管、监督作用,使买卖双方都能安心交易,如果发生交易纠纷(例如质量问题),其能帮助退还货款。

2. 操作流程

(1) 买卖双方都需要到该支付平台注册账号,一般是以电子邮件地址或手机号作为用户名去注册。

(2) 用银行卡上的资金,划款到支付平台的账户上,然后买卖双方在支付平台的账户上转账交易。

(3) 卖家网站若要与该支付平台接口对接,则要支付每年 1000～3000 元不等的年租金,每笔交易收取 1％～3％不等的手续费。对于小额交易的资金,现在的支付平台都支持手机转账的功能,但对于大额交易,手机转账的功能有严格的限制。

3. 知名支付平台

(1) 支付宝(www.alipay.com),阿里巴巴旗下的支付平台。

(2) 财富通 (www.tenpay.com),腾讯公司旗下的支付平台。

(3) 微信支付(pay.weixin.qq.com)。

(4) 首信易支付(www.beijing.com.cn)。

(5) 快钱网(www.99bill.com)。

(6) QPay 支付(qpay.walletsclub.com)。

(7) 易宝支付 (www.yeepay.com)。

7.4.2　第三方支付平台的盈利方式

第三方支付平台主要有以下盈利方式。

(1) 银行的手续费和汇款费。目前,网上交易的会员如果在异地,会发生大约占货款 1%的汇款费。而使用第三方支付平台交易时,一般不收费,但超过一定额度会收取比银行低的费用,这是支付平台的一个盈利点。

(2) 根据交易的总额来收取一定的费用。

(3) 与物流公司合作来收取一定的费用。

(4) 收取电子商务公司使用第三方支付平台的使用费。

(5) 第三方支付平台中账户资金以存款的形式保存,银行按协议支付利息。

7.4.3　支付宝介绍

浙江支付宝网络科技有限公司是国内领先的提供网上支付服务的互联网企业,由全球领先的 B2B 网站——阿里巴巴公司创办。支付宝(www.alipay.com)致力于为中国电子商务提供各种安全、方便、个性化的在线支付解决方案。

支付宝交易服务从 2003 年 10 月在淘宝网推出,短短三年时间内迅速成为使用极其广泛的网上安全支付工具,深受用户喜爱,引起业界高度关注。用户覆盖了 C2C、B2C 以及 B2B 领域。截至 2020 年 6 月底,使用支付宝的用户数已达 10 亿。自 2019 年 6 月至 2020 年 6 月,支付宝 12 个月交易总额达到 118 万亿元人民币,平均日交易量超过 3000 亿元人民币。

支付宝庞大的用户群也吸引越来越多的互联网商家主动选择集成支付宝产品和服务,目前除淘宝和阿里巴巴外,支持使用支付宝交易服务的商家已经超过 8000 万家,涵盖了虚拟游戏、数码通信、商业服务、机票票务等行业。这些商家在享受支付宝服务的同时,更拥有了一个极具潜力的消费市场。

目前,支付宝与 300 多家银行有合作关系,即这些银行的银行卡能与支付宝账户相互转账。

1. 支付宝交易流程

图 7-17 展示了买家交易流程。

图 7-18 展示了卖家交易流程。

1) 交易流程

支付宝普通交易流程如下。

(1) 买家先付款到支付宝,这样就不用担心把钱款直接付给卖家,而卖家不给发货的问题。

(2) 支付宝收到买家付款后即时通知卖家发货。

学生笔记:

_____

_____

_____

图 7-17　买家交易流程

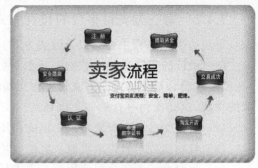

图 7-18　卖家交易流程

（3）买家收到货物满意后通知支付宝付款给卖家。

为了保证买卖双方的利益，在交易过程中设有超时机制，所以需要买卖双方务必关注自己交易的超时时间，以免造成不必要的损失。

2）即时到账

支付宝的另一种交易流程是即时到账，它的具体含义如下。

即时到账是属于买方自愿付款给卖方，买方只要付款后，款项就马上到达对方支付宝账户，因此买方需谨慎使用。

2. 支付宝实名认证

"支付宝实名认证"服务是由浙江支付宝网络科技有限公司提供的一项身份识别服务。支付宝实名认证同时核实会员身份信息和银行账户信息。通过支付宝实名认证后，相当于拥有了一张互联网身份证，可以在淘宝网等众多电子商务网站开店、出售商品，提高支付宝账户拥有者的信用度。

图 7-19　支付宝实名认证图标

可以在已建立的交易中通过"查看信用"来识别交易对方是不是支付宝实名认证会员，通过支付宝实名认证的会员，会带有如图 7-19 所示的支付宝实名认证图标。

3. 商家集成

如何在自己的网站上集成支付平台的支付网关？

网站站长与任何一家第三方支付平台签订协议后，支付平台一方会给网站站长提供支付账户、支付密码、身份 ID 号和支付接口类型，网站站长将这些参数在网站后台录入，网站就可利用该支付平台进行购物支付了。

以支付宝平台和素肌美人精油网站为例来说明这个过程。素肌美人精油网站到支付宝平台注册支付宝账号后，选择第 2 种商务套餐，即创业版商务套餐。图 7-20 为支付宝商务套餐方案。

支付宝各个商务套餐接口方案的服务权限如图 7-21 所示。

素肌美人精油网站与支付宝签订支付接口协议，其协议主要内容是精油网站每年支付资金在 20 万以内，手续费为 1800 元，该手续费为预收。超过 20 万支付额度后，支付宝按每笔交易额的 1.5% 收取佣金，从精油网站支付额中直接划转。协议签订并支付手续费 1800

图 7-20　支付宝商务套餐方案

		体验版	创业版	专业版
特约商家服务	账户管理体系	✓	✓	✓
	信用评价体系	✓	✓	✓
核心接口服务	标准双接口	✓	✓	✓
	外部即时到账接口	✓	✓	✓
	批量付款到支付宝账户（站内+接口）		✓	✓
	高级外部即时到账（含站内3个月可退款功能）			✓
增值服务	语音支付（接口+站内）			✓
	指定IP访问			✓
	委托提现			✓
	确认发货接口		✓	✓
	即时到账分润功能		✓	✓
	交易接口查询服务		✓	✓
	站内大额收付款服务		可选	可选
	商家平台推广			可选

图 7-21　支付宝商务套餐接口方案服务权限

元后,支付宝将精油网站的支付账户、支付密码、身份 ID 号和支付接口类型提供给站长,站长可以到精油网站后台→模块管理→财务→支付配置页面输入有关参数。图 7-22 为素肌美人精油网站后台支付接口。该精油网站后台支付的手续费是指网站向精油购买者收取的手续费,而不是支付宝向精油网站站长收取的手续费。支付接口类型一般有纯担保交易接口、标准实物双接口、即时到账接口这 3 种。纯担保交易接口为个人接口,不属于商家接口。网站站长一般采用标准实物双接口,而大型商家一般采用即时到账接口,该接口手续费较高。这 3 种接口采用哪一种,由网站站长与支付宝签订协议时确定。

其他商家的第三方支付平台的接入方式和操作过程与支付宝类似。网站站长选择的时候,不能一味追求手续费低廉的支付平台,而应选择市场覆盖面较大的支付平台,因为网站中嵌套支付平台,就是为了方便客户购物。而面对市场份额小的支付平台,客户往往没有账号,要客户为了购买网站上一个产品而专门去注册一个他不熟悉的支付账户,往往是

学生笔记:

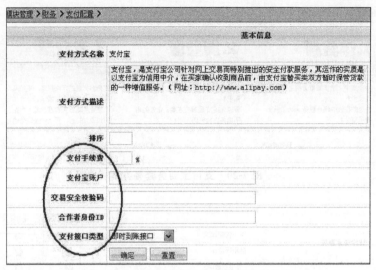

图 7-22　素肌美人精油网站后台支付接口

不现实的,这样会丢失客户。

7.4.4　微信支付平台

微信支付是近些年来的后起之秀,成为移动终端的重要第三方支付平台之一。无论是电子商务商家还是普通网民,掌握微信支付技能是时代的需求,否则就被时代淘汰。

微信支付是集成在微信客户端的支付功能,用户可以通过手机完成快速的支付流程。微信支付以绑定银行卡的快捷支付为基础,向用户提供安全、快捷、高效的支付服务。微信支付分为普通用户支付和商家支付两大类。

1. 普通用户支付

（1）将微信号绑定银行卡,因为是用银行卡付款的,银行卡可以是储蓄卡,也可以是信用卡。该银行卡必须在银行留有手机号码,因为要通过手机验证码进行验证。

进入添加银行卡界面,如图 7-23 所示,选择"我的银行卡"选项。如果用户还没使用过该功能,会提示设置支付密码,以后支付时需要验证此密码。

（2）添加银行卡,如图 7-24 所示,然后会提示设置支付密码或者验证支付密码,如图 7-25 所示。

（3）输入持卡人姓名、银行卡号,如图 7-26 所示。

（4）根据提示输入资料,不同的银行卡,需要输入的资料可能有所不同,如图 7-27 所示。

（5）验证手机号码,如图 7-28 所示。

（6）完成后,此银行卡就出现在列表中,如图 7-29 所示。

图 7-23　微信支付示意图 1

图 7-24　微信支付示意图 2

图 7-25　微信支付示意图 3

图 7-26　微信支付示意图 4

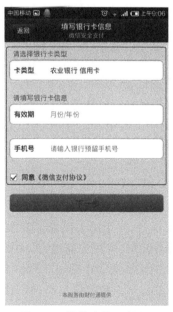

图 7-27　微信支付示意图 5

学生笔记：

图 7-28　微信支付示意图 6

图 7-29　微信支付示意图 7

至此,银行卡设置完成,以后就可以通过该银行卡支付购物了。

(7) 在购买商品需要支付时,用微信"扫一扫"功能扫描商品二维码或直接点击微信官方认证公众号的购买链接,用已经绑定好的银行卡付款即可。

2. 商户支付

电子商务商家要与微信支付接口连接后才能让客户进行微信支付。商家支付有 4 种方法接入微信,一是公众号支付;二是 App 支付;三是扫码支付;四是刷卡支付。

有关商户支付接入教程,请参考微信官网 pay.weixin.qq.com,上面有很详细的接入方法介绍。

7.4.5　银联支付平台

2002 年 3 月,经中国人民银行批准,在合并 18 家银行卡信息交换中心的基础上,由中国印钞造币总公司、中国工商银行、中国农业银行、中国银行、中国建设银行和交通银行等 85 家机构共同出资成立中国银联股份有限公司,总部设在上海。该公司主要负责建设和运营全国统一的银行卡跨行信息交换网络,提供银行卡跨行信息交换相关的专业化服务,管理和经营"银联"品牌,制定银行卡跨行交易业务规范和技术标准。

银行业统一 App"云闪付"汇聚各家机构的移动支付功能与权益优惠,致力于成为消费者省钱省心的移动支付管家。用户通过"云闪付"App 即可绑定和管理各类银行账户,并使用各家银行的移动支付服务及优惠权益。

全国近 70 万家超市便利店、260 余个城市的高校和企事业食堂、800 余个城市的菜市场现已开通云闪付扫码付款,全国 300 余个城市现已开通云闪付扫码乘车。

"云闪付"是央行的官方支付平台,其安全性、可靠性不言而喻,而支付宝、微信支付则是民营企业的支付平台。"云闪付"App 在各大软件下载平台都可以下载使用。

7.5 手机支付

7.4.4 节介绍的微信支付平台一般安装在智能手机或者平板计算机上,通常也称为手机支付平台,其本质属于第三方支付平台,但本节所说的手机支付平台是指钱包的一种形式,利用手机 SIM 卡来实现支付功能。

无论在现实生活中的日常消费,还是在网上的电子商务,只要是属于小额交易的类型,手机支付都将脱颖而出,成为主要的电子钱包,逐步取代普通的储值卡。

其实手机卡也是一种储值卡,只不过体积较小,它与现在手机的 SIM 卡形状尺寸相同。由于智能手机基本普及,人手一部,只要将普通手机的 SIM 卡更换为用于有现场刷卡功能的 RFID-SIM 卡,就可以进行手机支付了。如乘坐地铁和公交车、到超市购物,都可以用手机刷卡来支付。

目前 NFC 支付已经脱颖而出。NFC 支付是指消费者在购买商品或服务时,即时采用 NFC(near field communication)技术通过手机等手持设备完成支付,是一种新兴的移动支付方式。支付的处理在线下,现场进行,不需要使用移动网络,而是使用 NFC 射频通道实现与 POS 收款机或自动售货机等设备的本地通讯。NFC 近距离无线通信是近场支付的主流技术,它是一种短距离的高频无线通信技术,允许电子设备之间进行非接触式点对点数据传输、交换数据。该技术由 RFID 射频识别演变而来,并兼容 RFID 技术,其由飞利浦、诺基亚、索尼、三星、中国银联、中国移动、捷宝科技等主推,主要用于手机等手持设备。

7.5.1 消费者使用方法

对于全球通的手机客户以及其他实名制签约客户,持有效证件到电信营业厅开设手机支付账户,然后更换用于现场刷卡功能的 RFID-SIM 卡,就可以实现手机支付了。手机支付有两种方式,一种是现场支付,将手机接近刷卡机就能实现支付;另一种是远程支付,在互联网购物网站的支付窗口,输入手机号码、支付账户和支付密码,就能实现支付。第二种功能,类似于支付宝。

这里要强调的是,手机支付账户的存款余额与手机卡上的话费余额是两个概念,手机支付账户的资金是用户用来进行网上购物、公用事业缴费、交话费等消费的,其资金的所有权归消费者,消费者可以将其取回;而手机卡上的话费则是用来支付给中国移动通话服务的资金,一般不可以取回。这两个账户是独立存在的,互不关联。

7.5.2 商户的使用方法

商家与手机支付平台签订合作协议后,手机支付平台的技术服务工程师会提供手机支

学生笔记:
_____
_____
_____

付平台接入开发包(远程网站使用方式),或上门为商户安装和调试手机钱包刷"机"消费设备(现场刷卡使用方式),商户只需经过简单的开发或调试,即可为消费者提供手机支付服务。

手机支付平台的支付业务,按照支付渠道可划分为网上支付、短信支付、手机钱包支付这3类;按照支付方式可分为直接支付、担保支付、预授权支付这3类。交易服务费为系统向合作商户收取的交易佣金,其比例与商户协商确定。交易服务费收取方式包括实时收取、结算时收取,可灵活设置。

7.6 数字货币

以比特币为代表的数字货币在这几年已经渐渐走进人们的生活,它是一种基于区块链技术的新型货币。区块链是一个分布式的共享账本和数据库,具有去中心化、不可篡改、全程留痕、可以追溯、集体维护、公开透明等特点。数字货币代表着未来货币发展趋势。

7.6.1 货币的发展历史

货币在人类文明史上扮演着极为重要的角色,它是市场等价物,也就是钱。中国是世界上最早使用货币的国家之一,使用货币的历史长达五千年之久。人类的货币在形成和发展的过程中,先后经历了5次极为重大的演变及发展阶段,简单整理如下。

(1) 实物货币:指远古时期的以物换物,粮食、布匹、毛皮、工具、陶瓷器、家畜,贝壳等都曾经充当过货币。

(2) 金属货币:历史上有过金、银、铜、铁等货币,形态各异。

(3) 纸币:各国都正在使用,如人民币、美元、欧元、英镑、韩元等。

(4) 电子货币:银行卡、支付宝、微信零钱是其中最典型的代表。

(5) 数字货币:这是货币发展的第5个阶段而且已经来临,它基于公共区块链和计算机加密运算等技术,依托互联网,由网民自行开发并发行,典型代表有比特币、以太坊币等。

目前我国央行也在着手数字货币研究与实验工作,央行于2014年就成立发行法定数字货币的专门研究小组,探索数字货币的技术和实践性。

随着互联网技术的快速发展,支付方式不断改变,以比特币的为代表的数字货币受到人们的广泛关注。

7.6.2 数字货币的概念

目前,数字货币尚没有非常准确的统一定义。数字货币简称为 DIGICCY,是英文"digital currency(数字货币)"的缩写,是电子货币形式的替代货币,是一切价值的数字化表示。它有两种形态,一种是不由央行或当局发行,也不与法币挂钩,但由于被公众所接受,所以可作为支付手段,也可以以电子形式转移、存储或交易,比特币就是这种类型数字货币的典型代表;另一种是由央行发行,称为央行数字货币,它是一种电子化、由国家央行发行,面向一定人群或者机构的现金替代品或补充品。央行数字货币可以通过区块链发行,也可以基于其他的数据结构。我国目前已经开始进行央行数字货币的试点发行,但还没有在社会上普遍使用。数字货币支付使用的技术门槛比支付宝等电子货币支付方式要高一些,其普及还有待时日。

7.6.3　数字货币不等同电子货币

由于数字货币是一个新生事物,全世界对数字货币的理解和称谓有很大的不同,社会上也有一些人把数字货币看作是电子货币的一种形态。7.1 节所指的电子货币,与数字货币还是有很大的区别。表 7-1 为电子货币、虚拟货币以及数字货币的比较。

表 7-1　电子货币、虚拟货币以及数字货币比较

栏　　目	电子货币	虚拟货币	数字货币
发行主体	金融机构	网络运营商	普通数字货币没有金融机构参与,央行数字货币有金融机构参与
使用范围	一般不限	网络企业内部	不限
发行数量	法币决定	发行主体决定	数量一定
储存形式	磁卡或账户	账户	数字
流通方式	双向流通	单向流通	双向流通
货币价值	与法币对等	与法币不对等	与法币不对等
信用保障	政府	企业	网民
交易安全性	较高	较低	较高
交易成本	较高	较低	较低
运行环境	内联网、外联网、读写设备	企业服务器与互联网	开源软件以及 P2P 网络
典型代表	银行卡、公交卡	Q 币、论坛币	比特币、以太坊

电子货币与政府发行的法币(美元、英镑、人民币等)是有对等关系的,发行 1 元电子货币,就要收回 1 元纸币,市面上流通的法币数量恒定,不会因为发行电子货币而增加市面流通法币的数量。

数字货币与政府发行的法币是没有对等关系的,它在一个特定范围内被广泛认可,因此可在这个特定范围内流通,凭这个数字货币可以买商品,也可以兑换法币。比特币(英文代码为 BTC)是在全世界范围内被认可的数字货币,因此目前它已在全世界范围内流通。其他由企业发行的数字货币,一般只被这个企业平台的会员认可,因此流通范围也只局限于这个平台。由某个企业或某个平台发行的数字货币,由于使用人数比较少,流通范围也比较小,信誉度普遍不高,因此风险很高。这里的风险很高有两层含义,第一是它的汇率波动很大,就是兑换法币的比例波动很大,今天一个数字币可以兑换 3 美元,明天可能只能兑换 0.5 美元;第二是这个企业倒闭或者老板携款潜逃,那么数字币就一分也不值了。

学生笔记:

_____

_____

_____

目前全世界各国对数字货币的监管普遍缺位,法律更是滞后,一小部分犯罪嫌疑人就利用发行数字货币为幌子,非法骗取老百姓的钱财,因此必须对此高度警惕,时刻保持风险防范意识。

7.6.4 数字货币的特点

数字货币受到全世界有识之士普遍关注和欢迎,一定有它自身的特点。

1. 去中心化

传统纸币的使用便是中心化的模式,存款、转账、取款、交易都需要经过银行这个中心来进行,支付宝和微信只是纸币电子化,也需要银行最后核准。所有数据全部存在银行这个中心化机构,人们只能在银行查看属于自己的账本,无权查看其他人的账户余额,更不可能拥有他人数据。

普通数字货币转账交易不需要通过第三方,更不需要通过银行,没有一个中心节点,每个节点和每个节点权利义务一模一样。所有数据存在每个节点上,网民拥有全部的数据,无法篡改和逆转交易。彻底解决信任问题,有效防止恶意修改数据的行为。

那么央行数字货币到底是中心化还是去中心化呢?其实中心化是一个相对的概念,如果从国内央行的角度来考虑,这是一个中心化过程;如果从银行表外、互联网金融、美联储等角度来考虑,我国央行的数字货币就是去中心化。

央行数字货币是流通中纸币的替代,这意味着货币发行权。长期以来由于美联储大量印钞输入中国,导致国内央行的货币发行权处于被动地位,权利不断被切割,这令央行的宏观调控能力不断下降,而央行数字货币在一定程度上会夺回货币发行权,减少金融体系的货币派生能力,强化央行货币政策对宏观调控的能力,同时可以在一定程度上加速去美元化,这就令美联储对国内央行的侵权能力下降,从这个意义上来说是中心化过程。所以我国央行对发行数字货币非常重视,其研究成果在全球领先。

去中心化是未来货币的基础,没有官方或第三方的信用背书,直接交易,不受任何机构的控制,完全由市场决定,这是世界大同所用货币的特征。

2. 加密与匿名

隐私权是一项基本人权,匿名是实现这项权利的有效途径之一。区块链技术的匿名性可以防止个人身份被盗用,防止个人消费习惯被不良商家利用,是保护人们隐私权的利器之一。

区块链上可以实现身份与交易的匿名性。身份匿名是指用户身份信息和区块链地址之间的无关联性,交易匿名则是指区块链中存储的交易记录和交易记录背后的主体匿名。简单来说,就是客户的资产余额和转账信息得到了匿名加密的保护。

目前的电子支付都是实名制的,无论支付宝、微信支付还是银行卡转账,银行管理部门都可以查到某某在什么时间在哪里消费了多少钱,而用比特币购买商品,银行管理部门不可能查到这笔交易。

3. 不可篡改

区块链是一种按照时间顺序将数据区块以顺序相连的方式组合成的一种链式数据结

构,并以密码学方式保证的不可篡改和不可伪造的分布式账本。

数字货币的本质是一个互相验证的公开记账系统,这个系统所做的事情,就是记录所有账户发生的所有交易,每个账号的交易都会记录在全网总账本(区块链)中,而且每个人手上都有一份完整的账本,每个人都可以独立统计出比特币有史以来每个账号的所有账目,也能计算出任意账号的当前余额,因此系统里任何人都没有唯一控制权,系统稳定而公平。数字货币的交易一经确认,将被记录在区块链中,便无法撤销及改变。这意味着任何人,不管是不法分子、商家、银行,都不可以通过删除或修改交易纪录的方法来进行诈骗。但如果主动把数字货币汇给了诈骗分子自然也是无法取回的,所以在交易时要小心谨慎。

4. 传递价值

互联网的电子货币只能做信息的传递而无法做价值的传递,支付宝上银行在进行账户数字的加减之后,实际货币的结算可能在 24 小时,甚至在一个月之后进行。价值的传递是脱离信息的传递滞后的,严重依赖于整个中心的运作。

数字货币网络中每一笔转账,本身都是价值的转移,数字货币本身是完全虚拟的,它代表的是价值的使用权,而转账就是对价值的使用权进行再授权。基于区块链的可溯源结构,人们可以找到每一枚"币"被发行出来的时间,价值的流转轨迹非常的清晰。

5. 全球流通便捷

数字货币不受时间和空间的限制,能够快捷方便且低成本地实现境内外资金的快速转移,整个支付过程更加便捷有效。以货币跨境转汇为例,传统货币转汇境外需要通过银行机构进行较为复杂的手续办理,如金融电信协会的业务识别码、特定收款地的国际银行账户号码等。同时,完成整个资金转移过程耗时较长,一般为 1~8 个工作日,并且需要支付较高的手续费。而数字货币则能实现境外转汇的低成本便捷化服务,如通过 PayPal 办理境外转汇业务时,可以在接受支付命令后即时将转汇金额记入到收款人的 PayPal 账户,实现业务交易的即时性。

7.6.5 数字货币对社会的影响

数字货币是一把双刃剑,既对社会有很大的促进作用,也会产生负面影响,所以加强对数字货币的管理非常重要。但总的来说,数字货币有不可取代的优势,未来必将成为经济社会的主角。

1. 有效震慑经济犯罪

数字货币的标识代码等同于纸币上的编码,是独一无二的。纸币在银行发行后,在全社会流通,自此之后就无法掌握资金流向。体现于纸币上的编码仅为象征性符号,并无实际用处,某一张百元纸币是流入张三还是李四的手中,央行根本不知情,也无从查起。很多贪污受贿的资金流入犯罪嫌疑人的账户,也无法判定这些货币的来源和走向。

学生笔记:
_____
_____
_____

而基于区块链的代码,却能轻而易举地实现追踪。将代码赋予流通的生命,输入编号便可掌握来龙去脉。当央行数字货币普遍流通后,每个人的每一步资金流通途径都能追溯,那么那些无正当来源的资金很容易查到从谁流到谁手里,行贿和受贿的过程就清清楚楚了。

与央行数字货币相比,普通数字货币,由于其匿名性和去中心化,国际流通非常方便,这给不法分子洗钱和走私也带来了便捷,给侦查工作带来难度。

2. 方便统计消费结构

一个家庭的收入,如果都用央行数字货币来记账,那么工资收入是多少,股票收入是多少,其他生意收入是多少一目了然。这些钱有多少是买柴米油盐、有多少是买车买房、有多少是用于孩子教育等也是一目了然的,这样整个社会的消费结构就很容易统计,而且非常精准。目前全国的经济数据都是统计局城调队通过抽样调查来获得数据,费时费力,精准度也有欠缺。

因此央行数字货币对经济走势的精准把握是一个有效的工具,便于国家能够适时精准地做出宏观调控决策。

3. 对金融的影响

1)对货币政策的影响

如果数字货币被广泛接受且能发挥货币的职能,就会削弱货币政策的有效性,并给政策制定带来困难。因为数字货币发行者通常都是不受监管的第三方,货币被创造于银行体系之外,发行量完全取决于发行者的意愿,因此会使货币供应量不稳定,再加上当局无法监测数字货币的发行及流通,导致无法精准判断经济运行情况,给政策制定带来困扰,同时也会削弱政策传导和执行的有效性。

2)对金融基础设施的影响

基于分布式分类账技术进行价值交换的分散机制改变了金融市场基础设施所依赖的总额和净额结算的基本设置。分布式分类账的使用也会给交易、清算和结算带来挑战,因为它能促进不同市场和基础设施中传统服务供应商的非中介化。这些变革可能对零售支付体系以外的市场基础设施产生潜在影响,如大额支付体系、证券结算体系或交易数据库。

3)对广义金融中介和金融市场的影响

数字货币和基于分布式分类账的技术如果被广泛使用,就会对金融体系现在的参与者特别是银行的中介作用带来挑战。银行是金融中介,履行代理监督者的职责,代表存款人对借款人进行监督。通常,银行也开展流动性和到期转换业务,实现资金从存款人到借款人的融通。如果数字货币和分布式分类账被广泛使用,任何随后的非中介化都可能对储蓄或信贷评估机制产生影响。

4)安全隐患与对金融稳定的影响

假定数字货币被公众所认可,其使用量大幅增加并在一定程度上替代法定货币,则与数字货币有关的用户终端遭到网络攻击等负面事件会引起币值的波动,进而对金融秩序和实体经济产生影响。

【主要知识点】

1.【电子货币】就是用一定金额的现金或存款从发行者处兑换并获得代表相同金额的数据,通过使用某些电子化方法将该数据直接转移给支付对象,从而能够清偿债务、货款、消费等,该数据即可称作电子货币。

2.【储值卡】储值卡一般由非银行机构发行,它可以在多个领域充当支付工具的电子钱包,也称为小额支付卡。

3.【银行卡】银行卡(bank card)由银行发行、供客户办理存取款业务的新型服务工具的总称。银行卡包括信用卡、支票卡、自动出纳机卡、记账卡等。

4.【借记卡】借记卡(debit card)可以在网络和 POS 机上消费,支持 ATM 转账和提款,不能透支,卡内的金额按活期存款计付利息。消费或提款时资金直接从储蓄账户划出。

5.【贷记卡】贷记卡(credit card)是指发卡银行给予持卡人一定的信用额度,持卡人可在信用额度内先消费,后还款的信用卡。

6.【信用卡】信用卡就是贷记卡。

7.【双币信用卡】我国单币种信用卡只能以人民币结算,即商场消费、透支、还款都使用人民币,或者说只能在有银联标记的地方才能使用。而双币种信用卡一般可到外国使用,即到有维萨(VISA)和万事达(MasterCard)标记的国家或地区使用。

8.【VISA 卡与 MasterCard 卡】维萨国际组织(VISA International)是目前世界上最大的信用卡和旅行支票组织。万事达卡国际组织(MasterCard International)是全球第二大信用卡国际组织。我国信用卡上只要有这二者标志之一,就可在国外大部分国家使用。

9.【虚拟货币】虚拟货币并非真实的货币,因此它也不是电子货币。虚拟货币是指电子商务经营者给予其网络客户的优惠或馈赠的表现形式,一般以积分来表示。它只能用于兑换本公司或本网站的产品或服务。

10.【网络银行】网络银行又称网上银行、在线银行,是指银行利用互联网技术,通过互联网向客户提供开户、销户、查询、对账、行内转账、跨行转账、信贷、网上证券、投资理财等传统服务项目。

11.【第三方电子支付平台】第三方支付平台是独立于买方、卖方和银行的交易支付网点,它起到买卖双方在交易的过程中的资金中转、保管、监督作用,使买卖双方都能安心交易,如果发生交易纠纷(例如质量问题),其能帮助退还货款。

12.【RFID-SIM 卡】它就是储值卡,只不过其体积较小,与现在手机的 SIM 卡形状尺寸相同,能存放在手机中,既能打电话,又能当储值卡使用。

13.【微信支付】微信支付是集成在微信客户端的支付功能,用户可以通过手机完成快速的支付流程。微信支付以绑定银行卡的快捷支付为基础,向用户提供安全、快捷、高效的

学生笔记:

_____

_____

_____

支付服务。

【技能训练】

实训十一　支付宝支付

通过实训,学生应该知道支付宝不仅可以进行网购支付,还拥有交纳水电气费用等诸多功能。目前支付宝已经普及,每个大学生应该拥有自己的支付宝账户,并且熟练操作。

操作步骤如下。

(1) 在 www.alipay.com 上注册、实名认证、登录。

(2) 利用支付宝给家里的水电气缴费一次。

(3) 利用支付宝给自己或者家人的信用卡还款一次。

(4) 利用支付宝给自己的手机充值一次。

(5) 利用支付宝预约医院挂号一次,若不去就诊,请及时取消预约。

(6) 有条件的学生利用支付宝的"蚂蚁花呗"功能进行一次透支购物(初学者请选择小额商品进行网购)。

(7) 利用支付宝将零钱存入余额宝,体验支付宝的理财功能。

【本章小结】

- 电子货币

(1) 电子货币的严格定义是:消费者向电子货币的发行者支付传统货币,而发行者把与传统货币的相等价值,以电子形式储存在消费者持有的电子设备中。

(2) 智能卡形式的支付卡,主要用于线下的支付。

(3) 数字方式的货币文件,主要用于线上的支付。

(4) 储值卡一般由非银行机构发行,它可以在多个领域充当支付工具的电子钱包,也称为小额支付卡。

(5) 银行卡一般分两种:借记卡和贷记卡。借记卡是储蓄卡,其使用流程是先存款,后消费;贷记卡是信用卡,其使用流程是先消费,后还款。

(6) 国际信用卡组织主要有维萨国际组织(VISA International)和万事达卡国际组织(MasterCard International)两大组织。

- 虚拟货币

虚拟货币并非真实的货币,因此它不是电子货币。虚拟货币虽非真实的货币,但它在特定场合可以充当货币的角色,因此越来越受网民的关注。

- 网络银行

网络银行又称网上银行、在线银行,是指银行利用互联网技术,通过互联网向客户提供开户、销户、查询、对账、行内转账、跨行转账、信贷、网上证券、投资理财等传统服务项目,使客户可以足不出户就能够安全便捷地管理活期和定期存款、支票、信用卡及个人投资等。可以说,网上银行是在互联网上的虚拟银行柜台。

- 第三方支付平台

（1）第三方电子支付平台属于第三方的服务中介机构，完成第三方担保支付的功能。它主要是面向开展电子商务业务的企业提供电子商务基础支撑与应用支撑服务，不直接从事具体的电子商务活动。

（2）支付宝（www.alipay.com）是目前市场占有率最大的第三方电子支付平台，要熟练掌握其使用方法。

（3）微信支付平台（pay.weixin.qq.com）是目前移动支付市场占有率最大的第三方电子支付平台，其用户群迅速增长。

- 手机支付

无论在现实生活的日常消费还是在网上的电子商务，只要是属于小额交易的类型，手机支付都将脱颖而出，成为主要的电子钱包，逐步取代普通的储值卡。

- 数字货币

数字货币简称为 DIGICCY，是"Digital Currency（数字货币）"的缩写，是电子货币形式的替代货币，是一切价值的数字化表示。它有两种形态，一种是不由央行或当局发行，也不与法币挂钩，但由于被公众所接受，所以可作为支付手段，也可以以电子形式转移、存储或交易，比特币就是这种类型数字货币的典型代表；另一种是由央行发行，称为央行数字货币，它是一种电子化、由国家央行发行，面向一定人群或者机构的现金替代品或补充品。

【练习作业】

一、选择题

1. 下面哪一种卡不属于储值卡？
   A. 八达通　　　　B. 校园卡　　　　C. 公交卡　　　　D. 招行一卡通
2. 下面哪个不属于信用卡组织？
   A. 银联　　　　B. microsoft　　　　C. JCB　　　　D. MasterCard
3. 下面哪个是网络银行加密的最安全的方法？
   A. U 盾　　　　B. 密码　　　　C. 软键盘　　　　D. 远程认证
4. 下面哪个不是第三方支付平台？
   A. 天猫网　　　　B. 支付宝　　　　C. 财富通　　　　D. 微信支付
5. 下面哪种不是第三方支付平台的盈利方式？
   A. 根据交易的总额来抽取一定的费用
   B. 与物流公司合作来收取一定的费用
   C. 销售第三方支付平台软件的利润
   D. 收取电子商务公司使用第三方支付平台的使用费

学生笔记：

二、讨论题

1. 我爱卡（www.51credit.com）上罗列了各种信用卡的指标，结合自己使用信用卡的体会，谈谈哪种信用卡适合大学生群体。

2. 要成功经营一个网站，虚拟货币很重要，比较你熟悉的 3 个网站内所用虚拟货币的优缺点。

3. 若到美国购物，是信用卡银联线路结账方便还是 VISA 线路结账方便？有出国购物经历的同学谈谈在境外使用信用卡的体会。

三、操作题

请到下面网站去仔细浏览，并按要求进行操作。

1. 登录支付宝网站，注册一个账号并使用，仔细体会支付中介方式和效果。

2. 到某家银行开通网上银行，熟练掌握网上银行的操作。

3. 到快钱网（www.99bill.com）注册一个账户并使用，仔细体会与支付宝的相同点和不同点。

第 8 章

电子商务安全

【学习目标】

通过本章的学习,了解电子商务安全知识,知晓电子商务安全技术,具体来说有下面几点。

(1) 随着互联网应用日益普及,电子商务已经渗透到每个普通百姓的生活中,随之带来的网络安全问题也日益突出。每个人都应有防范意识,把网络上的不安全因素降到最低。

(2) 网络安全防范可采用技术措施,也可用管理措施,还与上网习惯有关系。

(3) 技术措施防范涉及较深的计算机技术、密码算法,属于专门学科,本章只是介绍一些浅显的概念和术语,学生对于 8.5 节内容阅读有困难,可以略过。

(4) 上网行为管理属于网络安全的管理措施范畴,其作用和方法是应该掌握的内容,它也是目前企业常用的网络安全方法之一。

(5) 对于个人而言,应该对使用的手机或者计算机采取病毒防范措施,并使用系统优化软件经常进行内存释放、清除垃圾等。

【学习要求】

（1）要求熟练掌握清除病毒软件的使用方法，了解市场上主流计算机安全防护软件的功能。

（2）要熟记企业上网行为规范，并在以后实习和工作中积极遵守。

【关键词】

电子商务安全、网络安全、病毒、加密技术、认证技术、安全电子交易、黑客防范技术。

8.1 电子商务安全概述

电子商务的一个重要技术特征是利用 IT 技术来传输和处理商业信息，如何建立一个安全、便捷的电子商务应用环境，对信息提供足够的保护，已经成为商家和用户都十分关心的话题。电子商务安全从整体上可分为两大部分：计算机网络安全和商务交易安全。

8.1.1 计算机网络安全

计算机网络安全的内容包括计算机网络设备安全、计算机网络系统安全、数据库安全等。其特征是针对计算机网络本身可能存在的安全问题，以保证计算机网络自身的安全性为目标，实施网络安全增强方案。

一个全方位的计算机网络安全体系结构包含网络的物理安全、访问控制安全、系统安全、用户安全、信息加密、安全传输和管理安全等。充分利用各种先进的主机安全技术、身份认证技术、访问控制技术、密码技术、防火墙技术、安全审计技术、安全管理技术、系统漏洞检测技术、黑客跟踪技术，在攻击者和受保护的资源间建立多道严密的安全防线，极大地增加了恶意攻击的难度，并增加了审核信息的数量，利用这些审核信息可以跟踪入侵者。

8.1.2 商务交易安全

商务交易安全则紧紧围绕传统商务在互联网络上应用时产生的各种安全问题，在计算机网络安全的基础上，如何保障电子商务过程的顺利进行，即实现电子商务的保密性、完整性、可鉴别性、不可伪造性和不可抵赖性。商务交易安全风险主要有以下 6 种情况。

1. 窃取信息

数据信息在未采用加密措施的情况下，以明文形式在网络上传送，攻击者在传输信道上对数据进行非法截获、监听，获取通信中的敏感信息，造成网上传输信息泄露。即使数据经过加密，但若加密强度不够，攻击者也可通过密码破译得到信息内容，造成信息泄露。

2. 篡改信息

攻击者在掌握信息格式和规律后，采用各种手段对截取的信息进行篡改，破坏商业信息的真实性和完整性。

3. 身份仿冒

攻击者运用非法手段盗用合法用户身份信息，利用仿冒的身份与他人交易，获取非法利益,从而破坏交易的可靠性。

4. 抵赖

某些用户对发出或收到的信息进行恶意否认,以逃避应该承担的责任。

5. 病毒网络化

互联网的发展大大加速了病毒的传播,同时病毒的破坏性越来越大,严重威胁着电子商务的发展。

6. 其他安全威胁

电子商务的安全威胁种类繁多,有故意的也有偶然的,存在于各种潜在问题。例如,操作人员的失误导致的信息泄露,媒体废弃物导致的信息泄露等都对电子商务的安全性构成不同程度的威胁。

计算机网络安全与商务交易安全实际上是密不可分的,两者相辅相成,缺一不可。没有计算机网络安全作为基础,商务交易安全就犹如空中楼阁,无从谈起。没有商务交易安全保障,即使计算机网络本身再安全,仍然无法达到电子商务特有的安全要求。

8.1.3　电子商务的安全要求

1. 有效性

有效性是开展电子商务的前提,要求对网络故障、操作错误、应用程序错误、硬件故障、系统软件错误及计算机病毒产生的潜在威胁加以控制和预防,以保证贸易数据在确定时刻、确定地点是有效的。

2. 机密性

电子商务是建立在一个较为开放的网络环境(尤其 Internet 具有更大开放性)中的,维护商业机密是电子商务全面推广应用的重要保障,必须预防非法的信息存取和信息在传输中被非法窃取。

3. 完整性

保持贸易各方信息的完整性是电子商务应用的基础,要预防对信息的随意生成、修改和删除,同时要防止数据传送过程中信息的丢失和重复,并保证信息传送次序的统一。

4. 可靠性/不可抵赖性/可鉴别性

如何确定要进行交易的贸易方正是进行交易所期望的贸易方,这一问题是保证电子商务顺利进行的关键。因此,要在交易信息的传输过程中为参与交易的个人、企业或国家提供可靠的标识。

5. 审查能力

根据机密性和完整性的要求,应对数据审查的结果进行记录。

学生笔记:
_____
_____
_____

8.2 互联网安全

互联网安全从其本质上来讲就是互联网上的信息安全，凡是涉及互联网上信息的保密性、完整性、可用性、真实性和可控性的相关技术和理论都是网络安全的研究领域。互联网安全是一门涉及计算机科学、网络技术、通信技术、密码技术、信息安全技术、应用数学、数论、信息论等多种学科的综合性学科。

互联网安全主要表现在以下几方面：互联网的物理安全、互联网网络拓扑结构安全、互联网系统安全、应用系统安全和互联网管理的安全等。

8.2.1 物理安全

网络的物理安全是整个网络系统安全的前提。在校园网工程建设中，由于网络系统属于弱电工程，耐压值很低。因此，在网络工程的设计和施工中，必须优先考虑保护人和网络设备不受电、火灾和雷击的侵害；考虑布线系统与照明电线、动力电线、通信线路、暖气管道及冷热空气管道之间的距离；考虑布线系统和绝缘线、裸体线以及接地与焊接的安全，必须建设防雷系统，防雷系统不仅考虑建筑物防雷，还必须考虑计算机及其他弱电耐压设备的防雷。总体来说物理安全的风险主要有：地震、水灾、火灾等环境事故，电源故障，人为操作失误或错误，设备被盗、被毁，电磁干扰，线路截获等。此外，高可用性的硬件、双机多冗余的设计、机房环境及报警系统、安全意识等也是物理安全的重要组成部分。因此要尽量避免网络的物理安全风险。

8.2.2 网络拓扑结构安全

网络拓扑结构设计也直接影响网络系统的安全性。假如在外部与内部网络进行通信时，内部网络的机器安全就会受到威胁，同时也影响在同一网络上的许多其他系统。对此首先要监测发现网络中存在的各种安全事件和风险，风险只有做到可知才能可控。要利用各种监测方式和手段，第一时间发现内部网络中常见存在的各类安全风险，如边界安全、网站安全、敏感信息安全、移动存储介质安全、基础安全、运行安全、违规行为等，并结合相应的防护手段，予以及时处置，将风险带来的危害降到最低。透过网络传播，还会影响连上Internet/Intrant 的其他网络。影响所及，还可能涉及法律、金融等安全敏感领域。因此，在设计时有必要将公开服务器（Web、DNS、E-mail 等）和外网及内部其他业务网络进行必要的隔离，避免网络结构信息外泄。同时还要对外网的服务请求加以过滤，只允许正常通信的数据包到达相应主机，其他的请求服务在到达主机之前就应该遭到拒绝。

8.2.3 系统安全

所谓系统的安全是指整个网络操作系统和网络硬件平台是否可靠且值得信任。没有绝对安全的操作系统，无论是 Microsoft 的 Windows 系列或者其他任何商用 UNIX 操作系统，其开发厂商必然设置"后门"。因此，可以得出结论：没有完全安全的操作系统。不同的用户应从不同的方面对其网络作详尽的分析，选择安全性尽可能高的操作系统。因此不但要选用尽可能可靠的操作系统和硬件平台,并对操作系统进行安全配置。而且,必须加强登录过程的认证(特别是在到达服务器主机之前的认证),确保用户的合法性;其次应该严格限制登录者的操作权限,将其完成的操作限制在最小的范围内。

8.2.4 应用系统安全

应用系统的安全跟具体的应用有关,它涉及面广。应用系统的安全是动态的、不断变化的。应用的安全性也涉及信息的安全性,它包括很多方面。

应用系统是不断发展且应用类型是不断增加的。在应用系统的安全性上,主要考虑尽可能建立安全的系统平台,而且通过专业的安全工具不断发现漏洞、修补漏洞,提高系统的安全性。

信息的安全性涉及机密信息泄露、未经授权的访问、破坏信息完整性、假冒、破坏系统的可用性等。在某些网络系统中,涉及很多机密信息,如果一些重要信息遭到窃取或破坏,它的经济、社会和政治影响将是很严重的。因此,对用户使用计算机必须进行身份认证,对于重要信息的通信必须授权,传输必须加密。采用多层次的访问控制与权限控制手段,实现对数据的安全保护;采用加密技术,保证网上传输的信息(包括管理员口令与账户、上传信息等)的机密性与完整性。

8.2.5 管理安全

管理是网络安全中最重要的部分。责权不明,安全管理制度不健全及缺乏可操作性等都可能引起管理安全的风险。当网络出现攻击行为或网络受到其他安全威胁时(如内部人员的违规操作等),无法进行实时的检测、监控、报告与预警。同时,当事故发生后,也无法提供黑客攻击行为的追踪线索及破案依据,即缺乏对网络的可控性与可审查性。这就要求人们必须对站点的访问活动进行多层次的记录,及时发现非法入侵行为。

建立全新网络安全机制,必须深刻理解网络并能提供直接的解决方案,因此,最可行的做法是制定健全的管理制度和严格管理相结合。保障网络的安全运行,使其成为一个具有良好的安全性、可扩充性和易管理性的信息网络便成为了首要任务。一旦上述的安全隐患成为事实,所造成的整个网络的损失便是难以估计的。因此,网络的安全建设是网络建设过程中重要的一环。

8.3 上网行为管理

要保证电子商务安全,除了在技术上采取措施外,还应对网上的使用者进行管理。上网行为管理是指帮助互联网用户控制和管理对互联网的使用,包括对网页访问过滤、网络应用控制、带宽流量管理、信息收发审计、用户行为分析等。

上网行为管理技术是专用于防止非法信息恶意传播,避免国家机密、商业信息、科研成果泄漏的技术,并可实时监控、管理网络资源使用情况,提高整体工作效率。

8.3.1　个人上网行为管理

1. 使用安全的计算机

1) 个人计算机。

(1) 设置操作系统登录密码,并开启系统防火墙。

(2) 安装杀毒软件并及时更新病毒特征库。

(3) 尽量不转借个人计算机。

2) 公共计算机。

(1) 不在未安装杀毒软件的计算机上登录个人账户。

(2) 尽量不在公共计算机登录网络银行等敏感账户。

(3) 不在公共计算机保存个人资料和账号信息。

(4) 尽量使用软键盘输入密码。

(5) 离开前注意退出所有已登录的账户。

2. 使用安全的软件

(1) 使用正版软件。

(2) 开启操作系统及其他软件的自动更新设置,及时修复系统漏洞和第三方软件漏洞。

(3) 非正规渠道获取的软件在运行前须进行病毒扫描。

(4) 定期全盘扫描病毒等可疑程序。

(5) 定期清理未知可疑插件和临时文件。

3. 访问安全的网站

(1) 尽量访问正规的大型网站。

(2) 不访问包含黄色、暴力等不良信息的网站。

(3) 对于网站意外弹出的下载文件或安装插件等请求应拒绝或询问专业人士。

(4) 登录网络银行等重要账户时,要注意网站地址是否和服务商提供的网址一致。

(5) 不轻信网站中发布的诸如"幸运中奖"等信息,更不要轻易向陌生账户汇款。

(6) 收到来历不明的电子邮件,在确认来源可靠前,不要打开附件或内容中的网站地址。

(7) 发现恶意网站,应及时举报。

4. 交流中注意保护隐私

(1) 不在网络中透露银行账号、个人账户密码等敏感内容。

(2) 不在交谈、个人资料以及论坛留言中轻易泄露真实姓名、个人照片、身份证号码或家庭电话等任何能够识别身份的信息。

(3) 不随意在不知底细的网站注册会员或向其提供个人资料。

(4) 对包含隐私内容的个人网站(如博客)应设置访问密码。

(5) 谨慎开放计算机共享文件和共享资源。

5. 遵守国家法律法规

（1）不捏造、散布恐怖谣言等危害国家安全和影响社会稳定的言论。

（2）不随意攻击、诽谤他人,交谈中避免使用不文明的语言。

（3）尊重他人隐私,在未经他人允许的情况下,不在网络中发布他人图片等隐私信息。

（4）发布含有音乐、图片、照片等存在版权专利内容的资料前,应确保来源合法。

8.3.2　企业上网行为管理

1. 上网人员管理

上网人员管理主要包含以下几点内容。

（1）上网身份管理:利用 IP/MAC 识别方式、用户名/密码认证方式、与已有认证系统的联合单点登录方式准确识别上网人员身份,确保上网人员合法性。

（2）上网终端管理:检查主机的注册表、进程和硬盘文件的合法性,确保接入企业网的终端 PC 的合法性和安全性。

（3）移动终端管理:检查移动终端识别码,识别智能移动终端类型和型号,确保接入企业网的移动终端的合法性。

（4）上网地点管理:检查上网终端的物理接入点,识别上网地点,确保上网地点的合法性。

2. 上网浏览管理

上网浏览管理主要包含以下几点内容。

（1）搜索引擎管理:利用搜索框关键字的识别、记录、阻断技术,确保上网搜索内容的合法性,避免不当关键词的搜索带来的负面影响。

（2）网址 URL 管理:利用网页分类库技术,对海量网址进行提前分类识别、记录、阻断,确保上网访问的网址的合法性。

（3）网页正文管理:利用正文关键字识别、记录、阻断技术,确保浏览正文的合法性。

（4）文件下载管理:利用文件名称、大小、类型和下载频率的识别、记录、阻断技术,确保下载文件的合法性。

3. 上网外发管理

上网外发管理主要包含以下几点内容。

（1）普通邮件管理:利用对 SMTP 收发人、标题、正文、附件和附件内容的深度识别、记录、阻断,确保外发邮件的合法性。

（2）Web 邮件管理:利用对 Web 方式的网页邮箱的收发人、标题、正文、附件和附件内容的深度识别、记录、阻断,确保外发邮件的合法性。

（3）网页发帖管理:利用对 BBS 等网站的发帖内容的标题、正文关键字进行识别、记

学生笔记:

_____

_____

_____

录、阻断,确保外发言论的合法性。

(4)即时通讯管理:利用对 QQ、微信、Skype 等主流 IM 软件的外发内容关键字识别、记录、阻断,确保外发言论的合法性。

(5)其他外发管理:针对 FTP、Telnet 等传统协议的外发信息进行内容关键字识别、记录、阻断,确保外发信息的合法性。

4. 上网应用管理

上网应用管理主要包含以下几点内容。

(1)上网应用阻断:利用不依赖端口的应用协议库进行应用的识别和阻断。例如,一些单位上班时间不准使用炒股软件,不准使用 QQ 软件等。

(2)上网应用累计时长限额:针对每个或多个应用分配累计时长,一天内累计使用时间达到限额将自动终止访问。

(3)上网应用累计流量限额:针对每个或多个应用分配累计流量,一天内累计使用流量达到限额将自动终止访问。

5. 上网流量管理

上网流量管理主要包含以下几点内容。

(1)上网带宽控制:为每个或多个应用设置虚拟通道上限值,对于超过虚拟通道上限的流量进行丢弃。

(2)上网带宽保障:为每个或多个应用设置虚拟通道下限值,确保为关键应用保留必要的网络带宽。

(3)上网带宽借用:当有多个虚拟通道时,允许满负荷虚拟通道借用其他空闲虚拟通道的带宽。

(4)上网带宽平均:每个用户平均分配物理带宽,避免单个用户的流量过大而抢占其他用户带宽。

6. 上网行为分析

上网行为分析主要包含以下几点内容。

(1)上网行为实时监控:对网络当前速率、带宽分配、应用分布、人员带宽、人员应用等进行统一展现。

(2)上网行为日志查询:对网络中的上网人员、终端和地点,上网浏览,上网外发,上网应用及上网流量等行为日志进行精准查询和定位。

(3)上网行为统计分析:对上网日志进行归纳汇总,统计分析出流量趋势、风险趋势、泄密趋势、效率趋势等直观的报表,便于管理者从全局角度发现潜在问题。

7. 上网隐私保护

上网隐私保护主要包含以下几点内容。

(1)日志传输加密:管理者采用 SSL 加密隧道方式访问设备的本地日志库、外部日志中心,防止黑客窃听。

(2)管理三权分立:设置管理员、审核员、审计员三类账号。管理员无日志查看权限,但可设置审计员账号;审核员无日志查看权限,但可审核审计员权限的合法性后才开通审计员权限;审计员无法设置自己的日志查看范围,但可在审核员通过权限审核后查看规定的日志内容。

（3）精确日志记录:所有上网行为可根据过滤条件进行选择性记录,不违规不记录,最低程度记录隐私。

8. 设备容错管理

设备容错管理主要包含以下几点内容。

（1）死机保护:设备带电死机、断电后可变成透明网线,不影响网络传输。

（2）一键排障:网络出现故障后,按下一键排障物理按钮可以直接定位故障是否为上网行为管理设备引起,缩短网络故障定位时间。

（3）双系统冗余:提供硬盘＋Flash 卡双系统,互为备份,单个系统故障后依旧可以保持设备正常使用。

上网行为管理软件有很多厂家,由于目前都处于初创阶段,市场排名经常变化,所以本书不作推荐,需要的读者可在百度搜索"上网行为管理",就能找到该类软件。

8.4　病毒防护工具

对于电子商务的普通消费者来说,电子商务交易的终端工具一般都是台式计算机、平板计算机、手机等,遇到最多的问题就是病毒的干扰。

8.4.1　病毒概念

目前主要流行的病毒、木马、蠕虫等概念,网民往往分不清它们之间的区别,下面作一个介绍。

1. 病毒

根据《中华人民共和国计算机信息系统安全保护条例》,计算机病毒（computer virus）的明确定义是"指编制或者在计算机程序中插入的破坏计算机功能或者毁坏数据,影响计算机使用,并且能够自我复制的一组计算机指令或者程序代码。"病毒必须满足以下两个条件。

（1）它必须能自行执行。它通常将自己的代码置于另一个程序的执行路径中。

（2）它必须能自我复制。例如,它可能用受病毒感染的文件副本替换其他可执行文件。病毒既可以感染桌面计算机也可以感染网络服务器。

此外,病毒往往还具有很强的感染性、一定的潜伏性、特定的触发性和很大的破坏性。由于计算机病毒具有的这些特点与生物学上的病毒有相似之处,因此人们才将这种恶意程序代码称为"计算机病毒"。一些病毒被设计为通过损坏程序、删除文件或重新格式化硬盘来损坏计算机。有些病毒不损坏计算机,而只是复制自身,并通过显示文本、视频和音频消

学生笔记:

_____

_____

_____

息表明它们的存在。即使是这些良性病毒也会给计算机用户带来问题。通常它们会占据合法程序使用的计算机内存。结果,会引起操作异常,甚至导致系统崩溃。另外,许多病毒包含大量错误,这些错误可能导致系统崩溃和数据丢失。令人欣慰的是,在没有人为操作的情况下,一般的病毒不会自我传播,必须通过共享文件或者发送电子邮件等方式才能将它一起移动。典型的病毒有"黑色星期五"病毒等。

2. 木马

木马(Trojan Horse),是因希腊神话里的"特洛伊木马"而得名的。其原意是:希腊人在一只假装人祭礼的巨大木马中藏匿了许多希腊士兵并引诱特洛伊人将它运进城内,等到夜里马腹内士兵与城外士兵里应外合,一举攻破了特洛伊城。而现在所谓的特洛伊木马正是指那些表面上是有用的软件、实际目的却是危害计算机安全并导致严重破坏的计算机程序。它是具有欺骗性的文件(宣称是良性的,但事实上是恶意的),是一种基于远程控制的黑客工具,具有隐蔽性和非授权性的特点。所谓隐蔽性是指木马的设计者为了防止木马被发现,会采用多种手段隐藏木马,这样服务端即使发现感染了木马,也难以确定其具体位置;所谓非授权性是指一旦控制端与服务端连接后,控制端将窃取到服务端的很多操作权限,如修改文件,修改注册表,控制鼠标、键盘,窃取信息等。一旦中了木马,网民的系统可能就会门户大开,毫无秘密可言。

特洛伊木马与病毒的重大区别是特洛伊木马不具传染性,它并不能像病毒那样复制自身,也并不"刻意"地去感染其他文件。它主要通过将自身伪装起来,吸引用户下载执行。特洛伊木马中包含能够在触发时导致数据丢失甚至被窃的恶意代码,要使特洛伊木马传播,必须在计算机上有效地启用这些程序,例如打开电子邮件附件或者将木马捆绑在软件中放到网络吸引人下载执行等。现在的木马一般主要以窃取用户相关信息为主要目的,例如用户名、密码等。相对病毒而言,可以简单地说,病毒破坏网民的信息,而木马窃取网民的信息。典型的特洛伊木马有灰鸽子、网银大盗等。

3. 蠕虫

蠕虫(worm)也可以算是病毒中的一种,但是它与普通病毒之间有着很大的区别。一般认为,蠕虫是一种通过网络传播的恶性病毒,它具有病毒的一些共性,如传播性、隐蔽性、破坏性等,同时具有自己的一些特征,如不利用文件寄生(有的只存在于内存中),对网络造成拒绝服务以及和黑客技术相结合等。普通病毒需要传播受感染的驻留文件来进行复制,而蠕虫不使用驻留文件即可在系统之间进行自我复制,普通病毒的传染能力主要是针对计算机内的文件系统而言,而蠕虫病毒的传染目标是互联网内的所有计算机。它能控制计算机上可以传输文件或信息的功能,一旦网民的系统感染蠕虫,蠕虫即可自行传播,将自己从一台计算机复制到另一台计算机。更危险的是,它还可大量复制。因而在产生的破坏性上,蠕虫病毒也不是普通病毒能比拟的,网络的发展使得蠕虫可以在短短的时间内蔓延整个网络,造成网络瘫痪。局域网条件下的共享文件夹、电子邮件、网络中的恶意网页、存在着大量漏洞的服务器等,都成为蠕虫传播的良好途径。蠕虫病毒可以在几个小时内蔓延全球,而且蠕虫的主动攻击性和突然爆发性将使得人们手足无措。此外,蠕虫会消耗内存或网络带宽,从而可能导致计算机崩溃。而且它的传播不必通过"宿主"程序或文件,因此可潜入系统并允许其他人远程控制计算机,这也使它的危害较普通病毒更大。典型的蠕虫病毒有尼姆达、震荡波等。

从上面这些内容中可以知道,普通病毒、部分种类的蠕虫和所有的木马是无法自我传播的。感染病毒和木马的常见方式,一是主动运行了被感染有病毒木马的程序;二是浏览网页、邮件时浏览器漏洞被利用,病毒木马自动下载运行,这基本上是目前最常见的两种感染方式。因而要预防病毒,首先要提高警惕,不要轻易打开来历不明的可疑文件、网站、邮件等,并且要及时为系统打上补丁,最后安装上防火墙和可靠的杀毒软件并及时升级病毒库。如果做好了以上几点,基本上可以杜绝绝大多数的病毒。最后,值得注意的是,也不能过多依赖杀毒软件,因为病毒总是出现在杀毒软件升级之前的,靠杀毒软件来防范病毒,本身就处于被动的地位,要想有一个安全的网络安全环境,根本上还是要先提高自己的网络安全意识,对病毒做到预防为主,查杀为辅。

4. 病毒常见症状

计算机病毒的常见症状如下。

(1) 计算机系统运行速度减慢。

(2) 计算机系统经常发生无故死机。

(3) 计算机系统中的文件长度发生变化。

(4) 计算机存储的容量异常减少。

(5) 系统引导速度减慢。

(6) 丢失文件或文件损坏。

(7) 计算机屏幕上出现异常显示。

(8) 计算机系统的蜂鸣器出现异常声响。

(9) 磁盘卷标发生变化。

(10) 系统不识别硬盘。

(11) 对存储系统异常访问。

(12) 键盘输入异常。

(13) 文件的日期、时间、属性等发生变化。

(14) 文件无法正确读取、复制或打开。

(15) 命令执行出现错误。

(16) 虚假报警。

(17) 换当前盘,有些病毒会将当前盘切换到 C 盘。

(18) 时钟倒转,有些病毒会使系统时间倒转,逆向计时。

(19) Windows 操作系统频繁出现无故错误。

(20) 系统异常重新启动。

(21) 一些外部设备工作异常。

学生笔记:

_____

_____

_____

（22）异常要求用户输入密码。

（23）Word 或 Excel 提示执行宏。

（24）有不应驻留内存的程序驻留内存。

8.4.2　清除病毒软件

清除病毒软件，国内也称杀毒软件，"杀毒软件"是由国产的反病毒软件厂商，如江民、瑞星、南北信源等命名，后来由于和世界反病毒业接轨统称为"反病毒软件（anti-virus software）"或"安全防护软件（safe-defend software）"。近年来陆续出现了集成防火墙的"互联网安全套装""全功能安全套装"等名词，都属于用于消除计算机病毒、特洛伊木马和恶意软件的一类软件。反病毒软件通常集成监控识别、病毒扫描和清除及自动升级等功能，有的反病毒软件还带有数据恢复等功能。

反病毒软件的任务是实时监控和扫描磁盘。部分反病毒软件通过在系统添加驱动程序的方式进驻系统，并且随操作系统启动。大部分的杀毒软件还具有防火墙功能。

反病毒软件的实时监控方式因软件而异。有的反病毒软件是通过在内存里划分一部分空间，将计算机里流过内存的数据与反病毒软件自身所带的病毒库（包含病毒定义）的特征码相比较，以判断是否为病毒。另一些反病毒软件则在所划分到的内存空间里，虚拟执行系统或用户提交的程序，根据其行为或结果作出判断。

而扫描磁盘的方式，则和上面提到的实时监控的第一种工作方式相同，只是在这里，反病毒软件将会将磁盘上所有的文件（或者用户自定义的扫描范围内的文件）做一次检查。

下面把国内常用杀毒软件作一个介绍。

1. 卡巴斯基杀毒软件

卡巴斯基杀毒软件的网址是：www.kaspersky.com.cn，其首页如图 8-1 所示。

图 8-1　卡巴斯基杀毒软件网站首页

卡巴斯基对很多新手来说也许还很陌生，但是相对有些国内的杀毒软件，它有很多特点。

（1）几乎所有的功能都在后台模式下运行,但是占用资源较多。

（2）最具特色的是该产品每天更新两次病毒代码。

（3）更新文件只有 3～20KB,对网络带宽的影响极其微小,能确保用户系统得到最为安全的保护。

（4）对木马的查杀优于很多国内软件。

（5）对计算机的硬件和软件要求相对较高。

（6）杀毒速度较慢。

2. 金山毒霸杀毒软件

金山毒霸杀毒软件的网址是：www.ijinshan.com,其首页如图 8-2 所示。

图 8-2　金山杀毒软件网站首页

金山毒霸的特点如下。

（1）超大病毒库、智能主动防御、互联网可信认证,病毒库病毒样本数量较大。

（2）7×24 小时全天候主动实时升级;日最大病毒处理能力不断提高;文件实时防毒,紧急病毒响应时间缩短到 1 小时以内。

（3）智能主动漏洞修复：采用快速漏洞补丁下载技术和漏洞数据自动收集技术。

（4）网页防挂马,嵌入式防毒,隐私保护;木马、黑客防火墙,邮件实时监控,垃圾邮件快捷过滤。

（5）智能主动漏洞修复：采用快速漏洞补丁下载技术和漏洞数据自动收集技术。

（6）彻底查杀木马、病毒：抢杀技术,首创流行病毒免疫器,定时杀毒。

（7）恶意行为主动拦截：金山网镖自动识别联网程序的安全性自我保护能力提升。

（8）新的病毒收集客户端模块集成金山清理专家：在线系统诊断,集合系统修复工具系统安全增强计划。

（9）在线客服,虚拟上门服务,一对一安全诊断。

学生笔记：

_____

_____

_____

3. McAfee 杀毒软件

McAfee 杀毒软件网址是：www.mcafee.com，其首页如图 8-3 所示。

图 8-3　McAfee 杀毒软件网站首页

McAfee 的防病毒、防间谍、防火墙和防垃圾邮件安全保护功能协同工作，会针对可能使用恶意软件组合来窃取文件、财务登录信息和其他个人身份信息的混合型身份窃取威胁，提供多层次防御。

除了安全保护以外，McAfee 其他特色功能包括数据备份与系统优化。无论是照片、音乐和其他重要文件在计算机出现丢失、崩溃和灾难之后就可以用 McAfee 来进行恢复，让用户不会丢失它们。如果系统中出现了占用大量硬盘空间并且让计算机变慢的垃圾文件，使用它也能帮助用户安全地删除这些文件，提高计算机性能。不过对即时聊天工具，如 QQ、微信的保护稍弱，这是 McAfee 需要提高的地方。McAfee 软件一般最多可以允许 3 台计算机同时安装，对于家庭中有多台上网计算机的用户来说也是不错的选择。

4. 诺顿杀毒软件

诺顿杀毒软件的网址是：cn.norton.com，其首页如图 8-4 所示。

赛门铁克(Symantec)公司成立于 1982 年 4 月，公司总部位于美国加利福尼亚州，现已在全球 40 多个国家和地区设有分支机构。赛门铁克是信息安全领域全球领先的解决方案提供商，为企业、个人用户和服务供应商提供广泛的内容和网络安全软件及硬件的解决方案，可以帮助个人和企业确保信息的安全性、可用性和完整性。

诺顿(Norton)作为赛门铁克个人信息安全产品之一，致力于为广大用户提供诸多完善、新颖的安全解决方案。

请网民一定要注意以下几点。

(1) 杀毒软件不可能杀掉所有病毒。

(2) 杀毒软件能查到的病毒，不一定能杀掉。

图 8-4　诺顿杀毒软件网站首页

（3）一台计算机每个操作系统下不能同时安装两套或两套以上的杀毒软件（除非是兼容的，或者是同一公司生产的杀毒软件）。

8.4.3　优化计算机软件

很多网民都有一个共同感觉，那就是计算机时间用久了，运行速度越来越慢，这究竟是什么原因呢？

首先想到的是可能中了病毒，如果真的是这样，那就要立即用病毒软件杀毒，但大多数情况下，即使计算机没有中病毒，运行速度也会越来越慢的。在计算机硬件不变的情况下，一般计算机运行速度变慢有 4 个原因：一是计算机里的垃圾软件越积越多，占用了计算机的大量资源；二是计算机桌面上的图标太多；三是浏览器打开的窗口太多，那样会占用较多的内存；四是 C 盘容量越来越小，由于 C 盘是内存运行文件临时周转和存放的地方，应该留有 1GB 以上的空间。所以，要用一些工具软件来优化系统。

目前我国网民使用较多的系统优化软件主要以下几种。

（1）魔方电脑大师，mofang.ruanmei.com。

（2）百度手机卫士，shoujiweishi.baidu.com。

（3）CCleaner，www.ccleaner.com。

（4）360 安全卫士，www.360.cn。

下面向读者介绍 360 安全卫士（www.360.cn）软件。

360 安全卫士是国内较受欢迎的免费安全软件。它拥有查杀流行木马、清理恶评及系统插件、管理应用软件、系统实时保护、修复系统漏洞等数个强劲功能，同时还提供系统全面诊断、弹出插件免疫、清理使用痕迹以及系统还原等特定辅助功能，并且提供对系统的全面诊断报告方便用户及时定位问题所在，真正为每一位用户提供全方位系统安全保护。该

学生笔记：

软件只有 8MB 左右,适合快速安装,优化计算机步骤如下。

1. 对计算机体检

对计算机系统进行快速一键扫描,对木马病毒、系统漏洞等做一次全面的扫描,若有问题会对计算机进行修复,如图 8-5 所示。

图 8-5　360 安全卫士网站基本状态扫描

2. 查杀流行木马

查杀流行木马的操作如图 8-6 所示。

图 8-6　360 安全卫士网站查杀木马扫描

3. 清理恶意插件

清理恶意插件的操作如图 8-7 所示。

4. 修复系统漏洞

修复系统漏洞的按钮如图 8-8 所示。

图 8-7　360 安全卫士网站清理恶意插件扫描

图 8-8　360 安全卫士网站修复系统漏洞网页

5. 系统全面修复

进行系统全面修复的操作如图 8-9 所示。

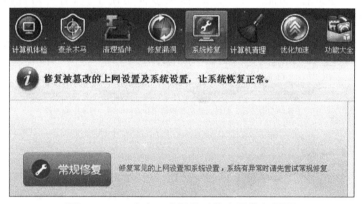

图 8-9　360 安全卫士网站系统全面修复网页

6. 清理使用痕迹与清理垃圾文件

清理使用痕迹与清理垃圾文件的操作如图 8-10 所示。

7. 优化加速

优化加速功能可以去除不必要的开机启动软件,从而加快开机速度,其操作如图 8-11 所示。

学生笔记:

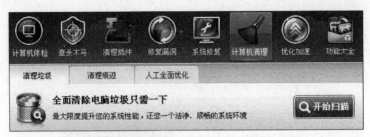

图 8-10　360 安全卫士网站清理使用痕迹网页

图 8-11　360 安全卫士网站优化加速网页

8．"功能大全"模块

360 安全卫士还具有"功能大全"模块，提供多种实用工具，有针对性地解决计算机问题，提高计算机速度，其操作界面如图 8-12 所示。

图 8-12　360 安全卫士网站功能大全模块网页

8.5　电子商务安全技术

电子商务的基本安全技术主要有加密技术、认证技术、安全电子交易协议、黑客防范技术、虚拟专网技术和反病毒技术。

8.5.1　加密技术

数据加密技术作为一项基本技术，是电子商务的基石，是电子商务最基本的信息安全防范措施。其实质是对信息进行重新编码,从而达到隐藏信息内容,使非法用户无法获取真实信息的一种技术手段,确保数据的保密性。

基于加密、解密所使用的密钥是否相同可分为对称加密和非对称加密两类。

1. 对称加密

对称加密的加密密钥和解密密钥相同,即在发送方和接收方进行安全通信之前商定一个密钥,用这个密钥对传输数据进行加密、解密。对称加密的突出特点是加解密速度快、效率高,适合对大量数据加密;缺点是密钥的传输与交换面临安全问题,且若和大量用户通信时,难以安全管理大量密钥。目前常用的对称加密算法有 DES、3DES、IDEA、Blowfish 等。

其中,DES(data encryption standard)算法由 IBM 公司设计,是迄今为止应用最广泛的一种算法,也是一种最具代表性的分组加密体制。DES 是一种对二元数据进行加密的算法,数据分组长度为 64 位,密文分组长度也是 64 位,没有数据扩展,密钥长度为 64 位,其中有 8 位奇偶校验,有效密钥长度为 56 位。加密过程包括 16 轮的加密迭代,每轮都采用一种乘积密码方式(代替和移位)。DES 整个体制是公开的,系统的安全性全靠密钥的保密。DES 算法的入口参数有 3 个:Key、Data、Mode。其中,Key 为 8 个字节共 64 位,是 DES 算法的工作密钥;Data 也是 8 个字节 64 位,是必须被加密或解密的数据;Mode 为 DES 的工作方式,分为加密或解密两种。DES 算法的步骤如下:如 Mode 为加密,则用 Key 对数据进行加密,生成 Data 的密码形式(64 位)作为 DES 输出结果;如 Mode 为解密,则用 Key 把密码形式的数据 Data 解密,还原为 Data 的明码形式(64 位)作为 DES 的输出结果。DES 是一种世界公认的较好的加密算法,具有较高的安全性,到目前为止除了用穷举搜索法对 DES 算法进行攻击外,尚未发现更有效的方法。

2. 非对称加密

非对称加密的最大特点是采用两个密钥将加密和解密能力分开。一个公开作为加密密钥;一个为用户专用,作为解密密钥,通信双方无须事先交换密钥就可进行保密通信。而要从公开的公钥或密文分析出明文或密钥,在计算上是不可行的。若以公开钥作为加密密钥,以用户专用钥作为解密密钥,则可实现多个用户加密的信息只能由一个用户解读;反之,以用户专用钥作为加密密钥而以公开钥作为解密密钥,则可实现由一个用户加密的消息而使多个用户解读。前者可用于保密通信,后者可用于数字签名。非对称加密体制的出现是密码学史上划时代的事件,为解决计算机信息网中的安全提供了新的理论技术基础。其优点是很好地解决了对称加密中密钥数量过多难以管理的不足,且保密性能优于对称加密算法;缺点是算法复杂,加密速度不是很理想。

目前 RSA 算法是最著名且应用最广泛的公钥算法,其安全性基于模运算的大整数素因子分解的困难性。

由于 RSA 涉及大数计算,无论是硬件或软件实现的效率都比较低,不适用对长的明文加密,常用来对密钥加密,即与对称密码体制结合使用。

学生笔记:
_____
_____
_____

8.5.2　认证技术

认证是防止主动攻击的重要技术,对于开放环境中的各种信息系统的安全性有重要作用。认证的主要技术有两种:第一,验证信息的发送者是真的,而不是冒充的,此为实体认证;第二,验证信息的完整性,此为信息认证。

1. 数字摘要

数字摘要是采用单向 hash 函数对文件中若干重要元素进行某种变换运算得到固定长度的摘要码,这一串摘要码亦称为数字指纹(finger print),有固定的长度,不同消息其摘要不同,相同消息其摘要相同。因此,摘要成为消息的"指纹"以验证消息是不是"真身",消息摘要解决了信息的完整性问题。

2. 数字签名

数字签名是实现认证的重要工具。所谓数字签名就是附加在信息单元上的一些数据,或是对信息单元所做的密码变换,这种数据或密码变换允许信息接收者确认消息的来源和信息单元的完整性并保护数据防止被人伪造。其实现方式是把信息摘要和公开密钥算法结合起来。发送方从报文文本中生成数字摘要并用自己的私有密钥对摘要进行加密,形成发送方的数字签名,然后将数字签名作为报文的附件和报文一起发送给接收方;接收方首先从接收到的原始报文中计算出数字摘要,接着再用发送方的公开密钥来对报文附加的数字签名进行解密。若两个摘要相同,则接收方能确认该数字签名是发送方的。

通过数字签名能实现对原始报文的鉴别与验证,保证报文的完整性、权威性和发送者对所发报文的不可抵赖性。

3. 数字证书与 CA

数字签名中最麻烦的问题是接收方往往无法确认自己得到的公钥确实是发送方的,因此必须将公钥与拥有者作紧密结合才可防止假冒与欺骗发生,数字证书系统是使用最广泛的解决方法。数字证书是由 CA(Certificate Authority,证书颁发机构)发放的,利用电子手段来证实一个用户的身份及用户对网络资源的访问权限,包括用户的姓名、公共密钥、公共密钥的有限期、颁发数字证书的 CA、数字证书的序列号以及用户本人的数字签名。它是电子商务交易双方身份确定的唯一安全工具。

认证中心 CA 是承担网上安全交易认证服务,能签发数字证书,并能确认用户身份的服务机构。认证中心通常是企业性的服务机构,主要任务是受理数字证书的申请、签发及对数字证书的管理。

8.5.3　安全电子交易协议

目前电子商务中有多种安全体制可以保证电子商务交易的安全性,其中 SSL 和 SET 是电子商务安全中两个最重要的协议。

1. SSL 安全协议

SSL(secure sockets layer)安全协议最初由 Netscape Communication 公司设计开发,又称"安全套接层协议",是指通信双方在通信前约定使用的一种协议方法,该方法能够在双方计算机之间建立一个秘密信道,凡是一些不希望被他人知道的机密数据都可以通过公开的通路传输,不用担心数据会被别人偷窃。SSL 安全协议能够对 TCP/IP 以上的网络应用协议数据流加密。SSL 安全协议只负责端到端的安全连接,只保证信息传输过程中不被窃取、篡改,但不提供其他安全保证,因而 SSL 安全协议实质上仅仅提供对浏览器和服务器的鉴别,不能细化到对商家和客户的身份认证,这个缺陷会导致交易的假冒欺诈行为出现,又由于 SSL 安全协议早已嵌入 Web 浏览器和服务器,使用方便,因此对进行电子商务交易的广大用户而言,SSL 安全协议使用非常方便,这是其优点。

2. SET 安全协议

SET(secure electronic transaction)安全协议也称为"安全电子交易",由 MasterCard、VISA、IBM 以及微软等公司开发,是为了在互联网上进行在线交易时保证信用卡支付的安全而设立的一个开放规范。SET 安全协议提供了强大的验证功能,凡与交易有关的各方必须持有合法证书机构发放的有效证书。SET 安全协议不仅具有加密机制,更重要的是通过数字签名、数字信封等实现身份鉴别和不可否认性,最大限度地降低了电子商务交易可能遭受的欺诈风险。但是由于 SET 安全协议是基于信用卡进行电子交易的,因此中间环节增加了 CA 与银行、用户与银行之间的认证,从而提高了软硬件的环境要求,也增加了交易成本。

8.5.4　黑客防范技术

黑客防范技术主要有以下 3 个方法:安全评估技术、防火墙、入侵检测技术。

1. 安全评估技术

通过扫描器发现远程或本地主机存在的安全问题,扫描器的一般功能是发现一个主机或网络。安全评估技术根据发现什么服务正运行在这台主机上,通过测试这些服务,发现漏洞。

2. 防火墙

防火墙是一种用来加强网络之间访问控制的特殊网络设备,它对两个或多个网络之间传输的数据包和连接方式按照一定的安全策略进行检查,从而决定网络之间的通信是否被允许。防火墙能有效地控制内部网络与外部网络之间的访问及数据传输,从而达到保护内部网络的信息不受外部非授权用户访问和过滤不良信息的目的。

3. 入侵检测技术

入侵检测系统(IDS)可以被定义为对计算机和网络资源的恶意使用行为进行识别和相应处理的系统,包括来自系统外部的入侵行为和来自内部用户的非授权行为。它从计算机网络系统中的若干关键点收集信息,并分析这些信息,看看网络中是否有违反安全策略的行为和遭到袭击的迹象。在发现入侵后,会及时做出响应,包括切断网络连接、记录事件和

学生笔记:
_____
_____
_____

报警等。

8.5.5 虚拟专网技术

这是用于 Internet 交易的一种专用网络,它可以在两个系统之间建立安全的信道(或隧道),用于电子数据交换(EDI)。它与信用卡交易和客户发送订单交易不同,因为在"虚拟专用网络(VPN)"中,双方的数据通信量要大得多,而且通信的双方彼此都很熟悉。这意味着可以使用复杂的专用加密和认证技术,只要通信的双方默认即可,没有必要为所有的 VPN 进行统一的加密和认证。现有的或正在开发的数据隧道系统可以进一步增加 VPN 的安全性,因而能够保证数据的保密性和可用性。

8.5.6 反病毒技术

反病毒技术主要包括预防病毒、检测病毒和消毒 3 种。

1. 预防病毒技术

预防病毒技术是通过自身常驻系统内存优先获得系统的控制权,监视和判断系统中是否有病毒存在,进而阻止计算机病毒进入计算机系统和对系统进行破坏。这类技术有加密可执行程序、引导区保护、系统监控与读写控制(如防病毒卡)等。

2. 检测病毒技术

检测病毒技术是通过对计算机病毒的特征来进行判断的技术,如自身校验、关键字、文件长度的变化等。

3. 消毒技术

消毒技术是通过对计算机病毒的分析,开发出具有删除病毒程序并恢复原文件的软件。

【主要知识点】

1.【网络安全】计算机网络安全的内容包括计算机网络设备安全、计算机网络系统安全、数据库安全等。

2.【数据加密技术】数据加密技术其实质是对信息进行重新编码,从而达到隐藏信息内容,使非法用户无法获取真实信息的一种技术手段,确保数据的保密性。

3.【数字签名】数字签名就是附加在信息单元上的一些数据,或是对信息单元所做的密码变换,这种数据或密码变换允许信息接收者确认消息的来源和信息单元的完整性并保护数据防止被人伪造。

4.【认证中心 CA】认证中心 CA 是承担网上安全交易认证服务,能签发数字证书,并能确认用户身份的服务机构。

5.【防火墙】防火墙是一种用来加强网络之间访问控制的特殊网络设备,它对两个或多个网络之间传输的数据包和连接方式按照一定的安全策略进行检查,从而决定网络之间的通信是否被允许。

【本章小结】

- 电子商务安全概述

计算机网络安全的内容包括计算机网络设备安全、计算机网络系统安全、数据库安全等。其特征是针对计算机网络本身可能存在的安全问题,以保证计算机网络自身的安全性为目标,实施网络安全增强方案。

- 互联网安全

互联网安全从其本质上来讲就是互联网上的信息安全,凡是涉及互联网上信息的保密性、完整性、可用性、真实性和可控性的相关技术和理论都是网络安全的研究领域。

- 上网行为管理

上网行为管理是指帮助互联网用户控制和管理对互联网的使用,包括对网页访问过滤、网络应用控制、带宽流量管理、信息收发审计、用户行为分析等。

- 病毒防护工具

病毒范畴主要有病毒、木马、蠕虫等概念,360 安全卫士带有免费的杀毒软件、系统优化软件等工具,手机、计算机等设备安装了这些软件,一般能防止互联网上的黑客攻击。

- 电子商务安全技术

电子商务基本安全技术主要有:加密技术、认证技术、安全电子交易协议、黑客防范技术、虚拟专网技术和反病毒技术。

【练习作业】

一、选择题

1. 下面哪项不是计算机网络安全的内容?

    A. 计算机办公环境的安全　　　　　B. 计算机网络设备安全

    C. 计算机网络系统安全　　　　　　D. 数据库安全

2. 非对称加密的最大特点是下列哪项?

    A. 采用一个密钥将加密和解密能力分开

    B. 采用两个密钥将加密和解密能力分开

    C. 采用三个密钥将加密和解密能力分开

    D. 采用四个密钥将加密和解密能力分开

3. 通信双方在通信前约定使用的一种协议方法,该方法能够在双方计算机之间建立一个秘密信道,凡是一些不希望被他人知道的机密数据都可以通过公开的通路传输,不用担心数据会被别人偷窃。这种安全协议称为什么?

学生笔记:

_____

_____

_____

A. 对称加密协议   B. 非对称加密协议

C. SET 安全协议   D. SSL 安全协议

4. 下面哪个不属于黑客防范技术的内容？

A. 安全评估技术   B. 防火墙技术

C. 杀病毒技术   D. 入侵检测技术

5. 下面哪个不属于反病毒技术主要包括的内容？

A. 预防病毒技术   B. 检测病毒技术

C. 杀病毒技术   D. 病毒营销技术

二、讨论题

1. 电子商务的安全包含哪几方面？

2. 电子商务安全技术主要有哪些内容？

3. 请阐述电子商务安全协议的主要内容。

三、操作题

请到下面网站去仔细浏览，并按要求进行操作。

1. 使用招商银行的网络银行时，有 U 盾和数字证书两种加密方法，请尝试这两种方法，并体会它们之间的差异。

2. 建设银行的网络银行，其输入密码时使用软键盘，请尝试这种方法，并说说软键盘有什么优点？

3. 平安银行的网络银行既不使用 U 盾，也不使用数字证书，请尝试这种方法，并说说平安银行的网络银行与其他网络银行的差别。

第9章

电子商务物流

【学习目标】

通过本章的学习,了解物流的基本概念,掌握电子商务与物流的关系,熟练应用物流配送的各种方法。以下几个知识点必须掌握。

(1)快递是物流行业中的一个分支,目前发展速度非常快。

(2)大件物品一般不宜用快递方式,而是用包裹托运方式。这种方式价格便宜,但时间长,需要自己到仓库取货。

(3)要运输的物品,必须按照国家有关规定进行安全检查。凡是危险物品一律不得运输,航空运输对香水等生活用品也有严格的限制。

【学习要求】

(1)分别在当当网、淘宝、京东平台上购买一次商品,比较这三个平台物流的速度及其服务质量的区别。

(2)找亲戚朋友或身边的人打听一下,大宗商品(比例沙发、红木家具等)的物流时效、包装、运送方式等的不同之处。

(3)利用寒暑假实习机会,了解乡

村、县城、省城快递行业的服务内容和质量的差别,提出改进思路。

(4) 比较各品牌快递驿站和快递柜在寄取快递方面的服务差别,给予客观评价。

(5) 深刻认识电子商务的发展与普及,物流是其中的重要瓶颈之一。

【关键词】

物流、电子商务物流、第三方物流、邮局、EMS、快递、运输。

9.1　物流基本概念

9.1.1　与物流相关的"四流"

在人们的商务活动中,常常提到"四流",即商流、物流、资金流和信息流,它们是流通过程中的四大组成部分,由这"四流"构成了一个完整的流通过程。"四流"互为存在,密不可分,相互作用,既是独立存在的单一系列,又是一个组体。将商流、物流、资金流和信息流作为一个整体来考虑和对待,会产生更大的能量,创造更大的经济效益。

商流就是一种买卖或者说是一种交易活动过程,通过商流活动发生商品所有权的转移。商流是物流、资金流和信息流的起点,也可以说是后"三流"的前提,没有商流一般不可能发生物流、资金流和信息流。例如,A 企业与 B 企业经过商谈,达成了一笔供货协议,确定了商品价格、品种、数量、供货时间、交货地点、运输方式等,并签订了合同,那么可以说商流活动开始了。

要认真履行这份合同,自然要进入物流过程,将货物进行包装、装卸、保管和运输,同时伴随着信息传递活动。如果商流和物流都顺利进行了,接下来是付款和结算,即进入资金流的过程。

无论是买卖交易,还是物流和资金流,这三大过程中都离不开信息的传递和交换,即所谓的信息流,没有信息流就没有顺畅的商流、物流和资金流。没有资金支付,商流不会成立,物流也不会发生。

可以把"四流"这样概括:商流是动机和目的,资金流是条件,信息流是手段,物流是终结和归宿。

9.1.2　物流定义

物流,就是物的流动,为了满足客户的需要,以最低的成本,通过运输、保管、配送等方式,实现原材料、半成品、成品及相关信息由商品的产地到商品的消费地所进行的计划、实施和管理的全过程。

物流由商品的运输、配送、仓储、包装、搬运装卸、流通加工以及相关的物流信息等环节构成。

9.1.3　物流基本职能

物流的基本职能,就是指物流活动特有的、区别于其他经济活动的职责和功能,通常包含包装、装卸搬运、运输、存储保管、流通加工、配送、废旧物的回收与处理和情报信息等几部分。

1. 包装功能

包装功能是为了维持产品状态、方便储运、促进销售,采用适当的材料、容器,使用一定的技术方法,对物品包封并予以适当的装潢和标志的操作活动。包装层次包括个装、内装和外装 3 种状态。个装是到达使用者手中的最小单位包装,是对产品的直接保护状态;内装是把一个或数个个装集中于一个中间容器的保护状态;外装是为了方便储运,采取必要的缓冲、固定、防潮、防水等措施,对产品的保护状态。

按包装在流通中的作用,又可以分为工业包装和商业包装。工业包装又称为运输包装,它是以运输、保管为主要目的的包装,或者说是为了物流的包装。工业包装主要是外装和内装;商业包装是零售包装或消费包装,商业包装主要是个装。

包装在物流系统中具有十分重要的作用。包装是生产的终点,同时又是物流的起点,它在很大程度上制约了物流系统的运行状况。对产品按一定数量、形状、重量、尺寸大小配套进行包装,并且按产品的性质采用适当的材料和容器,不仅制约着装卸搬运、堆码存放、计量清点是否方便高效,还关系着装运工具和仓库的利用效率。具体来讲,包装具有以下功能。

(1) 保护功能。这是维持产品质量的功能,是包装的基本功能。在物流过程中各种自然因素(温度、湿度、日照、有害物质、生物等),对产品的质量产生的影响会使产品损坏、变质。在装卸搬运、运输过程中,撞击、震动也会使产品受损。为了维持产品在物流过程中的完整性,必须对产品进行科学的包装,避免各种外界不良因素对产品的影响。

(2) 定量功能。这是决定物流基本单位的功能。运输、装卸搬运通常是以包装的体积、重量为基本单位的,托盘、集装箱、货车等也是按一定包装单位来装运的。因此,包装单位决定着物流的数量单位。

(3) 便利功能。合适的包装形状、尺寸、重量和材料,能够方便运输、装卸搬运、保管等操作,提高其他物流环节的效率。

(4) 促销功能。包装是商品的组成部分,它是商品的形象。包装上的商标、图案、文字说明等,是商品的广告和"无声的推销员",它是宣传推销商品的媒体,诱导和激发着消费者的购买欲望。

2. 装卸搬运功能

装卸搬运功能是指在同一地域范围内,改变货物存放状态和空间位置的作业活动。具体来讲,就是对货物进行垂直或水平位置移动以及改变其支撑方式的作业活动。装卸搬运功能是整个物流活动不可缺少的组成部分,它作为各个环节的结合部,是物流运行的纽带。

装卸搬运的功能主要表现在以下 4 方面。

(1) 装卸搬运支持和连接着其他物流活动。

任何货物在物流过程中,对它进行包装、运输、储存、加工和配送时都需要进行装卸搬运作业,因此,装卸搬运是附属于其他物流活动的。装卸搬运虽然具有附属性,但它又具有不可缺少的特点。在物流过程中,货物的每一次位置移动都是通过装卸搬运来实现的,货物在各个环节之间的转移也是由装卸搬运来连接的。离开了装卸搬运的支持和连接,物流系统就会中断。

(2)装卸搬运的速度影响着物流的速度。

在物流的各个环节,装卸搬运作业是不断出现和反复进行的,它出现的频度远远高于其他物流活动。每一次装卸搬运都要花费一定的时间,各个环节的时间加起来是一个不小的数字,因此,装卸搬运的速度和占用时间,是决定物流速度的重要因素。

(3)装卸搬运质量直接关系物流质量。

货物在物流过程中要经过多次的装卸搬运,其作业量在整个物流中占有相当大的比例。同时,装卸搬运作业又往往需要直接接触货物,因此,这是物流过程中造成货物破损、失散、损耗、混合等损失的主要环节。不仅如此,装卸搬运还关系到运输和储存的安全、运输工具载重与容积的有效利用、仓容的有效利用程度等。所以,装卸搬运质量直接关系整个物流的质量。

(4)装卸搬运关系整个物流费用。

我国现在铁路运输的始发和到达的装卸搬运作业费,大致占运输费用20%,而船运则高达40%,可见装卸搬运费在整个物流费用当中的比重相当高。降低装卸搬运成本的途径在于采取现代化机械设备,实行科学管理,提高作业效率。资金短缺是我国目前面临的困境,在固定资产投入不足,机械化、自动化水平还不够高的情况下,肩背人扛的原始作业方式还相当普遍。从而形成作业效率低,作业成本高的现状。因此,提高装卸搬运效率,降低装卸搬运成本,是降低物流费用的重要环节。

3. 运输功能

运输功能是借助运输工具,通过一定的线路,实现货物空间移动,克服生产和需要的空间分离,创造空间效用的活动。

(1)运输实现货物的空间移动。

物流是物资资料的物理性运动,这种运动的主要内容之一,是改变物资资料的空间存在。运输就是改变空间存在的主要手段。随着社会分工的发展,生产和消费之间空间的分离日趋扩大,生产部门、生产要素和生产环节的空间组合日趋复杂,运输的地位和作用也日趋重要,成为国民经济的基础和先行。

(2)运输网络的发展决定着流通的范围及规模。

商品流通的范围和规模是随着运输发展而发展的。运输网络延伸到哪里,商品流通就随之发展到哪里,运输网络的密度就越大。我国运输能力与运输需要之间的矛盾仍然十分突出,线路数量与承载能力与日益增长的需求相比,仍然是供不应求的,加上各种路线比例还不尽合理,因此运输能力严重制约着商品流通及国民经济的发展。

(3)运输决定着物流的时间和速度。

物资资料的空间移动是在线路和结点上实现的,其中在线上进行的活动就是运输。货物在运输线路上通过时间的长短,是物流时间和速度的决定性因素之一。运输需要的时间和速度,取决于线路的质量、运输工具的现代化水平以及运输组织管理的合理程度。显然,线路质量、运输工具现代化水平越高,组织管理越合理,运输时间就越短,速度也越快。

（4）运输费用关系整个物流费用。

在物流费用中,运输费用占的比重最高,一般来说,在社会物流费用当中,运输费用占将近50％的比重。有些产品的运输费用甚至高于生产费用。因此,降低运输费用对于降低物流费用,提高物流经济效益,以及稳定商品价格,满足消费需求,提高社会经济效益都具有重要的意义。

4. 储存功能

（1）调节生产和消费之间的时间差异。

生产和消费之间的时间分离,是社会经济的客观存在,所以说储存具有调节时间差异的功能。

（2）储存保管质量决定着库存物资的质量。

储存不是单纯的堆放,为了保持物资的质量,需要进行各种形式的保管。通过对库存物资的合理存放、妥善保管、精心养护,使其使用价值得到保存。同时,检验贯穿于储存作业的全过程,它是对产品质量、装卸搬运质量、运输质量的综合考察,是保证物流质量的重要环节。

（3）储存是联结各个物流环节的纽带。

各个物流环节在连续不断地运动过程中,经常需要一定时间的停滞,储存是上一个环节运动的终点,经过一定时间停滞后,又是下一个环节运动开始的起点。同时,很多物流环节的作用,是在储存提供的场所和时间里完成的。离开了储存,其他物流环节无法联系,很多作业也无法进行。因此,储存是联结各个环节的纽带。

（4）储存是流通活动的"调节阀"。

在社会分工日益细化的社会化大生产条件下,交换关系越来越复杂,影响流通的不确定因素也越来越多。同时,在物流过程中,计划不周、意外事故和自然条件变化等也带来大量不确定因素。当这些不确定因素成为现实,流通的连续性发生困难,储存就可以用它合理的存量来调节流量。

5. 流通加工功能

1）流通加工的定义。

流通加工是在流通过程中,根据客户的要求和物流的需要,改变或部分改变商品形态的一种生产性加工活动。流通加工是流通中的一种特殊形式,其目的是为了克服生产加工的产品在形质上与客户要求之间的差异,或者是为了方便物流提高物流效率。

2）流通加工与生产加工的区别。

（1）加工的对象不同。生产加工的对象是原材料、零部件、半产品;流通加工的对象主要是进行流通过程的成品或最终产品。当然,流通加工当中的组装加工等也是以零配件为对象的,但这些零配件是作为成品的组成部分存在的。

（2）加工的目的不同。生产加工的目的是为了创造新的产品形态,流通加工的目的是为了完善产品的形态,有时纯粹是为了物流的便利,为提高物流效率创造条件。

3）流通加工功能的内容。

（1）克服生产和消费之间的分离,更有效地满足消费需求。这是流通加工功能最基本的内容。现代经济中,生产和消费在质量上的分离日益扩大和复杂。流通企业利用靠近消费者,信息灵活的优势,从事加工活动,能够更好地满足消费需求,使少规格、大批量生产与小批量、多样性需求结合起来。

（2）提高加工效率和原材料利用率。集中进行流通加工,可以采用技术先进、加工量大、效率高的设备,不但提高了加工质量,还提高了使用率和加工效率。集中进行加工还可以将生产企业生产的简单规格产品,按照客户的不同要求进行集中下料,做到量材使用,合理套裁,减少剩余料。同时,可以对剩余料进行综合利用,提高原材料的利用率,使资源得到充分合理的利用。

（3）提高物流效率。有的产品的形态、尺寸、重量等比较特殊,如过大、过重产品不进行适当分解就无法装卸运输;生鲜食品不经过冷冻、保鲜处理,在物流过程中就容易变质腐烂等。对这些产品进行适当加工,可以方便装卸搬运、储存、运输和配送,从而提高物流效率。

（4）促进销售。流通加工对于促进销售也有积极的作用,特别是在市场竞争日益激烈的条件下,流通加工成为重要的促销手段。例如,将运输包装改换成销售包装,进行包装装潢加工,改变商品形象以吸引消费者;将蔬菜、肉类洗净切块分包以满足消费者的要求;对初级产品和原材料进行加工以满足客户的需要,赢得客户信赖,增强营销竞争力。

6. 配送功能

配送是按客户的要求,进行货物配备并送交客户的活动。配送是一种直接面向客户的终端运输,客户的要求是配送活动的出发点。配送的实质是送货,但它以分拣、配货等理货活动为基础,是配货和送货的有机结合形式。

（1）备货。

备货包括筹集货源、订货或购货、集货、进货以及有关验货、交接、结算等。备货是配送的基础,它可以集中不同客户的需求统一备货,从而在一定程度上取得规模效益,降低进货成本。

（2）储存。

配送中的储存有储备和暂存两种形式。储备是为了保证配送的稳定性而进行周转储备和风险储备,一般数量较大,储存结构也较完善。暂存是配送时按分拣配货要求,在理货场地的少量备货。

（3）配货。

配货是按照不同客户的要求,对货物进行分拣、分类、匹配的作业。配货是配送不同于其他物流功能的独特之处,也是配送过程中的关键环节。配货水平的高低关系到整个配送系统的效率和水平。

（4）配装。

配装是按照车辆有效负荷进行搭配装载。对于不同客户和不同的货物,按照送达的时间、地点、线路进行合理配装,可以提高车辆的载货效率和运输效率,从而提高送货水平,降低送货成本。

（5）送货。

送货是把货物送达客户指定的场所。送货是一种连接客户末端的运输，主要使用汽车运输工具。由于配送客户多，城市交通路线比较复杂，如何使配装和路线有效组合，是提高配送运输效率，减少交通污染的关键。送货不单纯是把货物运抵客户，还包括圆满地移交、卸货、堆放等服务，以及处理相关手续和结算等。

9.1.4　物流的分类

物流的分类有多种。如果按照从事物流的主体进行划分，可分为第一、二、三、四方物流等；从物流的行业划分，可分为生产、批发、零售、邮政物流等；从物流活动的地域划分，可分为国内、国际、沿海、内地等；从物流活动的范围划分，可分为水路、公路、铁路、管道运输物流等；按照物流的作用划分可分为运输、储存、包装、加工、分拣等；按照物流活动的性质划分，可分为专业物流、综合物流、内贸物流和外贸物流。下面简单介绍一下第一、二、三、四方物流。

1. 第一方物流

第一方物流是指需求方（生产企业或流通企业）为满足自己企业在物流方面的需求，由自己完成或运作的物流业务。

2. 第二方物流

第二方物流是指供应方（生产厂家或原材料供应商）也是专业物流企业，提供运输、仓储等单一或某种物流服务的物流业务。

3. 第三方物流

第三方物流（third party logistics，TPL）是近年来广泛流行的概念，它是指物流渠道中的专业化物流中间公司以签订合同的方式，在一定期间内，为其他公司提供所有或某些方面的物流业务服务。如果物流在电子商务企业中占比重不大，且该企业自身物流管理能力也比较欠缺，采用"第三方物流"模式是最佳选择，它能够大幅度降低物流成本，提高为顾客服务的水平。第三方物流的竞争优势主要有以下 4 点。

（1）第三方物流能使电子商务企业从运输、仓储等相关业务中解脱，集中精力于核心业务，这便是专业化分工的好处。如果每个电子商务企业都要建立自己的物流系统，那么它们的精力便不仅仅是生产、销售，这样会对企业的核心业务产生影响，企业精力会分散，而这不利于企业保持其竞争优势。第三方物流的出现很好地解决了这一矛盾，使企业能够集中精力发展核心业务，同时其产品的供应等环节又不会出现问题。

（2）第三方物流能够为电子商务的发展提供良好的商务活动后期环境和巨大的市场需求。许多第三方物流企业在国内外都有良好的运输和分销网络，电子商务企业可以通过与第三方物流商供应链集成，借助这些网络扩展国际市场或其他地区市场。这其实是一个双

学生笔记：
_____
_____
_____

赢的过程。物流企业通过承担电子商务企业的部分业务,使其自身得以生存发展,与此同时,电子商务企业通过第三方物流很好地解决了运输、仓储等问题,并且无形地借助第三方物流扩大了自己的影响,拓展了自己的业务。

(3) 第三方物流能降低物流成本。就电子商务企业来说,若是自己建立物流系统,会造成很大的资源浪费,同时管理上也存在很多问题,毕竟企业的核心优势并不在此。从第三方物流企业来说,它综合地利用了专业化物流管理人员和技术人员以及物流设备、设施,发挥出专业物流运作的管理经验,使商品流通较传统物流和配送方式更容易实现信息化、社会化。

(4) 第三方物流企业能确保物流服务质量的改进。在动态物流联盟中,电子商务企业、第三方物流及 IT 服务提供商和管理咨询公司都凭借各自的核心能力参与进来,并充分利用了信息共享平台。在此之间,第三方物流企业更像是充当了中介与桥梁。

4. 第四方物流

第四方物流(fourth party logistics)是一个供应链的集成商,一般情况下政府为促进地区物流产业发展领头搭建第四方物流平台,提供发布及共享信息服务,是供需双方及第三方物流的领导力量。它不是物流的利益方,而是通过拥有的信息技术、整合能力以及其他资源提供一套完整的供应链解决方案,以此获取一定的利润。它帮助企业实现降低成本和有效整合资源,并且依靠优秀的第三方物流供应商、技术供应商、管理咨询以及其他增值服务商,为客户提供独特且广泛的供应链解决方案。第四方物流的优势主要有以下 4 方面。

(1) 具有对整个供应链及物流系统进行整合规划的优势。第三方物流的优势在于运输、储存、包装、装卸、配送、流通加工等实际的物流业务操作能力,在综合技能、集成技术、战略规划、区域及全球拓展能力等方面存在明显的局限性,特别是缺乏对整个供应链及物流系统进行整合规划的能力,而第四方物流的核心竞争力就在于此,这也是降低客户企业物流成本的根本所在。

(2) 具有对供应链服务商进行资源整合的优势。第四方物流作为有领导能力的物流服务提供商,可以通过其影响整个供应链的能力,整合最优秀的第三方物流服务商、管理咨询服务商、信息技术服务商和电子商务服务商等,为客户企业提供个性化、多样化的供应链解决方案,为其创造超额价值。

(3) 具有信息及服务网络优势。第四方物流公司的运作主要依靠信息与网络,其强大的信息技术支持能力和广泛的服务网络覆盖支持能力是客户企业开拓国内外市场、降低物流成本所极为看重的,也是取得客户的信赖,获得大额长期订单的优势所在。

(4) 具有成本优势和服务质量优势。由于第四方物流不是物流的"利益方",因此它不会成为客户和企业的竞争对手,而是构成了利益共享的合作伙伴。因此,第四方物流可以利用其专业化的供应链物流管理运作能力和高素质的物流人才制定出以顾客为导向、快捷、高质量、低成本的物流服务方案,从而大幅度降低企业物流成本,改善物流服务质量。

9.2 电子商务与物流的关系

9.2.1 电子商务物流定义

电子商务物流是指服务于现代电子商务的物流,从本质上属于现代物流,是物流的电子信息化，即利用信息技术和现代物流技术对传统物流进行改造，使传统物流成为信息化的物流，是信息流和物流的充分整合。

在目前的电子商务技术和相关支持系统条件下，针对信息流、商流和资金流的电子虚拟化较易实现，而物流的虚拟化实现却难度较大。物流和电子商务并没有固定的位置关系，两者在这个发展过程中应该是分别领跑的。在不同的时期和不同的国家和地区，物流和电子商务的约束关系也是有所区别的。在美国，由于其物流技术有 80 多年的历史，通过利用各种机械、自动化工具及计算机和网络技术，物流水平相对较高。与此同时，订单处理、资金支付等商流活动相对落后。因此，出现了以 EDI 为标准的电子商务来简化烦琐、费事的订单等处理过程，解决信息流、商流和资金流处理上的烦琐对现代物流过程的延误，从而协调商务中四流的统一。所以就有后来美国的 IT 厂商将电子商务仅定位为"无纸贸易"，电子化的对象主要针对信息流、商流和资金流，而并没有提到物流。但是随着网络和信息技术的不断进步，目前，电子商务中的信息流、资金流、商流的处理都可以通过计算机和网络通信设备实现，通过货币电子化和商务信息化，可以很容易实现虚拟商务，促成所有权的转移和价值的实现，然而物流却仍然要受到商品的消费特点和流通特点的制约，不完全能通过电子虚拟进行商品的时空移动，实现其使用价值。音乐、电影、游戏、教学节目、心理咨询等是小部分可以通过网络传输的商品，能够实现四流的完全虚拟和统一。但是其他大部分商品的物流仍然还需要应用一系列机械化、自动化工具。可以说没有现代化的物流，任何轻松的商务活动都会变得毫无意义，电子商务的发展也无从谈起。现在，物流的发展相对电子商务的商流、信息流处于劣势。这是电子商务发展的一个阻碍，同时也是电子商务物流发展的一个诱因。

9.2.2　电子商务物流特点

1. 物流信息化

电子商务时代，物流信息化是电子商务的必然要求。物流信息化表现为物流信息的商品化、物流信息收集的数据库化和代码化、物流信息处理的电子化和计算机化、物流信息传递的标准化和实时化、物流信息存储的数字化等。

2. 物流自动化

自动化的基础是信息化，自动化的核心是机点一体化，自动化的外在表现是无人化，自动化的效果是省力化，另外还可以扩大物流作业能力、提高劳动生产率、减少物流作业的差错等。

3. 物流网络化

这里指的网络化有两层含义，一是物流配送系统的计算机通信网络，包括物流配送中心与供应商或制造商的联系要通过计算机网络，另外与下游顾客之间的联系也要通过计算

学生笔记：

_____

_____

_____

机网络通信;二是组织的网络化,即所谓的企业内部网。

4.物流智能化

这是物流自动化、信息化的一种高层次应用,物流作业过程中大量的运筹和决策,如库存水平的确定、运输(搬运)路径的选择、自动导向车的运行轨迹和作业控制、自动分拣机的运行、物流配送中心经营管理的决策支持等问题都需要借助于大量的知识才能解决。

5.物流柔性化

柔性化的物流是适应生产、流通与消费的需求而运作起来的一种新型物流模式,它要求物流配送中心根据消费需求多品种、小批量、多批次、短周期的特色,灵活地组织和实施物流作业,从而实现以顾客为中心的电子商务理念。

9.2.3　电子商务带动物流高速发展

电子商务的不断发展使物流行业重新崛起,目前物流业提供的服务内容已远远超过了仓储、分拨和运送等服务。物流公司提供的仓储、分拨设施、维修服务、电子跟踪和其他具有附加值的服务日益增加。物流服务商正在变为客户服务中心、加工和维修中心、信息处理中心和金融中心,根据顾客需要而增加新的服务是一个不断发展的观念。

电子商务代表着未来贸易方式的发展方向。在当今的电子商务时代,全球物流产业有了新的发展趋势。现代物流服务的核心目标是在物流全过程中以最小的综合成本来满足顾客的需求。

电子商务活动一般包括信息流、商流、资金流和物流,缺少任何一个部分都无法完成商务活动。商流是指商品在购销过程中所有权转移的一系列活动。资金流、物流、商流、信息流的形成是商品流通不断发展的必然结果。它们在商品价值形态的转化过程中有机地统一起来,共同完成商品的生产、分配、交换、消费,再到生产的循环。由信息流提供及时准确的信息,由资金流按照需求有计划地完成商品价值形态的转移,由商流完成商品所有权的转移,由物流按照资金流的要求完成商品使用价值即商品实体的转移过程,从而使得四流在商务活动中构成了不可分割的整体。因此说,电子商务与物流是紧密相连、相互促进、共同发展的。电子商务是物流之源,物流是电子商务之果。没有电子商务就不会引发物流的发生,没有物流的实现就不会实现电子商务的真正价值。

9.3　物流信息技术

物流信息技术就是应用于物流各环节中的信息技术。根据物流的功能以及特点,物流信息技术包括如计算机技术、网络技术、信息分类编码技术、条码技术、射频识别技术、电子数据交换技术、全球定位系统(GPS)、地理信息系统(GIS)等。

物流信息技术是物流现代化的重要标志,也是物流技术中发展最快的领域,从数据采集的条形码系统,到办公自动化系统中的微型计算机、互联网,各种终端设备等硬件以及计算机软件都在日新月异地发展。同时,随着物流信息技术的不断发展,产生了一系列新的物流理念和新的物流经营方式,推进了物流的变革。在供应链管理方面,物流信息技术的发展也改变了企业应用供应链管理获得竞争优势的方式,成功的企业通过应用信息技术来支持它的经营战略并选择它的经营业务。通过利用信息技术来提高供应链活动的效率,增强整个供应链的经营决策能力。

9.3.1 条码技术

条码是由一组按一定编码规则排列的条、空符号,用于表示一定的字符、数字及符号组成的信息。条码系统是由条码符号设计、制作及扫描阅读组成的自动识别系统。条码是一种数据载体,它在信息传输过程中起着重要作用,如果条码出问题,物品信息的通信将被中断。因此必须对条码质量进行有效控制,确保条码符号在供应链上能够被正确识读,而条码检测是实现此目标的一个有效工具。条码检测的目标就是要核查条码符号是否能起到其应有的作用。

9.3.2 二维码技术

随着智能手机的普及,二维码已经浸透于人们现在生活和工作的方方面面,因为它可以存储网址、名片、文本信息、特定代码等各种信息。

二维码又称二维条码,常见的二维码即 QR code,QR 全称 quick response,是一个近些年来移动设备上超流行的一种编码方式,它比传统的条形码能存更多的信息,也能表示更多的数据类型。二维条码/二维码(2-dimensional bar code)是用某种特定的按一定规律在平面(二维方向上)分布的黑白相间的图形记录数据符号信息的;在代码编制上巧妙地利用构成计算机内部逻辑基础的"0""1"比特流的概念,使用若干个与二进制相对应的几何形体来表示文字数值信息,通过图像输入设备或光电扫描设备自动识读以实现信息自动处理。它具有条码技术的一些共性:①每种码制有其特定的字符集;②每个字符占有一定的宽度;③具有一定的校验功能;④具有对不同行信息自动识别的功能以及处理图形旋转变化点。

二维码应用根据业务形态不同可分为被读类和主读类两大类。

1. 被读类业务

商家将业务信息加密、编制成二维码图像后,通过短信或彩信的方式将二维码发送至用户的移动终端上,用户使用时通过设在服务网点的专用识读设备对移动终端上的二维码图像进行识读认证,作为交易或身份识别的凭证来支撑各种应用。

2. 主读类业务

用户在手机上安装二维码客户端,使用手机拍摄并识别媒体、报纸等上面印刷的二维码图片,获取二维码的存储内容并触发相关应用。用户利用手机拍摄包含特定信息的二维码图像,通过手机客户端软件进行解码后触发手机上网、名片识读、拨打电话等多种关联操作,以此为用户提供各类信息服务。

学生笔记:

_____

_____

_____

9.3.3 EDI 技术

EDI(electric data interchange,电子数据交换)是一种利用计算机进行商务处理的新方法,它是将贸易、运输、保险、银行和海关等行业的信息,用一种国际公认的标准格式,通过计算机通信网络,使各有关部门、公司和企业之间进行数据交换和处理,并完成以贸易为中心的全部业务过程。由于 EDI 的使用可以完全取代传统的纸张文件的交换,因此也有人称它为"无纸贸易"或"电子贸易"。

在商业贸易领域,通过采用 EDI 技术,可以将不同制造商、供应商、批发商和零售商等商业贸易之间各自的生产管理、物料需求、销售管理、仓库管理、商业 POS 系统有机地结合起来,从而使这些企业大幅提高其经营效率,并创造出更高的利润。商贸 EDI 业务特别适用于那些具有一定规模的、具有良好计算机管理基础的制造商,采用商业 POS 系统的批发商和零售商,为国际著名厂商提供产品的供应商。

在物流领域中,通过采用集装箱运输电子数据交换业务,可以将船运、空运、陆路运输、外轮代理公司、港口码头、仓库、保险公司等企业之间各自的应用系统联系在一起,从而解决传统单证传输过程中的处理时间长、效率低下等问题。可以有效提高货物运输能力,实现物流控制电子化。从而实现国际集装箱多式联运,进一步促进港口集装箱运输事业的发展。

9.3.4 射频技术

射频技术(RF)是 radio frequency 的缩写。较常见的应用有无线射频识别(radio frequency identification,RFID),常称为感应式电子晶片或近接卡、感应卡、非接触卡、电子标签、电子条码等。其原理为由扫描器发射一特定频率的无线电波给接收器,用以驱动接收器电路将内部的代码送出,此时扫描器便接收此代码。

接收器的特殊之处在于免用电池、免接触、免刷卡,故不怕脏污,且晶片密码为世界上唯一的,无法复制,安全性高、寿命长。

射频识别技术是一种非接触式的自动识别技术,它通过射频信号自动识别目标对象来获取相关数据。识别工作无须人工干预,可工作于各种恶劣环境。短距离射频产品不怕油渍、灰尘污染等恶劣的环境,可以替代条码,例如用在工厂的流水线上跟踪物体。长距射频产品多用于交通上,识别距离可达几十米,如自动收费或识别车辆身份等,现在高速公路上上网 ETC 收费模式就是射频技术的典型应用。

射频技术广泛应用于物流过程中的货物追踪、信息自动采集、仓储应用、港口应用、邮政、快递等领域,此外门禁管制、停车场管制、生产线自动化、物料管理等也有广泛应用。

9.3.5 GIS 技术

GIS(geographical information system,地理信息系统)是多种学科交叉的产物,它以地理空间数据为基础,采用地理模型分析方法,适时地提供多种空间的和动态的地理信息,是一种为地理研究和地理决策服务的计算机技术系统。其基本功能是将表格型数据(无论它来自数据库、电子表格文件或直接在程序中输入)转换为地理图形显示,然后对显示结果进行浏览、操作和分析。其显示范围可以从洲际地图到非常详细的街区地图,显示对象包括人口、销售情况、运输线路和其他内容。

目前以 Google 地图、百度地图等为代表的数字地图都是 GIS 技术和 GPS 技术在交通上的应用。数字地图的普及化应用,对电子商务物流的快速发展意义尤为重要,它将快递包裹的行进轨迹直观地呈现在客户面前,使得电子商务更加便民化、亲民化。

9.3.6　GPS 技术

GPS 又称为全球定位系统(global positioning system),具有在海、陆、空进行全方位实时三维导航与定位的能力。

1. GPS 定位车辆监控系统

GPS 在物流领域可以应用于汽车自定位、跟踪调度、铁路运输管理等,其中车辆监控系统是 GPS 在物流领域的重要应用。车辆监控系统是终端数据采集技术、移动通信技术与互联网技术的结合,是把车辆的位置、状态等数据反馈给车辆管理人员的软件。车辆监控系统可对车辆进行定位、追踪、轨迹查看、监听、监视等操作,并且可以把数据等相关信息导出作为车辆行驶的历史依据,帮助车辆调度管理人员掌控车辆的在途信息,提升车辆管理效率。

2. 手机定位车辆监控系统

手机定位车辆监控系统是利用驾驶员的随车手机,基于移动运营网的基站定位来实现车辆监控的。基站定位主要是利用基站对手机的距离的测算来确定手机位置的,也称 LBS 基站定位法。它的精度很大程度依赖于基站的分布及覆盖范围的大小,市区误差约在 50～200 米,郊区有时误差会达到 1～2 公里,定位精度能够满足物流行业需要。它广泛地应用在物流行业的货运车辆管理方面,如路歌管车宝车辆监控系统只要注册驾驶员的手机号码,并且手机开机有信号,就可以锁定手机的位置,数据再反馈到监控中心的电子地图上,物流调度人员就可以对货运车辆进行在途监控。相比于 GPS 定位系统,它不需要安装 GPS 等设备,减少开支,很受物流企业管理人员的喜爱。

3. 车辆监控系统功能

(1) 车辆定位:全球卫星定位,24 小时提供车辆位置、行驶方向、速度,并可通过 Google 卫星地图以及国内较为普及的百度、高德地图显示。

(2) 轨迹回放:可任意查询车辆在任何时段的行车情况以及停车地点、停车时长,可直观地在地图上显示。

(3) 里程管理、油耗管理:应用卫星轨迹的计算技术,对车辆任意时段内的行车里程和油耗进行科学化管理。

(4) 越界、超速、防盗劫报警功能:当车辆越界、超速或拆除 GPS 时,终端自动发送短信至车队管理人员的手机上,进行提醒。

(5) 断油断电功能:当车辆遇盗时,可以通过后台强制车辆停车。

学生笔记:

_____

_____

_____

9.4 物流配送终端

电子商务的瓶颈主要有两个,一个是支付,一个是配送。支付问题的解决方案已经在本书第7章进行了介绍,而物流配送是物流费用高企的重要原因,亟待有个高效而易于操作的解决方案。

物流费用包含车辆租用费用或折旧费用、过路过桥费用、停车费用、燃料费用、人工费用等,各个物流公司支出成本的比例大体相同,其中最后一公里的配送环节所占比例相对较高,所以每个物流公司都把目光盯在最后一公里的物流配送模式的优化上。

9.4.1 最后一公里

"最后一公里"配送意义重大,不仅是电子商务企业成败的关键,也是对电商消费者极其重要的一个物流活动。只有做好"最后一公里"配送,电商企业才能真正实现快速发展,整个物流过程才可以称得上通畅,才能使客户满意。

1. 最后一公里含义

"最后一公里"配送是指客户通过电子商务途径购物后,购买的物品被配送到配送点后,从一个分拣中心,通过一定的运输工具,将货物送到客户手中,实现门到门的服务。配送的"最后一公里"并不是真正的一公里,是指从物流分拣中心到客户手中这一段距离,通过运输工具,将货物送至客户手中的过程。由于属于短距离运输,俗话称之为一公里配送。这一短距离配送,是整个物流环节的末端环节,也是唯一一个直接和客户面对面接触的环节,意义重大。

目前,在网络购物的飞速发展的同时,物流配送的相对滞后已经成为电子商务发展的一大瓶颈。每逢年节,家电网购卖场京东商城的投诉量总是直线上升,而多数投诉都指定同一个方向——送货太慢。和京东一样,当当、天猫也时常遇到这样的问题,遇到大量货品集中配送的时候,物流便难免堵塞。

"最后一公里"配送服务是电商运营者面对客户亟待解决的问题。负责"最后一公里"配送服务的第三方物流无法完成电商或产品的品牌传播和货物售后服务等工作。由于客户个性化的需求,例如以旧换新的上门服务,都是依靠"最后一公里"来实现的。客户满意度很大程度上取决于这个环节的质量和效率。

"最后一公里"配送服务可实现增值效益。服务中积累的数据,蕴含着客户端的丰富资源,能够积累出基于数据采购、信息管理的极有价值的东西,对于前端市场预测,提供有力的支撑。"最后一公里"配送使得整个物流由被动转向主动分析客户信息,挖掘出隐藏价值,对客户提出个性化服务。由于直接的客户接触,企业的形象、价值文化等都能够通过"最后一公里"配送服务进行传播,达到增值效益。

2. 最后一公里现状

作为整个电子商务行业的"最后一公里",我国电子商务行业的发展很大程度上成为过去数年内快递业发展的重要刺激因素。以申通为例,快递公司负责寻找货源和城际间的运输服务,而各地区的派送方则是加盟到申通体系中的快递公司。城际间的配送批量大、频次低,便于成本的控制,而地区内的配送由于顾客对及时性的要求不断提高,只能小批量、高频次地配送,使得地区内配送成本居高不下。另外网上购物客户群体对物流费用的敏感度较高,使得成本不易向下游转嫁。时至今日,淘宝、当当等电子商务平台已经成为快递公司最大的客户。快递业因成本压力而选择上涨快递费用,势必影响电子商务的快速发展。目前这个最后配送环节主要存在以下问题。

1) 配送车辆进城难、进小区难

今天,在我国大部分经济中心城市都会对货车的进城进行严格的限制,无论是时间还是区域都有一定的限制。在很多进城路口都会看到"货车禁行"这样的标志牌,货车进入城市必须要持有通行证,而且还只能在规定的时间段内进入城区,这样不但造成了夜间货车扎堆进城道路拥堵,而且还大大降低了快递车辆的配送效率。

另一方面,快递在配送过程中很多小区为了安全起见不允许快递人员进入,快递员只能在小区门口挨个给客户打电话或者将包裹放在物业管理处,然而后者造成的物品遗失带来的物管和快递公司的纠纷也不在少数,导致物管拒绝接受快递和包裹。这样一来使得快递在最后一站的配送效率大大降低,包裹不能及时安全地送达客户的手中。

2) 客户分散,车辆安排难

在中国各大城市人口分布虽然密集,但快递的选择多种多样,这样就造成了客户的分散性,也使得快递公司在安排配送车辆时比较费劲。众所周知,现在我国收发快递使用的大部分还是小型三轮车,这种独立式的车辆在线路的选择上都伴随着随机性,而在配送过程中运用的也是小批量分散式的配送方式。这样一来不但不利于物流公司对车辆的统一管理,而且在时间与成本上造成了极大的浪费。要想解决这一问题还需要各个部门协同商讨修改现行法律、法规和制度,这也是大家期待解决的一个难题。

3) 快递派送与客户存在严重的时间冲突

快递行业如要提供优质的服务,最基本的就是要满足"门到门"服务,可是在实际配送过程中,为了能及时将所有的快件派发出去,快递员的投递时间都十分紧迫,在快递配送最后一个环节往往很难实现"门到门"的服务,更别说"点到点"的服务了。快递员上班的时间与客户上班的时间有 $80\%\sim90\%$ 是重叠的,这无疑加重了快递派送与客户之间在时间上的冲突。现如今,大学生已经成为电子商务的追捧者,在各大高校中学生白天基本都在上课,快递在派送过程中往往不能及时至学生手中,因此就造成了二次配送在人力与时间上的浪费。对于大部分上班族来说,白天上班家里无人可以收取快递,快递员也不愿意等下班之后再次派送,快递配送的效率也明显降低。这样一来快件自发出到收取这一过程中经历的时间就明显延长了。

4) 存在道德风险与安全风险

近年来我国电子商务高速发展,但是物流信息系统建设方面存在的漏洞风险也是不容

学生笔记:
_____
_____
_____

小觑的。信息的不透明化使得客户很难追踪快递的整个配送过程,快件从发出一刻起到收取过程中转手的人太多,而在订单信息查询中只是粗略地显示订单发出时间和到达收取人城市的时间,并未透露每个环节是由谁去完成的,这样就滋生了一系列的道德风险。一旦发生快递遗失或缺失事件,客户对整个过程便会无从查起。

很多快递公司工作人员的素质参差不齐,高素质的专业人才严重缺乏。对于加盟者的门槛也不高,且不重视对其加盟商和旗下员工的培训,很多员工完成招聘后都是直接上岗录用的,专业技能不过关,服务态度恶劣,人员流动性较大,快递在配送中的安全隐患也是层出不穷。

5) 快递高峰期,工作强度超出平时许多倍

我国快递行业起步较晚,物流体系不够完善。一旦遇上高峰期,爆仓现象就十分严重。每年"双十一"购物节总能掀起一场看不见硝烟的电商大战,由"双十一"带来的销售业绩也是十分惊人的。"双十一"给上游电商企业带来了巨大的利益,然而下游快递企业的工作量却是翻了番,压力巨大。仓储环节发生的严重爆仓现象暂且不说,派送人员的工作量就比平时大了几倍,货物的破损、缺失程度也大大增加。整个供应链人员就算 24 小时不间断地工作也无法满足每一件物品能够及时、安全地送至顾客手中,有的从下单到收到物品竟长达半月之久,这样的快递服务不但会引起消费者对快递行业的不满,甚至不愿尝试网上购物,严重影响电子商务的发展。每年的"双十一"活动都反映了我国快递行业不够成熟,抗压能力弱,快递行业如何改变自身去满足市场需求是整个行业值得深思的问题。

6) 农村最后一公里快递资源缺乏

在我国,人口分布不均匀,农村人口居多。随着计算机的普及,越来越多的农村网络用户青睐于网上购物,农村市场的消费潜力巨大,发展前景广阔。然而我国城市快递发展与农村快递的发展存在严重的不平衡,近年来我国快递行业发展迅速,但是快递配送主要是集中在城市区域内。在一二线城市中物流配送网点基本上达到饱和状态,城市区域内的快递配送服务辐射的区域最远也就到周边的县级城市,而大部分乡镇及农村地区却不在快递配送范围内,乡镇及农村地区的快递行业还处于十分落后的状态。农村市场对于快递行业来说无疑是一块巨大的蛋糕,如何享用这块美味的蛋糕却是眼下需要解决的问题。

3. 最后一公里配送的对策

1) 政府部门应该对快递车辆采用灵活的监管措施

在美国,国家不但没有对货运汽车进入城区有太多的限制,反而从 20 世纪 80 年代开始就陆续出台了一系列的法律法规放宽对运输市场的管制,减少联邦法案对运输市场的约束,为美国的运输行业发展提供了良好的环境。

相比较可以发现,在物流发达的国家或城市并没有严令禁止货运汽车进入城市,因此国家应该制定相关政策,取消车辆行驶停靠、装卸作业等方面的限制,为快递配送车辆开通绿色通道,以保证快递能快速及时的进入城市地区。

广东深圳地区是限制电动自行车上路行驶的,但对快递行业开设绿色通道,给予快递配送员的电动车上牌照和上路行驶的灵活监管措施。

2) 实行共同配送

共同配送是物流行业中新兴的一种配送模式,在欧洲,实行共同配送的比例高达到

90%；在美国，共同配送的比例已经到达 70%；在日本，共同配送的比例也超过 50%。在国外，共同配送已经成为了主流的配送模式。而在国内，物流行业起步较晚，共同配送的应用还处于探索阶段，推行共同配送任重道远。可以通过学习吸收国外的经验与教训，发展我国的共同配送模式。快递行业最后一公里问题也可以通过采用共同配送的方式来解决，即在同一区域内建立一个共同的配送网点，各个快递企业将快件送至共同配送网点，快递的集中、分拣、临时储存就在共同配送网点进行，之后由共同配送网点将快递送至客户手中或快件自提点。共同配送的实行也就要求几个快递企业联合起来在公平、公正的条件下共同出资成立一个新的公司，专门实现快件最后一公里的统一配送。

实行共同配送能有效地降低城市快递配送车辆总量，减少城市因装卸货物而造成的交通拥挤，改善交通运输状况，明显缓解城区交通压力；通过这种集中化处理，有效提高车辆的装载能力，避免人力资源的浪费，提高快递配送效率，实现绿色物流。

3）建立社区物流

现在城市中都是以小区为单位的小整体，快递企业也可以以小区为整体发展社区物流模式。小区的物业可以作为快递的暂存点。快递公司将快递送至小区物业，由小区物业暂时存储保管快递直至送至客户手中。小区物业可收取物流公司的管理费，整个过程中小区物业几乎不需要太多的资金投入就能从中获取部分利益，而对于客户来说这不仅消除了自己与快递派送员在时间上的冲突，也可以更加自由地安排收取快递的时间。就快递公司方面而言，实施社区物流就相当于多家快递公司将各自分散的客户整合成为一个整体，这样一来就大大降低了快递公司的配送成本，大幅度提高快递公司的配送效率。

建立社区物流还可以由私人与快递公司签订合同在小区内以便利店方式收发快递。经营商可以在小区内经营销售一些日常生活必需品，另一方面协助快递公司收取快递，客户可以根据查询快递信息并自由安排时间收取快递。通过这种方式实施社区物流不但提高了快递从发出到客户收取这一过程的配送效率，而且可以提供更多的就业机会，这一举措也更加严格地要求物流的各个环节必须做到信息公开透明，每一个经手快递的人员都必须诚信负责。

4）加快建设快递下乡工程

2014 年国家邮政局首次提出"快递下乡"工程，截至 2020 年末，我国已基本实现村村通快递的目标。

农村覆盖面积广阔，对产品的需求较大，而在广大农村地区品牌店、连锁店却十分稀有，大部分农村居民只能从商品有限的集市上买到一些劣质的生活用品。随着农村地区居民的收入不断提高，农村的购买力也持续增强，农村市场上销售的劣质三无产品已经无法满足农村居民的需求了。如今网络普及，越来越多的农民更愿意通过互联网购买所需物品，这也表明农村消费者对网购的依赖比城市更大。因此农村市场将会吸引越来越多的快递企业。

学生笔记：

_____

_____

_____

由于农村居民居住较为分散,快递员在派送过程如果是挨家挨户地派送将导致快件派送效率低下,因此快递企业可以以一些公共服务平台,如农村综合服务站、农家书屋、村委会等为基础,通过授权,向农村居民提供较为完善的快递服务。并且这些公共服务平台将面向所有快递企业开放,村民可以通过村里的信息平台及时收取快递,这样既解决了农村地区快递派送成本居高不下的问题,也大大提高了快递的派送效率,同时为这些公务服务平台开辟了新的创收来源。农村地区快递服务的不断完善,也将加快电子商务的发展,不断地拉动国内消费需求。

9.4.2 物流驿站

驿站,是古代供传递军事情报的官员途中食宿、换马的场所,物流驿站是指在社区开设一个门店,提供快递代收代寄的服务。有了驿站后,快递配送员一般就不需要将快递送上家门了,而是发信息让客户到驿站自取快递。这样驿站减轻了快递配送员送货的压力,同时也解决了客户空时与配送时间冲突的问题。一个驿站要与多家快递公司合作才有较大的流量,才能盈利,才有生存的意义,也就是说一个驿站门店一般为多家快递公司提供代收和代寄服务。由于一个驿站规模很小,很难与快递公司谈判拿到优惠价格,于是,驿站联盟就出现了,形成了驿站自己的品牌。下面介绍几个规模比较大的驿站。

1. 菜鸟驿站

菜鸟驿站(yz.cainiao.com)是由阿里巴巴旗下菜鸟网络牵头建立的面向社区、校园的第三方末端物流服务平台。在服务物流行业的同时,持续提升末端运作效率,并为用户提供包裹暂存、代寄等服务,致力于为消费者提供多元化的最后一公里服务。

主要业务有网购包裹暂存、线下自提、安全保管便捷代寄、线上下单、在线支付、便民服务、生活服务、特色服务等内容。图 9-1 是菜鸟驿站门店示意图。

图 9-1 菜鸟驿站门店

加盟菜鸟驿站是很多大学生创业的选项之一,也是一个低门槛的创业项目,下面介绍一下它的加盟条件。

1) 校园驿站入驻标准

校园驿站是指在高校范围内,面向高校师生进行包裹暂存和代寄服务的站点。其入驻标准如下。

（1）经营主体：可以为公司、个体工商户或个人。

① 若为公司需提供三证（工商营业执照、组织机构代码证及税务登记证），已完成三证合一的公司可提供加载统一社会信用代码的营业执照；若为一般纳税人，需提供一般纳税人资格认定的税务事项通知书。

② 若为个体工商户需提供营业执照、税务登记证及法人身份证。

③ 若为个人，需提供运营负责人身份证。

（2）硬件设备：站内有联网计算机、智能手机、菜鸟定制巴枪（扫描设备）、菜鸟云监控、菜鸟自助取件服务终端 S01（扫描设备，是一种高拍仪器）、电子面单打印机、灭火器、标准快递货架（每 100 件快递匹配一组货架）、WiFi 等。

（3）经营空间：场地面积≥20m²，如校园商业区或生活区、交通枢纽处等独立非露天场地，同时需设置绿动回收区。

（4）业务技能：主流合作快递公司需接入 2 家以上（申通、圆通、中通、汇通、韵达、天天、邮政，其中至少 1 家为通达系，即申通、圆通、中通、汇通、韵达），且日均包裹派件量 250 单以上。

（5）经营时间：08：00—22：00 内不低于 8 小时，且营业时间内有专人值班。

2）社区驿站入驻标准

社区驿站是面向社区，店铺为个人所有或租用，无统一供应链管理。其入驻标准如下。

（1）合作类型：快递代办点，个人创业菜鸟驿站及部分零售类、服务类店铺。

（2）硬件设备：店内有联网计算机或智能手机、专业包裹货架、监控、烟雾报警器、自动应急照明设备、防毒口罩、长胶手套（耐强酸强碱）、灭火器、电子面单打印、PDA 等。

（3）经营空间：专业点店铺实际场地面积≥20m²，小站店铺实际场地面积≥10m²。需要有独立的包裹存放区域，可以容纳开展业务所需的接待台、货架等。

（4）经营时间：08：00—22：00 内不低于 10 小时，且营业时间内有专人值班。

2. 小兵驿站

小兵驿站（www.xbshyz.com）是由安徽兵尚科技有限公司建立的面向社区的第三方末端物流服务平台。在服务物流行业的同时，持续提升末端运作效率，并为用户提供包裹代收、代寄等服务，致力于为消费者提供多元化的最后一公里服务。图 9-2 是小兵驿站网站首页示意图。

小兵驿站致力于为大众提供末端配送服务，主要业务是代收代寄包裹，旗下新推出"小兵生活"导购平台。小兵生活是依托小兵驿站带来的人流量而延伸出来的，它立足于电商平台，轻资产运营，一个城市有一个供应商即可，合作很轻松，抽成分润空间相当可观。小兵驿站快递代收系统的具体优势如下。

（1）极速入库、隐私面单可入库、货到付款提醒、新用户提醒、滞留件提醒。

（2）极速出库：手机扫码、手机拍照、验证取件码、验证手机号、出库仪扫码等多种出库

学生笔记：
_____
_____
_____

图 9-2　小兵驿站网站首页

方式可供选择。

（3）未提货提醒、误出库回退、通知延时设置、微信短信语音通知、添加员工账号等功能。

（4）包裹查询：多个筛选条件供选择，可导表、移库、盘库存。

（5）客户管理：批量添加、客户标签分类、推送营销短信。

（6）签收授权：自动仅签收不出库、签收异常有提醒。

（7）寄件功能：蓝牙打印机支持手机、计算机寄件；客户可直接线上提交寄件订单；同步寄件物流信息。

3. 妈妈驿站

妈妈驿站（www.mamayz.com）是圆通速递旗下为快递末端最后一公里派送难题提供整体解决方案，为社区居民提供快递收寄服务的开放平台，服务宗旨是"让物流更高效，成本更低，融入用户日常生活，惠及百姓民生"。其线下加盟合作数量已经达到一万多家，便民、惠民服务遍布全国 31 个省市自治区。其业务范围如下。

1）代收服务

为服务范围内的用户提供快件代收、保管的服务，可依据用户需求提供上门派送或自提服务。

2）寄件服务

为用户提供相关寄件服务，包括收寄验视、辅助包装、面单填写、称重收费、信息录入等。

4. 蓝店驿站

蓝店驿站（www.ulandian.com）由厦门市蓝尚信息科技有限公司运营，蓝店驿站将快递代收业务切入社区，以社区店为业务载体，将"人、货、场"三者链接，获取社区资源。同时以蓝店优选、蓝店生活、蓝店周末游等社区相关服务体系为用户提供一站式生活服务，赋能存量社区门店创造增量收入，打造社区流量入口。

5. 快递超市驿站

快递超市(kdcs.zto.cn)是中通快递公司旗下驿站,凡是中通的快递一律送到快递超市驿站,不再送到客户家中。

9.4.3　快递柜

快递柜是借鉴中国邮政的信箱发展而来,一般在每栋楼的楼下安装,小型社区一般在社区中央人流密集处安装。信箱是一家一个,而快递柜不会分配到每家。它由手机短信通知取件、告知密码,由控制平台智能控制打开。快递柜也可以看作是一个小型规模的无人驿站,在货物主人不在家时可以暂存于快递柜,也节省了快递配送员的配送时间。

智能快递柜是随着快递业不断发展新生的事物,运营企业自身规模日益扩大。快递柜作为社区生态圈的接入口,一旦在小区内形成闭环生态圈,连接各种增值服务后,用户黏性将得到增强,后来者将很难打破壁垒切入进去。

快递柜与驿站相比,离住户距离近,一般在居民楼下或者在小区管理处等地,在电子商务业务起步阶段,起到了很好地节约配送成本的作用,但随着电子商务快速发展,快递柜有限的储物柜已经放不下逐日递增的包裹,于是物流驿站日益普及,快递柜市场开始饱和或萎缩。

丰巢公司是比较知名的快递柜运营公司,它是在 2015 年 6 月 6 日由顺丰、申通、中通、韵达、普洛斯 5 家物流公司共同投资 5 亿元发起成立的。其中,顺丰持股 35%,申通、中通、韵达各持股 20%,普洛斯持股 5%。

丰巢作为开放平台链接物流企业、物业、快递员、消费者,串联上下游,构建信息服务平台。通过与物流企业数据互通,保证所有在丰巢的收件、寄件业务全程数据共享、可监控,且丰巢已为多物业场景提供定制化的解决方案,实现了末端物流服务的全时段覆盖。丰巢凭借物流起家的经验优势,快速打通与主流物流企业的系统对接,实现快递路由信息互通,支持多家快递公司在线下单的寄递服务并规范电子运单统一管理,且具备完善的业务结算系统,确保多方合作的有效开展。丰巢利用自身物流优势,在寄递方面开放快递柜自助收寄件端口,通过信息化的对接,提升智慧设备的利用率。作为末端智能网点,丰巢首创微仓模式实现"一手交钱,一手提货"的极致体验,并形成标准化服务系统,为其他有微仓服务需求的企业提供能力,图 9-3 是丰巢快递柜示意图。

2020 年 4 月 30 日,丰巢快递柜上线会员制服务,普通用户的快递可免费保管 18 小时,超时后每 12 小时收取 0.5 元,3 元封顶,法定节假日不计费(收费价格来自官网,可能会经常变化)。收费模式引起网民的广泛关注,并且争议不断。因为有人值守的驿站并不收费,如果无人值守快递柜反而收费,于情于理都说不过去,最终只会被市场淘汰。

学生笔记:

图 9-3　丰巢快递柜

9.4.4　物流公司

现在物流公司格局是 1＋N 模式，1 是指中国邮政，属于国内央企，N 是指民营快递，主要有顺丰、京东等物流公司。现在分别对它们进行介绍。

9.4.4.1　中国邮政

中国邮政（www.chinapost.com.cn）也就是俗称的邮局。邮局是我国有悠久历史的国营大单位，中国邮政集团公司于 2019 年 12 月正式改制为中国邮政集团有限公司。中国邮政集团有限公司是依照《中华人民共和国公司法》组建的国有独资公司，以普遍服务、寄递业务、金融业务、农村电商等为主业，实行多元化经营。经营业务主要包括：国内和国际信函寄递业务，国内和国际包裹快递业务，报刊、图书等出版物发行业务，邮票发行业务，邮政汇兑业务，机要通信业务，邮政金融业务，邮政物流业务，电子商务业务，各类邮政代理业务，国家规定开办的其他业务。

其优点是全国网点分布密集，有着良好的信誉，实现全国村村通邮，这是个了不起的成绩，目前没有一家民营快递公司能够实现村村通邮；其缺点是运输时间长，不能上门取货，需要网店店主亲自提货到邮局去办理邮寄手续。

1．邮局平邮

邮局平邮就是普通包裹运输方式，按公里数及重量计算价格。每 500g 为一个计费单位，其他附加费用有挂号费、保价费和回执费，挂号费为必交费用，其他两项费用可选。

邮局营业柜台提供标准包装箱，但要另外付费购买。

邮局平邮普通包裹寄达时间为 7～15 天。

2．邮局快邮

邮局快邮就是普通包裹加快运输，所有邮寄事项与普通包裹相同，但需另收加快费。其快寄包裹的总费用约是普通包裹的 2 倍。

邮局快邮包裹寄达时间为 5～10 天。

3．邮局 EMS

邮局 EMS（express mail service）就是全球邮政特快专递业务，是当前邮政部门为用户提供的一项传递速度最快的邮递类业务。

　　EMS 业务仍需网店店主亲自到邮局网点办邮寄手续,但收件人不用去邮局提货,邮局会送货上门。

　　EMS 业务传递过程可以通过网站查询,即所寄物品状态(如正在运输中,已到达目的地等)能够查阅。查阅网站是 www.ems.com.cn。EMS 的寄达时间为 3～5 天。

　　目前中国邮政开启了"次晨达"业务,是中国邮政速递物流充分发挥"全夜航"航空自有运输能力的网络优势,对资源整合,推出的高品质业务。次晨达业务包含"区域次晨达"和"跨区域次晨达"。

4. 菜鸟物流

　　菜鸟是一家互联网科技公司,专注于物流网络平台服务。通过技术创新和高效协同,菜鸟持续推动快递物流业向数字化、智能化升级,为全球消费者提升物流体验,为全球商家提供智慧供应链解决方案,帮助降低全社会物流成本。菜鸟的目标是与物流合作伙伴一起,建设国家智能物流骨干网,开辟新物流赛道,致力于实现中国范围内 24 小时送货必达、全球范围内 72 小时送货必达。它主要有以下几种服务。

　　1) 消费者服务

　　菜鸟裹裹是阿里巴巴旗下,菜鸟官方出品的快递服务 App。它保证千元以下的快递丢失全额赔偿无须保价,图 9-4 是菜鸟裹裹二维码。

　　2) 国内商家服务

　　借助遍布全国的仓配网络、得天独厚的电商物流能力,推动数字化、智能化技术在供应链领域的应用,提供更前沿、高效和全面的供应链服务,助力客户转型升级,赢在供应链。

　　3) 全球商家服务

　　菜鸟网络建立了以协同共赢、数据技术赋能为核心的平台,将更多的合作伙伴纳入其中。菜鸟网络的跨境物流合作伙伴数量已经有 89 家,物流覆盖能力可至全球 224 个国家和地区,搭建起一张真正具有全球配送能力的跨境物流骨干网。

　　4) 快递行业服务

　　菜鸟快递平台通过数智能力赋能快递生态建设,为商家和物流商提供极致数智服务体验。

5. 顺丰快递

　　顺丰快递(www.sf-express.com)于 1993 年诞生于广东顺德,2016 年 12 月 12 日,取得证监会批文获准登陆 A 股市场。2017 年 2 月 24 日,正式更名为顺丰控股。顺丰是国内领先的快递物流综合服务商。经过多年发展,已初步建立为客户提供一体化综合物流解决方案的企业模式,为客户提供仓储管理、销售预测、大数据分析、金融管理等一揽子解决方案。顺丰同时还是一家具有网络规模优势的智能物流运营商。经过多年潜心经营和前瞻性战略布局,顺丰已形成拥有"天网＋地网＋信息网"三网合一、可覆盖国内外的综合物流服务

学生笔记:

图 9-4　菜鸟裹裹二维码

网络。顺丰采用直营的经营模式,由总部对各分支机构实施统一经营、统一管理,保障了网络整体运营质量。其快递服务主要有如下几类。

1)顺丰特快

(1)精准承诺,时效快速、稳定:优势资源保障,各环节通过专属流程进行优先发运、中转和派送,提供具有竞争力的时效性服务。

(2)客制化服务:多款增值服务满足各种寄递场景需求。

(3)全程可追踪:科技赋能实现网络透明化、智能化。

2)顺丰标快空运

在指定服务范围和寄递时间内收寄,根据寄件时间及快件寄/收地的行政区域,可查询明确的快件送达时间,最快次日 12:00 前送达。

3)顺丰标快陆运

在指定服务范围和寄递时间内收寄,根据寄件时间及快件寄/收地的行政区域,可查询明确的快件送达时间,最快隔日 12:00 前送达。一般液体化妆品只能采用陆运。图 9-5 是顺丰快递二维码。

图 9-5　顺丰快递二维码

6. 京东物流

京东集团自 2007 年开始自建物流,于 2012 年注册物流公司,2017 年 4 月 25 日正式成立京东物流集团。京东物流以降低社会物流成本为使命,致力于将过去十余年积累的基础设施、管理经验、专业技术向社会全面开放,成为全球供应链基础设施服务商。

目前,京东物流拥有中小件、大件、冷链、B2B、跨境和众包(达达)六大物流网络,凭借这6 张大网在全球范围内的覆盖,以及大数据、云计算、智能设备的应用,京东物流打造了一个从产品销量分析预测,到入库出库,再到运输配送各个环节全面覆盖,综合效率最优、算法最科学的智能供应链服务系统。

截至 2020 年 3 月 31 日,京东物流在全国运营超过 730 个仓库,包含京东物流管理的云仓面积在内,京东物流运营管理的仓储总面积约 1700 万平方米。目前,京东物流已投入运营的 25 座"亚洲一号"智能物流园区,形成了目前亚洲最大的智能仓群。京东物流大件和中小件网络已实现大陆行政区县几乎 100%覆盖,88%区县可以实现 24 小时内送达;自营配送服务覆盖了全国 99%的人口,超 90%自营订单可以在 24 小时内送达。同时,京东物流着力推行战略级项目"青流计划",从"环境(planet)""人文社会(people)"和"经济(profits)"3方面,协同行业和社会力量共同关注人类的可持续发展。图 9-6 是京东物流网站首页。

图 9-6 京东物流网站首页

京东物流主要有以下几个功能。

1)京东快运

京东快运是京东物流六大产品体系之一,以搭建全球智能供应链基础网络(GSSC)为目标,致力于智能化网络搭建及多式联运研究和应用,为客户提供动态供应链全生态服务的同时,秉承着合作共赢、协同发展、资源共享、集成创新的理念,建设京东物流复合型通道网络,是京东物流对内降本增效,对外经营创新的重要驱动。

2)京东快递

京东快递为客户提供有温度的优质包裹交付服务。提供多种时效产品选择和个性化增值服务,更加专业、多样,为用户提供更加贴心的体验。

学生笔记:
_____
_____
_____

3）京东供应链

京东供应链为商家提供软硬件高度协同、价值可信赖的、服务可承诺的、全托管式的供应链一体化服务。

4）京东冷链

京东物流于 2014 年开始打造冷链物流体系，2018 年正式推出京东冷链（JD ColdChain）。京东冷链专注于生鲜食品、医药物流，依托冷链仓储网、冷链运输网、冷链配送网"三位一体"的综合冷链服务能力，以产品为基础，以科技为核心，通过构建社会化冷链协同网络，打造全流程、全场景的 F2B2C 一站式冷链服务平台，实现对商家与消费终端的安心交付。

5）京东云仓

京东云仓是以整合共享为基础，以系统和数据产品服务为核心，输出技术、标准和品牌，助力商家及合作伙伴，建设物流和商流相融合的云物流基础设施平台。

6）京东跨境

京东物流通过在全球构建"双 48 小时"通路，帮助中国制造通向全球，全球商品进入中国。同时，为商家提供一站式跨境供应链服务。

7）京小仓

京小仓是京东物流旗下迷你仓服务产品，为个人和企业提供物品存储服务。随存随取，灵活便捷，京东物流配送员上门提送货，专业安全，同时提供保价、包装等增值服务。

7. 国内民营快递公司

我国目前已放开邮件的专营业务，很多民营快递公司如雨后春笋般涌现出来。作为中国邮政的补充，民营快递公司有着价格便宜、服务周到、寄达时间短的优势。当然少数信誉不好的快递公司也会有丢失邮件，野蛮装卸等弊端。

对于民营快递公司，需要了解以下几点常识。

（1）快递公司的邮费一股为邮局快递包裹的一半。

（2）部分快递公司在珠三角、长三角以及一些经济发达地区都开展了"到付"业务，即运费由到达地收件人支付；有的快递公司还代收货款，即由到达地收件人支付货款后再提走邮件。代收货款极大地方便了网上开店的店主，因为买方在收到货物后再付款是比较放心的，消除了异地购物的心理障碍。而网店店主也不用担心货款收不回来，因为快递公司要收到货款才会让买方提走货物，否则发生差错，快递公司需要进行赔偿。

（3）快递公司上门收货，并在到达地送货上门。这为网店店主以及顾客提供了极大的方便。

（4）快递公司的寄达时间为 2～5 天，视到达地的远近而有所不同。所以现在大部分网络创业的朋友都选用民营快递公司。

（5）社会上常说的"四通一达"公司是指申通、中通、圆通、联通、韵达这 5 家快递公司。下面是主要快递公司网站地址。

① 申通快递 www.sto.cn

② 中通快递 www.zto.com

③ 圆通快递 www.yto.net.cn

④ 汇通快递 www.800bestex.com

⑤ 宅急送快递 www.zjs.com.cn

⑥ 韵达快递 www.yundaex.com/cn

8. 国际跨境物流公司

1）UPS 公司

UPS 公司（www.ups.com）是全世界最大的包裹递送公司之一，创建于 1907 年。在全球拥有超过 495 000 名员工，在 220 多个国家和地区通过陆路、铁路、航空和海运开展业务。

2）FedEx 公司

FedEx 公司（www.fedex.com，纽约证交所股票代码：FDX）专为全球客户及企业提供全面的运输、电子贸易和商业服务，年营业收入达到 580 亿美元，旗下多家公司共同参与竞争，并全部归于享誉市场的"联邦快递"品牌统一管理，致力于提供综合业务应用方案，公司有 40 多万名员工。

3）DHL 公司

DHL 公司（www.dhl.com）是一个拥有超过 380 000 名运送专业人员的国际企业，在 220 多个国家和地区开展业务。

9. 包裹托运

当有大宗货物需要邮寄时，任何一种快递方式的邮费都是昂贵的，所以大宗货物的物流配送一般选择公路托运，当然也有铁路托运的方式。目前比较普遍的是选择公路托运的方式，下面进行简单介绍。

（1）公路托运一般按重量或体积来计价，比重大的货物按重量计价，比重小的货物按体积来计价，但大多数情况按重量来计价。

（2）重量计价的情况下一般重量在 10kg 以上，起价在 20 元以上，每公斤的托运价为 1～2 元/公斤。

（3）公路托运的公司会上门取货。但在到达地不送货上门，若要送货上门则另收送货费。

（4）民营快递公司均办理公路托运，所以快递公司的网站地址同样适用公路托运业务。

10. 支付宝合作的物流公司

目前支付宝推荐的物流公司有：中国邮政速递（热线电话：11185）、圆通速递（热线电话：021-69777991）、宅急送（热线电话：400-678-9000）。

使用支付宝推荐物流，默认只针对用户通过支付宝下订单给推荐物流，主要有以下优点。

（1）用户与合作物流之间的理赔，将受支付宝监督，如货物遗失、破损等，支付宝可以协助用户向合作物流联系办理好理赔。

学生笔记：
_____
_____
_____

（2）在买家签收后 3 天，如买家没有确认收货，支付宝将凭借合作物流确认的签收信息直接给卖家打款。

（3）所有支付宝用户都可享受推荐物流提供的优惠价格，而且推荐物流的老用户还可继续使用原有的协议价格，仍然可以享受其他保障服务。

（4）推荐物流的客服提供在线服务，方便客户在线咨询或投诉；另外在支付宝社区的推荐物流区内，专门提供在线解答咨询和问题受理。

使用支付宝推荐物流，还有下面这些增值服务。

（1）买家在收到货时，可在签收前打开包装验货，主要检验货物外表部分与商品说明是否一致。（目前宅急送除外）

（2）快递公司会保障收件人本人或受委托的第三人签收，因签收人错误造成的货物丢失损失将由快递公司全额赔偿。（目前宅急送除外）

（3）快递对于货物遗失（未保价），将进行全额赔偿（最高 1500 元）。

9.4.5　配送模式分析

近几年，物流"最后一公里"除了要满足货品在运输过程中不被损坏的这一基本要求，也逐渐开始向高配送速度发展，希望用更高品质的服务吸引消费者。

针对这一现象，物流行业巨头和初创公司们纷纷展开创新与博弈，希望在高品质化和高速化的物流"最后一公里"浪潮中占得先机。

1. 配送模式比较

现在的物流模式主要有两种：仓储模式和众包模式。

第一种是仓储模式，即通过"收件网点→分拣中心→送件网点"三级流程进行配送，比如顺丰、圆通等传统的物流公司。京东推出的"准时达"服务也是在自建仓储物流的基础之上，保证配送速度，准时到达客户手中。近些年兴起的盒马鲜生、每日优鲜，使用的是"前置仓"模式，将仓库布置在城市中，保证将生鲜产品快速送达至目的地。

第二种是达达、闪送、顺丰等基于众包模式的点对点配送方案。

在提供高速、高质量服务的同时，人力物力成本显著提升，但其他问题也随之而来。仓储模式的问题是，中间入仓和分拣导致时效性差，且在城市中设置众多仓库，其场地、设施、人员等也会带来较大成本。众包模式中，距离较远时费用较高。另外众包模式中，大多是两轮交通工具，运送物品种类受限的同时，安全问题也不容忽视。

2. 配送算法优化

直达客户端的物流企业纷纷开始寻找对策，加大科技研发方面的投入，希望用新技术，降低"最后一公里"物流成本，并进一步加快运送速度，提高服务质量。在技术创新的潮流中，除了用无人机、无人车这些耳熟能详的新硬件代替人力进行高速运输，在物流管理中还有一个偏"软"的方向，逐渐开始扮演更重要的角色，即运用"运筹学模型＋高级算法＋大数据分析＋人工智能"，对配送过程进行优化，降低配送成本，提高配送速度。

在配送系统优化过程中，几乎都面临着以下几个问题，如果处理不好，会严重影响优化的效果。

第一,用户的需求存在着极大的波动。以外卖为例,午饭和晚饭时间的订单数目会远远高于其他时间。在低峰期,订单少、骑手多会导致的运力浪费。相反,在高峰期,订单多、骑手少又会导致订单的延误。

第二,配送人员本身的行为会影响对于运力的分配。例如全职配送人员会因为接收订单数过少、工资较低而选择离职去其他平台,因此需要为他们保证每日保底的接收订单数目。而对于一些兼职配送人员来说,如何合理的分配订单,减少他们的绕路情况,使得他们更愿意接受订单,这一点也很重要。

第三,因为配送服务的性质越来越多地向即时服务过渡,所以系统的响应时间必须足够短。往往要求系统在几分钟内就要给出合理的调度方法,充分利用每一个配送人员,并对新信息及时给出回应。这意味着算法在合理的基础上要更简洁,进一步加大了计算分析的难度。

对于配送系统的优化,由于系统的复杂程度很高,算法设计上具有难度,有很高的知识与技术门槛,对于设计人员来说,需要较强的运筹学建模能力和数据分析能力。

目前各平台难以通过企业内部的力量做好这一点,往往会寻求与外部合作。比如中国邮政规划院、菜鸟网络、京东物流、顺丰快递等行业龙头与高校合作,共同建设未来城市物流。也有一些有海归人员背景、学术能力较强的公司以运筹学优化作为切口,进入同城物流市场。叮咚传送就是很好的例子。

3. 配送优化方案

通过分析不同用户和骑手行为对配送调度系统效率的影响,并针对 O2O 即时物流的特点,做好下面 3 点能够有效提高物流配送效率。

(1)限制骑手每趟的订单数能够有效地提高系统的配送准时率,但适当放宽对工作经验较丰富的骑手的限制能够提高系统的效率。

(2)针对全职配送人员应该提供每日的保底订单数,且保底订单数随着骑手的经验提高而增加。

(3)兼职的骑手在应对需求的波动时有良好的表现,企业应该提供更多优惠政策吸引兼职骑手的参与。

9.5　运输安全

根据《中华人民共和国邮政法》等有关法律法规以及国家有关部门规定,禁止寄递的物品包括:危害国家安全和社会公共安全的物品,危害人民群众生命健康的物品、妨害公共卫生的物品、妨害社会道德风尚的物品以及不适宜寄递的物品。

学生笔记:

_____

_____

_____

9.5.1　陆运快件禁限邮寄的物品

陆运快件禁限邮寄的物品如下。

（1）各类武器、弹药，如枪支、子弹、炮弹、手榴弹、地雷、炸弹等。

（2）各类易爆炸性物品，如雷管、炸药、火药、鞭炮等。

（3）各类易燃烧性物品，包括液体、气体和固体，如汽油、煤油、桐油、酒精、生漆、柴油、气雾剂、气体打火机、瓦斯气瓶、磷、硫磺、火柴等。

（4）各类易腐蚀性物品，如火硫酸、盐酸、硝酸、有机溶剂、农药、双氧水、危险化学品等。

（5）各类放射性元素及容器，如铀、钴、镭、钚等。

（6）各类烈性毒药，如铊、氰化物、砒霜等。

（7）各类麻醉药物，如鸦片（包括罂粟壳、花、苞、叶）、可卡因、海洛因、大麻、冰毒、麻黄素及其他制品等。

（8）各类生化制品和传染性物品，如炭疽、危险性病菌、医药用废弃物等。

（9）各种危害国家安全和社会政治稳定以及淫秽的出版物、宣传品、印刷品等。

（10）各种妨害公共卫生的物品，如尸骨、动物器官、肢体、未经硝制的兽皮、未经药制的兽骨等。

（11）国家法律、法规、行政规章明令禁止流通、寄递或进出境的物品，如国家秘密文件和资料、国家货币及伪造的货币和有价证券、仿真武器、管制刀具、珍贵文物、濒危野生动物及其制品等。

（12）包装不妥，可能危害人身安全、污染或者损毁其他寄递件、设备的物品等。

（13）各寄达国（地区）禁止寄递进口的物品。

（14）贵重物品，如金砖、金条、银条、铂金等。

（15）古董（含仿品）和贵重易损工艺品。

（16）医学样品，如诊断样品、血样、尿样、人体组织等。

（17）动植物以及动植物标本。

（18）难以辨认的白色粉末及未经正规包装、易发生破损泄露的油漆、粉剂、涂料等。

（19）液体类，如海鲜、含酒精的饮料（啤酒、白酒等）、蜂蜜、水剂等。

（20）易碎品，主要是对其他快件或设施构成危害的物品。

（21）烟草类，超过两条（或400支）且未提供烟草准运证的。

（22）电池类：各类易燃易爆带电电池，如酸碱性的电池液，锂电池，含电池液的蓄电池，带电的干电池等。

（23）其他化学危险品。

9.5.2　航空运输禁限邮寄的物品

航空运输限制更为严格，除了陆运快件禁限寄物品外，还禁止以下物品。

（1）气体：如压缩气体、液化气体、深冷液化气体、加压溶解气体等（含储气罐体等）。

（2）液体：各种不管是否有毒有害的液体，包括香水等化妆品等都不能航空邮寄。

（3）粉末：各种无法分辨成分的粉末。

（4）磁铁：各种磁铁及带有较强磁性的物体。

（5）各种国家法令禁止流通或寄递的物品。

（6）其他可能威胁到航空飞行安全的物品。

【主要知识点】

1.【物流】物流，就是物的流动。物流由商品的运输、配送、仓储、包装、搬运装卸、流通加工以及相关的物流信息等环节构成。

2.【第一方物流】第一方物流是指需求方（生产企业或流通企业）为满足自己企业在物流方面的需求，由自己完成或运作的物流业务。

3.【第二方物流】第二方物流是指供应方（生产厂家或原材料供应商）也是专业物流企业，提供运输、仓储等单一或某种物流服务的物流业务。

4.【第三方物流】第三方物流指物流渠道中的专业化物流中间公司以签订合同的方式，在一定期间内，为其他公司提供所有或某些方面的物流业务服务。

5.【第四方物流】第四方物流是一个供应链的集成商，一般情况下政府为促进地区物流产业发展领头搭建第四方物流平台提供发布及共享信息服务，是供需双方及第三方物流的领导力量。它不是物流的利益方，而是通过拥有的信息技术、整合能力以及其他资源提供一套完整的供应链解决方案，以此获取一定的利润。

6.【电子商务物流】电子商务物流是指服务于现代电子商务的物流，从本质上属于现代物流，是物流的电子信息化，即利用信息技术和现代物流技术对传统物流进行改造，使传统物流成为信息化的物流，是信息流和物流的充分整合。

7.【托运】大宗货物的物流配送一般选择公路运输，当然也有铁路运输的方式。托运相对快递而言，运输速度略微慢一些。民营快递公司均办理公路托运，所以快递公司的网站地址同样适用公路托运业务。

【本章小结】

- 物流基本概念

物流，就是物的流动，为了满足客户的需要，以最低的成本，通过运输、保管、配送等方式，实现原材料、半成品、成品及相关信息由商品的产地到商品的消费地所进行的计划、实施和管理的全过程。

物流由商品的运输、配送、仓储、包装、搬运装卸、流通加工以及相关的物流信息等环节构成。

- 电子商务与物流的关系

学生笔记：
_____
_____
_____

电子商务物流是指服务于现代电子商务的物流,从本质上属于现代物流,是物流的电子信息化,即利用信息技术和现代物流技术对传统物流进行改造,使传统物流成为信息化的物流,是信息流和物流的充分整合。

电子商务活动一般包括信息流、商流、资金流和物流,缺少任何一个部分都无法完成商务活动。商流是指商品在购销过程中所有权转移的一系列活动。资金流、物流、商流、信息流的形成是商品流通不断发展的必然结果。它们在商品价值形态的转化过程中有机地统一起来,共同完成商品的生产、分配、交换、消费,再到生产的循环。由信息流提供及时准确的信息,由资金流按照需求有计划地完成商品价值形态的转移,由商流完成商品所有权的转移,由物流按照资金流的要求完成商品使用价值即商品实体的转移过程,从而使得四流构成了在商务活动中不可分割的整体。因此,电子商务与物流是紧密相连、相互促进、共同发展的。电子商务是物流之源,物流是电子商务之果。没有电子商务就不会引发物流的发生,没有物流的实现就不会实现电子商务的真正价值。

- 物流分类

按照从事物流的主体进行划分,可分为第一、二、三、四方物流等。

- 物流信息技术

物流信息技术就是应用于物流各环节中的信息技术。根据物流的功能以及特点,物流信息技术包括如计算机技术、网络技术、信息分类编码技术、条码技术、射频识别技术、电子数据交换技术、全球定位系统(GPS)和地理信息系统(GIS)等。

- 物流配送

"最后一公里"配送意义重大,不仅是电子商务企业成败的关键,也是对电商消费者极其重要的一个物流活动。只有做好"最后一公里"配送,电商企业才能真正实现快速发展,整个物流过程才可以称得上通畅,才能使客户满意。

物流驿站是指在社区开设一个门店,提供快递代收代寄的服务。有了驿站后,快递配送员一般就不需要将快递送上家门了,而是发信息让客户到驿站自取快递。这样驿站减轻了快递配送员送货的压力,同时也解决了客户空时与配送时间冲突的问题。

快递柜是借鉴中国邮政的信箱发展而来,一般在每栋楼的楼下安装,小型社区一般在社区中央人流密集处安装。信箱是一家一个,而快递柜不会分配到每家。它由手机短信通知取件、告知密码,由控制平台智能控制打开。快递柜也可以看作是一个小型规模的无人驿站。

现在物流公司格局是1+N模式,1是指中国邮政,属于国内央企,N是指民营快递,主要有顺丰、京东等物流公司。"四通一达"都是比较有知名度的快递公司。

- 运输安全

国家对于快递物品的安全性有严格的规定,危险品不得进行邮寄或快递。

【练习作业】

一、选择题

1. 在平时商务活动中,常常提到"四流",是指下列哪项?

A. 商流、物流、资金流和信息流

B. 潮流、物流、资金流和信息流

C. 商流、物流、工作流和信息流

D. 商流、物流、资金流和票据流

2. 下面关于物流的说法，哪个最恰当？

A. 物流由商品的属性、配送、仓储、包装等组成

B. 物流由商品的运输、配送、仓储、商流等组成

C. 物流由商品的运输、配送、信息传递、包装等组成

D. 物流由商品的运输、配送、仓储、包装等组成

3. 需求方为满足自己企业在物流方面的需求，由自己完成或运作的物流业务叫作什么？

A. 第二方物流　　　　B. 第三方物流　　　　C. 第一方物流　　　　D. 第四方物流

4. 下面哪个不属于物流信息技术范畴？

A. 条码技术　　　　B. EDI 技术　　　　C. GIS 技术　　　　D. TCP/IP 技术

5. 下面哪个属于国营快递公司？

A. 中通　　　　B. 中国邮政　　　　C. 圆通　　　　D. 申通

二、讨论题

1. 请叙述物流一般模式的 4 方面内容。

2. 请叙述电子商务物流的主要特点。

3. 请分组讨论物流配送的"最后一公里"节省成本提高效率的方法。

三、操作题

请到下面网站去仔细浏览，并按要求进行操作。

1. 在兰缪网站（www.Lamiucn.com）网购时，请尝试货到付款的物流公司的服务，请分析货到付款对电子商务的好处。

2. 请找一家物流公司，了解包裹托运的计费方法，其运输速度与快递的区别有多大？

3. 平时做几次邮寄 EMS 和快递公司的邮寄操作，尝试将邮局 EMS 与普通民营快递的运输时间、服务态度和价格做一个比较。

学生笔记：

_____

_____

_____

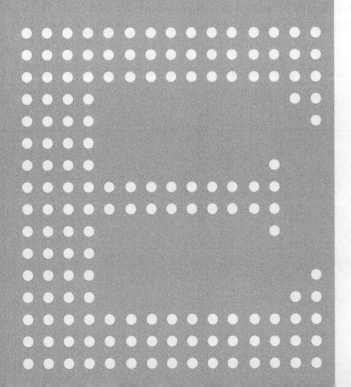

第 10 章

电子商务法规

【学习目标】

通过本章的学习,了解电子商务法规现状,掌握电子商务参与各方的法律关系,对电子合同、电子签名、电子认证等法规内容有较深的了解。

【学习要求】

(1) 要求到身边的企业了解电子商务经营者对电子商务法的认知情况,并能够宣传有关的电子商务法律。

(2) 要求带头遵守电子商务法,树立线上经营也要依法纳税的观念。

【关键词】

电子商务法律、法规、电子签名、电子合同、电子认证。

10.1　电子商务立法概述

10.1.1　电子商务法规现状

1. 电子商务法律法规发展进程

我国的计算机立法工作开始于 20 世纪 80 年代。1981 年,公安部开始成立计算机安全监察机构,并着手制定有关计算机安全方面的法律法规和规章制度。1986 年 4 月开始草拟《中华人民共和国计算机信息系统安全保护条例》(征求意见稿)。1991 年 5 月 24 日,国务院第 83 次常委会议通过了《计算机软件保护条例》。1994 年 2 月 18 日,国务院令第 147 号发布了《中华人民共和国计算机信息系统安全保护条例》,为保护计算机信息系统的安全,促进计算机的应用和发展,保障经济建设的顺利进行提供了法律保障。

针对互联网的迅速普及,为保障国际计算机信息交流的健康发展,1996 年 2 月 1 日国务院发布了《中华人民共和国计算机信息网络国际联网管理暂行规定》,提出了对国际联网实行统筹规划、统一标准、分级管理、促进发展的基本原则。1997 年 5 月 20 日,国务院对这一规定进行了修改,设立了国际联网的主管部门,增加了经营许可证制度,并重新发布。1997 年 6 月 3 日,国务院信息化工作领导小组在北京主持召开了“中国互联网络信息中心成立暨《中国互联网络域名注册暂行管理办法》发布大会”,宣布中国互联网络信息中心(CNNIC)成立,并发布了《中国互联网络域名注册暂行管理办法》和《中国互联网络域名注册实施细则》。1997 年 12 月 8 日,国务院信息化工作领导小组根据《中华人民共和国计算机信息网络国际联网管理暂行规定》,制定了《中华人民共和国计算机信息网络国际联网管理暂行规定实施办法》,详细规定了国际互联网管理的具体办法。与此同时,信息产业部也出台了《国际互联网出入信道管理办法》。

1997 年 10 月 1 日起我国实行的新刑法,第一次增加了计算机犯罪的罪名,包括非法侵入计算机系统罪,破坏计算机系统功能罪,破坏计算机系统数据、程序罪,制作、传播计算机破坏程序罪等。这表明我国计算机法制管理正在步入一个新阶段,并开始和世界接轨,计算机法的时代已经到来。

2000 年 9 月,国务院审议并通过了《中华人民共和国电信条例(草案)》和《互联网内容服务管理办法(草案)》,规范电信市场秩序,加强对互联网内容服务的监督管理,维护国家安全、社会稳定和公共秩序。

我国政府高度重视电子商务的立法工作。在发展电子商务方面,我国政府不仅重视私营企业、工商部门的推动作用,同时还加强了政府部门对发展电子商务的宏观规划和指导,并为电子商务的发展提供良好的法律法规环境。

自 2021 年 1 月 1 日起施行的《中华人民共和国民典法》(以下简称《民法典》),有关电子商务合同的有以下几点。

学生笔记:
_____
_____
_____

（1）将传统的书面合同形式扩大到数据电文形式。《民典法》第四百六十九条规定："当事人订立合同，可以采用书面形式、口头形式或者其他形式。书面形式是合同书、信件、电报、电传、传真等可以有形地表现所载内容的形式。以电子数据交换、电子邮件等方式能够有形地表现所载内容，并可以随时调取查用的数据电文，视为书面形式。"

（2）确定电子商务合同的到达时间。《民典法》第四百八十二条规定："要约以信件或者电报作出的，承诺期限自信件载明的日期或者电报交发之日开始计算。信件未载明日期的，自投寄该信件的邮戳日期开始计算。要约以电话、传真、电子邮件等快速通讯方式作出的，承诺期限自要约到达受要约人时开始计算。"

（3）确定电子商务合同的成立地点。《民典法》第四百九十二条规定："承诺生效的地点为合同成立的地点。采用数据电文形式订立合同的，收件人的主营业地为合同成立的地点；没有主营业地的，其住所地为合同成立的地点。当事人另有约定的，按照其约定。"

2. 现行涉及电子商务法律、法规、政策

1）电子商务类法规

（1）国务院办公厅：《关于加快电子商务发展的若干意见》（2005 年 1 月）。

（2）商务部：《关于网上交易的指导意见（征求意见稿）》（2006 年 6 月）。

（3）商务部：《关于网上交易的指导意见（暂行）》（2007 年 3 月）。

（4）商务部：《关于促进电子商务规范发展的意见》（2007 年 12 月）。

（5）商务部：《电子商务模式规范》（2009 年 4 月）。

（6）商务部：《关于加快流通领域电子商务发展的意见》（2009 年 11 月）。

（7）国家工商行政管理总局：《网络商品交易及有关服务行为管理暂行办法》（2010 年 5 月）。

（8）商务部：《第三方电子商务交易平台服务规范》（2011 年 4 月）。

（9）国务院：《关于大力发展电子商务加快培育经济新动力的意见》（2015 年 5 月）。

（10）商务部：《电子商务商品验收规范》（2017 年 1 月）。

2）网络购物类法规

（1）全国人民代表大会常务委员会：《中华人民共和国消费者权益保护法》（1993 年 10 月）。

（2）全国人民代表大会常务委员会：《中华人民共和国商标法》（2001 年 10 月）。

（3）商务部商业改革司：《网络购物服务规范》（2009 年 4 月）。

（4）国家工商行政管理总局：《网络商品交易及有关服务行为管理暂行办法》（2010 年 5 月）。

（5）国务院办公厅：《关于促进平台经济规范健康发展的指导意见》（2019 年 8 月）。

3）电子支付类政策

（1）中国人民银行：《支付清算组织管理办法（征求意见稿）》（2005 年 6 月）。

（2）中国人民银行：《电子支付指引（第一号）》（2005 年 10 月）。

（3）中国人民银行：《关于加强银行卡安全管理预防和打击银行卡犯罪的通知》（2009 年 4 月）。

（4）中国人民银行：《条码支付业务规范（试行）》（2017 年 12 月）。

（5）中国人民银行：《非金融机构支付服务管理办法实施细则》（2020 年 6 月）。

10.1.2　电子商务立法指导原则

我国电子商务立法主要遵循以下指导原则。

1. 遵循国际惯例，与国际接轨

政府应设法减少和消除不必要的贸易障碍，政府的干预是有节制的、透明的，应致力于创造公平有序的竞争环境，建立用户和消费者的信任，建立数字化市场的基本原则，并充分发挥企业自保和市场推动的作用。

2. 充分考虑我国实际情况

美国等一些发达国家的交易习惯、信用制度等本身可以较快地与电子商务适应，而我国属于市场经济转型期，部分地区基础设施落后，而且管理水平、信息化水平较低，同时还存在物流系统不完善，企业信息化水平低等发展电子商务的诸多问题。因此，要规范我国的电子商务市场，应推出适合我国国情的法律总体方案。

3. 从实际出发，分阶段发展，重点突破，不断完善

要充分研究国情，从实际出发，按照立法的紧迫程度和成熟程度，有选择分阶段地实施，重点突破，不断完善。

4. 充分利用已有的法律体系，保持现有法律体系的完整性与稳定性

除了一部分电子商务中的特殊问题，如数字签名问题需另立法外，现有的法律体系一般情况下都适用网络世界，并不会因其虚拟化而有所不同。对现有法律没有完全涵盖的内容，争取尽量通过修改法律或发布司法解释的方式解决。

5. 充分发挥各部门规章及地方政府立法的作用

电子商务本身就是一项社会系统工程，需要各行各业共同治理，而电子商务中的相关问题变化较快，所以以地方立法等局部规章相对灵活的方式尝试解决，也是一种较好的方法。例如证监会出台的《网上证券委托暂行管理办法》、公安部出台的《计算机信息系统国际联网安全管理规定》以及北京工商局出台的对网上开店的管理办法等都对电子商务健康发展起到了规范管理的作用。

6. 充分发挥司法、行政执法、仲裁及国际组织的作用

虽然我国是成文法国家，但在电子商务相关案例的审判中，适当加大司法运用法律的自由度，还是非常必要的。部分地方法院在近年来审理知识产权案中，就在证据认定、赔偿数额、举证责任等方面创立了许多新的原则，有效地保护了知识产权。

在行政执法方面，版权、工商、公安等部门的执法就已在处理盗版软件、VCD、CD 上起到过重要的作用，在用法律手段保护电子商务发展中，这一经验也值得借鉴。由于仲裁的

学生笔记：

灵活性、专业性与国际协调性,使其在新技术引发的各类法律问题中的作用得到了国际社会的认同。

7. 充分发挥产业政策的推动作用,促进电子商务的发展

在产业政策中,提供各种优惠政策,为企业发展电子商务提供宽松的环境,从资金、税收、投融资、技术创新、人才培养、装备与采购等方面促进我国电子商务的发展。

总之,鼓励和发展电子商务是立法的前提,规范电子商务交易行为及相应的经营活动是立法的内容;适度规范、留有空间、利于发展是立法的技术要求。

10.2 电子商务法律体系框架

10.2.1 电子商务参与各方的法律关系

电子商务是在一个虚拟空间上进行交易的。在电子商务的交易过程中,买卖双方之间,买卖双方与银行之间,买卖双方、银行与认证机构之间都将彼此发生业务联系,从而产生相应的法律关系。

买卖双方之间的法律关系实质上表现为双方当事人的权利和义务。买卖双方的权利和义务是对等的。卖方的义务就是买方的权利,反之亦然。在电子商务条件下,卖方应当承担 3 项义务:按照合同的规定提交标的物及单据;对标的物的权利承担担保义务;对标的物的质量承担担保义务。买方同样应当承担 3 项义务:按照电子商务交易规定方式支付价款的义务;按照合同规定的时间、地点和方式接受标的物的义务;对标的物验收的义务。

在电子商务中,银行也变为虚拟银行。电子商务交易客户与虚拟银行的关系变得十分密切。大多数交易要通过虚拟银行的电子资金划拨来完成。虚拟银行同时扮演发送银行和接收银行的角色。在实践中,电子资金划拨中常常出现因过失或欺诈而致使资金划拨失误或迟延的现象。如系过失,自然适用于过错归责原则。如系欺诈所致,且虚拟银行安全程序在电子商务上是合理可靠的,则名义发送人需对支付命令承担责任。

认证机构(CA)扮演着一个买卖双方签约、履约的监督管理的角色,买卖双方有义务接受认证中心的监督管理。在整个电子商务交易过程中,包括电子支付过程中,认证机构都有着不可替代的地位和作用。在电子商务交易的撮合过程中,认证机构是提供身份验证的第三方机构,它不仅要对进行电子商务交易的买卖双方负责,还要对整个电子商务的交易秩序负责。

10.2.2 电子商务交易合同的法律问题

电子商务合同形式的变化,对于世界各国都带来了一系列法律新问题。电子商务作为一种新的贸易形式,与现存的合同相关法律法规发生矛盾是非常容易理解的事情。但对于法律法规来说,就有一个怎样修改并发展现存法律法规,以适应新的贸易形式的问题。

1. 电子合同的含义

电子合同又称电子商务合同,根据联合国国际贸易法委员会《电子商务示范法》以及世界各国颁布的电子交易法,同时结合我国《民法典》的有关规定,电子合同可以有以下定义:

电子合同是双方或多方当事人之间通过电子信息网络以电子的形式达成的设立、变更、终止财产性民事权利义务关系的协议。通过上述定义可以看出电子合同是以电子的方式订立的合同,其主要是指在网络条件下当事人为了实现一定的目的,通过数据电文、电子邮件等形式签订的明确双方权利义务关系的一种电子协议。EDI 和 E-mail 是电子合同的基本形式,两者以各自具有的特点和优势在电子商务活动中占据了一席之地。电子合同与传统的合同有着显著的区别。

2. 电子合同的要点

(1) 电子合同的当事人、要约、承诺及合同的效力问题都是现代立法中的一个难点。电子合同的订立,是指缔约人做出意思表示并达成合意的行为和过程。任何一个合同的签订都需要当事人双方进行一次或者是多次的协商、谈判,并最终达成一致意见,合同即可成立。电子合同的成立是指当事人之间就合同的主要条款达成一致的意见。

(2) 电子合同成立时间,是指电子合同开始对当事人产生法律约束力的时间。在一般情况下电子合同的成立时间就是电子合同的生效时间,合同成立的时间是对双方当事人产生法律效力的时间。一般认为收件人收到数据电文的时间即为到达生效的时间。联合国《电子商务示范法》第十五条和我国的《民法典》第四百八十二条的规定基本相同。

(3) 电子合同的成立地点,是指电子合同成立的地方。确定电子合同成立的地点涉及发生合同纠纷后由哪地、哪级法院管辖及其适用法律的问题。我国《民法典》第四百九十二条规定,承诺生效的地点为合同成立的地点,采用数据电文形式订立合同的,收件人的主要营业地为合同成立的地点;没有主要营业地的,其住所地为合同成立的地点,当事人另有约定的,按照其约定。

3. 电子合同与纸质合同的形式差异

根据我国《民法典》第四百六十三条规定,"合同是民事主体之间设立、变更、终止民事法律关系的协议。"合同反映了双方或多方意思表示一致的法律行为。现阶段,合同已经成为保障市场经济正常运行的重要手段。

传统的合同形式主要有两种,口头形式和书面形式。口头形式是指当事人采用口头或电话等直接表达的方式达成的协议。而书面形式是指当事人采用非直接表达方式即文字方式来表达协议的内容。在电子商务中,合同的意义和作用没有发生改变,但其形式却发生了极大的变化。

(1) 订立合同的双方或多方大多是互不见面的。所有的买方和卖方都在虚拟市场上运作,其信用依靠密码的辨认或认证机构的认证。

(2) 传统合同的口头形式在贸易上常常表现为店堂交易,并将商家开具的发票作为合同的依据。而在电子商务中标的额较小、关系简单的交易没有具体的合同形式,表现为直接通过网络订购、付款,例如利用网络直接购买软件。值得欣慰的是,电子发票需经过一段时间的试点,目前已经开始在全国范围内推广应用,大大提高了商务交易全过程的效率。

学生笔记:
_____
_____
_____

（3）表示合同生效的传统签字盖章方式被数字签名代替。

（4）传统合同的生效地点一般为合同成立的地点，而采用数据电文形式订立的合同，收件人的主营业地为合同成立的地点；没有主营业地的，其经常居住地为合同成立的地点。

10.2.3 电子支付中的法律问题

电子支付中的信息安全与一般情况下说的信息安全有一定的区别。它除了具有一般信息的含义外，还具有金融业和商业信息的特征。更多的、更重要的方面还在于它的进一步发展，必然涉及国民经济建设中资金的调拨，涉及国家经济命脉的重要内容。所以，必须高度重视电子支付中的信息安全问题。

在电子支付中存在着若干种支付方式，每一种方式都有其自身的特点，且有时两种支付方式之间不能做到互相兼容，这样，当电子交易中的当事人采用不同的支付方式且这些支付方式又互不兼容时，双方就不可能通过电子支付的手段来完成款项支付，从而也就不能实现互联网上的交易。因此，从推动电子商务的角度出发，有必要努力将各种不同的支付方式统一起来，将各种不同的支付方式融会贯通、取长补短，结合而形成一种较为完善的支付方式。

我国目前在有关电子支付的法律的制定方面刚刚起步，大量的法律新问题需要研究。

1. 电子支付的定义和特征

电子支付是通过网络而实施的一种支付行为，与传统的支付方式类似，它也要引起涉及资金转移方面的法律关系的发生、变更和消灭。国外提出的电子支付的法律定义是否适合我国的情况，需要做哪些修改，其行为特征也应加以研究。

2. 电子支付权利

电子支付的当事人包括付款人、收款人和银行，有时还存在中介机构。各当事人在支付活动中的地位问题必须明确，进而确定各当事人的权利的取得和消灭。涉及这方面的问题相当复杂。

3. 涉及电子支付的伪造、变造、更改与涂销问题

在电子支付活动中，由于网络黑客的猖獗破坏，支付数据的伪造、变造、更改与涂销问题越来越突出，对社会的影响越来越大。我国 1997 年 10 月 1 日实施了新的《中华人民共和国刑法》，其中的第一百九十六条是专门针对信用卡犯罪的，包括使用伪造的信用卡，使用作废的信用卡，冒用他人的信用卡，恶意透支等。智能卡与信用卡类似，犯罪的界定尚可参照信用卡的有关条款，但电子现金、电子钱包、电子支票的问题却完全是一类新问题，法律责任的认定和追究需要全新的法律条文。

4. 刑事侦查技术的发展问题

由于计算机技术的飞速发展，新的电子支付方式层出不穷。每一种方式都有自己的技术特点，都会产生新的法律纠纷，这些纠纷出现以后，调查、认定是一个非常复杂的刑事侦查技术问题。在信息化时代，传统的实物证据逐渐被虚拟证据代替，目前法学教育中的物证技术课程仍然停留在刑事照相、文书检验、痕迹取证等传统的侦察技术上，已经远远不能适应新的技术发展的要求。

10.2.4　电子商务交易安全的法律保障

电子商务交易安全的法律保障问题涉及两个基本方面。第一,电子商务交易首先是一种商品交易,其安全问题应当通过民商法加以保护;第二,电子商务交易是通过计算机及其网络而实现的,其安全与否取决于计算机及其网络自身的安全程度。应当充分利用已经公布的有关交易安全和计算机安全的法律法规,保护电子商务交易的正常进行,并在不断的探索中,逐步建立适合中国国情的电子商务的法律制度。

我国现行的涉及交易安全的法律法规主要有以下 4 类。

(1) 综合性法律。主要是民法通则和刑法中有关保护交易安全的条文。

(2) 规范交易主体的有关法律。如涉及国有企业、集体企业、私营企业、外资企业的法律包括企业国有资产法、合伙企业法等。

(3) 规范交易行为的有关法律。包括经济合同法、产品质量法、保险法、价格法、消费者权益保护法、广告法、反不正当竞争法等。

(4) 监督交易行为的有关法律。如会计法、审计法、票据法、商业银行法等。

中华人民共和国境内任何单位和个人的计算机信息网络国际联网安全保护均适用于国务院颁布的《中华人民共和国计算机信息网络国际联网管理暂行规定》(以下简称《规定》)和公安部颁发的《计算机信息网络国际联网安全保护管理办法》(以下简称《办法》)。其中包括在华申请加入我国境内的国际互联网的外国人,在我国境内依法设立的"三资"企业企业和外国代表机构等单位的网络安全保护管理。香港特别行政区内计算机信息网络国际联网的安全保护管理,由香港特别行政区政府另行规定。

《规定》和《办法》的调整对象是中华人民共和国境内从事计算机信息网络国际联网业务的单位和个人,主要包括国际出入口信道提供单位和互联单位的主管部门或主管单位,互联单位,接入单位,使用计算机信息网络国际联网的个人、法人和其他组织。计算机信息网络国际联网业务主要包括提供国际出入口信道,接入服务,信息访问、使用计算机信息网络提供的各类功能,以及与计算机信息网络国际联网有关的其他业务。

《规定》和《办法》还规定了必要的处罚措施,规定了警告、罚款、停止联网、取消联网资格等处罚。通过严格管理,提高全社会对计算机信息网络国际联网安全保护管理工作重要性的认识,自觉依法守法,服从管理,对计算机信息网络国际联网的安全保护得到充分保证。

10.2.5　电子商务中的知识产权保护

电子商务的核心问题是"数据信息"安全,知识产权法律制度作为保护信息为内容的知识产权的法律手段,应当成为电子商务法律问题研究中的重要课题。尽管信息保护的技术手段,如加密技术等能够对知识产权的保护提供帮助,但足够和有效的知识产权法律制度

学生笔记:
_____
_____
_____

对于知识产权人提供确定的权利范围,预防侵犯知识产权行为方面仍然是非常必要的。

网络上涉及的知识产权问题常常包括网络技术给版权、专利权和商标权等制度带来的新问题,而与网络技术关系最密切的还得数版权保护的新问题。信息技术不但给版权制度保护客体带来了新的内容,而且对原有的版权权利内涵提出了新的挑战,同时也就给版权侵权的认定带来了新的问题。总之,网络中传输的数字信息包括了各种文字、影像、声音、图形和软件等智力成果,这些智力成果的版权归属和保护问题就随之而来了。传统的关于版权的国内立法和国际公约能否适应网络发展的需求仍有疑问。为了适应网络这一生命力十分强大的新事物的发展要求,世界各国纷纷修改自己的版权法,相关的国际组织也致力于这方面的研究,尤其是世界知识产权组织(WIPO)通过的两个条约——《世界知识产权组织版权条约》和《世界知识产权组织表演与录音制品条约》对网上版权的保护和利用做出了相应的规定,为各国立法提供了参考和依据。

与电子商务有关的知识产权法律问题很多,由于互联网的开放性和广泛性,在其上的知识产权法律冲突就呈现出复杂性,有些问题在现有的法律制度中还很难找到解决的方法。鉴于这种状况将会妨碍电子商务的进一步发展,许多国家和国际组织正在为此做出更大的努力。

10.2.6　隐私权保护问题

当前,世界上许多国家正在着手制定本国的网上隐私权保护法,因为要保护网络隐私,除了技术手段外,更重要的是要加强立法约束。在这种背景下,我国要制定网络隐私权保护法,就必须参考别的国家的立法实践,总结其合理内涵,并且要结合本国实际。人们研究这一问题,就是为了给立法部门提供合理化建议,加快我国网上隐私权保护立法的步伐。

网络隐私权是指公民在网上享有的私人生活安宁与私人信息依法受到保护,不被他人非法侵犯、知悉、搜集、复制、利用和公开的一种人格权。也指禁止在网上泄露某些与个人相关的敏感信息,这些信息的范围包括事实、图像(例如照片、录像带)以及毁谤的意见等。世界各国越来越重视对个人隐私权的保护,在理论上对隐私权进行研究;在立法、司法上对隐私权的保护呈专门化的趋势;对隐私权的保护呈现出国际统一化的趋势。

10.3　电子商务法介绍

2018 年 8 月 31 日,全国人大常委审议通过《中华人民共和国电子商务法》(以下简称《电子商务法》),于 2019 年 1 月 1 日起实施。

10.3.1　《中华人民共和国电子商务法》的特点

1. 科学合理界定电子商务法调整对象

《电子商务法》调整对象和范围的确定,直接关系到促进发展、规范秩序、保障权益的立法目标顺利实现,关系到电子商务法总体框架设计,应综合考虑中国电子商务发展实践、中国的现实国情并与国际接轨、与国内其他法律法规的衔接等。

2. 规范电子商务经营作主体权利、责任和义务

对电子商务经营主体作出了明确规定，区分了一般的电子商务经营者和电子商务平台经营者(第三方平台)。据统计，通过平台经营者达成的交易占目前网络零售市场规模的九成。平台经营者对市场的主导作用，构成了我国电子商务发展的重要特点。

3. 完善电子商务交易与服务

围绕电子商务的交易与服务主要有电子合同、电子支付和快递物流。关于电子合同，《电子商务法》根据电子商务发展的特点，在现有法律规定的基础上规定了电子商务当事人行为能力推定规则、电子合同的订立、自动交易信息系统以及电子错误等内容。

4. 强化电子商务交易保障

一是电子商务数据信息的开发、利用和保护。二是市场秩序与公平竞争，规定电子商务经营主体知识产权保护、平台责任、不正当竞争行为的禁止、信用评价规则等。三是加强消费者权益保护，包括商品或者服务信息真实、保证商品或者服务质量、交易规则和格式条款制定，并规定了设立消费者权益保证金，电子商务平台有协助消费者维权的义务。四是争议解决。处理电子商务纠纷除适用传统的解决方式外，根据电子商务发展特点，积极构建在线纠纷解决机制。

5. 促进和规范跨境电子商务发展

一是国家支持、促进跨境电子商务的发展。二是国家推动建立适应跨境电子商务活动需要的监督管理体系，推进单一窗口建设，提高通关效率，保障贸易安全，促进贸易便利化。三是国家推进跨境电子商务活动通关、税收、检验检疫等环节的电子化。四是推动建立国家之间跨境电子商务交流合作等。

6. 加强监督管理，实现社会共治

国务院有关部门按照职责分工负责电子商务发展促进、监督管理等工作。县级以上地方各级人民政府可以根据本行政区域的实际情况，确定电子商务的部门职责划分。建立符合电子商务特点的协同管理体系，推动形成有关部门、电子商务行业组织、电子商务经营者、消费者等共同参与的市场治理体系。电子商务行业组织和电子商务经营主体应当加强行业自律，建立健全行业规范和网络规范，推动行业诚信建设，公平参与市场竞争。

10.3.2 《中华人民共和国电子商务法》重点条文解读

1. 电子商务经营者

第九条指出，电子商务经营者，是指通过互联网等信息网络从事销售商品或者提供服务的经营活动的自然人、法人和非法人组织，包括电子商务平台经营者、平台内经营者以及通过自建网站、其他网络服务销售商品或者提供服务的电子商务经营者。电子商务平台经

学生笔记：
_____
_____
_____

营者,是指在电子商务中为交易双方或者多方提供网络经营场所、交易撮合、信息发布等服务,供交易双方或者多方独立开展交易活动的法人或者非法人组织。平台内经营者,是指通过电子商务平台销售商品或者提供服务的电子商务经营者。

本条对电子商务经营者的内涵和基本类型进行界定,是电子商务法的关键和核心条文。大体而言,电子商务经营者包括两类:一类是电子商务平台经营者,另外一类是除平台经营者之外的其他的电子商务经营者,包括自建网站经营者、平台内经营者、通过其他网络进行电子商务经营活动的经营者。所谓的电子商务平台经营者,是指在电子商务中为交易双方或者多方提供网络经营场所、交易撮合、信息发布等服务,供交易双方或者多方独立开展交易活动的法人或者非法人组织。而其他电子商务经营者,是指除电子商务平台经营者以外,通过互联网等信息网络销售商品或者提供服务的经营活动的自然人、法人和非法人组织。

2. 市场主体登记

第十条指出,电子商务经营者应当依法办理市场主体登记。但是,个人销售自产农副产品、家庭手工业产品,个人利用自己的技能从事依法无须取得许可的便民劳务活动和零星小额交易活动,以及依照法律、行政法规不需要进行登记的除外。

财政部、国家税务总局、原国家工商总局电子商务法课题组等认为,自然人网店应当全部进行工商登记。公司法、合伙企业法、个人独资企业法、农民专业合作社法、个体工商户条例等法律法规规定,自然人、法人及其他组织进入市场从事经营活动应当进行市场主体准入登记。自然人网店与实体商店均为自主经营、自负盈亏的营利性经营主体,如果一方需要登记,另一方无须登记,不但破坏了法律的完整性和统一性,也影响了社会的公平正义,甚至在无形中将网络空间变成了其他法律法规的"法外之地"。

同时随着我国商事制度改革的深入推进,目前已基本实现个体工商户营业执照和税务登记的整合。电子商务是信息流、资金流、物流"三流"信息高度集中的领域,但根据现行法律规定,税务机关难以从相关部门有效获取电子商务信息,又缺乏对交易平台、支付平台等三方报送涉税信息的强制性规定,失去了获取电子商务涉税信息的有力依据。我国社会信用制度建设比较滞后,纳税人失信成本小、代价低,加之电子商务隐蔽性的特点,助长了电子商务经营者的偷漏税行为,人为增加了税收管理的成本和难度。

3. 依法履行纳税义务与办理纳税登记

第十一条指出,电子商务经营者应当依法履行纳税义务,并依法享受税收优惠。依照第十条规定不需要办理市场主体登记的电子商务经营者在首次纳税义务发生后,应当依照税收征收管理法律、行政法规的规定申请办理税务登记,并如实申报纳税。

电子商务经营者,因为其从事经营活动,根据国家税收相关的法律规定同样必须承担纳税义务。这种纳税义务与从事线下传统的经营者是平等、一致的。至于电子商务经营者具体需要缴纳的税收的类型和税率,基于税收法定原则,应该适用税收征收管理法及其实施细则的相关规定。电子商务经营主体在依法纳税的同时,当然也依法有权享受国家规定的税收优惠政策。

这一款的规定体现了在税收问题上的线上线下平等原则。网络空间中进行的经营活动,同样也产生纳税的义务,这是不言自明的要求。对于同样性质的经营活动,如果线上经营不交税或者少交税,那么对于其他的经营者而言显然构成一种不公平的税收歧视,这也不符合公平竞争的要求。

4. 建立健全信用评价

第三十九条指出,电子商务平台经营者应当建立健全信用评价制度,公示信用评价规则,为消费者提供对平台内销售的商品或者提供的服务进行评价的途径。电子商务平台经营者不得删除消费者对其平台内销售的商品或者提供的服务的评价。

关于电子商务平台经营者建立信用评价体系方面的要求有这么几方面。第一方面的要求是平台经营者应当建立信用评价体系。相应的评价体系必须健全、运作良好,对于平台内经营者的相关行为有积极的引导功能。第二方面的要求是平台经营者必须公示信用评价规则。该公示的要求主要针对平台经营者如何设立相应的评价标准,对相关的事项如何赋值,如何确保信用评价体系客观、公正和合理。第三方面的要求是平台必须为消费者和用户提供对平台内销售的商品或者提供的服务进行评价的途径。一般来说,相关的评价应该是公开的,可以被其他用户查询和作为参考。没有合理理由不得屏蔽和删除。

电子商务平台经营者不得删除消费者对其平台内销售的商品或者提供的服务的评价。这是强制性的规定,主要目的是确保消费者评价能够发挥良好的作用,促进平台经营者以及平台内经营者诚实经营。但是,如果相关的信息依照法律、行政法规属于禁止发布或者传输的,那么即使予以删除,也应当依照平台的信息记录和保留的义务,在后台记录和保存信息,便于在必要时查询。

5. 知识产权保护义务

第四十一条至四十五条规定了电子商务平台知识产权保护制度,由平台经营者知识产权保护规则、治理措施与法律责任组成。首先,这里指的知识产权保护制度并非法律意义上的保护制度,而是与平台本身的特点和能力相适应的保护制度。其次,与知识产权权利人加强合作,包括两个层面:与平台内的权利人合作;与平台外的权利人合作。通过合作来解决存在的问题。再次,不建立相关制度可能导致的后果,主要体现在第四十五条。

6. 农村电子商务与精准扶贫

第六十八条指出,国家促进农业生产、加工、流通等环节的互联网技术应用,鼓励各类社会资源加强合作,促进农村电子商务发展,发挥电子商务在精准扶贫中的作用。

电子商务在扶贫工程中承担着举足轻重的作用。

1) 支持农村电子商务发展

截至目前,支持我国农村电子商务发展的政策体系已经形成,释放了良好政策红利。自 2014 年以来,每年的中央一号文件都对农村电子商务发展作出部署。2015 年以来,国务院相继印发《国务院关于大力发展电子商务加快培育经济新动力的意见》《国务院关于积极

学生笔记:
_____
_____
_____

推进"互联网＋"行动的指导意见》《国务院办公厅关于促进农村电子商务加快发展的指导意见》,对农村电子商务发展进行了顶层设计。多部委积极行动,部署若干重大工程、重大计划、重大行动,推动了农村电子商务蓬勃发展。在上述政策保障下,农村电子商务发展步入快速发展期。近年来,随着农村网民数量的快速增长,农村网购市场增长迅速,农村电子商务步入快速发展阶段,并呈现集聚发展态势。

2)精准扶贫

在农村电子商务高速发展的同时,电商扶贫取得突破性进展。2015年年初,国务院扶贫办将电商扶贫工程列为精准扶贫十大工程之一。2014年以来,国家累计支持756个电子商务进农村示范县,其中国家级贫困县498个。商务部政府网站首页开通电商扶贫频道,开发了电商扶贫App。截至2017年年底,已有20家电商企业入驻,并在网站首页和手机客户端的显著位置建立扶贫专区,与贫困地区政府、企业和农户等对接,对贫困地区产品网络销售给予流量支持、减免网店经营费用等优惠措施。2017年,全国832个国家级贫困县实现网络零售额1207.9亿元,高出全国农村网络零售额增速13个百分点。

2018年6月15日,在《中共中央、国务院关于打赢脱贫攻坚战三年行动的指导意见》中明确提出,实施电商扶贫,优先在贫困县建设农村电子商务服务站点。继续实施电子商务进农村综合示范项目。动员大型电商企业和电商强县对口帮扶贫困县,推进电商扶贫网络频道建设。

《电子商务"十三五"发展规划》明确提出,积极开展电子商务精准扶贫。建立电子商务助力精准扶贫的带动机制,探索通过电子商务平台调动全社会扶贫力量,实现产品或项目资源的精准对接,带动产品增值和农民增收,助力脱贫攻坚。通过政府与电子商务平台企业联合开展电商扶贫就业行动,重点面向建档立卡贫困户收购产品或提供就业机会,精准解决贫困人群就业问题。充分发挥互联网在助推脱贫攻坚中的作用,深入实施网络扶贫行动。积极培育电子商务便民服务。

7. 跨境电子商务便利化、综合服务与小微企业支持

第七十一条指出,国家促进跨境电子商务发展,建立健全适应跨境电子商务特点的海关、税收、进出境检验检疫、支付结算等管理制度,提高跨境电子商务各环节便利化水平,支持跨境电子商务平台经营者等为跨境电子商务提供仓储物流、报关、报检等服务。国家支持小型微型企业从事跨境电子商务。

1)大力支持跨境电子商务的发展

《电子商务法》第七十一条是关于跨境电子商务的原则性规定,表明了国家支持与促进跨境电子商务发展的政策性主张。本条并未规定具体的法律规范与法律制度,但是指出了关于跨境电子商务法律制度发展的方向,包括构建适应跨境电子商务特点、提高贸易便利化水平的政府管理制度,认可与支持跨境电子商务综合服务,支持小微企业参与跨境电子商务活动。

2)建设协同管理体系

《电子商务法》第七十一条第一款的规定与第七条规定的国家建立符合电子商务特点的协同管理体系的原则相呼应,表明国家建立健全适应跨境电子商务特点,涉及海关、税收、进出境检验检疫、支付结算等多个领域的协同管理体系的走向。

跨境电子商务是通过互联网等信息网络从事商品或者服务进出口的经营活动。跨境电子商务主要是货物进出口和国际服务贸易。未来视情况发展还可以延伸到技术进出口、数字产品的进出口等。跨境电子商务不仅具有电子商务的特点，而且具有跨境化、国际化的特点，与政府进出口管理法律制度联系紧密。因此，政府管理制度是否适应跨境电子商务的特点、是否提高了进出口贸易的便利化水平，对于跨境电子商务具有极大的影响。

国家为了探索有关的制度改革与管理经验，于 2016 年 3 月批复设立中国（杭州）跨境电子商务综合试验区。至 2018 年 6 月月底，全国已有 53 个国家电子商务示范城市，重点支持电子商务国际化发展，结合"网上丝绸之路"建设，支持有关省区市与"一带一路"重要节点城市开展对点合作，探索共建跨境电子商务平台、跨境支付服务及智能物流服务平台。跨境电子商务综合试验区在实践中逐步建立了信息共享、金融服务、智能物流、电商信用、统计监测和风险防控 6 个体系，以及线上单一窗口和线下综合园区两个平台的框架，初步实现了制度体系的再造、商业模式的创新、贸易体系的重塑、产业水平的提升。六个体系与两个平台框架已作为综合试验区的先行试点经验在全国范围内复制推广。

3）跨境电子商务综合服务

在跨境电子商务中，很多中小微企业缺乏独立报关、报检及申报进出口数据的资质与能力，跨境电子商务平台经营者则可以为其提供相应的服务，弥补其不足，但是跨境电子商务平台经营者不同于传统的外贸代理人，在现行监管体制下受到很多制约，承受很大的压力。根据海关法的规定，报关企业接受进出口货物收发货人的委托，以自己的名义办理报关手续的，应当承担与收发货人相同的法律责任。依照上述规定，跨境电子商务平台经营者以自己的名义，为未办理进出口备案的中小微企业办理报关、报检等手续（即所谓"假自营、真代理"），自身被认定为进出口商，将承担很大的法律风险，挫伤其提供服务的积极性。《电子商务法》第七十一条第一款的规定则首次明确了跨境电子商务平台经营者提供服务的法律地位，使之获得了合法发展的空间。平台经营者作为服务提供者，为平台内经营者提供报关、报检等服务，不应承担与收发货人相同的法律责任。

跨境电子商务平台经营者提供的服务不仅包括办理报关、报检等传统外贸代理服务，还包括为跨境电子商务提供仓储物流、信用融资、品牌管理、市场营销、供应链管理等综合性新型服务。跨境电子商务平台经营者从事综合服务拥有得天独厚的明显优势，能够实现平台与经营者的双赢。但是也不排除有平台之外的其他经营者提供此类跨境电子商务的增值服务。故此，《电子商务法》第七十一条第一款使用了"跨境电子商务平台经营者等"的表述，更具有包容性。

4）加强对小微企业服务

《电子商务法》第七十一条第二款规定，国家支持小微企业从事跨境电子商务。此规定为国家未来制定与实施关于扶植小微企业从事跨境电子商务的具体产业发展政策及有关优惠措施（包括有条件的税收优惠等）提供了法律依据。关于跨境电子商务的有条件的税

学生笔记：

_____

_____

_____

收优惠政策,国务院有关部门可以根据电子商务法制定具体的行政法规加以细化。

10.4 电子签名法介绍

《中华人民共和国电子签名法》(以下简称《电子签名法》)由中华人民共和国第十届全国人民代表大会常务委员会第十一次会议于2004年8月28日通过,自2005年4月1日起施行。当前版本为2019年4月23日第十三届全国人民代表大会常务委员会第十次会议修正。

《电子签名法》中明确规定,电子签名是指数据电文中以电子形式所含、所附用于识别签名人身份并表明签名人认可其中内容的数据。而数据电文是指以电子、光学、磁或者类似手段生成、发送、接收或者储存的信息。

这部法律规定,可靠的电子签名与手写签名或者盖章具有同等的法律效力,届时消费者可用手写签名、公章的"电子版"、秘密代号、密码或指纹、声音、视网膜结构等安全地在网上"付款""交易"及"转账"。

通俗点说,电子签名就是通过密码技术对电子文档的电子形式的签名,并非是书面签名的数字图像化,它类似于手写签名或印章,也可以说它就是电子印章。

《电子签名法》立法的直接目的是为了规范电子签名行为,确立电子签名的法律效力,维护各方合法权益;立法的最终目的是为了促进电子商务和电子政务的发展,增强交易的安全性。

《电子签名法》重点解决了5方面的问题。①确立了电子签名的法律效力;②规范了电子签名的行为;③明确了认证机构的法律地位及认证程序,并给认证机构设置了市场准入条件和行政许可的程序;④规定了电子签名的安全保障措施;⑤明确了认证机构行政许可的实施主体是国务院信息产业主管部门。目前已经有北京天威诚信电子商务服务有限公司等20余家公司获得了从业资格,可以对外提供合法的电子签名服务。

10.4.1 主要用语含义

(1)电子签名人,是指持有电子签名制作数据并以本人身份或者以其所代表的人的名义实施电子签名的人。

(2)电子签名依赖方,是指基于对电子签名认证证书或者电子签名的信赖从事有关活动的人。

(3)电子签名认证证书,是指可证实电子签名人与电子签名制作数据有联系的数据电文或者其他电子记录。

(4)电子签名制作数据,是指在电子签名过程中使用的,将电子签名与电子签名人可靠地联系起来的字符、编码等数据。

(5)电子签名验证数据,是指用于验证电子签名的数据,包括代码、口令、算法或者公钥等。

10.4.2　电子签名

1. 电子签名的概念

签名,一般是指一个人用手亲笔在一份文件上写下名字,留下印记、印章或其他特殊符号,以确定签名人的身份,并确定签名人对文件内容予以认可。传统的签名必须依附于某种有形的介质,而在电子交易过程中,文件是通过数据电文的发送、交换、传输、储存来形成的,没有有形介质,这就需要通过一种技术手段来识别交易当事人、保证交易安全,以达到与传统的手写签名相同的功能。这种能够达到与手写签名相同功能的技术手段,一般称为电子签名。

有关国际组织、国家和地区电子签名法对电子签名的定义,一般都是通过对其要达到的功能的表述而形成的。传统的手写签名主要应具有 3 项功能:一是能表明文件的来源,即识别签名人;二是表明签名人对文件内容的确认;三是能够构成签名人对文件内容正确性和完整性负责的根据。构成电子签名,就必须具有上述功能。联合国电子签名示范法规定,电子签名是指在数据电文中,用电子形式所含的或在逻辑上与该数据电文有联系的用于识别签名人的身份和表明签名人认可该数据电文内容的数据。菲律宾电子商务法规定,电子签名是指电子形式的任何有显著性的标志、性能、声音,可以代表某人的身份并且附着于某人所设置或采用的电子数据电文、电子文件或任何方法或程序,或与其有逻辑上的联系,且由该人做出或采用,旨在鉴别或者批准一份电子数据电文或电子文件。欧盟电子签名指令、日本电子签名与认证服务法、美国国际国内商务电子签名法等也都对电子签名做了相类似的定义。按照上述定义,具有识别签名人身份和表明签名人认可签名数据的功能的技术手段,就是电子签名。

2. 数据电文的概念

数据电文,也称为电子信息、电子通信、电子数据、电子记录、电子文件等。一般是指通过电子手段形成的各种信息。数据电文一词最早在国际法律文件中出现是在 1986 年联合国欧洲经济委员会和国际标准化组织共同制定的《行政、商业和运输、电子数据交换规则》中。该规则规定,贸易数据电文是指当事人之间为缔结或履行贸易交易而交换的贸易数据。1996 年联合国电子商务示范法采用了这一概念,该法规定,"数据电文"是指经由电子手段、光学手段或者类似手段生成、储存或者传递的信息,这些手段包括但不限于电子数据交换、电子邮件、电报、电传或者传真。各国电子签名法或电子商务法也对数据电文作了类似的规定。如美国国际国内商务电子签名法规定,"电子记录"是指由电子手段创制、生成、发送、传输、接收或者储存的合同或其他记录;韩国电子商务基本法规定,"电子信息"是指以使用包括计算机在内的电子数据处理设备的电子或类似手段生成、发送、接收或者储存的信息。

数据电文的概念包含两层意思:第一,数据电文使用的是电子、光、磁手段或者其他具有类似功能的手段;第二,数据电文的实质是各种形式的信息。

3. 电子签名适用范围

电子交易是一种新兴的交易方式,电子签名、数据电文并未在社会活动中获得广泛应用,广大民众的认知度不高。同时,电子签名、数据电文的应用需要借助于一定的技术手段,物质条件也会限制一部分民众使用这种交易方式。由于上述原因,并基于交易安全因素的考虑,一些国家和地区的电子签名法或电子商务法规定某些领域不适用这种交易方式。一般包括以下几种情况。

第一,与婚姻、家庭等人身关系有关的文件。如美国电子签章法规定,"关于遗嘱、遗嘱修改书或遗产信托的制定法、条例或者其他法律规则""关于收养、离婚或家庭法其他事项的州的制定法、条例或者其他法律规则",不适用该法关于电子签名效力的规定。

第二,与诉讼程序有关的文书。如美国电子签章法规定,该法关于电子签名效力的规定不适用于"与诉讼程序有关的需经签章的法庭传票或通知,或正式法庭文书(包括诉状、答辩状以及其他书面文件)"。

第三,与公用服务事业有关的文书。美国电子签章法规定,该法关于电子签名效力的规定不适用于"公用服务(包括供水、供热及供电)的取消或终止"的通知。

第四,与不动产权益有关的文书。新加坡电子交易法规定,"任何用于买卖不动产或以其他方式处分不动产的契约及不动产下所发生利益的契约""不动产转移或不动产利益的转让"以及"产权证书",不适用本法。

第五,其他文书。如澳大利亚电子交易法规定,与移民有关的文件或公民权证书,不适用本法;新加坡电子交易法规定商业票据不适用本法。

10.4.3 数据电文

如果一项数据电文具有如下两项功能,即可认为具有与书面形式相同的功能:一是能够有形地表现所载内容;二是可以随时调取查用。这样的数据电文可以视为符合法律、法规要求的书面形式。

1. 关于数据电文符合法定原件形式要求的规定

原件形式要求,主要是在诉讼法中提出的。《中华人民共和国民事诉讼法》第七十条规定:"书证应当提交原件。物证应当提交原物。提交原件或者原物确有困难的,可以提交复制品、照片、副本、节录本。"此外,原件还与物权凭证和流通票据有关,因为原件的独一无二概念对这种单据特别重要。涉及"原件"要求的文件还有贸易文件,如重量证书、农产品证书、质量或数量证书、检查报告、保险证书等。原件形式要求已经成为电子商务的一个主要障碍。通常意义上的"原件"是指信息首次固定于其上的媒介物。如果这样界定"原件",则数据电文几乎没有"原件",因为数据电文的收件人收到的总是"原件"的拷贝,而不是载有原始信息的那张软盘、光盘之类的媒介物。

只要一份数据电文的内容保持完整,未被改动,对该数据电文作必要的添加并不影响其"原件"性质。例如,转让票据、海运提单时在该票据或者提单上作背书,并不影响其原件性质。除了这种由交易方所作的添加外,还有一些形式变化是由数据传输的技术特点决定的。例如,通过互联网传输数据时,根据互联网协议,需要将一份数据电文进行解码、压缩或者转换等一系列操作,然后传输到指定的信息系统。这些都是信息系统自动进行的,是这种传输方式的一个内在特点,它当然会引起数据的形式变化,但是只要不改变数据的本来内容,则不认为其改变了数据电文的完整性。另外一个明显的例子是,假设一份数据电文是利用 Word 字处理软件编辑的.doc 文档,当它在 WPS 环境中显示时,其形式(如字体、字号、页面设置等)显然会发生变化,但这些变化并不影响该文档内容的完整性。

2. 关于数据电文传输要求的规定

数据电文的完整性可以通过两种方式予以保证:一是保持数据电文形式的高度一致,即数据电文的格式与其生成、发送或者接收时的格式相同,形式相同的数据电文,其内容也必定相同;二是虽不能保证形式的同一,但如果能保证内容的同一,仍然可以确认其完整性。实际上,在很多情形下,要求保证数据电文格式的同一性是难以实现的。因为如前所说,数据电文在储存、传递过程中,要经过一系列的自动解码、压缩或者转换。一味地要求格式不变,是与技术要求相悖的。

3. 关于数据电文保存要求的规定

除了保存数据电文本身外,还能识别数据电文的来源,包括发件人、收件人以及发送、接收的时间等信息。这样规定是为了涵盖可能需要保存的所有信息。满足了这 3 项条件,即可视为满足了文件保存的要求。

4. 关于数据电文作为证据使用时的规定

根据证据学的一般理论,任何证据材料要作为认定事实的根据,必须具有 3 个特性:客观性、与待证事实的关联性及其合法性。

(1) 客观性,包括两方面的含义,其一是证据必须有客观的存在形式;其二是证据的内容必须具有客观性,即必须是对客观事物的反映,而不是主观臆断和猜测。关于客观的存在形态,众所周知,数据电文是以一种电子形式存在的数据,保存在一定的介质之上,可以借助于一定的工具和设备以人们能感知的形式显现,因此,其客观的存在形态是没有疑问的。

(2) 关联性,是指作为证据的一切材料必须与具体案件中的待证事实之间有内在的、客观的联系,即能够全部或者部分地证明案件的有关事实存在或不存在。数据电文与待证事实之间有无关联性,需要在具体个案中加以判断。

(3) 证据的合法性,是指对证据必须依法加以收集和运用。包括收集、运用证据的主体要合法,证据的来源要合法,证据必须具有合法的形式,必须经法定程序查证属实。证据的合法性是证据客观性和关联性的重要保证,也是证据具有法律效力的重要条件。根据 2020 年 9 月 1 日起施行的《公安机关办理刑事案件程序规定》的第六十六条规定:

"收集、调取电子数据,能够扣押电子数据原始存储介质的,应当扣押原始存储介质,并

学生笔记:
_____
_____
_____

制作笔录、予以封存。

"确因客观原因无法扣押原始存储介质的,可以现场提取或者网络在线提取电子数据。无法扣押原始存储介质,也无法现场提取或者网络在线提取的,可以采取打印、拍照或者录音录像等方式固定相关证据,并在笔录中注明原因。

"收集、调取的电子数据,足以保证完整性,无删除、修改、增加等情形的,可以作为证据使用。经审查无法确定真伪,或者制作、取得的时间、地点、方式等有疑问,不能提供必要证明或者作出合理解释的,不能作为证据使用。"

如果提出数据电文作为证据的一方同时能证明其上述三种属性,那么裁判者就可以将其作为认定事实的根据。

5. 关于数据电文作为证据使用时如何判断其真实性的规定

审查数据电文作为证据的真实性,一般可以从操作人员、操作程序、信息系统三者的可靠性方面入手。本条规定即是循着这样一种分析思路。例如,在审查生成、储存或者传递数据电文方法的可靠性时,可以审查数据电文是否由合法操作人员生成、储存、传递,是否经未授权者侵入、篡改;数据电文是否严格按照操作程序来生成、储存、传递,有无违规改动、删除;用以生成、储存、传递数据电文的信息系统是否稳定、可靠,是否容易招致非法侵入,等等。在判断保持内容完整性方法的可靠性,以及用以鉴别发件人方法的可靠性时,还需要对所用技术方法进行审查。例如,数字签名比单纯在文件上输入自己的姓名要可靠些,经过加密的数据电文比未经加密的数据电文更难于被他人篡改,等等。

10.4.4 电子签名与认证

1. 关于电子签名应当具备的条件

(1) 电子签名制作数据用于电子签名时,属于电子签名人专有。电子签名制作数据是指在电子签名过程中使用的,将电子签名与电子签名人可靠地联系起来的字符、编码等数据。它是电子签名人在签名过程中掌握的核心数据。唯有通过电子签名制作数据的归属判断,才能确定电子签名与电子签名人之间的同一性和准确性。因此,一旦电子签名制作数据被他人占有,则依赖于该电子签名制作数据而生成的电子签名就有可能与电子签名人的意愿不符,显然不能视为可靠的电子签名。

(2) 签署时电子签名制作数据仅由电子签名人控制。这一项规定是对电子签名过程中电子签名制作数据归谁控制的要求。这里规定的控制是指一种实质上的控制,即基于电子签名人的自由意志而对电子签名制作数据的控制。在电子签名人实施电子签名行为的过程中,无论是电子签名人自己实施签名行为,还是委托他人代为实施签名行为,只要电子签名人拥有实质上的控制权,则其所实施的签名行为,满足本法此项规定的要求。

(3) 签署后对电子签名的任何改动能够被发现。采用数字签名技术的签名人签署后,对方当事人可以通过一定的技术手段来验证其收到的数据电文是不是发件人发出,发件人的数字签名有没有被改动。倘若能够发现发件人的数字签名签署后曾经被他人更改,则该项签名不能满足本法此项规定的要求,不能成为一项可靠的电子签名。

(4) 签署后对数据电文内容和形式的任何改动能够被发现。电子签名的一项重要功能在于表明签名人认可数据电文的内容,而要实现这一功能,必须要求电子签名在技术手段上能够保证经签名人签署后的数据电文不能被他人篡改。否则,电子签名人依据一定的技术手段实施电子签名,签署后的数据电文被他人篡改而却不能够被发现,此时出现的法律纠纷将无法依据本法予以解决。电子签名人的合法权益难以得到有效的保护。因此,要符合本法规定的可靠的电子签名的要求,必须保证电子签名签署后,对数据电文内容和形式的任何改动都能够被发现。

一项电子签名如果同时符合上述 4 项条件,可以视为可靠的电子签名。

2. 可靠的电子签名与手写签名或者盖章具有同等的法律效力

随着现代科学技术的发展,越来越多的技术手段被运用于电子签名领域。这些技术和手段主要包括计算机口令、眼虹膜网辨别技术以及数字签名技术等。在电子商务交易中以何种技术生成的电子签名才是安全可靠的,才具有法律效力,这是电子签名法应当解决的问题。从世界各国的规定来看,主要有 3 种模式:一是采用技术特定化方案,即只承认数字签名的法律效力;二是技术中立方案,即在法律上不规定某种技术方案,而将技术方案的选择留给当事人各方约定;三是折中方案,即一方面规定了安全可靠的电子签名应当具备的条件,另一方面则没有限定采用何种技术的电子签名才具有法律效力。采纳这一模式的理由在于:随着科技的发展,电子签名技术也会不断地发展。电子签名技术手段的优劣,应由市场和用户作出判断,立法者只需要规定原则性标准;政府直接对具体技术作出选定,风险过大,并可能导致电子商务市场的萎缩。另外,目前数字签名的技术已趋于成熟并且被广泛运用于电子签名领域,需要以法律手段加以推行,以利于电子商务市场的成长。

3. 关于电子签名认证的规定

(1) 电子签名可以依赖于很多技术来实现,有些电子签名可能并不需要认证,例如一些以生物识别技术生成的电子签名,其直接依据签名人的生理特征就可以辨别电子签名的真伪。在目前,各国电子商务或者电子签名立法中确认的需要认证的电子签名一般指的是数字签名。数字签名是指通过使用非对称密码加密系统对电子记录进行加密、解密变换来实现的一种电子签名,目前它在各国的电子商务实践中得到了广泛的应用。作为第三方的数字签名认证机构通过给从事交易活动的各方主体颁发数字证书、提供证书验证服务等手段来保证交易过程中各方主体电子签名的真实性和可靠性。

(2) 提供电子认证服务的机构必须是依法设立的,本法对电子认证服务提供者的设立条件、设立程序作出了明确规定。

4. 关于在境外签发的电子签名认证证书的法律效力的规定

在跨国境的电子商务中,最重要一个环节是对处于不同司法管辖范围内的交易人的身份进行认证。这就要涉及电子证书的跨境认证。实现跨境认证有几种方式。第一,允许境外的认证机构在本地提供服务。第二,境内的认证机构出境提供认证服务。第三,不同司

学生笔记:
_____
_____
_____

法管辖范围内的认证机构达成互认证协议。第一和第二种方式,都是服务贸易的延伸。一旦境内的认证机构出境或境外的认证机构进境,就都可以被视为本地的认证机构,都应当受到本地法律的管辖。本条所称的境外的电子认证服务者是指不受本地法律管辖的电子认证服务提供者。在认证过程中出现争议时,会涉及两种法律体系和两种司法制度协调。因此,不同国别的电子认证服务的相互认证必须由两国政府根据国际法原则协商确定解决。

5. 关于电子签名人未履行法定义务造成他人损失承担赔偿责任的规定

(1)电子签名人作为电子签名活动中的一方当事人,除了享有法律赋予的权利以外,还应当履行法律规定的义务。按照本法规定,电子签名人应当妥善保管电子签名制作数据。电子签名人知悉电子签名制作数据已经失密或者可能已经失密时,应当及时告知有关各方,并终止使用该电子签名制作数据。如果电子签名人未妥善保管电子签名制作数据,知悉电子签名制作数据已经失密或者可能已经失密时,未及时告知有关各方,并终止使用电子签名制作数据,则可能使电子签名活动中的其他各方当事人因信赖所使用的电子签名制作数据而遭受损失,对于造成的损失,电子签名人应承担赔偿责任。

(2)按照本法规定,电子签名人向电子认证服务提供者申请电子签名认证证书,应当提供真实、完整和准确的信息。电子签名人由于提供的信息不真实、不完整、不准确,给电子签名活动的其他各方当事人造成损失的,应承担赔偿责任。

(3)电子签名人由于自己的过错给电子签名依赖方、电子认证服务提供者造成损失的,承担赔偿责任。联合国贸法会电子签名示范法对于电子签名人也规定了类似本法规定的义务,按照示范法的规定,签名人知悉签名制作数据已经失密或者签名人知悉导致签名制作数据可能已经失密的重大风险情况时,应毫不迟疑地做出合理的努力,向签名人可以合理预计的依赖电子签名或提供支持电子签名服务的任何人发出通知。如果未满足以上要求,应承担由此引起的法律后果。在这方面本法的规定与联合国贸法会电子签名示范法的规定是一致的。按照民法通则的规定,公民、法人由于过错侵害国家的、集体的财产,侵害他人财产、人身的,应当承担民事责任。本条规定的承担民事责任的方式是赔偿损失。这是适用最广泛的一种责任形式。在我国法律上的赔偿损失,专指以金钱的方式赔偿对方的损失。侵犯财产权和侵犯人身权都可能发生这种责任。赔偿损失的民事责任,除法律有特别规定外,应当赔偿受害人的全部损失。损失除了包括财产的直接损失外,还包括间接损失,或者说是可得利益的损失。

(4)电子签名人承担赔偿责任的前提条件是主观上必须有过错。如果电子签名人主观上没有过错,则不承担赔偿责任。

10.5　违法案件解读

10.5.1　湖州南浔未公示证照信息案

2019年,湖州市南浔区市场监管局千金镇市场监管所依据新出台的《电子商务法》,对个体户卢某在微信平台上从事网络销售时未公示营业执照和行政许可信息的行为开出了2000元的行政处罚罚单。这也是《电子商务法》正式实施以来,湖州市查处的首例违法案件。

执法人员在日常网络巡查中发现当事人在其微信朋友圈内从事饼干、蛋糕等糕点食品销售,但未公示其营业执照、食品经营许可证等信息。由此,执法人员立即前往当事人描述的某地址进行现场检查。经查,当事人在上述地址开设了一家从事糕点类食品制售的店铺,并且能提供合法有效的个体工商户营业执照以及食品经营许可证。不过,自 2018 年 7 月起,当事人为了提高知名度,方便开拓市场,吸引消费者,通过微信朋友圈的方式发布了数十条关于店内制售的饼干、蛋糕、饮料等食品信息,但未在其销售食品的微信朋友圈内公示营业执照、食品经营许可证信息。

鉴于上述行为涉嫌违反《电子商务法》第十五条第一款的相关规定,该局当即依法予以立案查处,责令当事人改正上述违法行为,并对其处以罚款 2000 元人民币。当事人在案发后积极配合调查,已及时在微信朋友圈的显著位置公示了营业执照和食品经营许可证信息。

10.5.2　义乌销售违法自制药品案

2019 年年初,义乌检察机关对《电子商务法》实施后首例公益诉讼案启动程序,这意味着今后违法利用朋友圈、微信群等网络工具侵害社会公共利益的行为也将受到法律制裁。

义乌市人民检察院接到有人利用微信朋友圈、微信群等网络平台违法销售药品的相关线索,该院民事行政检察部检察官根据线索迅速展开调查,发现被调查对象正是利用网络服务销售商品,属于《电子商务法》界定的电子商务经营者。根据调查得知,此人利用微信违法销售自制药品,声称该药品系采用中草药秘方,主治银屑病、神经性皮炎、牛皮癣等十余种疑难杂症,3 天见效、8 天痊愈,还承诺无效退款。药品销售信息利用其微信朋友圈广告、加入微信群介绍等方式传播并高价销售。

检察机关认为,作为电子商务经营者,不得在未经许可的情况下自制药品、通过网络违法发布药品信息及销售药品,其行为利用了网络的便捷、快速、覆盖面广等特性,违反了《电子商务法》和《中华人民共和国药品管理法》等法律法规的规定,已直接威胁到社会公众的用药安全,侵害了社会公共利益。

根据法律规定,义乌检察机关将其立案为侵害药品安全的行政公益诉讼案件,并向行政主管部门发送检察建议,督促对违法行为进行查处。下一步行政主管部门一旦鉴定为假药、劣药的,还可对当事人追究刑事责任。

10.5.3　淮北团购平台未公示经营资质案

2019 年 1 月 2 日,淮北市工商局执法人员在进行网络定向监测时发现,在某团购平台上,大量淮北市本地餐饮商户的所有网页页面没有公示营业执照信息、餐饮许可信息。经调查,该平台早已将餐饮商户的营业执照录入端口分发给了当事人,要求当事人负责录入

学生笔记:
_____
_____
_____

和维护线上商户的营业执照等信息,并承担不录入所产生的法律后果。截至案发,当事人没有按照法律规定及时录入和维护上述信息,导致大量淮北本地商户经营的主页面没能公示经营资质信息。

根据《电子商务法》规定,电子商务经营者应当在经营主页面显著位置公示营业执照等信息,电子商务平台应当对未公示行为采取必要措施。某团购平台淮北代理公司行为违反了《电子商务法》的规定,构成了没有采取必要措施确保平台内的商户公示主体资质信息的行为。对此,工商部门对当事人依法作出处罚。目前,当地各网络订餐平台、团购平台均已开始采取积极措施主动自查整改,努力贯彻落实《电子商务法》的各项规定要求。

【主要知识点】

1.【电子合同】电子合同,又称电子商务合同。电子合同是双方或多方当事人之间通过电子信息网络以电子的形式达成的设立、变更、终止财产性民事权利义务关系的协议。

2.【电子签名】电子签名是指数据电文中以电子形式所含、所附用于识别签名人身份并表明签名人认可其中内容的数据。而数据电文是指以电子、光学、磁或者类似手段生成、发送、接收或者储存的信息。

【本章小结】

- 电子商务立法的现状和指导原则

我国电子商务立法主要遵循的指导原则。

- 电子商务法律体系框架

1. 在电子商务条件下,卖方应当承担 3 项义务:按照合同的规定提交标的物及单据;对标的物的权利承担担保义务;对标的物的质量承担担保义务。买方同样应当承担 3 项义务:按照电子商务交易规定方式支付价款的义务;按照合同规定的时间、地点和方式接受标的物的义务和对标的物验收的义务。

2. 在电子商务中,银行也变为虚拟银行。电子商务交易客户与虚拟银行的关系变得十分密切。

3. 认证机构(CA)扮演着一个买卖双方签约、履约的监督管理的角色,买卖双方有义务接受认证中心的监督管理。

- 与电子商务相关的法律

1. 电子合同可以界定为:电子合同是双方或多方当事人之间通过电子信息网络以电子的形式达成的设立、变更、终止财产性民事权利义务关系的协议。

2. 2018 年 8 月 31 日,全国人大常委审议通过《中华人民共和国电子商务法》,于 2019 年 1 月 1 日起实施。电子商务经营者应当依法办理市场主体登记。但是,个人销售自产农副产品、家庭手工业产品,个人利用自己的技能从事依法无须取得许可的便民劳务活动和零星小额交易活动,以及依照法律、行政法规不需要进行登记的除外。

3.《中华人民共和国电子签名法》由中华人民共和国第十届全国人民代表大会常务委

员会第十一次会议于 2004 年 8 月 28 日通过,自 2005 年 4 月 1 日起施行。当前版本为 2019 年 4 月 23 日第十三届全国人民代表大会常务委员会第十次会议修正。电子签名是指数据电文中以电子形式所含、所附用于识别签名人身份并表明签名人认可其中内容的数据。而数据电文是指以电子、光学、磁或者类似手段生成、发送、接收或者储存的信息。

【练习作业】

一、选择题

1. 下面哪个不是我国电子商务立法主要遵循的指导原则?

  A. 超前电子商务发展现状,做到世界领先

  B. 遵循国际惯例,做到与国际接轨

  C. 从实际出发,分阶段发展,重点突破,不断完善

  D. 充分利用已有的法律体系,保持现有法律体系的完整性与稳定性

2. 电子商务中,合同的意义和作用没有发生改变,但其形式却发生了极大的变化。下面哪个不是电子商务合同形式发生的变化?

  A. 订立合同的双方或多方大多是互不见面的

  B. 表示合同生效的传统签字盖章方式被数字签名所代替

  C. 传统合同的生效地点一般为合同成立的地点,而采用数据电文形式订立的合同,收件人的主营业地为合同成立的地点

  D. 物流配送的形式由销售方派车送达改为由快递送达

3. 我国电子签名法于哪一年生效?

  A. 2006 年 4 月 1 日   B. 2005 年 4 月 1 日

  C. 2006 年 1 月 1 日   D. 2005 年 1 月 1 日

4. 《电子签名法》重点解决了很多方面的问题。下面哪个不是《电子签名法》解决的问题?

  A. 确立了电子签名的法律效力   B. 规范了电子签名的行为

  C. 规定了电子商城的交易规则   D. 规定了电子签名的安全保障措施

5. 下面哪种不属于违法情况?

  A. 在个人朋友圈卖自家土猪,无任何证明材料。

  B. 在个人微信朋友圈卖 A 公司的鸡蛋,每个宣传海报中都公示 A 公司营业执照且营业执照经营范围含有农产品销售许可,但无其他证明材料。

  C. 在个人微信朋友圈卖 A 公司的鸡蛋,每个宣传海报中都公示 A 公司营业执照且营业执照经营范围含有农产品销售许可,同时有该公司同意本人代理鸡蛋的授权书,但无时间范围。

学生笔记:
_____
_____
_____

D. 在个人微信朋友圈卖 A 公司的土猪,每个宣传海报中都公示 A 公司营业执照且营业执照经营范围含有农产品销售许可,同时有该公司同意本人代理鸡蛋的授权书,且授权书时间在有效期范围内。

二、讨论题

1. 请叙述电子商务立法的指导原则。

2. 请举例说明经营电子商务哪些情况要办理市场主体登记?哪些情况不需要办理市场主体登记?

3. 请讨论在微信群和微信朋友圈销售产品,哪些情况是可以不办理营业执照?哪些情况是必须公示营业执照和行政许可证明?

第 11 章

电子商务盈利模式

【学习目标】

通过本章的学习,清醒地知道网站建设只是一种营销手段,选择适销对路的产品才是电子商务经营成功的关键因素。要深刻理解电子商务的盈利模式,深刻体会传统企业开展电子商务的益处。对于适合网络销售的产品类型,要通过较长时间的市场调查,结合进货渠道和本人的喜好,经过深思熟虑后,选择出自己创业的产品和盈利模式。

【学习要求】

(1) 在淘宝平台免费注册开店,上架一款生活消费类产品(如服装)和一款生产原材料类产品(如电阻),比较二者的客户咨询数量,通过实践来了解淘宝网店更适合销售哪类产品。

(2) 了解卖产品与卖服务的差别。线上开店卖产品比较容易实现,但卖服务就需要线上线下相结合。尝试在线上开展美容咨询服务引流,在线下进行美容服务交易的实践活动。

(3) 通过对生活类第三方手机 App (如美团、大众点评)的使用,体验打折券对商品的促销作用。分析消费者使用打折券消费后,商家、平台、客户所得到的优惠。

【关键词】

盈利模式、创业、产品、服务。

互联网再神奇,也不过提供了一种买卖双方联系的桥梁。电子商务要盈利,毕竟需要选择一种产品和服务作为创客的经营业务。

"投资小,回报高",这是每个创业者的创业愿望。然而,在当前的互联网时代,创业已经不像最初那样循规蹈矩,而是越来越趋于灵活。所以选择一个适宜的产品和一个适合自己的商业模式显得尤为重要。刚涉足创业领域的"草根",甚至是还没有毕业的在校大学生,对于选择模式和产品要认真对待,要花时间调研。本章介绍的几个创业模式都有一个共同特点,就是资金门槛比较低,创客可以进行轻资产创业,或者"白手起家",实现轻资产、低风险创业的快速成功,开拓出属于自己的一片新天地。

11.1 适合在网上销售的产品

究竟什么类型的产品在网上创业易于成功呢? 随着网络的不断普及和网购的群体逐步扩大,线上售卖的产品类别也越来越多,很难笼统地说出其中的类别。但有一点是肯定的,在目前的社会诚信程度下,单价在 1 万元以上的贵重物品不适合在纯粹的网店销售,例如真实珠宝;单价在 10 元以下的小商品不适合在网上零售,因为邮费远远超过货款。结合国外的经验和国内现状来进行归纳,本节所说的产品,实际上包含实物产品、广告、服务 3 部分内容,所说的费用,不包含站长需要配备的计算机费用。销售实物产品是网上最普遍的销售现象,下面作具体介绍。

11.1.1 不需物流配送的产品

不需物流配送的产品一般是指电子化的产品,只需网上下载或电子邮件传送,如充值卡、游戏点卡、中介信息、资料、软件等。

一般产品的成本主要在制造、运输、库存等环节上,而电子化产品的制造和物流配送成本几乎为零,在财力和人力上大大节省了成本,因此,网上创业首先应考虑自己是否有可能选择电子化产品。归纳起来,个人站长可以将以下几类产品作为参考。

1. 选择网络服务商行业,主要卖域名、虚拟空间、电子邮局等产品

现在做网站的企业和个人越来越多,网站总需要域名和空间,因此该行业的市场空间是很大的。由于现在网站平台技术已经很成熟,其网站平台不仅可以卖产品,还可以发展下级代理,而技术服务全部由上级商家负责,自己只要专心开拓业务即可,是适合个人刚开始创业期选择的产品。创业费用一般在 3000 元以内,是支付给上级商家的产品预付费。具体详情可到阿里云、腾讯云等网站了解,里面有域名和虚拟空间情况的详细介绍。

例如,某校大学生小陈在工作两年后,毅然选择创业。他通过百度搜索"大学生创业"等关键词,发现了某网站正在推出 100 名大学生创业计划。该计划的主要内容是,只要预付 1000～3000 元的产品预付款,就可获得该网站虚拟空间产品 5～8 折的代理权,还能得到一个免费的销售网站平台。对应所付的产品预付款,若卖不出去想退出代理,承诺两年内可全部退款。承诺退款是其他同类产品所没有的优惠。在消除了代理风险等后顾之忧后,小陈预付了 3000 元产品款后,取得 5 折优惠的代理权。小陈知道,对于这类纯网络产品,要在搜索引擎上竞价,竞争太激烈,于是他主要在线下销售,让农村表妹在计算机前做客服。小陈找到了中学老师,告诉老师目前的业务,正好这位中学老师的学校要买 10 个虚拟空间做各类网站群,于是小陈做成了第一笔生意。渐渐地,小陈的大学同学和中学同学都成了他的客户。他与几所大学的学生会取得联系,通过与社团活动合作的方式,在大学生中推销产品,取得了骄人的业绩。他还做了宣传彩页,散发到各个电子市场、服装市场等小商家密集的地方,这些小商家一旦被说动,则不仅是一单域名空间的生意,往往连网站也包给小陈一起做了,使得一笔生意赚上几千元。在线上销售方面,他采取的方法是在百度的知道栏目,对域名、虚拟空间类的问题作出详细回答,回答中也把自己的网址贴在上面。这种看似简单的网络营销,小陈一直坚持,利用巨大的百度流量,引导大量客户到他的网站,带来了不可小觑的销量。

域名空间类产品,如果拥有 5 折优惠的代理权,则一个 300MB 的空间,大概可得 150 元利润,而域名一般是不挣钱的。由于虚拟空间一般是一年一买,客户每年都要续费,所以它不是一次性买卖,而是客户累积的过程。如果经过几年的努力,获得 1000 个客户,每年就能得到 15 万元的收入。技术服务一般是由上级商家负责,代理商仅需 2 名员工,一个线上客服,一个线下业务人员。域名空间类产品切忌走入低价怪圈,应遵循质量优化的原则。

2. 选择文学行业,主要卖电子书或小说等

该类产品盈利模式是收费阅读,如服装类电子书、校园文学等。做服装类电子书需要计算机技术人员,美工、服装专业 3 类人员组成的团队共同创业,起点资金至少 3 万元。小说收费类网站可以从做代理起步,待积累经验后再自己创作。代理起步的网站,仅需 3000元就可以起步,自己创作的网站,则要 10 万元左右才可以起步。若自己有文学才华,可以给文学类网站做专业网络写手(一般不用作家称呼),每天写一集,报酬算法是有一人阅读,赚一分钱。若网站一天有 10 万人阅读,那么一天可以赚 1000 元,一年可以赚 30 万元左右。有个典型例子,一个刚毕业的大学生,靠写网络小说,一年赚了 100 万。可见,只要有才华并愿意吃苦,互联网到处都有创业的机会。

3. 选择软件行业,主要卖软件

如果自己能开发软件产品,那是最好的,如果没有合作伙伴或没有能力招兵买马,那么可以从代理软件起步。在选择所要代理的软件时,重点注意以下 3 点。

(1)软件已成熟,成功运行两年以上,有一定的成功客户案例。

(2)该软件公司有较强的售后服务能力,不需要代理商进行售后服务。

(3)不需要太多的售前咨询。

例如 ERP 类软件的售前咨询太复杂,要依靠电子商务很难做成,而网络营销软件、汉字

学生笔记:

_____

_____

_____

输入软件等则售前咨询比较简单,适合网上销售。

这类产品创业,几乎不需要费用,仅需要良好的人际关系。

4.选择信息行业,主要靠卖信息赚钱

要记住这类信息是客户要长期依赖于站长的信息,而不是一次性信息。例如股票预测信息、农业天气预测信息是客户长期需要的,每天都要依赖于网站发布;而招聘信息是一次性的,客户找到工作后,几年内都不需要网站的信息了。信息面的选择要窄而专,这样特定人群才会长期需要。收集整理有用的信息需要较高的专业性,一般工商管理类的大学生,很难找到切入点,可以考虑通过网上调查的方式来做某行业的市场调查,这样收集来的信息,可卖给政府某个部门或某些调查公司。公司的产品市场调查、社会热点问题调查往往是工作量大且难的事情,调查公司非常缺人手和好的方法,如果能通过网络手段得到有用的信息,那对调查公司无疑是雪中送炭,但前提是网站的流量要大,否则很难收集到准确的数据。精通做网站的大学生,其起步费用1万元左右,不精通网站的,建议不做此类网站。

5.做游戏网站的代理

游戏是受青少年青睐的网上娱乐项目,其营业额每年按30%的速度上升,在未来的十年里都会有很大的市场空间。自己开发游戏要很大的投资,大学生创业之初只适合做游戏网站的代理。

6.做电话卡、游戏卡、机票、酒店、旅游等产品的代理业务

当网站流量较大时,结合线上线下的努力,要赚到比当前劳动力市场多出一倍的工资,是完全有可能的。

大学生小张在找工作多次失利后,向父母借了5000元开始从事代理机票的业务。他的具体做法是在自己居住的小区超市里,在靠门口的地方租了两平方米的地方,放置一张桌子,开始了代理机票的业务。每张机票的佣金在20~50元,一天可以卖掉10张机票,按每天平均赚350元计算,一个月的毛利10 500元,去除机票代理网站使用费和场地租金共4000元,每月净利润有6500元。随着时间的推移,小张在小区的口碑和知名度越来越大,其客户数量越来越大,客户往往把返程机票的购买也交给他做(客户在外地打电话给他出票,由于现在是电子机票,所以在外地没有纸质机票也能登机)。由于建立了信任关系,小张可以先垫钱出票,客户回来后再付钱给小张。另一方面,由于小张的业务量增大,小张得到的上级商家奖励的特价机票也越来越多,因此小张在此行业做了三年以后,每月的收入稳定在15 000元以上。当然小张也是比较辛苦的,每天上午9点工作到晚上9点,而且没有休息日。

与小张相比较的是另一名外地农民工小李,由于文化程度低,就在与小张同一个小区做收旧报纸旧电器的工作,同样是一天工作12小时,但每月的平均收入只有1500元左右,与小张相差10倍。这就是知识的力量,小张会计算机,懂电子商务,毅然选择机票代理的创业工作;小李由于文化程度低,无法找到网络商机,只能从事回收废品的工作。这是在广东某个发达城市的大型小区里的真实案例,当然在中小城市订机票的人数可能要大大减少。若是中小城市,创业者不应选择在居住小区摆柜台,而是应选闹市区。

此外,在校园附近的站长,可以从事电话卡、游戏卡代理;在大城市的站长可以从事酒

店、机票的代理;在旅游区的站长可以从事旅游门票的代理,要注意一定要线上与线下相结合,才能收到好的效果。

此类业务起步费用一般是,线上每月 2000 元左右的网站平台使用费,线下每月场地租赁费 2000 元左右。此类业务是比较容易上手的,建议可以从这些代理开始做起。具体代理的网站可以从百度搜索中找到。

7. 做二手域名、二手 QQ 号的收藏和交易

与收藏邮票、钱币和古董一样,二手域名、二手 QQ 号都有很大的投资价值。一手域名的价格一般在 100 元以下,但好的二手域名开价都在 1 万元以上,与知名品牌有关联的域名往往可以拍卖到几十万元。好的 QQ 号码也可以高价转让,例如 5 位数的 QQ 号码,可以卖到几十万元。二手域名和二手 QQ 号的注册信息一定要全面,真实姓名、身份证号码和电话都要如实填写,这样做是防止黑客攻击,盗窃 QQ 号码。因为 QQ 号码的拥有者的唯一凭证就是登录密码,一旦登录密码被黑客盗窃并篡改,QQ 号就丢失了,若要找回密码,得花很大的工夫,当注册信息是真实的,找回密码就容易多了。

二手域名和二手 QQ 号都可以通过到域名交易平台或 QQ 号交易平台上去发布拍卖。具体的交易平台,可以通过到百度搜索"域名交易""QQ 号交易"的方式寻找,然后比较几个平台的服务和流量等指标,选择一个或几个平台去发布二手域名信息。如果青年朋友对这类产品感兴趣,可选择相关产品收藏和拍卖,也可做交易平台的代理。但这类产品风险较大,自己应斟酌风险承受能力。

11.1.2　标准化产品

标准化产品就是指只要报出品牌和型号,就能准确定位到的产品,即使不看实物,不看图片,也不会产生歧义。例如,当给出"EPSON M15147 打印机"时,这个产品就确定了;又例如,当给出"iPhone 13 手机",这个产品也就确定了,买卖双方不会因为产品的描述不当产生理解上的分歧。但生活中这类产品并不多,有很多产品光靠品牌和型号是没法确定的,光靠文字描述也无法确定产品。例如服装,不仅款式不同,还有面料、颜色不同。不以实物或图片来确认,无法沟通买卖双方的想法。像服装,即使有图片,由于显示器的色差,买卖双方经常会因为视觉和色差的关系产生争执和退货。归纳起来,个人站长可以将以下几类产品作为参考。

1. 卖数码相机、手机、计算机等产品

这类产品市场需求广泛,因为是标准化的产品,比较容易描述,售前的产品介绍比较容易,网站代理的方式比较多,即不需压货,有订单后由上级商家代为发货,每件商品价格在几千元的数量级,所以一个订单可以赚 100 元左右,一天做一个单就能与劳动力市场的工资持平。

学生笔记:

_____

_____

_____

2. 电子原材料等产品

电阻、电容和集成电路等产品也是标准化产品,由于它的消费客户是各类电子厂,所以都是批发生意。只要有几家好的供应商,那么客户的发展,相对于散客来说,比较容易。用电子商务的术语来说,这是 B2B 的方式,记住应当到阿里巴巴等 B2B 平台上去做推广,这样发展客户要容易些。如果网站站长离深圳赛格电子市场比较近的话,做这类产品是有优势的。

3. 卖书

书籍是标准化产品,只要书名与书号确定了,该书也就确定了。图书的市场非常大,可以细分图书市场,如专卖教材、专卖二手书、专卖考试用书等。如果自己有实物书店,可以建设网上书店后发展下级代理,如果没有实物书店,可以从代理别人的网上书店开始创业。

11.1.3　个性化产品

很多个性化产品在商场或者超市是买不到的,这给网上开店创业的站长带来了很好的商机。例如生日报,当朋友生日的时候,送一份与生日同年同月同日的报纸,会给过生日朋友带来一份惊喜,既能与众不同,又有纪念意义。归纳起来,个人站长可以将以下两类产品作为参考。

1. 手工毛线衫、手工刺绣、手工布鞋、计算机瓷像、生日礼品等产品

这些需要定做的个性化产品一般在商店里是买不到的,非常适合在网店销售。凡是有某一种手工技能的年轻人,都可考虑这类产品。

2. 土鸡、土鸡蛋等农家产品

这类产品可在城镇小区里卖。如果自己家乡有这些产品优势,离居住的城市小区又路程较近,可考虑这类产品。在大型小区里,物业管理公司一般有网站,可在物管的网站上发布信息,有订单后送货上门等。这类产品成功与否,取决于产品的优势特点,如果与菜市场的产品同质化,则不容易做。

11.1.4　隐私类产品

有些客户购买隐私类产品时,不愿意抛头露面,不愿意与销售人员接触,这就给网上购物带来了很大的运营空间。成人用品和隐私药品成为网上热销产品,网站上有很多代理,可选择信誉较好的商家的产品进行代理。

这类产品的利润是比较高的,但要有突破世俗的勇气,也要有躲避网上骚扰的技巧,创业者要有充分的心理准备。

11.1.5　大众消费品

大众消费品是广大百姓不可缺少的生活用品,市场需求非常大。买的人多,卖的人也多,但市场竞争再激烈,市场不会在乎多一人参与竞争。所以只要产品价廉物美,创业者一定会挣得一杯羹,取得一份市场份额。

网店之所以有生存空间,成本较低是重要因素。掌握了物美价廉的货源,就掌握了电子商务经营的关键。以服装服饰类商品为例，一些知名品牌均为全国统一价，在一般的面店最低只能卖 85 折，而网上可以卖到 7～8 折。小品牌服装服饰类商品的价格，网上价格都是商场的 2～7 折。

在本章介绍的可选网店销售产品中，从事这类产品的站长最多。在这类产品中，站长若想取胜，要有 3 点基本认识：一是这类产品利润较薄，一定是靠薄利多销，勤劳致富；二是产品一定要价廉物美，即要有好的货源；三是网店不能开成百货商店，即样样都卖，应该开成专卖店，如专卖精油、专卖凉鞋、专卖化妆品等。当然能结合自己的喜好，就更好了。

至于具体寻找哪一类产品，可到淘宝网站的分类里仔细查找，慢慢体会。可从里面的产品上架数量中找到热门产品，也可从销量排序中找到畅销产品。从过去的毕业学生中统计得知，时装、箱包、鞋类是较多人选择的创业产品。这个过程必须自己体会、斟酌和思考，任何老师和书本都无法给出最合理的建议。

比如芳芳小姐大专毕业后一时未能找到合适的工作。作为一个年轻女孩，对时尚类的商品比较感兴趣，摆在她面前的选择有箱包、服装、鞋类、化妆品等，地处广州的她知道，广州批发市场很多，这几类时尚商品在广州都能找到批发渠道。芳芳逐一进行了分析：鞋类款式、颜色、码数繁多，配货齐全不容易，若断码，就不好卖，况且客户往往有试穿的习惯，看看鞋是否跟脚，若不舒适，退货率较高；网上卖服装需要一个专业模特配合拍照，其成本目前承担不起，如果没有正面、侧面、背面的三视照片，服装是很难卖出去的，所以只好忍痛割爱；箱包对拍照和图片后期制作要求较高，往往图片效果要比真实商品好看，芳芳目前还没有这个作图能力。芳芳最喜欢化妆品，而化妆品对视觉效果要求不高，也能减轻作图的压力，目前流行纯天然化妆品，芳芳地处广州，毗邻香港，精油批发、进货渠道现成，于是地理位置、产品操作的难易程度和个人爱好三项因素决定她理所当然选择了"素肌美人精油批发"这个业务来进行创业。

其实能拿到好的货源，往往是站长决策卖什么产品的重要依据。那么，如何才能找到价格低廉的货源呢？

1. 充当市场猎手

密切关注市场变化，充分利用商品折扣找到价格低廉的货源。拿网上销售非常热门的名牌衣物来说，卖家们常常在换季时或特卖场里淘到款式品质上乘的品牌服饰，再转手在网上卖掉，利用地域或时间差价获得足够的利润。网上有一些化妆品卖家，与高档化妆品专柜的主管熟悉之后，可以在新品上市前抢先拿到低至 7 折的商品，然后在网上按专柜 9 折的价格卖出，因化妆品售价较高，利润也相应更加丰厚。

2. 关注外贸产品

外贸产品因其质量、款式、面料、价格等优势，一直是网上销售的热门品种。很多在国外售价上百美元的名牌商品，网上的售价可能仅有三百多元人民币，使众多买家对此青睐有加。不少好商品大多只有 1～3 件，款式常常是现在或第二年最流行的，而价格只有商场

学生笔记：
_____
_____
_____

的 4～7 折,很有市场。

3. 买入品牌积压库存

有些品牌商品的库存积压很多,一些商家干脆把库存全部卖给专职网络销售的卖家。品牌商品在网上是备受关注的分类之一,很多买家都通过搜索的方式直接寻找自己心仪的品牌商品。而且不少品牌虽然在某一地域属于积压品,但网络覆盖面广的特性,完全可使其在其他地域成为畅销品。如果能以低廉的价格把这些品牌库存买下,一定能获得丰厚的利润。

4. 拿到国外打折商品

国外的世界一线品牌在换季或节日前夕,价格非常便宜。如果卖家在国外有亲戚或朋友,可请他们帮忙,拿到诱人的折扣在网上销售,即使售价是传统商场的 4～7 折,也还有10%～40% 的利润空间。这种销售方式正在被一些留学生所关注,比如日本留学生"桃太郎"的店铺经营日本最新的化妆品和美容营养保健品,通过航空运输送到国内甚至世界其他国家,目前在淘宝和易趣都有店铺。因为其化妆品上新速度很快,而且比国内专柜上市更快,更便宜,因而受到追捧。此外,一些美国、欧洲的留学生也在网上出售"维多利亚的秘密""LV"等顶级品牌的服饰和箱包产品,其利润均在 30% 以上。

5. 批发商品

一定要多跑地区性的批发市场,如北京的西直门、秀水街、红桥,上海的襄阳路、城隍庙,不仅能熟悉行情,还可以拿到很便宜的批发价格。北京的淘宝网卖家萍萍家住北京南城,家附近就有很多批发商城,除了在家的附近进货以外,还会偶尔去西直门动物园等大规模批发市场去淘货。通过和一些批发商建立了良好的供求关系,不但能够拿到第一手的流行货品,而且能够保证网上销售的低价位。

找到货源后,可先进少量的货试卖一下,如果销量好再考虑增大进货量。在网上,有些卖家和供货商关系很好,往往是商品卖出后才去进货,这样既不会占资金又不会造成商品的积压。总之,不管是通过何种渠道寻找货源,低廉的价格是关键因素。找到了物美价廉的货源,网上商店就有了成功的基础。

11.2　容易起步的网络广告

广告收入是很多网站的主要盈利手段,新浪、搜狐、网易、抖音、今日头条等知名网站也是靠这种模式获得利润的。

当个人网站有一定流量的时候,就可考虑赚取网络广告的收入了。

11.2.1　淘宝客

网络上常说的淘宝客,专业术语叫作网络会员制营销,通常指网络联盟营销,也称联属网络营销,1996 年起源于亚马逊(Amazon.com)。Amazon 通过这种新方式,为数以万计的网站提供了额外的收入来源,且成为网络 SOHO 族的主要生存方式。目前在我国,联盟营销还处于萌芽阶段,一般的网络营销人员对联盟营销还比较陌生,所以尽早进入这种营销模式,就容易成功。

网站联盟的平台网站将广告主与广大网站联系起来,结合成一个销售联盟。广告主的网站称为宿主网站,在自己网站上投放广告主广告的中小网站叫作加盟网站。网站联盟平台网站与宿主网站可以是两家公司,也可以是一家公司。如 Yahoo、当当网、卓越网、百度主题推广、Google Adsense 等既是网站联盟,也是宿主网站,即广告主。但像站长之家,就是专业的网站联盟平台,其宿主网站和加盟网站都是它的客户。

网站联盟本质上来说是一种按效果付费的网络广告形式。当访问者点击加盟网站上的广告而进入宿主网站产生诸如点击广告、下载程序、注册会员、实现购买等行为后,宿主网站根据这种行为支付给加盟网站一定数额的佣金,一般一周或一个月支付一次。

比如淘宝、拼多多、Yahoo、当当网、卓越网、百度主题推广、Google Adsense 等可信度较高的网站,如果这些知名网站联盟广告适合创客的网站,则它们是网站赚钱的首选。

具体操作方法是进入该宿主网站,注册后,取得相关代码,并嵌套于自己的网站内。若自己不具备 HTML 知识,可请计算机专业人员帮助。

加入网站联盟一般是免费的,如果对方要求付费,那就要考虑是否值得加入了。

这种创业方法能否成功,取决于个人网站的流量。如果每天有独立访问 IP 一万个,那么可能会有 5% 的网民进入广告商网站,也就是有 500 人来到该宿主网站。如果宿主网站的转换率是 1%,那么最终结果是有 5 人完成引导或销售,该 5 人的销售提成将是加盟网站站长一天的收入。

11.2.2 拍卖广告位

流量换广告的一种直接的方式,是将自己网站上的广告位进行拍卖,明码标价使用一个广告位多长时间多少钱。

这种方式要求网站流量很大,网站的客户对象领域比较专业,忠诚度比较高。网站一天超过一万个独立访问 IP 才可以考虑这种直接卖广告位的方式。

11.3 适合网络开展的服务

网上除了卖产品外,还可以卖服务,尤其提供高端技术服务是较有前途的一种赚钱方法。随着经济的发展,第三产业的比重将逐步提高,并且在网络上提供服务,符合低碳经济的发展潮流。

其实,淘宝、易趣等大型商贸平台提供网上平台服务,交友网站、招聘网站、分类信息网站等提供网上中介服务,本质上都属于卖服务。但由于这种模式需要大笔资金才能起步,一般不适合刚创业的年轻人,适合刚起步的创客的网上服务有下面 3 种。

学生笔记:

_____

_____

_____

11.3.1　在网上担任咨询师

在网上担任美容、减肥、保健等领域的咨询师,从而销售相关的产品。这类服务需要相关政府部门的许可证和资格证,门槛较高,仅适合医学类专业学生,其他专业学生不容易进入。

11.3.2　在网上辅导学生

创客可加盟网校,进行远程教学。网络学校是今后网络教育的发展方向之一,它作为全日制学校的补充,有着很大的市场空间。可以主持网校的某个栏目,也可以承包网校的某个地区运营权。这类服务适合大多数大学生。

11.3.3　在网上卖设计

有一技之长的站长,选择这类服务是比较容易成功的。比如,在淘宝网站上开店专门承接公司的 PPT 设计、公司的报表设计软件、广告业的平面设计等,大学生从这类服务开始创业比较容易。这类服务虽然适合计算机类和美工类专业学生,但工商类等其他专业学生也是比较容易进入的,例如把 PowerPoint 和 Excel 等办公软件和表格做精通了,一定能从网店接到订单。有一名张姓的大学生由于 PPT 做得好,全球 500 强企业中的几家大公司都把这类业务包给他了。这类工作的门槛并不高,因为熟练运用办公软件是所有大学生应该掌握的技能,并不是计算机专业学生的专利,但是普遍的现状是,很多大学生对办公软件的学习只是做到浅尝辄止的地步,只会最简单的操作。

卖服务的优势是启动成本低,无须进货,没有库存,只要个人有一技之长就可以开始创业了。

卖产品与卖服务相比,卖产品更有发展空间。因为卖服务本质上是卖时间,而一个人的时间是有限的,如果一个人给学生培训 5 小时,获得 500 元报酬,那么要获得 5000 元的收入,就要给一个学生培训 50 小时,或者 10 个人给学生培训 5 小时,基本上无法减少时间成本或人员成本。但卖产品则不同,成功销售一件产品和成功销售一百件产品,其付出的成本绝不会是一百倍的关系,很可能仅仅是略微提高一点成本而已。

11.4　自媒体创业模式

之所以推荐自媒体创业模式,是因为自媒体创业具有以下几个特点。

第一,自媒体创业门槛低无论"草根"还是明星,只要会上网,能够表达自己的观点,发表意见,人人都可以进行自媒体创业。

第二,自媒体创业可以有更大、更自由的空间。无论是唱歌、跳舞,还是写文章、做设计,只要有一技之长都可以做自媒体。

第三,自媒体运作简单、易执行。只要一张桌子、一台能上网的计算机,依托几个平台(微博、微信公众号、抖音等)就可以进行自媒体创业,并且不受时间和地域限制,创业更加灵活。

第四,互动方便。传统行业与客户互动往往需要电话或线下会面的方式,既浪费时间又不方便。自媒体创业可以实现实时沟通,互动体验非常好。

11.4.1　自媒体创业操作要点

1. 定位要主次分明

如今是内容碎片化时代,粉丝经济已经成为自媒体创业的重点。做自媒体创业并不需要吸引很多人,只要能够吸引一部分人认同自己的观点就可以了。这就需要在做自媒体的时候准确定位,做到主次分明,要做就做自己擅长的领域,领悟该领域的精髓,这样才会吸引能够持续关注的粉丝。

2. 内容要有价值

定位之后,接下来就是要做内容。它是决定自媒体创业成功与否的关键。做自媒体,文章并不一定要辞藻华丽,但内容必须新颖独特、具有前瞻性。即使是普通的句子,也能通过实实在在的内容打动读者,让读者真正受益、产生共鸣。内容要有差异性、接地气,能抓住市场需求。这样的文章内容便是极具价值的。

3. 执行力度要强

定位和内容现行步骤是必需的,而执行力度是必须具备的条件,执行力度的强弱严重影响了自媒体创业的成功与否。定位与内容再好,如果不去执行,或者没有坚定的毅力去执行,在此之前做的所有一切都只是徒劳。虽然坚持不一定会胜利,但不坚持一定不会成功。只有持续不断地执行,才能吸引更多的粉丝。

4. 传播方式要好

万事俱备只欠东风,传播就是最重要的"东风"。在传播的过程中,要采用更多的推广方式,找更多的推广渠道,这样才能让更多的人发现创业者的存在。通过这些途径为创业者进行推广、宣传、传播,从而可以组建更加庞大的粉丝队伍。

11.4.2　自媒体创业落地模式

1. 会员制模式

会员制是帮助自媒体创业者吸纳忠诚粉丝的重要工具

1)免费会员制,赔本赚吆喝

免费会员制往往就是让会员能够在免费的情况下,逐渐喜欢上自媒体人的内容。这种方式看似是免费的,一旦用户对于自媒体人的内容感兴趣,并且有继续关注的意愿,这种会员制就达到了免费的真正目的。之所以在最初采用免费模式,是要吸引更多用户的关注,并培养用户的依赖性。事实上,这一步是为后来付费会员措施的实施做铺垫。

2)付费会员制,让盈利水到渠成

学生笔记:

_____

_____

_____

当自媒体人拥有了一定的人气,也能够持续地为分析提供一些有价值的文章时,就有一定的资本可以转向付费会员制模式。利用微信公众平台,把付费的用户单独划分到一个VIP组,然后用微信公众平台推送时,只把文章推送给 VIP 用户。这也是自媒体的一种盈利模式,可以借助微信公众号这种自媒体平台实现。

2. 赞赏模式

微信自媒体最直接的变现方式之一就是通过文章赞赏实现的,只要获得了原创功能的微信公众号,就可以借助微信公众号上的赞赏功能获得收益。当然,自媒体创业者除了在微信公众平台上获得粉丝打赏,还可以在 QQ 空间、新浪微博、独立博客等平台获得收益,如果拥有足够多的粉丝,并能输出高质量的文章,那么获得的赞赏也是一笔不少的收入。

3. 增值服务模式

1)售卖自媒体号

有的自媒体收益较高,但是入驻门槛也较高。或者转正难度较大。在这种情况下,可以通过组织关系网络注册大量自媒体账号,然后将这些账号进行转卖,卖给那些有入驻意愿的人。

2)短时间售卖邀请码

有的自媒体在入驻的时候需要邀请码,这样的邀请码在短时间内是可以拿来售卖和炒作的。

3)技能培训咨询服务

大多数自媒体人都会进入技能培训咨询这个行业,通过线上线下沙龙的形式,为用户提供运营知识、绘画、PPT 制作等职业技能的培训。当然,个人品牌影响力越强,变现的能力就越强。因此,很多自媒体创业者在具有一定的社会影响力之后,都会转向付费讲座,通过这种形式的服务来实现变现。

4. 广告收入模式

对于自媒体创业者而言,广告模式是一种更为快速的盈利模式。以微信为例,其自媒体的广告收入可以来自商家软文广告,它是很多自媒体人都会接的一种广告形式,这种广告可以由自己掌控软文的写法。为商家撰写软文获得的报酬完全取决于个人文案的水平高低。通常,比较低廉的软文撰写报酬是 500~1000 元。但是如果可以把软文撰写和软文投放一起打包输出给自己的粉丝,这个报价就会变得非常可观这种打包组合方式,一般都是几千元起步,甚至高达几万、几十万的都有,这取决于粉丝数量和粉丝质量。

11.5 黑科技创业模式

黑科技是指人类自主研发,超越于人类现有的科技或知识范畴之上,创造出当前人类无法实现或者根本不可能产生的科学技术或者产品。

在现实生活中,人们常说的黑科技更多的是指具有网络意义的新名词,"黑科技"是指高科技泛滥之后演变出的更加强大或者更加先进的技术以及创新、软硬件的结合等,也包括在现有技术上进行的改进升级和产品使用体验的升级。同时,黑科技也指生活中的一切让大家感觉十分新奇、无法想象的新硬件、新软件、新技术、新十艺、新材料等。

对于创业者而言,黑科技创业是对技术要求相当高的,但黑科技创业却是最容易在市场中树立竞争壁垒,也最容易在市场中站稳脚跟的一项轻资产创业。只要产品能够满足一定的市场需求,差异化的优势一定可以帮助创业者很快走向市场。黑科技创业的注意事项如下。

1. 回归用户需求

无论是产品创新、技术创新还是服务创新,最终的创新成果都是服务于用户和消费者的。因此,进行创新一定不能虚有其表,不能仅仅停留在表面层次上,要实实在在地帮助用户和消费者解决需求问题,否则创新必然会因为没有市场而最终走向失败。

2. 创新用户价值

进行黑科技创新时,以用户需求为导向的实用创新才是用户最大的渴望。因此,在进行创新的时候,一定要本着"以客户为中心"的核心价值观去操作,这样才能给用户带来极致的体验,让用户觉得物有所值。具体来讲,进行黑科技创新不但需要提供原来的个人终端产品,还应当围绕终端、用户日常生活等,提供组合的创新产品和增值服务,从而改善用户价值体验。轻资产创业者需要有鉴别真正"黑科技"的能力,远离虚假的"黑科技",这样会更容易在黑科技创业的过程中取得成功。

3. 创新研发技术

研发技术创新是实现黑科技创新的基础和前提,但研发技术创新并不是一蹴而就的事情,关键还在于平时的知识积累和沉淀。另外,还需要有聪慧的头脑和创新激情,这样才能磨擦出创新的火花。

4. 实现跨界创新

在"互联网＋"时代,跨界创新已经成为轻资产创业企业争相布局的重点方向。创业企业能够在不同行业进行跨界创新,代表了一种更具开放性的创新方式。他们在跨界的同时可以夯实创新基础,使得黑科技创业能上升到一个更高的层次。

以腾讯为例,腾讯作为国内最大的社交网络平台,QQ空间上拥有国内数量最庞大的公开用户社交数据。目前,QQ空间照片总上传量超过了2万亿。腾讯优图人工智能团队专注于图像处理、模式识别、深度学习,在人脸检测、五官定位、人脸识别、图像处理等方面具有非常领先的技术水平。QQ空间关于流行色的统计以海量的真实照片数据为样本,基于腾讯优图人工智能团队顶级的图像分析和人脸分析技术,保证了统计数据具备客观描述中国年轻一代真实着装现状的代表性。

腾讯利用这一黑科技,精准推测出95后喜爱并经常穿着的衣服颜色,也就是目前非常火爆的"95度黑"。借助这一黑科技,腾讯可以洞察用户的消费心理,可以动态跟踪用户的消费需求,并且能够即时制订出相应的用户消费预期报表。时尚元素是有一定的生命周期

学生笔记:
_____
_____
_____

的，一个"95度黑"很难持续走红，归根结底还是需要跟踪用户、洞察用户心理需求，才能让时尚元素不断更迭，持续盈利。据此，腾讯 QQ 空间联合唯品会在纽约时装周发布了《AI＋时尚：中国 95 后流行色报告》。

11.6　微商创业

互联网时代，给很多行业带来了新机遇，众多传统企业都开始转型升级，同时也吸引了一大批草根创业者加入互联网创业大潮中，实现资金从 0 到 1 的跨越。

天津大学北洋园校区在 2015 年投入使用后，周边的配套设施并不完善，校内超市货物品类很少，学生外出购物又得到很远的地方，这给很多在校大学生提供了巨大的商机。一些在校大学生看到了这一点，从学生的刚需入手，开始进行微商创业。刚开始的时候，学生们抱怨学校吃水果都是个问题，于是就有人专门做水果配送；后来发现学校没有洗衣机，紧接着"天大洗衣"风靡校园。目前，天津大学北洋园校区已经有水果来了、水果的士、天大洗衣、北洋奶站、一亩鲜果等较大的微商以及若干小微商。校园微商的优势在于，商品的种类比学校超市的要多很多，例如水果的士，在线上大约有 60 种水果；水果来了和一亩鲜果虽然种类少，但也达到了 30 多种，并且还有一些进口水果和进口零食等。在价格方面，微商也通常比超市便宜。此外，校园微商一般都是送货上门，学生足不出户就可以买到自己想要的东西，更加省时省力。因此，校园微商很大程度上解决了学生的刚需问题，受到学生的青睐，同时对于做微商的学生而言，也赚取了自己的生活费，甚至有的学生可以在一年时间里赚到自己下一年的学费。

由天津大学北洋园校区的例子可见，微商的确是一种很好的轻资产创业模式。当然，校园微商并不是个例，还有很多草根在从事微商创业，并取得了惊人的成绩。

做微商，无论经营什么，模式很重要。选择正确的经营模式对微商走上成功之路至关重要。一旦选准了模式，那么必将带来良好的收益。反之，经营模式不正确，尽管十分努力，尽管花费了大量人力、物力、财力、时间，也常常是事倍功半，甚至是徒劳无功、一无所获。因此，能否定位好经营模式十分重要。

11.6.1　粉丝经济型模式

如今是粉丝经济的时代，随着微信、微博等全新社交工具的出现，现代人的社交生活也逐渐改变，"粉丝"已经由原来的追星族的代名词转变为一种经济趋势。"粉丝经济"的崛起已经成了当下的一种新生力量，推动着商业经济的发展，尤其是在微信、微商方面，成为首屈一指的驱动力量。

以罗振宇为例，罗振宇是实打实的粉丝经济型模式开创者，他依靠个人魅力来撑起巨大的粉丝规模。比如罗振宇曾经在一档节目中大骂中医是伪科学，这件事引起了粉丝的一阵骚动，不少粉丝因观点不同而离去。不过罗振宇对于这样的结果似乎并不在意，甚至管这个方法叫作"洗粉"。凡是不能认同本人立场和态度的粉丝，但走无妨。罗振宇身上出现的案例，是很多机构都难以做到的。因为，很多机构往往会照顾大部分粉丝的情绪和想法，如果和自身利益无关，是绝对不会将自己卷入敏感话题当中的。因为，他们担心一失足会造成无法挽回的损失。而罗振宇却是彻彻底底地大玩粉丝经济,认为真正能留下的,才是自己的"真爱粉"。罗振宇作为一位电视媒体人,在微博上拥有超过 200 万粉丝,在微信上卖过会员,单日收入超百万,这是继媒体人通过微信卖出一单广告万元后,在微信 5.0 新平台上诞生的又一奇迹。

11.6.2 代理渠道型模式

代理渠道型模式是指放弃直接客户或者少做直接客户,而是将重点放在代理商上。

1. 尽可能多地引流

做渠道代理,最重要的事情就是利用尽可能多的社交媒体搭建营销平台,从而达到最大限度引流的目的。例如微店、今日头条、抖音等社交工具,这些都可以作为产品展示的平台,展示平台越多,就越能增加产品的曝光机会。而微信是最好的客户关系管理工具,所以,无论用哪种渠道引流,最后一定要将潜在的客户资源添加到微信上进行管理。

2. 亲自进行产品体验

客户不了解产品就不会买产品,因此,一定要对自己的产品有一个非常清晰、全面的了解。当客户咨询产品问题的时候,可以从专业的角度为客户答疑解惑,否则客户会认为商家不够专业,也不能成功说服客户购买。

3. 坚持分享产品信息

微商还有一项重要任务就是每天坚持分享所代理产品的信息,这样可以有效增加产品曝光量。如果客户能够给予反馈,能够将产品的使用心得和体会真实地反映和表达出来,就可以有效吸引更多的人来朋友圈关注产品。

4. 自己拍产品展示图

如果有时间,建议最好还是亲自拍产品展示图。现在很多创业者做微商的时候都是机械地转发别人的产品展示图片,没有任何创新。这样做不能在视觉上给客户带来很好的体验效果。不能形成自己特有的风格就会降低商家和产品在客户心里的可信度,进而间接地影响产品销量

5. 提升自己的专业知识

做微商代理,无论代理销售什么产品,都应当具备相关的专业知识。如果做洗发水产品,就一定要了解头发护理方面的知识;如果代理减肥产品,就一定要掌握有关健康减肥方面的常识等。这样客户才会觉得商家够专业,才能认为商家推荐的产品更加有效。

11.6.3 服务关系型模式

服务关系型模式实际上是指为粉丝提供优质服务,从而营造一种良好的服务氛围,加强服务关系的建立的一种模式。服务关系型模式重点并不是商品,它强调的是服务。

学生笔记:

_____

_____

_____

如果消费者花钱不但能够买到质量上乘的产品,还能够换来满意的服务体验,那么这对于提升顾客的重复购买率是至关重要的。而这就要求商家不但要销售产品,更要注重产品的附加服务的提升。

1. 售前要充当老师角色,讲解产品知识

比如做卫生巾产品,就要站在客户的立场上为客户考虑,通过拿市面上的产品进行对比,包括材质对比、危害性对比、价格对比等,从客观角度一一给客户进行讲解。这样商家就像是客户的老师一样,让客户认为商家就是这方面的专家,可以有效提升商家的市场竞争力。

2. 售中要充当朋友角色,答疑解惑

客户在购买产品之前,可能会产生很多疑虑。这时候,商家就需要充当客户朋友的角色,耐心地为其一一解答,直到他能够被说服,对产品表示认同。当然,商家可以主动出击,主动通过询问的方式挖掘客户的需求点,然后站在朋友的立场上分析问题,为其提供最佳解决方案。

3. 售后要充当亲人角色,解决客户问题

将产品卖出去并不代表整个销售环节已经圆满结束,其实,这时候售后才刚刚开始。如果将产品卖出去就回避客户的售后问题,那么势必会失去客户的信任,严重影响客户的二次购买意愿,不利于微商产品销量的提升。因此,售后要做的就是第一时间关心和询问客户对于产品和服务的体验,并希望给出宝贵意见和建议,给客户一种无微不至的关怀感,可以有效提升在客户心目中的形象。

11.6.4　品牌资源型模式

品牌资源型模式就是借助某产品稀有的特点作为其市场竞争的一大优势,利用这一大优势来进行微商销售。由于占有稀有品牌的优势,其他企业在这方面的竞争力就相对较弱,这将有助于商家快速将该稀有品牌带入微商渠道进行销售,通过品牌号召力来强化品牌口碑,从而达到进一步提升营业额的目的。

1. 自己从零开始塑造品牌

这种打造品牌的方法,需要商家对自己销售的产品非常了解,可以深度挖掘产品的价值和服务,以达到让客户对商家和产品充分认可,也为发展团队、扩展代理体系打下坚实的基础。

2. 做代理拥有自己的品牌

没有自身产品的情况下,可以通过代理他人产品的方式实现微商创业。但是需要商家勤奋好学,能够在短时间内全面了解产品相关信息,并能够完全认可产品,对上级经销商能够充分认可,可以积极配合上级进行培训,并且能够达到学以致用,能够发展下线,培养属于自己的团队。如果能将这一系列事情都做好,那么很有可能会拥有属于自己的品牌,甚至比上级经销商做得更好。

以上4种微商的经营模式都各有各的优势和劣势,这就要求微商创业者能够结合自身

特点,有针对性地选择更适合自身发展的经营模式,从而帮助自己在微商的创业路上顺风顺水、满载而归。

11.7　社区 O2O 服务

衣服脏了,手机一键预约,就有人上门取走帮你清洗,清洗完后还会如约上门送还给你;上班累了一天,回家不想做饭,也可以一键预约,就有人上门帮你做饭,你想吃什么就给你做什么,可以享受贵宾级待遇……

以上这些场景和服务体现的就是一种"家门口"经济。在"家门口"经济的带动下,社区 O2O 服务逐渐热了起来,资本和创业者也蜂拥而至,抢占用户"家门口"生意的危机。

社区 O2O 是以小区为核心,以物业服务为载体,融周边零散商家(生活超市、餐饮、生鲜、药品等)为一体,为小区居民提供各种上门服务。居民可以线上下单,线下享受服务,足不出户就能享受到高效、便捷的高质量生活服务体验。借助社区 O2O 服务创业,商家无须烧钱,只要一个人、一部手机,连接上互联网即可玩转"家门口"经济。

随着 O2O 浪潮一浪高过一浪,一大批创业者涌入社区,从成本最廉价、消费却昂贵的服务做起,直接从社区生活服务平台或者微信社区营销入手,踏上创业征程。

11.7.1　O2O 服务精准设计

"互联网+"时代,线上虚拟世界和线下真实世界的互动使得为用户服务的过程中融入了更多的元素,消费者消费的都是服务,如上门洗车、上门美甲、保洁服务、搬家服务、按摩服务等,这些都是无形的。在服务设计的时候,一定要融入人性化思维,针对用户不同的需求提供更加个性化的服务,这样才能让用户满意,才能让商家和用户的"合作"关系更加融洽。与此同时,用户获得满意服务体验之后,会将自己的心得或体会分享或推荐给自己的好友,其好友再接受商家给他们带来的舒适体验,这样往复循环就会形成一个完美的闭环。

11.7.2　与社区相关消费场景合作洽谈

客户能参与体验或消费的行为一定是在熟悉的场景中进行的,如果跳出这个场景,满足其心理安全需求是很困难的。因此,社区 O2O 项目最需要关注的问题就是场景。对于社区 O2O 服务创业者来讲,找到适合自己企业发展和快速盈利模式才是当务之急,占领场景入口来满足客户在社交圈的生活服务活动才能深入人心。与物业、周边商超合作,满足客户场景需求,是实现社区 O2O 服务的前提。作为第三方互联网公司,与物业、商超合作,在帮助物业、商超产业链系统升级的同时,让其获得相应的利润分成,也是一种"互利共赢"的思想。

以大学生李辉为例,李辉大学毕业之后,本想考研,但他却无意中走上了创业道路,并

学生笔记:

取得了巨大的成功。李辉毕业后，做过教育培训，开过广告公司，师出中国最早、规模最大的本地服务团购平台之一——24券。这些工作经验的累积，为李辉日后的创业奠定了基础。李辉认为，团购的商业模式太单薄，利润点很低，对资金要求较高，不适合初期创业者。因此，他结合自己的超市经验，将目标锁定在以超市为突破口的社区O2O平台上。于是，2018年7月20日，他的创业大计正式开始实施。在三个月时间里，李辉单枪匹马在郑州谈下了150个社区超市，并为其免费注册，提供各种优惠活动，这些商超则需要为社区居民免费提供送货服务。2019年，李辉推出了微信平台——爱豆生活，用户在进入平台后，只需点击默认设置，即可进入自己所在的生活圈，畅享购物和社区生活。当很多社区超市看到了利润点之后，便每天拿出1元的租金占据一个"门面"，在平台上实现粉丝共享，并建立了异业联盟。于是，李辉的社区O2O规模越做越大，利润也越来越多，成了玩转"家门口"经济的草根创业典范。

11.7.3 让社区O2O服务落地

在万事俱备之后，便可以推出"东风"，让社区O2O服务落地的方式主要有以下几种。

1. 一卡通整合周边商家

在生活中，一卡通的存在形式随处可见。一卡通的特点在于可以围绕社区生活、社区商业提供一卡通式的便捷消费服务。现在很多人进小区需要刷门禁卡，而门禁卡可以作为一种载体，承载社区周边商家消费的同时，还可以取代原来的门禁，成为居民出行的钥匙，甚至可以装载更多功能。

2. 家政类上门服务

家庭生活中难免会出现一些琐碎的棘手问题，如电路维修、开门换锁、疏通马桶等；此外还会因为时间有限，需要提供上门洗车、上门美甲、上门保洁、上门按摩、上门做饭等服务。前者小区物业会免费提供服务，但后者则为创业者留下了很大的创业空间。

3. 快递收发、送货上门服务

这类服务大多是与社区周边的商家、超市、快递公司合作，为居民提供收发快递和送货上门服务。

4. 巧妙引进外部资源

当创业企业发展到一定程度，有了一定规模的业务和客户时，就应当想办法引进外部资源，加快盈利速度，通常可以采用以下几种方法来实现。

（1）外包：将部分业务交由专业公司来完成，而在企业内部设有专门的对接人员，这样可以降低运营成本、提高品质，可以将企业自身发展的重点放在人力资源的集中上，从而提高用户的满意度。

（2）众包：可以将执行的任务分发给别人来做，并由创业者进行对接，聚合大众智慧，研发出更具创新的服务。众包可以很大程度上节省了资金成本，从而可以将这些资金用于其他方面的投资。

（3）交由专门从事某项服务的公司：如果创建的企业内部没有专门的负责团队，另外还需聘请外部专业的从事服务性的公司做专业服务顾问或者辅导。

【主要知识点】

①【标准化产品】标准化产品就是指只要报出品牌和型号,就能准确定位到的产品,即使不看实物,不看图片,也不会产生歧义。

②【大众消费品】大众消费品是广大百姓不可缺少的生活用品,市场需求非常大,比如服装、化妆品等。

【本章小结】

一、适合在网上销售的产品包括实体产品、广告、服务。

1. 适宜的实体产品主要有:

(1) 不需物流配送的产品

(2) 标准化产品

(3) 个性化产品

(4) 隐私类产品

(5) 大众消费品

2. 适宜的网上服务主要有:

(1) 广告模式

(2) 网络服务模式,比如婚庆网站等

二、适合草根创业的商业模式有:

1. 自媒体模式

2. 黑科技模式

3. 微商模式

4. 社区 O2O 模式

【练习作业】

1. 对身边熟悉的传统企业,做一份电子商务项目建议书,写出上网的益处,要具体。

2. 请叙述电子商务盈利模式,并对每一种盈利模式举出一个网站案例。

3. 通过较长时间的市场调查,结合进货渠道和本人的喜好,经过深思熟虑后,选择自己创业的产品和盈利模式。

学生笔记:

_____

_____

_____

第 12 章

电子商务案例

【关键词】

实体店，私域流量，草根创业，化妆品，牛仔裤

12.1　草根个体创业

与传统创业模式相比,网络创业在资金上的门槛降低了许多,哪怕手上只有区区 10 万元,也能从容起步,只要方法得当,很快就能脱颖而出。虽然资金门槛降低了,但是技术门槛却提高了,电子商务创业必须以懂得互联网的基本操作为前提。但是不用着急,只要按照本书的指引一步一步操作,一个月内就能学会电子商务创业的基本方法。

进行网络创业,必须具备最基本的网络营销思维和一些常用软件工具,前面各个章节已作详细介绍,因此不再赘述。

本节以大学生芳芳为例子来叙述具体的互联网创业实践方法。

店主的基本情况是这样的,芳芳小姐今年 23 岁,广州人。大学毕业后,一时没找到合适的工作,由于她对互联网比较感兴趣,经常上网,对网络的操作也比较熟悉,于是决定开始电子商务创业。具体做法是在网上开店批发或零售植物精油,植物精油主要是用于护理皮肤的天然护肤品,目前比较受女性朋友青睐。网店的名称取为"素肌美人精油批发中心",启动资金是父母赞助的 15 万元人民币。

下面就看看芳芳小姐怎样一步一步实现她的网络创业梦想的。

12.1.1　寻找合适的产品

芳芳知道,互联网再神奇,也不过提供了一种买卖双方联系的桥梁。网络创业毕竟需要选择一种产品和服务作为创业者的经营项目。

1. 网上适宜销售的产品

究竟什么类型的产品在网上创业易于成功呢?芳芳在淘宝进行了大量的调查研究,发现以下几类产品在网上比较好卖。

(1) 没有物流的产品,如充值卡、中介信息、资料、软件等。

(2) 低值、不易变质的快消品。比如价格在 50～1000 元的服装、箱包、鞋子、化妆品等。若价格太贵,在目前的社会中,由于信用问题,其交易缺乏安全感;若价格太低,其运费可能高于商品本身的价格,当然也不能被网民接受。易变质的食品、化学原料等不适宜在网上销售。

(3) 标准化的产品。比如数码产品、书、电子原材料等,只要说上型号和参数,就能准确定位该产品,买卖双方不会产生理解上的误差。

(4) 个性化产品。比如手工刺绣、手工布鞋、计算机瓷像、生日礼品等需要定做的个性化产品,这类产品在一般商店买不到,而网店则独具优势。

芳芳作为一个年轻女孩,对时尚类的商品比较喜欢,摆在她面前的选择有箱包、服装、鞋类、化妆品等,地处广州的她知道,广州批发市场很多,这几类时尚商品在广州都能找到批发渠道。芳芳逐一进行了分析,鞋类款式、颜色、码数繁多,配货齐全不容易,若断码,就不好卖;网上卖服装需要一个专业模特配合拍照,需要的费用目前承担不起,只好忍痛割爱;箱包也有拍照和作图的问题;芳芳最喜欢化妆品,而化妆品对视觉效果要求不高,也能减轻作图的压力。目前流行纯天然化妆品,广州化妆品批发市场也有精油批发,进货渠道现成,于是地理位置、产品操作的难易程度和个人爱好 3 项因素决定她理所当然选择了"素肌美人精油批发"这个业务来进行创业。

2. 精油背景知识

现在介绍一下精油的背景知识。

精油是从植物的花、叶、茎、根或果实中,通过水蒸气蒸馏法、挤压法、冷浸法或溶剂提取法提炼萃取的挥发性芳香物质。

精油分为纯精油、配制精油、汽化精油等 3 类。

(1) 纯精油就是百分之百纯天然植物精油,分单方精油、复方精油、基础油 3 种,价格昂贵。

(2) 配制精油就是用大量廉价的合成香料加少量纯精油配制而成,价格低廉。

(3) 汽化精油就是用 95％异丙醇和 5％纯精油中的单方精油配制而成,价格适中。

精油本质可防传染病,对抗细菌、病毒、霉菌,可防发炎,防痉挛,促进细胞新陈代谢及细胞再生功能;而某些精油能调节内分泌器官,促进荷尔蒙分泌,让人体的生理及心理活动获得良好的发展;精油也能护理和改善皮肤,受到女性朋友的喜爱。

目前市场上流行的产品主要是指纯精油。

3. 纯精油分类

(1) 基础油,也有人称之为媒介油或是基底油。大多数的精油无法直接抹在皮肤上(除薰衣草精油和茶树精油外),它们必须在基础油中稀释后,才可以广泛地用在人体的肌肤上。基础油是取自植物的花朵、坚果或种子的油,很多基础油本身就具有医疗的效果。

(2) 单方精油是某一种植物或植物某一部分萃取的植物精油,通常以该植物名称或植物部位名称命名,一般具有较为浓郁的本植物气味,并且具有特定的功效及个性特点。单方精油一般不能直接涂抹在皮肤上。

(3) 复方精油是指已搭配好,可供立即使用的配方精油,一般均由研发厂商研究各种不同的精油及化学性质,经组合调配后制成成品,使用上较为方便,犹如配好药方的成药。

我国精油的使用刚刚起步,国内著名的精油品牌几乎没有,国外的名牌精油非常贵,这就给芳芳的创业带来了很好的机遇。

12.1.2 网络工具准备

芳芳决定了产品后,便开始行动,她做了下面的准备工作。

(1) 芳芳去计算机市场买一台计算机(组装的)约 2500 元,计算机主要配置:CPU Intel 赛扬 4.2GHz,内存 3GB、硬盘 1TB。

(2) 到中国移动公司开通 200M 无流量限制光纤宽带网络,与手机流量费用绑定,一年的费用(包年)1500 元,由中国移动的工程师帮芳芳的计算机连上互联网,从此芳芳解决了计算机上网的问题。

(3) 到 www.126.com 注册了免费邮箱作为她与客户联系的电子邮箱。此项工作免费。

(4) 在 im.qq.com 上申请了自己的 QQ 号,此项工作免费。

(5) 到 messenger.live.cn 上申请了自己的 MSN 号。此项工作免费。

（6）到美橙互联网站（www.cndns.com）申请做"微信商城＋分销加盟＋三级返佣"的网站，共计 3000 元左右一年，已含计算机公司的服务费、域名费用、空间费用等。

12.1.3　选择网店平台

网上开店首先要选择网店平台，网店平台有独立网店系统，也有第三方网店平台。第三方网店平台在市场影响较大的有淘宝（www.taobao.com）、拼多多、小红书、微店等，芳芳衡量再三，开始了下面的行动。

（1）芳芳决定做植物精油的生意，批发兼营零售。一年内代理别人的品牌，一年以后要建立自己的品牌。

（2）鉴于要建立自己品牌的长期战略，芳芳决定要建自己的独立网站，也是自己网店的官方网站。经过仔细比较后，决定采用美橙网店系统。网店的后台设置，比如产品栏目、商品上架、图片上传等均通过阅读美橙网站的说明书来学习进行了解。经过一个多星期的网店布置，自己网店的官方网站已大功告成，打开网站一看，效果相当不错。

现在芳芳每天在这个自己的官方网站至少发布一条新的信息，或者是产品的新款式，或者是精油的咨询信息，或者是自己网站的通知公告，或者是发货清单。发货清单每天更新，一定在自己官方网站的公告栏中播出。

（3）由于主要采取批发方式销售精油，芳芳决定到阿里巴巴注册诚信通会员。注册中小公司诚信通会员交纳会员费是 6688 元，此项费用为一年的费用。图 12-1 和图 12-2 是阿里巴巴诚信通标准示意图。考虑到注册公司诚信通会员信誉和形象要好一些，芳芳决定注册公司诚信通会员，但申请公司诚信通会员需要公司的营业执照，芳芳找了一个开公司的朋友合作，把自己的精油网站作为该公司的下属网站，于是解决了注册诚信通会员的问题。芳芳关起门来对阿里巴巴网站整整研究了 3 天，主要功能差不多都会用了。现在她能在阿里巴巴网站的后台发布自己的产品信息，能够自如地装修自己的商铺，能查阅别人的采购信息并主动与采购方联系，能用阿里旺旺的贸易通版与别人轻松地洽谈生意。现在芳芳每天在阿里巴巴至少发布一条精油的产品信息。

图 12-1　阿里巴巴公司诚信通标志

图 12-2　阿里巴巴个人诚信通标志

（4）考虑到还要做些零售生意，加上芳芳的很多同学也在淘宝开店，据说一个月有

学生笔记：

_____

_____

_____

2000 元左右的收入，于是芳芳决定在淘宝上也开一个店。芳芳对淘宝上开的店是这样定位的。

① 每月以成本价卖 60 瓶精油，以一口价方式出售，一天 2 瓶，先到先得，卖完为止。

② 每月以 10 元价格起拍，以拍卖价方式出售，一个月拍 10 瓶，平均 3 天拍 1 瓶，每瓶亏损 20 元，共亏损 300 元，亏损费用当作广告费投入。

③ 凡在阿里旺旺交谈过的客户，立即告诉他关于素肌美人精油的官方网站的信息，以增加自己的品牌效应。

④ 每天在淘宝店至少发布一款精油的新款式。

淘宝店开张了 2 个星期，芳芳发现自己淘宝店的流量并不多，一天只有 7~8 个人来咨询，购买产品的客户更是屈指可数，于是芳芳请教了专家，并做了以下改进。

① 到淘宝上寻找店铺装修的小店购买装修软件，把自己的精油店铺好好地装修了一番，花费 200 元。

② 客户在淘宝上寻找产品，要么是从产品分类目录里逐层寻找，要么是输入关键词查找，无论哪一种方式，都会有成千上万的产品供客户选择。排在前面的产品被客户选中的机会远大于排在后面的产品，因此要想办法让自己的产品排在前面。目前淘宝的排序方式有按时间排序，即上架时间越短的产品排在前面；按价格排序，价格越便宜的产品拍在前面；按信用排序，信用越高的排在前面。图 12-3~图 12-6 是淘宝平台展示功能示意图。

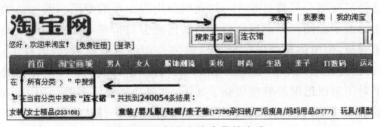

图 12-3　淘宝查找产品的方式

图 12-4　淘宝产品排序的方式

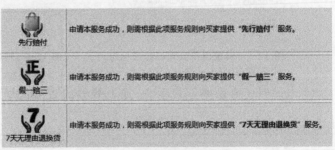

图 12-5　淘宝店铺的信用记录　　　　图 12-6　淘宝消费者保障计划

针对时间排序,芳芳在每天下午 2 点到晚上 10 点的网上流量高峰期,每隔 10 分钟上架一个商品,重复商品稍微更改名称后再上传,这样 7 天后每隔 10 分钟就有产品上架,使得自己的产品不断地可以排在前面。

针对价格排序,芳芳在标价上拆小计量单位,使得价格最小化,这样就容易排在前面。

针对信用排序,芳芳由于是刚开张的店铺,信用为零。网上有操作信用的推手,比如花多少钱可以帮店主炒到几钻等,但芳芳坚持诚信经营,从零开始。但有一种变通的办法,客户买 50 毫升的精油,把它变成 5 个 10 毫升的产品,于是芳芳小姐卖一个产品可以得到 5 个好评。

③ 参加消费者保障计划,即向淘宝管理者交 1000 元押金,若小店产品质量有问题发生纠纷,可以将此款先行赔付,再解决纠纷,这样能最大程度上保障消费者利益。

芳芳针对淘宝店铺开展了上述行动后,店铺流量显著增加。

(5) 现在,芳芳每天在自己的计算机上同时挂着 3 个即时沟通工具:QQ、阿里旺旺、阿里旺旺贸易通。每天从下午 2 点到晚上 12 点,一直在计算机旁守着,随时回复客户的咨询。

12.1.4　选择支付和物流方式

自从芳芳开办了独立网站,并在阿里巴巴和淘宝注册了会员后,客户主动找她来沟通洽谈得渐渐地多了起来。终于在第五周的某一天,芳芳卖出了第一瓶精油。可是芳芳马上遇到了货款支付的问题:由于是第一次交易,双方互不认识,况且不在同一个城市,买卖双方都缺乏信任感。客户坚持要先发货再付款,芳芳坚持要先付款再发货,双方争执不下,生意差点就要黄了。

芳芳赶紧开通了下面几种支付和物流配送方式。

(1) 开通微信支付、支付宝支付、银联支付 3 种支付方式。到工商银行、建设银行、农业银行、中国银行、招商银行办理银行卡账号,并开通了网上银行功能。这样芳芳不用整天跑银行就能方便地查询客户的货款到账情况,轻松地进行转账业务。

(2) 联系了申通快递、圆通快递两家快递公司,与他们的业务员进行了沟通,约定上门取货事宜。

(3) 在官方精油网站中的帮助中心填写物流配送的公告说明和其他注意事项,在后台填写支付账号,物流配送的公告是像下面这样写的。

① 邮局投递,全国各地均可到达。

邮局平邮:一瓶 12 元起,每加一瓶加 3 元,至发货起约 7～15 天(根据距离的远近而定)送达。

邮局快邮:一瓶 18 元起,每加一瓶加 3 元,至发货起约 5～10 天(根据距离的远近而定)送达。

EMS:一瓶 30 元起,每加一瓶加 5 元,至发货起约 2～3 天(根据距离的远近而定)

学生笔记:

_____

_____

_____

送达。

② 快递公司：一瓶 18 元起，每加一瓶加 5 元，至发货起约 2～3 天送达。

③ 大宗物流：一般一箱 30～50 元，一箱可装 20 瓶左右。至发货起约 4～7 天送达。通过公路运输，要到货运站自提，提货时需付运费。

在本节的操作过程中，芳芳没有资金花费。

对于初次成交的客户，一般选用支付宝支付比较适宜，客户也比较放心，目前大约有七成以上的客户愿意选择支付宝进行付款。当然也有一部分客户没有支付宝账号，只能选择银行卡转账的方式。对于长三角地区和珠三角地区的客户，还可以与物流公司商量采用货到付款的方式，即由物流公司在客户目的地，当客户取货验收后代收货款，然后再转交给卖方。

12.1.5　搜索引擎营销

无论是独立官方网站，还是淘宝等第三方店铺，建设网站、装修店铺必定要花费很多精力，之后店铺维护也要花一定的力气，但更多的工作量是网站推广、网络营销。芳芳是这样开始行动的。

(1) 在 Google、百度、搜狗、Alexa 等大型搜索引擎进行了免费登录（这些网站的免费登录网址在第二章查阅），登录的内容是像下面这样组织的。

域名：www.abc.com（仅作示范用）

网站名称：素肌美人精油批发中心

内容描述：素肌美人精油批发中心主要从事精油的批发，兼营零售。素肌美人网的货源都是从厂家直接进货，借助网络优势，为中小零售商提供最新、最接近厂价的货源。素肌美人精油的服务对象主要是中、小精油批发商、零售商、网络创业者、白领兼营者等。

(2) 到百度去做关键词竞价，交纳 3000 元费用。

关键词竞价的规则是按某个关键词竞价价格的高低来排名的。比如在某天，共有 4 人为"精油"关键词竞价，分别是：0.69 元/次、0.48 元/次、0.45 元/次、0.27 元/次。所以这天芳芳对于"精油"这个关键词就用 0.30 元/次的竞价费用，这样就能排在第四名的位置上。

百度的代理商一般会推荐若干关键词，但他们毕竟属于商业机构，以盈利为目的，所以会推荐尽量多的关键词，有些关键词并不具备合理性，所以一般应自己考虑好后递交给百度的代理商。

芳芳选择了下面几个关键词：精油、单方精油、复方精油、基础油、丰胸精油、瘦身精油、减肥精油、嫩肤精油、去痘精油、淡化疤痕精油、薰衣草、薰衣草精油、玫瑰精油、茶树精油。

关键词的选择一定要仔细斟酌，要选用客户最常用的、最熟悉的。每个关键词的竞价费用一般选择为 0.30 元/次，但每天要进行调整竞价值，以确保这些关键词在首页能显示。芳芳知道手中的资金有限，所以她一般不要求竞价前三名，而是 4～8 名的范围就行了。在百度 3000 元竞价用完后，再到 Google 上去做关键词竞价。芳芳计划在启动资金 3 万元中花 1 万元去百度、Google 去做关键词竞价。1 万元用完后，从利润中提取 30% 继续进行关键词竞价。在上述二十几个关键词中，每天轮流选择 3～4 个关键词作竞价，在实践中慢慢摸索哪些关键词是最有效的，从而进一步挑选出能带来大流量的关键词。

现在百度、Google 上的关键次竞价广告都可在后台选择省份和时间,比如可以选择在广东、福建、香港 3 个地区做关键词竞价广告,只有在这 3 个地区的网民搜索广告关键词才显示网站,其他省份的网民看不到。时间可以设置在周一到周五的 9 点到 17 点,也可以设置其他时间段。

(3) 到阿里巴巴注册公司诚信通会员,做阿里巴巴上的竞技排名(没有资金,可暂时不做)。

这 3 个营销行为完成后,芳芳就开始在计算机前等待客户前来咨询。

芳芳在计算机上挂着 QQ、阿里旺旺、阿里贸易通,每天从下午 2 点至晚上 12 点,在计算机前守着,回答客户问题。每天上午 10—12 点就到广州精油批发市场,寻找好的货源。下午 5 点快递公司上门收货。这样一晃三个月过去了。自从第五周的第一单生意以来的两个月来,每天都有二十几个准客户咨询,在网站上注册的会员已累计有一百余个。

12.1.6　微信营销

到媒想到网站(www.94mxd.com.cn)购买任务宝软件,在微信里安排好友做推广任务,提供精油图片请好友裂变。每做一次完成任务,客户可以得到红包。发红包的数额为 7 万元,每天 200 元红包。

芳芳整理以前的同学朋友的通讯录,逐一与他们联系并索要微信号,逐一添加好友,将精油产品发送给他们,每周发送一次。同一款图片不作重复发送。购买微信群发软件,一年费用 100 元左右。

在朋友圈发精油护理知识,一个小时发一条,对朋友圈有回应的,立即打招呼,争取把好友变成客户。

12.1.7　开通抖音直播

在抖音平台开通账号,每天坚持直播带货,从下午 7 点到晚上 12 点共 6 个小时。也可开通淘宝直播,但是淘宝直播门槛较高。

12.1.8　辅助网络营销方法

芳芳还开展了以下的网络营销工作。

(1) 芳芳在淘宝上的店铺充分利用了赠送的 5 个橱窗推荐位和 6 个店铺推荐位。

(2) 芳芳将销量较高的精油图片重新整理打上自己"素肌美人"水印后,花了 1 千元请计算机公司帮助做了一本电子杂志,挂在自己的官方网站上供网民下载,也定期以微信的方式向新老客户和网站会员发送。

(3) 芳芳与同学广泛联系,凡是流量与自己网站相当的,立即与对方作了交换链接。

(4) 芳芳每周坚持一天中的一个单元(即 4 个小时)的时间浏览淘宝的社区,吸取别人

学生笔记:

_____

_____

_____

一些好的方法,并且每周发一个主贴,回贴2个,大力宣传自己的电子杂志。

(5)芳芳坚持每天到网上摘录一篇与精油有关的新闻报道或精油护理知识,到自己的独立官方网站上发表,并将某些关键词链接到自己的网站上。

(6)芳芳在自己的官方网站上,采用会员积分的方法鼓励会员在会员栏目区发表博客文章,或在留言区留言,以聚集网站的人气。比如发表一篇文章可以积10分,推荐一个朋友注册可以积20分,累积到100分可以按半价买一瓶精油等措施。凡是客户在留言单上的咨询,芳芳总是不厌其烦地回答。

(7)芳芳隔天在官方网站上和淘宝店铺上轮流采用特价促销的方式,每天推出一个成本价的产品奖励会员。其方法是由会员申请,芳芳选择积分最高的一个会员作为购买对象,但购买成本价的会员在一个月内不能再次申请。

(8)芳芳将官方网站上的会员分为普通会员、银牌会员、金牌会员、批发会员4类,每类会员给予不同的折扣,消费一元给予一分,购买过产品的会员升级为银牌会员,满3000分升级为金牌会员。批发会员的折扣严格保密,根据销量来确定批发价格。

(9)在微信朋友圈大量招募网店代理,及时给网店代理准备好无水印的图片。网店不分大小,即使一件货也给予发货。招募网店代理既可扩大销售额,又可扩大产品的品牌影响,获得用户好的口碑。其他类型产品(如服装)创业的学生,对于服装款式的图片,一套款式最好拍3～5种图片,这样有利于网店代理发展业务。

12.1.9 与传统营销手段相结合

芳芳非常清楚地认识到,自己实力有限,而网上开店的人太多,单纯在网上宣传,其效果是有限的。

芳芳制作了3000个邮寄包装塑料袋,花费1000元;印刷5000份A4纸大小的彩页,共花费1000元;还印刷了10盒名片,花费了100元。在这些宣传品上都印上了网址、电子邮箱地址、电话等联系方式,为的是进行下列营销行为。

(1)每次拜访同学、朋友都带上10张彩页,拜托他们代为宣传。

(2)凡是有客户上门看货,都给客户捎上3～5张彩页。

(3)每周抽半天时间到零售档口去散发宣传彩页,一般半天能发送50张左右。

(4)给客户发货时套上自己定做的塑料袋,一是增加自己的品牌形象,显示自己的实力和专业性,二是给自己做广告宣传。

为了长远发展,芳芳还注册了商标"素肌精油",花费2200元。

这时芳芳手中还有5850元,将主要用于进货的货款。

至此,芳芳在前三个月的创业资金花销汇总如表12-1所示。

表 12-1 奖金花费汇总

项　　目	花　　费
1. 计算机	2500 元
2. 宽带	1500 元
3. 分销网站	3000 元

项 目	花 费
4. 关键词竞价	10 000 元
5. 微信发红包	70 000 元
6. 阿里城信通	6688 元
7. 任务宝软件和其他软件	1000 元
8. 包装塑料袋	1000 元
9. 宣传彩页	1000 元
10. 名片	100 元
11. 商标注册	2200 元
12. 装修淘宝店铺	200 元
13. 淘宝店的消费者保障计划	1000 元

共计约 100 188 元,剩余 49 812 元,3 万元用于备用资金,19 812 元用于进货。

12.2 小微企业网络创业

当前,各行各业的竞争非常激烈,企业经营成本高企不下,众多小微企业经营困难。尤其是受"新冠"肺炎疫情的影响,小微企业纷纷倒闭或暂停营业,他们都希望通过电子商务来进行二次创业,重新开展业务。但不知道具体方法,担心投资高、收获小,耽误了传统业务的开展。其实电子商务投资并不需要很多,只要方法得当,见效的周期也较短,一般投资百万元的电子商务项目,在一年内都能收回成本,并获得数倍的业务扩展和投资收益。

本节以小微型的牛仔服装加工企业为例,看看他们是怎样用电子商务来拓展业务的。虽然本节的案例是服装企业,但它的方法适用于各行各业,企业的经理只要按照本书的指引一步一步去操作,一个月内就能创建电子商务的业务班子,一年内基本就会有盈利。

12.2.1 行业背景

1. 公司背景

李总,初中文化,做生意已有 20 年了,辗转几个行业后,最后决定在服装行业发展,他的曼妮服装公司现在专门生产牛仔裤、牛仔裙、牛仔服等牛仔系列产品。他有一个服装加工厂,大约十几个工人,公司在广州的批发市场有 1 个专卖店,主要从事批发,偶尔也零售,业务部有卖场营业员 2 名,搬运工 1 名,业务员 2 名。原来主要是内销,采用渠道销售的方法,靠经销商批发到全国各地。公司一年的营业额 300 万元左右,利润 30 万元左右。公司在两

学生笔记:

年前就做了一个网站,大概花了 2000 元。由于受新冠肺炎疫情影响,李总决定上马电子商务项目,用互联网来开拓国内和国际市场。李总聘请了电子商务专家康田先生做顾问,帮助公司开展电子商务业务。李总希望在 3 个月内低成本拿到第一个国际贸易订单,并给出投资费用预算,该费用包含设备费、人工费和营销费用。

2. 牛仔裤背景资料

牛仔市场以 15～35 岁的青年消费者为绝对购买主体。偶尔穿牛仔裤的人占 50%;经常穿的占总人数的 41%;不太穿牛仔裤的人数则只有 9%。近 75% 的青年消费者表示牛仔是其衣橱必备的服饰,拥有 3～5 件牛仔裤已不足为奇,另 20% 的人群则高达 5～7 件甚至更多。牛仔消费呈锥形消费趋势依然明显,但随着办公室服饰文化由理性的职业化向感性的休闲化过渡,也推动了 40 岁以上的顾客对牛仔服装的需求。同时儿童牛仔服饰也逐渐发展。

消费者一般在专卖店购买品牌牛仔裤的较多,占了 50.7%;其次,在百货商场和大型超市也有相当高的比例,分别为 39.8% 和 32.8%,小型商店占调查的消费者的 19.1%,服装市场为 11%,其他的为 5.7%。

品牌牛仔裤零售单价在 300～500 元一件,而低档牛仔裤零售单价在 80～100 元一件。批发一件牛仔裤的利润是 5～10 元。

12.2.2 优劣势分析

李总的曼妮服装公司优势和劣势如下。

1. 优势
(1) 对行业熟悉,渠道通畅,有多年的服装行业从业经验。
(2) 有一定规模,有自己的品牌,有自己的产品,有一定的老客户积累。
(3) 属于大众消费产品,是高频复购产品,市场需求强烈。

2. 劣势
(1) 行业竞争激烈,属于劳动密集型产业,利润低。
(2) 电子商务人才缺乏。
(3) 资金不足,用于电子商务投资大概有 120 万元。

12.2.3 电子商务总体方案

按照一年 120 万元投资额用于电子商务项目的要求,电子商务专家康田先生建议李总外贸与内贸一起做,批发与零售一起做,拟定了如下电子商务创业计划。

1. 组织架构

由于公司原来没有外贸业务,所以外贸组的业务与原来业务部没有冲突。内贸组与原来的业务部的业务可能会有冲突,因此一定要划分范围,以市(地区)为单位,即原来的渠道经销商所在市(地区)范围内的业务归业务部所有,电子商务部不得到该市(地区)发展业务,原来没有经销商的市(地区)范围内,电子商务部可以发展业务,原来业务部也可以在该市(地区)发展业务,呈现竞争格局,谁发展的客户归谁管理,算谁的业绩。零售组可以在全国范围内发展业务,但只能零售,不能批发,只能按零售价销售。计算机与网络的维护外包,设 1 人制作图片等工作。

外贸组设编制 1 人,由外贸专业、电子商务专业的人员组成。内贸组设编制 2 人,由营销专业、电子商务专业或有销售特长的人员组成。零售组设编制 2 人,由营销专业、电子商务专业或有销售特长的人员组成,其中选择一位身材形象较好的成员兼职服装模特。设计组设编制 1 人,由计算机专业、艺术专业或中文专业的人员组成。

2. 工作职责

(1) 外贸组工作时间的特点是 24 小时连续上班。从晚上 8 点到凌晨 3 点一位员工上班,凌晨 3 点到上午 10 点一位员工上班,从上午 10 点到下午 8 点一位员工上班,晚上员工上班 7 小时,白天员工上班 10 小时。由于很多国家与国内有时差,所以晚上也要上班,其中晚上 10 点到凌晨 5 点正是美国和欧洲的主要工作时间,因此要根据外贸的对象国家和业务量做出人员的调整。外贸组员工的主要职责是联系业务,负责与客户沟通和业务解答。按业务量考核。

(2) 内贸组的上班时间是早晨 9 点到晚上 12 点,从早晨 9 点到下午 5 点一位员工上班,从下午 5 点到晚上 12 点一位员工上班,从下午 2 点到晚上 10 点一位员工上班。网民在下午 2 点到晚上 10 点期间在线人数最多,所以要安排 2 人上班。内贸组员工的主要职责是联系业务,负责与客户沟通和业务解答。按业务量考核。

(3) 零售组的上班时间是早晨 9 点到晚上 12 点,其中兼职模特的业务员的上班时间是从早晨 9 点到下午 5 点,另一位业务员上班时间是下午 5 点到晚上 12 点。零售组员工的主要职责是联系业务和推广品牌,负责与客户沟通和业务解答。按工作任务考核,不按业务量考核,工资比例应大部分固定工资,少部分按业务量提成。

(4) 技术组的上班时间是早晨 9 点到下午 5 点。其中文案编辑人员的工作职责是编辑电子期刊、电子书牛仔服装博客专题文章,网站内容撰写和维护等;艺术制作人员负责拍摄照片和图片制作等工作;技术维护人员负责计算机网络维护、广告信息发送、收集整理邮件地址、电子邮件发送、寻找网站链接对象、网站流量分析、网站故障维修、对外技术合作、上传网店产品、软件安装等工作。

可考虑在外贸组、内贸组、技术组的文案编辑人员中选择一位能力较强的员工担任电子商务部经理。

3. 购置设备

(1) 计算机 6 台。电子商务部共 6 人,需 6 台计算机(1.5 万元)。

(2) 网络设备(0.5 万元)。

(3) 网络维持费(0.5 万元)。

(4) 办公桌椅 6 套(1.2 万元)。

(5) 拍照设备、扫描仪、打印机(1 万元)。

学生笔记:
_____
_____
_____

购置设备总计 4.7 万元。

4. 人工费用

（1）外贸业务员底薪（不算提成）是 5500 元/月，1 人一年的费用是 7 万元（含社保费用，下同）。

（2）内贸业务员（内贸组和零售组）底薪（不算提成）是 4000 元/月，4 人一年的费用是 21 万元。

（3）图片设计、视频制作设 1 人，9000 元/月，一年的费用是 11 万元。

电子商务部 6 名员工一年的基本工资是 39 万元。

12.2.4 网络营销方案

1. 外贸组营销方案

1）网站建设

按营销型网站要求重做网站，到有赞网站（www.youzan.com）租用 SaaS 网站，费用 1 万以内，一周内就能完成，委托软件公司开发，一般包括以下功能。

（1）有简/繁/英三种版本。

（2）有社群分销功能。

（3）有拼团、砍价、积分等功能。

（4）有小程序、H5 等功能。

（5）内容上既突出产品，也突出企业文化。

此类网站在技术上已经成熟，一个月内完成是有把握的。

2）网络广告

（1）在雅虎英文版网站做文字链接广告，费用 6 万元，从第 2 个月开始做，连做 3 个月。

链接关键词为：牛仔裤尽显好身材（英文）。

（2）在 MSN 和 Google 英文版做关键词竞价广告，从第 2 个月开始做，连做 6 个月。前 3 个月每月分别以 4000 为上限，后三月分别以 2000 为上限，费用 3.6 万元。

竞价关键词为：牛仔、牛仔裤、牛仔裙、牛仔服装等。

3）搜索引擎

（1）在国际上 30 家著名搜索引擎上登录，手工登录，第二个月完成。

（2）在国际上 2000 多个 FFA 登录，每周登录一次。

（3）向国际上 3 万多个商贸网站发布商业信息，每天一次。

4）虚拟社区营销

（1）注册阿里巴巴国际站高级会员，费用为一年 8 万元（会员费每年都有变动，以阿里官网为准）。

（2）在 eBay 英文网站开店，以聚集人气，推广曼妮品牌为目的，开展 1 元拍卖活动，有零售生意也可以做。拍卖品成本 1000 元/月，费用为 1.2 万元。

（3）在公司网站上开设牛仔博客专题，并开展抽奖等促销活动。

5）病毒营销

将有关服装款式的资料编辑制作成电子书,上传到论坛、微信朋友圈、微信公众号进行病毒营销。电子书每年升级,提供国际流行牛仔服装款式、服装搭配穿法、服装保养知识、洗涤方法、布料质量鉴别等内容。

外贸组网络营销费用小计 19.8 万元。

2. 内贸组营销方案

1）网站建设

与外贸组共用同一网站,在网站后台的会员组分清属于外贸组还是内贸组。

2）网络广告

(1) 在抖音、今日头条等网站做图片和视频广告,费用 6 万元,从第 2 个月开始做,连做 3 个月。

链接关键词为:牛仔裤尽显好身材。

(2) 在百度和 Google 中文版做关键词竞价广告,从第 2 个月开始做,轮流在这两家做,连做 11 个月(按一年计算)。前 2 个月每月分别以 5000 元为上限,以后每月分别以 2000 元为上限,费用 2.8 万元。竞价广告排名只要排在第一页就行,并不要求排在前三名。

竞价关键词为:牛仔、牛仔裤、牛仔裙、牛仔服装等。

3）搜索引擎

因与外贸组共用同一网站,此项工作在外贸组营销计划中已做,内贸组不需要重复操作。

4）微信营销

到媒想到网站(www.94mxd.com.cn)购买任务宝软件,在微信里安排好友做推广任务,提供服装图片请好友裂变。每一次完成任务,客户可以得到红包。发红包的数额为 36.5 万元,每天发 1000 元红包。争取快速裂变粉丝,微信加满 2 个微信个人号,共计 1 万个好友,也就是 1 万个潜在客户。

整理以前的客户的通讯录,逐一与他们联系并索要微信号,逐一添加好友,将服装产品发送给他们,每周发送一次。注意同一款图片不要重复发送。购买微信群发软件,一年费用 100 元左右。

在朋友圈发服装新款图片知识,一个小时发一条,对朋友圈有回应的,立即打招呼,争取把粉丝变成客户。

5）开通抖音直播

在抖音平台开通账号,每天坚持直播带货,从下午 7 点到 12 点共 6 个小时。也可开通淘宝直播,但是淘宝直播门槛较高。

6）虚拟社区营销

(1) 注册阿里巴巴国内诚信通会员,费用为一年 6688 元(会员费每年都有变动,以阿里

学生笔记:

_____

_____

_____

官网为准）。

国内比较出名的 B2B 网站如下。

① 阿里巴巴 www.1688.com。

② 慧聪网 www.hc360.com。

③ 铭万网 www.mainone.com。

④ 自助贸易 www.diytrade.com。

⑤ 中国供应商 www.china.cn。

⑥ 阿土伯交易网 www.atobo.com。

可在它们中间选择 2～3 家注册做广告。

（2）在公司网站中开设牛仔博客专题，并开展抽奖等促销活动。

（3）在博客中国、天涯社区等大型社区网站开设牛仔博客，每天坚持发一个帖子，并公布公司的产品信息，也在上面开展抽奖等促销活动。

7）病毒营销

在 12 期有关墨盒的电子杂志期刊的基础上，整理编辑成电子书，上传到 BT 上，进行病毒营销。电子书每年升级，提供国际流行牛仔服装款式、服装搭配穿法、服装保养知识、洗涤方法、布料质量鉴别等内容。

内贸组网络营销费用小计 45.9688 万元。

3. 零售组营销方案

公司的业务主要靠经销商批发，零售的目的是推广品牌，了解客户对产品的价格定位、款式需求、质量投诉等第一手信息的反馈，所以零售组除了要卖出一些服装外，更要突出与客户的交流。

（1）到淘宝（www.taobao.com）、拼多多等第三方平台开店，仔细阅读这两家网站的说明，了解开店的注意事项（因为平台的规则经常变化），进行店铺内容布置，上架产品。参加实名认证，参加消费者保障计划，参加各个平台内部的网店关键词竞价，每月一个店铺花费 500 元，四家店铺一年共计 2.4 万元。

（2）大量招募微商代理，及时给微商代理准备好无水印的图片。微商不分大小，即使一件货也给予发货。招募微商代理的目的主要是扩大产品的品牌影响，获得用户好的口碑。对于服装款式图片，一套款式最好拍 3～5 种图片，这样有利于网店代理发展业务。

（3）在 24 小时之内回复客户或微商代理的各种咨询，并将客户中有代表性的意见归纳集中，向公司汇报。

零售组的网络营销费用为 2.4 万元。

综上所述，外贸组、内贸组、零售组的网络营销费用为 68.2 万元，占总投入的 44.7%。工资总额（不含提成）是 39 万元，添置设备费用是 4.7 万元，共计 112 万元，剩余 8 万元作为备用，这与公司 120 万元电子商务项目预算基本吻合。

从上述费用汇总可以看出，在电子商务项目中，网络设备费用只占电子商务项目投资的 5% 左右，而网络营销费用和与员工工资是主要费用，一般占电子商务项目投资的 90% 以上。

电子商务专家认为，按照这个网络营销计划，电子商务部在两个月内就会有大客户主动上门咨询,三个月就会有大订单,六个月就会有营业利润,在一年内能将内贸、外贸业务量做到 2000 万元,营业利润 300 万元的规模,相当于原来业务部多年的业务规模,是电子商务部投资额的三倍。当然达到这个结果的先决条件是李总的曼妮服装公司生产经营正常,供货及时,牛仔服装质优价平,款式新颖。

12.3　实体店＋微信创业(故事体裁)

小马哥生活在广东肇庆市的一个县城,今年 27 岁,高中学历。在竞争激烈的化妆品领域,以一部手机＋微信,积攒私域流量,慢慢地开创了属于自己的一片天地。下面就一起来看看他的创业故事。

第 1 回　小马哥实体店亏损,到广场地推加微信

笨,是小马哥妈妈形容他常用的词。笨笨的,是小马哥女朋友形容他常用的词。我不笨啊,是小马哥自己每次的辩解,但并没有底气。

18 岁的小马哥读完高中就在县城打工,卖化妆品一口气干了 8 年。妈妈说他笨主要是因为 8 年了,每年都挣不到钱,春节回家囊中羞涩,也不想着换个工作。女朋友说他笨笨的主要是因为 8 年了,每天在店里见那么多美女,都没谈上个女朋友,他俩也才刚刚好上一个月。小马哥辩解自己不笨是因为 8 年了,他别的都不懂,只懂化妆品这一件事,他知道想要养活自己只能在县城卖化妆品。

小马哥找到了女朋友,就开始动念头要开化妆品店,他管进货花钱,女朋友管卖货收钱。

2016 年春节过后,广东省肇庆市的一个小县城里新开了一个商业区,小马哥和女朋友就把化妆品店开在了新商业区。店铺面积不大,30 多平方米,可免三个月租金,但装修花了 3 万多元,进货花了 5 万多元,10 万元启动资金是小马哥妈妈支持的。这笔钱本来是留着给儿子娶媳妇用的。现在儿子要和女朋友一起开店,那就全当娶媳妇了,先立业再成家,也可以接受。

化妆品店开了三个月,赔了三个月,一开始三个月没房租压力,小马哥和女朋友赔的主要是精力,三个月之后再赔的可就是真金白银了。房租压力压得小马哥透不过气,他第一次感受到几万块钱装修和几万块钱货压在手里的痛苦。

妈妈和女朋友再也不敢说他笨了,因为小马哥自己开始反反复复抱怨自己笨:“我为什么这么笨? 我为什么卖不动货?”

2017 年年初,《网络营销与创业》出版,小马哥从一个广州的化妆品品牌渠道的微信群里知道这本书,是群主推荐大家学习的。小马哥买了一本,并通过书上的 QQ 号加上了作者康田老师的微信,他觉得自己找到了救星:“老师,我怎么才能像小萝莉一样,有上百万个微信好友?”

学生笔记:

_____

_____

_____

彼时的县城里,微信刚开始普及,除了语音聊天、发发朋友圈,很少有人拿微信做生意。

"你得在店里店外都写明加微信就送化妆品,你舍不舍得送?"

"我舍得,我听老师的。"

过了三天,小马哥又问:"老师,进店人少,怎么办?"

康田老师说:"那就跑出去送,哪里人多去哪里。"

小马哥最可贵的地方在于,只要认准了,相信了,就毫不犹豫地去做。他虽然看上去笨笨的,但微信个人号这种新玩法,只有"听话照做"才能做成。那些一说似乎就明白,一转头就会琢磨"到底行不行"的"聪明人"往往做不成。

一个月后,小马哥来报喜讯:"老师,我一次拿着几十盒面膜跑到广场上,看见女的就送并要求加好友,一个小时就加了几十个人,再回去店里换一批口红,换个公园再去加,又加了几十个人。"

"现在多少人了?"康田老师问。

"两个微信号都加满了,1万人!"

"一个县城里,你的女性客户估计也就10来万人,你加1万人,十分之一人都认识你了。"康田老师高兴地说。

"老师,我咋卖产品?"

"发朋友圈,邀请大家到店里看看,做双节促销。"

"好的,老师。她们到店里我就卖套装,128元、158元、198元先推这三个。不能零卖,零卖我就赔了,我送的东西,一个人就七八元。"

第2回　排除万难写文案,与客户合影亮相朋友圈

小马哥一直想把自己的朋友圈做好,目标是立一个"暖男"的人设。他希望与每个女客人进行沟通以增加彼此的信任,不过这也就是想想而已,1万个微信好友,两个手机来回切换,根本忙不过来。

"老师,小萝莉的内容太好了,早安晚安都有手绘漫画,我不会写,我能抄吗?"

"写不出来就抄吧,但也不能全抄,你得有自己的特色。"

"有没有简单的方法,越简单越好?"

"你可以跟店里的成交客人合影,让你女朋友拍照,你发朋友圈,这样最简单,也可以让其他人知道你每天都有很多成交量。"康田老师耐心地说。

"那文字怎么写?"

"夸你的客户有眼光,长得漂亮,皮肤好,脾气好,夸人总会吧?"

小马哥的执行力总是超强,立刻梳洗打扮一番,剪发吹风,穿上西装去店里跟客人拍合影,他遇到一个拍一个,刚拍了一天就遇到麻烦了。

"老师,有客人不让拍怎么办?"

"不让拍脸,还不让拍手吗?你把水乳霜的套盒递给她,就开始拍,先拍一张有你、有盒、有她的手的照片,要是不反对就求合影。"

"这么复杂,能不能不拍?我发点我的产品,发点别人的文章行不行?"

"不行,朋友圈就是以你为主,不是以货为主,也不是以文章为主,你得坚持,让全县城一万多妇女性记住你的脸。"康田老师严肃地说。

小马哥说到做到、绝不打折扣,这一点让人敬佩。

2017 年的春节,小马哥和她女朋友卖了 17 万元的化妆品,虽然挣的钱仅够大半年的房租开支,没有太多的盈利,但是总算不再亏损了。他们能从零成交到每天成交七八千元,全靠了手里的两个微信个人号。

春节刚过完,小马哥就和女朋友领了结婚证,俩人对 2018 年充满了信心。

开春后,小马哥又开通了两个微信个人号,每天不知疲倦地到县城里人多的地方去送礼物加好友。

"老师,我太累了,手机聊天忙不过来咋办?"

"店里雇个人吧。你先教他加好友,让他去街上加好友,你守着店里聊天。"

"我俩要分开,手机上咋操作?"

"你拿手机,再买个带蜂窝网络的 iPad,双登录。让雇员拿 iPad 去街上,别人一看拿 iPad,也会认为店里最起码是有实力的。"

"好的,老师,我觉得雇个人,让他在店里,我去街上加好友。"

"不行。现在有了好友,转化就要排到第一位了。你的聊天水平和朋友圈质量还不够,你应该聚焦核心业务,把人引到店里来。把流量转化成钱才是核心。"康田老师谆谆教导。

"明白了,老师。我在朋友圈里每天做一个点赞抽奖活动,行不行?"

"当然可以。多数到你店里拿奖品的人都不会一个人来,也不会空手走,总要买点啥。"

2017 年 5 月,小马哥用微信朋友圈做了 20 场点赞活动,最多一场共收到 1795 个点赞,一个月共发送奖品 150 件,平均每天保持到店人数超过 200 人。

"老师,你不知道,同在一个市场,还有两家化妆品店都快关门了,天天没什么人,就我的店铺最热闹。"

"你现在是县里的名人了吧? 全县都快认识你了!"

"老师,我觉得我们县城 15～45 岁的女性 ,估计有十万人,我要跟她们每个人都成好友,让她们都来我的店。"

第 3 回　摒弃杂念专心做化妆品,踏踏实实在县城发展

生意火了,人气旺了,小马哥开始有点飘飘然了。夸他有本事的人多了,夸他帅的人多了,更重要的是小马哥发现在微信上赚钱的机会多了。有些人开始想要蹭他的流量。

"老师,她们好多人找我帮她们发广告。你说发一次我收多少钱合适?"

"别糟蹋你的朋友圈,不要帮别人发广告。"康田老师斩钉截铁地说。

"我一天发十来条朋友圈,我就发一条广告不行吗?"

"一条也别发。你知道她们的产品好不好? 若是食品,客户吃了出现问题,哪怕只有一次,你就完了!"

"老师,她们说我是自媒体,可以发广告,我也不知道是不是。"

"别听她们忽悠你。你还没有那么大媒体公信力,保持低调,只把自己的化妆品整明白

学生笔记:
_____
_____
_____

就可以了。这样你挣钱不少,还可持续。"

经过一番思想斗争,小马哥总算明白了,甜言蜜语很多时候都是糖衣炮弹。保持在化妆品领域的专业性,才是他应该坚持的方向。

2017 年 10 月,小马哥的微信个人号增长到 4 个,微信好友接近 2 万,他开始升级自己的品牌:把原有的 20 多个品牌丰富到 30 多个。他还特意到省会广州的美博城对接了 3 个国际大牌的化妆品,拿下县城的代理。

"老师,我发现虽然国际大牌不怎么赚钱,但只有卖大牌,人家才会一直跟随我们。"

"你别小瞧自己,你手里有 2 万多微信好友,你就是咱们县城的美博城,一定会有 2 万流量。"

"我就是美博城啊,太高兴了!"

"所以美博城卖什么,你就卖什么,美博城怎么卖你就怎么卖。"

以"美博城"为标杆的小马哥,每天劲头十足。又是一年忙下来,2018 年春节前一盘点,全年销售额达 350 万元,毛利润 90 万元。

"老师,我都不敢想,我能一年赚 90 万元。"

"你们有 4 个人,人均一年 25 万元不到,还不够。你应想办法再优化,想办法完成一年一个人平均 30 万元利润的目标。"

"老师,好几个人要跟着我干,我准备在县城再开两家店。"

"你的优势在微信里,不开店照样有生意,开多家店,管理很复杂。你会管人吗?你会管店吗?想清楚再说吧。"

"老师,我发展他们做分销,让他们在微信上卖行不行?"

"在县城做分销是不行的,因为人就那么多,你最好的方式是继续加人,把更多人都掌握在你手里,直接成为你的微信好友,你直接销售。县城是熟人圈子,中间不要有人分钱。"

"老师,县城开美容院的人说要跟我合伙开美容院,行不行?"

"你现在跟你的微信好友之间的关系并没有你想得那么牢固,最好慎重,别跑太快,换行业跑偏你得不偿失。"康田老师娓娓道来。

"老师,省级代理商让我从县里去市里发展,我要不要去?"

"你的客人都在县城,肇庆市里没基础,去也是自找苦吃。除非你做好从头再来的准备。"

"笨笨的"小马哥很容易被胜利冲昏头脑,也有永远问不完的问题,但这也正是一个创业者应有的状态:持续探索,永不满足。2018 年全年,不断面临诱惑考验的小马哥走得跌跌撞撞,销售额仍然达到 350 万元,毛利 100 万元。一共 6 个人,平均业绩仍然没有突破 30 万元。

第 4 回　稳步发展个体户变成企业主,收缩店铺迈向未来

2019 年,小马哥抵住各种诱惑,稳稳地只做一个店,只做一件事,继续加好友、聊天、发朋友圈,最终他手里握着 6 个微信号,有接近 3 万微信个人好友。

"老师,我也要学着管人,一个一个训练。虽然我没上过大学,但大学本科生我也敢用。"

"岗位不要太多,两个岗位就行,你的店是靠微信来赚钱的,所以,微信客服和店铺销售是同一个岗位,另外一个是内容岗位,负责店铺策划和微信文案。"

"老师,这两个岗位固定还是不固定?"

"如果是大学生,就让他们轮岗,应该都能训练出来。轮岗可以帮助实现优胜劣汰。"

"老师,我要带着他们,我教他们赚钱,将来我们一起干大事。"

"你不是教他们赚钱,你是把钱分好,你是老板,他们是打工的,心态不一样。不合格人的立刻换掉,别拖泥带水,不然对你对他都是不利的。"康田老师和蔼地说。

"老师,我想做大。你觉得我们管多少人?"

"这不是你个人能力问题,这是组织能力问题。你要学着搭建组织,强化组织能力,充分利用你的员工的能力,把你的微信个人好友也组织起来,跟你一起形成组织。没有组织能力,你管的人再多都是一盘散沙。"

这一年,小马哥先后招了 12 个人,陆陆续续辞掉 8 个,最终留下来 4 个,分别是 3 个销售兼客服,一个策划兼文案,再加上他这个老板和之前的一个财务,6 个人全年业绩虽然还是 350 多万元,但毛利却超过了 150 万元,6 个人这一年平均每人 25 万元毛利。

"小马哥,一年开除了 8 个人,有没有觉得你像变了个人?"

"是的,老师,为什么呢?"

"因为你的生意已经从个人运营升级为组织运营了。反过来,组织对你和你的员工也有很强的改造力。你有组织目标,有组织方法,有组织原则,特别是你的客户、你的微信好友成了组织的中心,你和你的员工一直在围绕着客户进行调整,不会再被外界的力量轻易改变。"

"是的。现在谁再跟我说广告、分销、美容,我只会笑笑,不再动心。"

2020 年,小马哥把店开进了县城中心新改造完成的大商场,一楼显要的位置有三个专柜,都是小马哥家的。这里有国内大牌也有国际大牌,员工也从 6 个增长到了 20 个,全年销售额 720 万元,毛利 300 万元。钱赚得多了,人均毛利却比 2019 年低了,这让小冲耿耿于怀。当然,这里有年初"新冠"肺炎疫情的影响。

"老师,我的组织力还是不行,管不了 20 个人。"

"小马哥你要真觉得累,就收缩战线,老店该关门就关门,集中精力开好新店。"

"好的,老师。2021 年我要一层开十个专柜,把一整层化妆品都开成我的!"

这就是"笨笨的",永不停歇的小马哥。[①]

【问答】

1. 开店为什么要留一半预算用于获取微信好友?

一个实体店,如果有 5 万个商店周边微信个人号好友,不愁没生意。即便不算人工成本,获取每一个好友花费 10 元钱那就是 50 万元,控制在最低每个好友花费 1~2 元钱,也得

[①] 12.3 节内容参考冯平著《私域流量》,机械工业出版社。

学生笔记:

_____

_____

_____

5～10万元预算,所以,开实体店的人不要把钱都花在装修和进货上。生意不好的根本原因是没有拿出预算盘活用户。想要获取用户并长期获利,需要提供专项预算。

2. 如果不会发微信朋友圈可以转摘别人的吗?

可以转摘。但通过转摘,要体会好的朋友圈为什么那么发,学习并模仿,最终还是要自己原创。每一个人都不一样,每一个运营者的气质和魅力都应该通过一系列独特的朋友圈内容呈现给用户。

3. 为什么店主一定要出镜与客户多拍照?

运营者要始终保持和用户在一起,拍合影发出去,不仅是刷存在感,让更多用户记住,更重要的是让更多其他好友知道店铺在不断产生销量。人人都有从众心理,看别人都买,自己也会买。

4. 为什么微信生意成功以后再去开新实体店不是好的选择?

用户都在微信个人号上,购买的决策都在手机上做出,店铺的距离和位置不再是问题。为了并不重要的位置去耗巨资开新店,不如把钱花在获取新用户和维护用户关系上,这样在微信个人号上实现成交,要比开新店划算得多。

5. 聊天和添加新好友到底哪个更重要?

很显然,在收获阶段,聊天更重要。聊天可促成销售,可把微信上的聊天对象邀约到店里,配合店铺的陈设、产品的展示,尽可能转化成交易。添加好友是一个长期的不能停歇的获客工作,没有获客就没有成交,没有成交,店铺就没有现金流。

6. 微信朋友圈里要不要帮好友发广告?

不要太高估自己作为运营者的影响力,专注于一个品类成为某个领域、某个品类里的专家,推荐好自己的产品,已属不易。帮别人转发不同领域的内容,因为并不专业,没有鉴别能力,胡乱推荐会伤害运营者的公信力。除了发广告推荐产品之外,发广告也会把自己私域流量里的好友推荐给别人。人心难测,不知底细,如果为了点小钱给自己惹上麻烦,得不偿失。微信私域流量运营获取信任难,毁掉信任很容易,切记谨慎。

线下店都有自己的特定辐射半径,谁能在特定区域里获取足够多的潜在客户,并添加为微信好友,谁就能获得商机。只懂得坐在店里等用户上门,只有死路一条。小马哥在一个县城里,从零开始到一点点做到年销720万元,用的是最笨的方法,走的却又是最智慧的道路。

【主要知识点】

本章无新知识点。

【本章小结】

一、草根个体创业

与传统创业模式相比,网络创业在资金上的门槛降低了许多,哪怕手上只有区区10万元,也能从容起步,只要方法得当,很快就能脱颖而出。虽然资金门槛降低了,技术门槛却提高了,电子商务创业必须以懂得互联网的基本操作为前提。

二、小微企业网络创业

小微企业的电子商务投资并不需要很多,只有方法得当,见效的周期也较短,一般投资百万元的电子商务项目,在一年内都能收回投资,并获得数倍的业务扩展和投资收益。

三、实体店＋微信创业

线上线下结合起来开展经营活动,是电子商务的趋势,也就是马云倡导的“新零售”。利用微信作为线上营销工具,开展私域流量的经营,是一个容易上手的方法。

【练习作业】

1. 对芳芳小姐的电子商务创业方法进行点评。
2. 请考虑若自己创业,选择怎样的项目比较合适?
3. 对自己的创业设想做一个电子商务创业方案。
4. 对李总的曼妮服装公司的电子商务方案作点评。
5. 请给一个农场作一个投资额 200 万元的电子商务营销方案。

学生笔记:

图书资源支持

感谢您一直以来对清华版图书的支持和爱护。为了配合本书的使用，本书提供配套的资源，有需求的读者请扫描下方的"书圈"微信公众号二维码，在图书专区下载，也可以拨打电话或发送电子邮件咨询。

如果您在使用本书的过程中遇到了什么问题，或者有相关图书出版计划，也请您发邮件告诉我们，以便我们更好地为您服务。

我们的联系方式：

地　　址：北京市海淀区双清路学研大厦 A 座 714

邮　　编：100084

电　　话：010-83470236　　010-83470237

客服邮箱：2301891038@qq.com

QQ：2301891038（请写明您的单位和姓名）

资源下载：关注公众号"书圈"下载配套资源。

资源下载、样书申请

书圈　　　　　　　获取最新书目　　　　　　观看课程直播